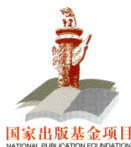

乘用车 安全性能设计

VEHICLE CRASH SAFETY DESIGN AND DEVELOPMENT

赵　会　禹慧丽　邵金华　等　著

重庆大学出版社

内容提要

本书系统地介绍了乘用车被动安全性能开发所需遵循的标准以及应用到的专业知识经验,如三大主要汽车销售市场中国、欧盟和美国各自的汽车安全标准,这些标准是被动安全性能开发可量化的参考指标。作者依据自身经验介绍了包含安全专用零部件的吸能测试、安全子系统测试和整车碰撞测试3个方面的试验方法和测试手段,同时从专业产品、车身结构等不同角度介绍了性能开发全生命周期需要解决的问题以及解决这些问题的方法。

本书可用于汽车相关专业的研究生专业课学习,也可作为汽车安全开发工程师的参考书。

图书在版编目(CIP)数据

乘用车安全性能设计 / 赵会,禹慧丽,邵金华等著.--重庆:重庆大学出版社,2021.1

(自主品牌汽车实践创新丛书)

ISBN 978-7-5689-1972-2

Ⅰ.①乘… Ⅱ.①赵… ②禹… ③邵… Ⅲ.①汽车—安全设计—研究 Ⅳ.①U461.91

中国版本图书馆 CIP 数据核字(2019)第 295416 号

乘用车安全性能设计
CHENGYONGCHE ANQUAN XINGNENG SHEJI

赵 会 禹慧丽 邵金华 等 著

策划编辑:张慧梓 许 璐

责任编辑:李定群　　版式设计:张慧梓

责任校对:王 倩　　责任印制:张 策

*

重庆大学出版社出版发行

出版人:饶帮华

社址:重庆市沙坪坝区大学城西路 21 号

邮编:401331

电话:(023) 88617190　88617185(中小学)

传真:(023) 88617186　88617166

网址:http://www.cqup.com.cn

邮箱:fxk@ cqup.com.cn(营销中心)

全国新华书店经销

重庆升光电力印务有限公司印刷

*

开本:787mm×1092mm　1/16　印张:25.75　字数:521 千

2021 年 1 月第 1 版　　2021 年 1 月第 1 次印刷

印数:1—1 000

ISBN 978-7-5689-1972-2　定价:168.00 元

自主品牌汽车创新实践丛书

丛 书 编 委 会

李克强(中国工程院院士,清华大学教授)

潘复生(中国工程院院士,重庆大学教授,国家镁合金材料工程技术
　　　研究中心主任)

李开国(中国汽车工程研究院股份有限公司董事长,研究员级高级工
　　　程师)

刘　波(重庆长安汽车股份有限公司原副总裁,研究员级高级工程师)

曹东璞(清华大学教授)

秦大同(长江学者,重庆大学教授)

郭　钢(重庆大学原汽车工程学院院长,重庆自主品牌汽车协同创新
　　　中心原执行副主任,教授)

赵　会(重庆长安汽车工程研究院总院副院长,博士)

朱习加(中国汽车工程研究院风洞中心首席专家,博士)

江永瑞(重庆大学原外籍教授)

刘永刚(重庆大学教授)

付江华(重庆理工大学副教授)

总　序

　　汽车产业是各国科技、经济的"主战场"。汽车产业是国家和区域经济发展中的支柱产业，具有科技含量高、经济产值大、产业链长、影响面广等诸多特征。特别是当今，随着信息技术、人工智能、新材料等高科技的广泛运用，电动化、智能化、网联化、共享化等"新四化"已成为全球汽车产业发展大趋势。当今的汽车产品也已经超出了交通工具的范畴，成为智能移动空间，是智能交通和智慧城市的重要组成部分，在国民经济与社会发展中扮演着更加重要的角色。汽车产业也是各国科技、经济的"主战场"，不仅是未来人们消费的热点，也是供给侧改革的重点。十九大报告指出，"深化供给侧结构性改革……把提高供给体系质量作为主攻方向"。作为 GDP 总量世界第二的中国，在汽车领域不可缺席，中国自主品牌汽车企业必须参与到全球竞争中去，在竞争中不断崛起和创新发展。

　　自主品牌汽车的发展是加快建设创新型国家、实施"创新驱动"国家战略的一个重要方面。十九大报告提出"加快建设创新型国家"，"建立以企业为主体、市场为导向、产学研深度融合的技术创新体系"。2016 年 5 月，中共中央、国务院发布的《国家创新驱动发展战略纲要》指出，推动产业技术体系创新、创造发展新优势，强化原始创新、增强源头供给，优化区域创新布局、打造区域经济增长极，从而明确企业、科研院所、高校、社会组织等各类创新主体功能定位，构建开放、高效的创新网络。发展新能源汽车是我国从汽车大国迈向汽车强国的必由之路，是应对气候变化、推动绿色发展的战略举措。2012 年国务院发布《节能与新能源汽车产业发展规划（2012—2020 年）》。为深入贯彻落实党中央、国务院重要部署，顺应新一轮科技革命和产业变革趋势，抓住产业智能化发展战略机遇，加快推进智能汽车创新发展，国家发改委2020 年 2 月发布的《智能汽车创新发展战略》请各省、自治区、直辖市、计划单列市结合实际制定促进智能汽车创新发展的政策措施，着力推动各项战略任务有效落实。可见，我国汽车产业的发展，尤其是自主品牌企业的发展是加快建设创新型国家、实现中国制造向中国创造转型的重要一环。

　　重庆自主品牌汽车协同创新中心由重庆大学牵头，联合重庆长安汽车股份有限公司、中国汽车工程研究院股份有限公司、青山工业、超力高科、西南铝业、重庆理工大学、重庆邮电大学等核心企业、零部件供应商及院校共同组建。2014 年 10 月,教育部、财政部联合发文,认定"重庆自主品牌汽车协同创新中心"为国家级"2011 协同创新中心",成为国家级"2011 协同创新中心"。"2011 计划"是继"985 工程""211 工程"之后,国家在高等教育系统又一项体现国家意志的重大创新战略举措,其建设以协同创新中心为基本载体,服务国家、行业、区域重大创新战略需求。汽车领域有 3 个国家级的"2011 协同创新中心",其中重庆自主品牌汽车协同创新中心面向区域汽车产业发展的前沿技术研发与创新人才培养共性需求,围绕汽车节能环保、安全舒适、智能网联三大方向开展协同创新和前沿技术研发,取得系列重要协同创新成果。其支撑长安汽车成为中国自主品牌汽车领头羊和自主研发技术标杆,支撑中国汽研成为国内一流汽车科技研发与行业服务机构,支撑重庆大学等高校成为汽车领域高层次创新人才培养基地。

重庆自主品牌汽车协同创新中心联合重庆大学出版社共同策划组织了大型、持续性出版项目"自主品牌汽车实践创新丛书",丛书选题涵盖节能环保、安全舒适、智能网联、可靠耐久 4 个大方向和 15 个子方向。3 个主要协同单位的首席专家担任总主编,分别是刘庆(重庆自主品牌汽车协同创新中心第一任主任)、刘波(重庆长安汽车股份有限公司原副总裁)、任晓常(中国汽车工程研究院股份有限公司原董事长)。丛书集中体现了重庆自主品牌汽车协同创新中心的核心专家、学者在多个领域的前沿技术水平,属汽车领域系列学术著作,这些著作主题从实际问题中来,成果也已应用到设计和生产实际中,能够帮助和指导中国汽车企业建设和提升自主研发技术体系,具有现实指导意义。

本系列著作的第一辑,包括 8 本著作(6 本中文著作,2 本英文著作),选题涉及智能网联汽车人机交互理论与技术、汽车产品寿命预测、汽车可靠性及可持续性设计、高塑性镁合金材料及其在汽车中的应用、动力总成悬置系统工程设计、汽车风洞测试、碰撞与安全等。中文著作分别是重庆大学潘复生院士团队撰写的《高塑性镁合金材料》、长安汽车赵会博士团队撰写的《汽车安全性能设计》、重庆大学郭钢教授团队撰写的《智能网联汽车人机交互理论与技术》、中国汽车工程研究院朱习加博士团队撰写的《汽车风洞测试技术》、重庆大学刘永刚教授团队撰写的《新能源汽车能量管理与优化控制》、重庆理工大学付江华副教授团队撰写的《动力总成悬置系统工程设计及实例详解》。

本系列著作具有以下特点:

1.知识产权的自主性。本系列著作是自主品牌汽车协同创新中心专家团队研究开发的技术成果,且由专家团队亲自撰写,具有鲜明的知识产权自主性。其中,一些著作以英文写作,出版社已与国际知名出版企业合作出版,拟通过版权输出的形式向全世界推介相关成果,这将有利于我国汽车行业的自主技术进行国际交流,提升我国汽车行业的国际影响力。

2.技术的前沿性。本系列著作立足于我国自主品牌汽车企业的创新实践,在各自领域反映了我国汽车自主技术的前沿水平,是专家团队多年科研的结晶。

3.立足于产学研的融合创新。本系列著作脱胎于"2011协同创新平台",这就决定了其具有"产学研融合"的特点。著作主题从工程问题中来,其成果已应用到整车级零部件设计和生产的实际中去,相关成果在进行理论梳理和技术提炼的同时,更突出体现在实践上的应用创新。

4.服务目标明确。本系列著作不过分追求技术上的"高精尖",而更注重服务于我国自主品牌汽车研发创新知识与技术体系的形成,对于相关行业的工程研究人员以及相关专业高层次人才的培养具有非常高的参考价值。

本系列著作若有不妥或具争议之处,愿与读者商榷。

《自主品牌汽车实践创新丛书》编委会
2021年9月

序

伴随中国自主品牌汽车 20 多年的高速发展,有一大批研究汽车的海归人才加入了这个汽车大发展的洪流中。他们不仅带回了国际一流汽车研发领域先进的经验,还带回了先进的研发理念,为中国自主品牌汽车的发展做出了积极贡献。赵会博士即是其中之一,2006 年他从工作了 12 年的美国福特离职加盟长安汽车,一直专注于汽车安全领域的技术工作,全面负责长安汽车的安全研发团队搭建、技术能力提升、规范体系建立及产品安全性能实现工作。经过 12 年的努力,赵会博士及其团队取得了一系列成绩,为公司自主品牌汽车做出了应有的贡献。

目前,汽车安全研发团队已由 2006 年的 3~5 人发展到了 120 多人,涵盖碰撞试验、仿真、集成、产品及基础技术研究等 13 个研究室。建立起来的技术能力转换成了产品实力,其典型的成果如:逸动 C-NCAP2012 版五星第一撞,睿骋刷新了自主品牌 C-NCAP 最高得分,CS75 打破了所有合资和自主车型的得分纪录,睿骋 CC2018 版 C-NCAP 新规首个五星安全等;"汽车主被动安全关键技术研究与应用"荣获 2016 年中国汽车工业科技进步一等奖。这些都说明长安汽车在汽车安全技术领域已经走在了中国自主品牌汽车的先进行列。

长安汽车安全团队在安全开发技术方面积累了大量的宝贵经验。本书是赵会博士及其团队多年汽车安全开发技术的沉淀和总结,以应用技术为导向,以产品开发为目标,具有非常高的实用价值。本书从汽车交通事故、人体损伤、计算机仿真分析、碰撞试验、性能集成、约束系统产品设计、安全法规及独立第三方的安全标准体系等方面对安全开发技术进行了系统阐述,通过案例分析的方法分享了安全性能开发设计技术,是一本较全面系统的汽车安全知识文献和工具书,适合作为从事汽车安全开发工程师的参考书,也可作为高校汽车专业硕士和博士的专业课程教材。

前　言

本书系统地介绍了汽车安全开发的基础知识,适用于汽车相关专业的研究生专业课学习,也可作为汽车安全开发工程师的参考书。汽车的安全设计目的是保护乘员安全和降低车辆损伤。汽车的安全事故形态千差万别。安全性设计的方法是用有限的工况设计来覆盖无穷的事故形态。其中,最基本的设计形态源自国家标准和行业标准,另外企业会根据事故统计情况来制订企业标准。汽车安全性能的开发方法分为两大类:一是计算机仿真,二是试验仿真。本书针对上述内容进行了详细的介绍。

本书共9章。第1章介绍了汽车安全的由来以及汽车安全的相关专业发展现状,尤其是人体的损伤生物力学,在我国的学术领域处于起步阶段,需要大量的基础科研人员投入其中,以促进此学科的长远进步。第2章详细地介绍了国内外的安全法规和标准,重点介绍了中国、欧盟和美国的汽车主被动安全法规的历史、发展和当前法规内容;同时,较详细地介绍了第三方评价规程(NCAP,IIHS等)的试验方法、规程和要求。第3章针对试验开发技术进行阐述,零部件试验—子系统集成试验—整车碰撞试验是一整套完整的开发技术,随着零部件测试技术和计算机仿真技术的能力提升,整车碰撞试验越来越成为最后一关的结果验证。本书用了大量的篇幅叙述了计算机仿真技术和关键结构的安全设计。第4章详细地介绍了行人保护开发技术,行人作为交通事故中的弱势群体,备受研究者的关注。行人保护技术是一项综合性极强的技术,涉及造型、总体布置和关键结构设计,贯穿于车型开发的全过程。离开材料的力学特性,计算机仿真技术就谈不上分析精度。因此,本书用单独一个章即第5章来详细描述材料本构,包含各种应变速率下的材料本构模型、高应变速率下的动态响应的测试,并建立材料应变速率下的本构方程,以满足汽车虚拟设计和计算机模拟的需要。当车辆发生碰撞时,车内乘员的保护由车身和约束系统两个方面来提供。对于车身来说,最首要的是要保证乘员舱的完整性,以保证车内乘员的生存空间。在此基础上,通过变形吸能降低车体的减速度,以降低车内乘员的伤害。对于约束系统来说,在车体减速度的载荷下为车内乘员提供约束作用,使车内乘员与车辆的相对速度尽量平缓地降为零。第6章和第7章分别对结构耐撞性和约束系统集成技术进行了详细的阐述。一般来说,最主要的约束系统零部件就是安全带和安全气囊。第8章对约束系统零部件的结构形式、布置设计及设计形态等进行了详细阐述。第9章为汽车安全技术发展展望。书中涉及的安全性能设计方法并没有太多的理论推导,所用的设计参数大多是实际项目开发中验证积累的经验数据,对车辆安全专业学生或安全性能工程师有较实用的参考价值。本书重点放在传统汽车的安全设计技术上。随着智能汽车和新能源汽车的普及,智能安全和电安全将是未来汽车安全研究的新领域,一系列跨学科的安全技术将应运而生。

　　本书是长安汽车安全团队在赵会博士带领和指导下共同编著完成的,是团队过去10年在汽车安全开发方面的经验总结和凝练。参与编著和编写分工情况如下:长安汽车碰撞安全中心所长禹慧丽完成第1章和第9章的编著;长安碰撞试验团队许艾、魏波、尹长青、刘文举完成第2章、第3章的主体内容编著;长安行人保护团队王菊完成第4章的主体内容编著;中国汽研马鸣图博士、长安李洁博士和陈贤青高工完成第5章主体内容的编著;长安结构耐撞性团队邵金华、王文利、奠波完成第6章的主体内容编著;长安约束系统团队王智、张彬、王文利完成第7章、第8章的主体内容编著。赵会博士对全书的章节架构进行了设定和编辑,并对每一章节的技术内容及表述方式进行了梳理、调整及审核。

　　本书虽已经过反复的修改,但仍会存在许多不足,对此还望各位读者老师予以批评指正。作者感到本书缺乏对以下几方面的详细介绍:被动安全进一步发展的技术路线;主被动安全技术融合;主动安全技术;智能汽车和新能源汽车中的安全设计技术等。希望在再版时进行扩充。

　　最后,感谢重庆大学出版社的编辑团队在本书编著过程中给予的大力支持和帮助。

著　者
2019 年 5 月

目　录

第1章 汽车安全概述

1.1 交通事故概况

1886 年,卡尔·本茨在德国造出了现代汽车的雏形,如图 1.1 所示。其两个亮点:一是当时他造出的汽车雏形,除了仅为 3 个轮子之外,单缸四冲程汽油机、电点火、化油器等独创技术,一举奠定了汽车设计基调,即使现在的汽车也跳不出这个框框;二是他当时同时申请了专利,这是相当英明的决定,不仅为他赢得了"汽车之父"的美誉,同时保证了他的后半生衣食无忧(丰厚的专利费)。

亨利·福特则用流水线生产使汽车这个"钢铁怪物"广为人知。他生产的 T 型车,前后总共生产了 1 500 万辆,这个纪录一直到几十年后才被大众的甲壳虫超过,如图 1.2 所示。业界给他的评价是"给世界装上轮子",一是因为他使汽车开始普及普通民众,二是他独创的流水线生产影响了整个社会的生产方式。

在卡尔·本茨和亨利·福特这两位天才的努力下,汽车终于诞生了。

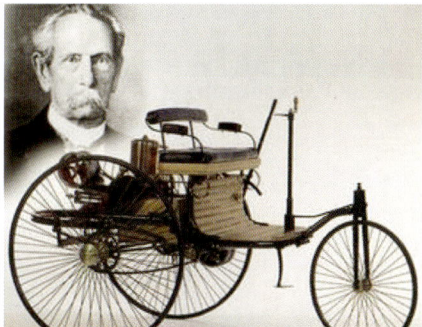

图 1.1 卡尔·本茨和他的汽车   图 1.2 亨利·福特和他的汽车

1899 年,一位行走在纽约马路上的名叫克丽丝的美国妇女,不幸被刚刚诞生的汽车撞死,她成为世界上第一个死于(机动车)车祸的人。继蒸汽汽车之后,电气汽车和汽油汽车先后诞生,汽车的保有量日益增加,汽车事故也不断出现(见图 1.3)。

这样,从 18 世纪汽车诞生以来,汽车安全问题就随之产生了。

图 1.3 车祸伴随汽车诞生

1.1.1 交通事故统计

世界各国都有管理机构对交通事故进行统计和调查,通过统计数据的分析,制订车辆的安全标准。2016 年我国交通事故 864.3 万起,造成 6.3 万人死亡,直接经济损失达 12.1 亿元。

如图 1.4 所示为各国交通事故死亡率对比。我国万车死亡率虽持续下降,但仍是发达国家的 2~4 倍。

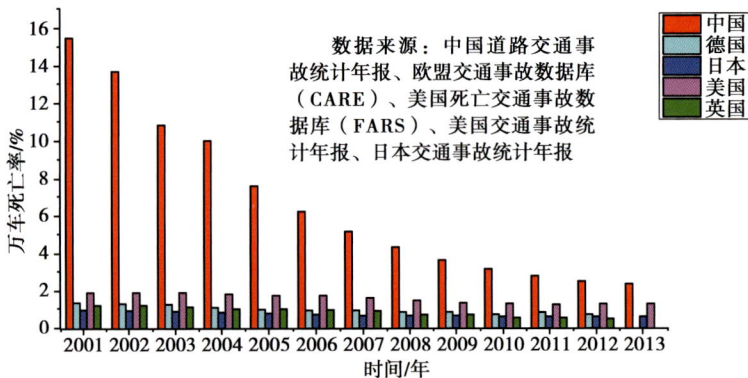

图 1.4 各国交通事故死亡率对比

1.1.2 交通事故再现技术

交通事故研究的主要内容包括交通事故的调查与统计、交通事故再现和交通事故分析 3 个方面。根据事故现场的采集、记录、调查及分析,将事故涉及车辆以及碰撞后的终止位置反推回碰撞过程,再反推回碰撞前的运动状态来分析事故原因。重现道路交通事故的发生过程对事故起因分析以及快速、公正地裁决是事故处理的一个重要环节,对判定事故责任具有重要意义。

　　当前,国际上用于事故再现分析的计算机软件逐渐发展并趋于完善,它们主要集中在欧美国家和日本等发达国家。美国于 20 世纪 70 年代开始应用计算机辅助进行交通事故分析,相应的软件有 SMAC,CRASH,EDCRASH,EDSMAC 等。其中,SMAC 软件是模拟类软件的代表,主要使用牛顿第二定律的数值积分进行求解;CRASH 软件则采用碰撞前后的能量守恒和平移动量守恒求解碰撞过程。奥地利 H. Steffan 博士开发的 PC-Crash 软件,是用于典型交通事故的模拟系统,近年来还在不断完善,并将多体系统动力学软件 MADYMO 的人体模型引入车撞行人等事故情形的分析中;法国 INRETS 公司研制的 TANAC 软件,除微机版本外,还开发了增强型的工作站版本,使用 12—14 自由度的多体系统车辆模型,后处理中实现了数字图像动画仿真;日本 JARI 还推出了 J2DACS 软件,等等。此外,90 年代由 D. Day 研制的 HVE 仿真软件(Human-Vehicle-Environment)为一综合性的实用化仿真软件。各种软件使用模型的差异,其相应的理论基础、适用领域和基本功能也各具特色。将上述各种软件相互集成而结合使用,发挥各自的优势,是目前事故再现仿真软件应用的一大特点。例如,Hermann Steffan 等人将 PC-Crash 和 MADYMO 集成,利用前者的汽车、环境模型以及后者的人体模型,实现了对交通事故中行人运动情况的仿真。

　　交通事故再现技术的发展能还原交通事故的全过程,详细分析人员和汽车损伤的关键原因,进而指导汽车安全性设计。汽车安全性设计的两个关键目标是保护人员和降低车辆损失。保护人员是从理解人体各个部位的伤害机理开始,工程师利用等效的假人模型和仪器来进行汽车安全性的评价。

1.2　人体损伤机理

　　直到 20 世纪中叶,损伤生物力学或创伤生物力学才成为一个系统性的研究学科。目前,损伤生物力学领域主要以交通伤为工作中心。损伤等级是为研究交通伤而建立的。依据医学诊断,损伤等级把各种类型的损伤程度加以定义。最常用的损伤等级是建于 1971 年的简明损伤等级(AIS),汽车医学发展协会(AAAM)定期对这个等级进行修订和更新。AIS 是对因车辆碰撞事故所引起的损伤进行分类和衡量其损伤严重性的标准系统(见表 1.1),AIS 的每一个等级都代表与损伤相关的存活可能性。因此,AIS 是一个以解剖学为依据、全面的损伤严重性评定标准。AIS 分为 AIS0—AIS6 这 7 个等级,以评定人体各个部分的损伤严重性。AIS 等级越高表示对生命的危险越大,AIS0 表示"无损伤",AIS6 表示"目前医学上无法救治或最严重的损伤"。

表 1.1　AIS 简明损伤等级

AIS 等级	损伤程度
0	无损伤
1	轻伤
2	轻微损伤
3	重伤
4	严重损伤
5	致命伤
6	目前医学上无法救治或最严重的损伤

1.2.1　头部损伤评估

人类头部(头颅)可认为一个多层结构。其最外层是头皮,紧接着是头骨,然后是脑膜,最后是代表最内层组织的中枢神经系统。最严重的头部损伤是颅骨或脑(脑膜)受到了伤害。近年来,随着被动安全技术的进步,如采用先进的约束系统,使头部损伤数量明显减少,损伤的严重程度也明显降低。评价头部损伤的评价指标主要有 HIC 和 $a_{3\,ms}$。

1)头部损伤准则(HIC)

20 世纪 50 年代开始,Wayne State(韦恩州立大学)进行了关于头部耐受性的研究,通过大量的生物试验和分析,整理得出耐受力曲线来描述头部平均加速度、持续时间和损伤之间的关系。ECE R94 和 R95 法规要求测定头部性能指标 HPC 值。因此,在正碰和侧碰时,HPC 值被用来量化头部碰撞。HPC 值的定义和计算与 HIC_{36} 值一样。因此,相应的最大时间区间是 36 ms,对应的前向和侧向人体耐受限度为1 000。

如果没有头部接触发生,则认为 HPC 值满足要求,且不管加速度的大小。如果头部接触的起始点能被很好地确定,则 t_1 和 t_2 定义了一段从头部开始接触到结束之间的一个时间段,在该时间段里 HPC 值为最大值,即

$$HPC = \max\left[\frac{1}{t_2 - t_1}\int_{t_1}^{t_2} a(t)\,dt\right]^{2.5}(t_2 - t_1)$$

2)3 ms 准则($a_{3\,ms}$)

3 ms 准则也是基于 Wayne State 建立起来的。它的定义为在超过 3 ms 的持续时

间内,加速度大小不应超过 $80g$。这项准则也被纳入法规 ECE R21 和 R25,这两个法规分别用来处理乘客与车辆内部结构以及头枕碰撞时的情况。与这类似的美国法规 FMVSS 201 和正碰法规 FMVSS 208 同样要求满足该准则。

此外,经过改进了的 3 ms 准则还被用于头盔的测试。其具体内容为:选择一个 5 ms 的时域,在这个时域内加速度的平均值不能超过 $150g$。ECE R22 详细地描述了这一被称为 $a_{5\,ms}$ 的准则。

1.2.2　颈部损伤评估

在汽车碰撞事故中,颈部受到直接颈部载荷的概率较低。颈部外伤发生的原因有两点:一是头部惯性载荷作用;二是头部受到冲击进而对颈部产生的间接载荷作用。

由于颈椎本身的柔软性,可在多个方向进行大范围的运动。因此,不同的载荷条件会导致颈部出现不同类型的损伤。对颈部损伤,通常使用的颈部损伤准则有 NIC, N_{ij}, N_{km} 等。

1)颈部损伤准则(NIC)

根据在颈椎流体腔内的流体流动突变会引起的压力梯度而造成颈部损伤的假设,提出了颈部损伤准则 NIC(1996)。NIC 作为时间函数的定义在动物试验的基础上进行了验证。当 NIC 超过 15 m^2/s^2 时,颈部承受轻微伤(AIS1)的风险会明显增加。这个值一直很好地用在事故分析研究中,并仍在继续使用。同时,合理的 NIC 值只能在后碰撞中的缩回阶段得到,也就是在车辆固定的参考坐标系中,加速度和速度都是朝后时。另外,已经发现头部若不再平行于 T_1,也就是头部后弯曲角为 $20° \sim 30°$ 时, $NIC(t)$ 曲线会产生一个明显的误差。因此,引入了 NIC_{max},即 $NIC(t)$ 曲线在碰撞开始时与头部相对颈部改变运动方向时之间的时间间隔中的最大值,则

$$NIC(t) = 0.2a_{rel}(t) + v_{rel}(t)^2$$

2)颈部损伤准则(N_{ij})

美国公路交通安全管理署(NHTSA)提出了这一损伤准则,用来评价正面碰撞中的严重颈部损伤,并被 FMVSS 208 采用。 N_{ij} 准则表达为轴向力和前弯曲/后弯曲力矩的线性合成,其中两者都被临界截距值标准化,即

$$N_{ij} = \frac{F_z}{F_{int}} + \frac{M_y}{M_{int}}$$

式中　　F_z, M_y ——轴向力和矢向弯曲力矩;

　　　　F_{int}, M_{int} ——相应的临界截距值。

3）颈部损伤准则（N_{km}）

N_{km}不针对一个单独的损伤机理，而是考虑了载荷和力矩合成所引起的潜在损伤风险，是针对低速后碰撞的评价，是对颈部损伤 N_{ij} 的补充，即

$$N_{km}(t) = \frac{F_x(t)}{F_{int}} + \frac{M_y(t)}{M_{int}}$$

式中　$F_x(t)$，$M_y(t)$——剪切力和前弯曲/后弯曲弯矩，两个值要从位于颈部上端的力传感器得到；

　　　　F_{int}，M_{int}——用于标准化的临界截距值。

1.2.3　胸部损伤评估

通常胸部损伤发生于正面碰撞和侧面碰撞以及介于该两种碰撞之间的其他各个方向的碰撞过程中。对胸部的撞击，通常是因与车辆内部各种零件（如转向机构、车门或者仪表板）接触或者体育运动中与对手接触造成的。多数由接触而造成的胸部损伤都应归于钝器撞击。胸部的损伤一方面是肋骨的断裂，另一方面是内部器官的受损。因此，评价胸部损伤的指标有胸部加速度（g）、胸部综合指数（CTI）等。

1）胸部加速度（g）

为了量化胸部载荷，早期的尝试主要集中在加速度上。目前，人体的严重胸部损伤的耐受限度是正面碰撞中脊柱的加速度持续 3 ms 或者更长时间不超过 $60g$。

2）胸部损伤指数（TTI）

TTI 是用于侧面碰撞中的胸部损伤准则。该准则假设损伤的发生是与被撞侧胸廓和胸椎下侧的最大侧向加速度平均值相关。另外，TTI 考虑了试验对象的质量和年龄，故综合了运动信息与试验对象个人体形参数。TTI（单位：g）可定义为

$$TTI = 1.4AGE + 0.5(RIB_y + T12_y)\left(\frac{M}{M_{std}}\right)$$

式中　AGE——试验对象的年龄，年；

　　　　RIB_y——被撞侧第四根和第八根肋骨侧向加速度绝对值的最大值，g；

　　　　$T12_y$——第十二根胸椎侧向加速度绝对值的最大值，g；

　　　　M——试验对象的质量，kg；

　　　　M_{std}——标准质量，75 kg。

3）压缩准则（C）

通过分析钝器撞击试验，胸部的最大压缩量与 AIS 有密切的联系。压缩量（C）

定义为胸部的变形量除以胸部的厚度,由此可建立关系式为

$$AIS = -3.78 + 19.56C$$

胸部厚度为 230 mm 的 50 百分位男性假人的胸部变形为 92 mm 时,压缩量 C 为 40%,得到 AIS 为 4 级。30% 的压缩量得到 $AIS2$。对胸部的损伤风险进行统计分析,结果表明,在正面碰撞中胸部压缩量为 35% 时会导致有 25% 可能性受 $AIS4$ 或者更高等级的严重损伤。FMVSS 208 允许在正面碰撞时 50 百分位的 Hybrid Ⅲ 假人最大的变形量为 76 mm。

4) 黏性准则(VC)

黏性准则(压缩速率)也称软组织准则,是考虑软组织损伤决定于压缩量和压缩速度而制订胸部区域的损伤准则。VC 值是胸部变形速度和胸部变形量的瞬时值的乘积的最大值。这两个值是通过测量肋骨变形(侧碰)或胸部变形(前碰)来确定的,故

$$VC = V(t) \times C(t) = \frac{\mathrm{d}[D(t)]}{\mathrm{d}t} \times \frac{D(t)}{b}$$

式中　$V(t)$——由变形 $D(t)$ 微分得到的变形速度,m/s;

　　　$C(t)$——瞬时压缩函数,即变形量 $D(t)$ 和初始的躯体厚度 b 之间的比值。

5) 胸部综合指数(CTI)

胸部综合指数代表了一个前碰撞中的胸部损伤准则。CTI(Combined Thorax Index)综合了压缩量和加速度响应,描述了安全气囊和安全带两者的载荷。CTI 的定义是根据脊柱的合成加速度 3 ms 值和胸部的变形量进行评估。CTI 可计算为

$$CTI = \frac{A_{\max}}{A_{\mathrm{int}}} + \frac{D_{\max}}{D_{\mathrm{int}}}$$

式中　$A_{\max}$——脊柱合成加速度的 3ms 值(单峰),g;

　　　A_{int}——3 ms 截距参考值,g;

　　　$D_{\max}$——胸部变形量,mm;

　　　D_{int}——变形量的截距参考值,mm。

另外,肋骨变形准则(RDC)是侧碰中肋骨变形量的准则,单位为 mm。依照 ECE R95,RDC 应小于或等于 42 mm(侧碰假人)。ThCC(或 TCC)是胸部压缩准则的缩写。ThCC 是正面碰撞中胸骨和脊柱之间的胸部压缩准则,由胸部的绝对压缩量决定,单位为 mm。ECE R94 定义的最大限度为 50 mm。

1.2.4　下肢损伤评估

乘员约束系统性能的提高可使上部肢体的伤害大幅度减少,但对下部肢体保护

却不明显。由于下肢伤害一般不会导致死亡,因此,其损伤研究的关注度明显不如头部和胸部。下肢伤害主要与骨骼的强度有关。从骨盆到脚踝的评价指标主要是力和弯矩等。

1)盆骨力(*PSPF*)

对侧面碰撞,耻骨联合的最大应变被作为测量骨盆应变的量度。相关的准则(参见 ECE R95)称为耻骨联合峰值力。它不能超过 6 kN。

2)大腿压缩力(*FFC*)

ECE R94 中定义的 *FFC* 对作用在股骨上的压力大小以及压力持续时间进行评定。*FFC* 由传递到每根股骨的轴向压缩力(单位:kN)大小决定。

3)胫骨指数(*TI*)

胫骨指数(Tibia Index,TI)包括胫骨上的弯矩以及轴向力。*TI* 的目的是防止胫骨干骨折。*TI* 可计算为

$$TI = \frac{M}{M_{\text{crit}}} + \frac{F}{F_{\text{crit}}}$$

式中　　M——弯矩;

　　　　F——轴向压缩力;

　　　　M_{crit},F_{crit} ——临界截距值,对 50 百分位的男性分别等于 225 N·m 和35.9 kN。

为了保护膝盖的韧带,ECE R94 规定(在正面碰撞中)胫骨的最大位移为15 mm。另外,为保护足跟和足踝,讨论了足踝和足的最大载荷为 7.5 kN。

碰撞损伤控制(被动安全)可通过以下 3 个不同的层次来实现:

①通过提高车辆的耐撞性来减少损伤。实现这个目的主要依靠吸能结构的设计。

②碰撞时控制乘员的移动。采用约束系统(如座椅安全带)使乘员处于设计的范围内,乘员与车辆同步移动。

③对人体与周围物体的接触碰撞,通过采用能量吸收方式和将冲击载荷分布在较大的区域内来处理。

本书后续内容将针对汽车安全性设计进行详细叙述。

本章小结

本章从汽车安全的起源、发展和应对 3 个方面对汽车安全研究进行了简单介绍。汽车和交通安全事故几乎是同时产生的,各个国家和地区通过对交通事故的统计和

研究建立起日趋完善的交通安全法规。主要汽车生产厂家和科研结构为提升汽车产品的安全性能进行了大量的基础研究工作,从仿真开发软件的开发到用于测试人体损伤的仿真假人,汽车安全研究贯穿了设计、验证和使用的整个过程。

练习题

根据人体的生物属性,汽车安全用碰撞假人主要分成哪几个主要损伤考察部位?

参考文献

[1] Kai-Uwe Schmitt, Peter F Niederer, Duane S Cronin, Markus H Muser, Felix Walz Trauma Biomechanics[M].New York:Springer,2007.

第2章 汽车安全法规标准

上一章对汽车安全做了概述,本章介绍汽车安全标准,包括各国政府制订的标准和独立第三方检测机构制订的安全标准。本章主要介绍全球主要汽车市场,中国、欧盟和美国的汽车主被动安全法规的历史、发展以及当前法规内容。介绍第三方标准的特点,重点介绍中国新车评价规程(C-NCAP)、中国汽车保险安全指数(C-IASI)、欧洲新车评价规程(Euro-NCAP)、美国新车评价规程(US-NCAP)及美国公路安全保险协会(IIHS)的试验方法、规程和要求。

自汽车诞生之日起,其安全性始终是汽车技术发展的主题之一。与之相对应,汽车安全标准也备受各国政府、业界和广大消费者的关注。汽车安全标准在促进汽车安全技术的研究与发展、保障社会公共利益等方面发挥了重要作用。汽车的安全性能与汽车安全标准主要涉及主动安全、被动安全和一般安全3个方面。

主动安全是指在交通事故发生之前采取安全性措施,尽可能地避免交通事故的发生,即做到防患于未然。早期的主动安全技术比较著名的有汽车制动防抱死装置(ABS)、车身电子稳定系统(ESP)等。随着电子技术、传感器技术、通信技术和人工智能的发展,主动安全向着智能化和无人驾驶的方向发展,现阶段的成果包括自动紧急刹车系统(AEB)、变道辅助系统(LCA)和自适应巡航(ACC)等。

被动安全是指发生事故后减轻伤害人身伤亡。它分为汽车外部行人安全和汽车内部乘员安全。汽车外部行人安全包括一切旨在减轻在事故中汽车对行人、自行车和摩托车乘员的伤害而专门设计的与汽车有关的措施。汽车内部乘员安全包括在事故中如何合理地设计汽车结构和内饰的柔韧度,最大限度地吸收碰撞能量,使作用于乘员的加速度和力降低到最小,进而降低乘员损伤;同时,在事故发生以后驾驶舱有足够的生存空间,以及确保那些对从车辆中营救乘员起关键作用部件的可操作性等有关措施。

一般安全是指与车辆安全性相关的车辆结构以及防盗装置、视野、指示与信号装置等。

在国家层面,真正开始讨论安全问题并实施各种法规,始于20世纪60年代的美国。当时,由于美国的交通事故主要源于正面碰撞或车辆翻滚,且事故频发。1966

年,美国国会参众两院通过了《国家交通和汽车安全法》,这虽然不是世界上第一部由国家颁布实施的关于汽车安全的法规,但在这部法规颁布实施后,汽车安全性得到了广泛的重视,其中汽车生产厂家为了生存采取积极响应的态度。正是由于国家法律的强制规定,汽车安全性能才有了大幅度的提高。在各国主要的汽车法规中,与汽车安全性有关的法规占了绝大部分。

技术法规和技术标准的出现,强迫企业遵循其内容,达到进入市场的最低要求,客观上促使汽车生产企业不断增大产品研发费用,提高设计和生产水平,加强质量管理。

每个国家或地区根据自身实际情况制订了各不相同的汽车安全法规,因此要出口到不同国家或地区进行车辆销售,必须经过法规认证的程序,从而保证车辆的设计是符合法规要求的。

例如,欧盟采用的是整车型式认证(WVTA),如果生产制造商在一个成员国获得了型式认证,然后就可在整个欧盟地区销售车辆,而无须再次接受相关检查。相关车型的注册需要基于生产一致性的检验。这一点与美国和加拿大是不同的,美国和加拿大采用"自我认证"的方式,这种方式下不再进行型式认证,而是转由制造商自己做与联邦政府汽车安全法规(FMVSS)的符合性测试,国家高速公路交通安全管理局(NHTSA)每年都会随机地选取车型,然后在独立试验室做相关的试验验证工作。

乘用车在不同的地区、国家和国际标准中都给出了十分繁多的规定。在欧盟法规中,现在覆盖了整车的生命周期,从最开始的认证、注册到使用中,然后报废都做出了详细的规定。但是,随着汽车产业变得越来越全球化,全球范围内的法规协调变得越来越重要。标准的全球化有利于全球法规的标准化,也有利于使消费者获得更安全的车辆。因此,国际标准化组织(ISO)和联合国(UN)在全球的车辆法规协调中发挥着巨大的作用。

当前,世界上主要的汽车法规有美国汽车法规、欧洲汽车法规两大汽车法规体系。此外,中国、日本、韩国、俄罗斯、加拿大、澳大利亚、伊朗等国家也都有各自的汽车法规。但是,这些法规基本上都是参照美国法规或欧洲法规并结合本国具体情况制订的。

在汽车行业层面,随着人们生活水平的提高,汽车消费者对汽车的安全性能也越来越重视。但是,一般的国家汽车安全法规仅仅对汽车的安全性能做了最低要求,出于不断提高汽车安全性能的初衷,1978 年 NHTSA 就开始按照比国家法规更严格的方法对市场上销售的车型进行碰撞安全性能测试、评分和划分星级。随后,结果公布给消费者以作参考,这就是新车评价规程(NCAP),由于这样的测试公开、严格、客观,为消费者所关心,故也成为汽车企业产品开发的重要规范,对提高汽车安全性能作用明显,其他国家和地区(如欧盟、日本、韩国、澳大利亚、拉丁美洲、中国等)也开始重视和建立本国的 NCAP,随后在 1993 年澳大利亚、1995 年日本、1997 年欧洲分别成立了相应的 NCAP 组织,一些 NCAP 组织是由政府部门运行的,一些是由消费者联盟或者保险公司运营的。但是,各国 NCAP 在组织实施方式、试验规程和评价方法上都有明显的不同,这与各国在法规体系、道路交通事故统计和车辆状况等方面存在的差异密切相关。目前,比较著名的有美国高速公路管理局组织的 US-NCAP,欧盟几大机构联合成立的 Euro-NCAP,以及中国汽车研究中心组织的 C-NCAP。

汽车安全法规和 NCAP 的实施促进了整个汽车总体技术水平的提高,是汽车工业发展的产物。但是,法规与 NCAP 是不同的,它们的区别见表 2.1。

表 2.1　法规和 NCAP 的比较

项　　目	法　　规	NCAP
目　　的	从保障人民生命、财产安全,保护环境,以及节约能源 3 个方面来维护全社会的公共利益	为消费者提供公开、透明的汽车安全性能评级,为消费者提供购车参考,促进汽车厂商不断提高汽车安全性能
管理组织	政府颁布,由政府或授权机构执行、监督和管理	政府组织或具有权威性的组织机构
内　　容	设计技术内容并包括为满足管理需要而制订的行政规则	以本国或本地区的法规为基础,采取更加严格的测试和评价方法,并对成绩进行星级划分(如一星到五星)
使用范围	国家主权范围内	国家和地区
管理方式	强制性,产品需要通过认证机构的认证才有可能在法规管辖区域内得到认可	非营利,市场上随机购买车辆,并向全社会公布成绩

通常 NCAP 首先针对新车做一系列的测试,然后针对车的性能进行评估打分。大多数的 NCAP 使用与 UN 法规相同的前碰撞和侧碰撞测试程序。但是,与法规不同的是,NCAP 无论是在测试方法还是在内容上,都具有很高的灵活度,以此来测试该车的安全性能。例如,在偏置碰撞中,NCAP 采用的偏置碰撞速度为 64 km/h,而 UN R94 中规定的速度为 56+1 km/h。除此之外,在 NCAP 测试中也会额外地引入侧面柱碰撞、挥鞭测试和行人保护评估的内容。一般而言,在 NCAP 中采用的最低标准都以法规为界限。

NCAP 是利用消费者对汽车安全的认知,从而提高汽车的安全性。例如,1997年 Euro-NCAP 就采用了 64 km/h 的碰撞速度。当时,这是相当严格的测试标准。但是,汽车制造商很快就发现了在 Euro-NCAP 中获得高分的好处。欧洲委员会的相关研究表明 Euro-NCAP 测试被授予 5 星的车辆相比于仅仅能满足法规要求的车辆,可在重大伤害事故中减少 36% 的伤害事故。2002 年的相关报告表明,车辆从四星到五星的提高可减少 12% 的重要伤害事故。2010 年的研究表明,Euro-NCAP 五星评价的车辆比两星评价的车辆可减少 32% 的伤害事故。在碰撞中,减少死亡和伤害事故的风险可减少23%。如今在欧洲,大部分车辆都可达到五星,安全标准已比98协定规定高出了很多。

尽管大多数NCAP都是用星级评价系统,但并不意味着所有的五星评价都是同样的安全水平。例如,在有些地区获得差评ESC是必须安装的,而在有些地区是不要求的。之所以产生这样的不同,主要是由于评价工具、测试和评价程序以及不同地区市场和法规的要求不同。但是,可肯定的是,NCAP的最高星级评价肯定比法规的最低要求要高。

NCAP的测试项目大部分都是自愿的,并不是法规的要求,这些测试项目的不同对技术创新有积极的影响。NCAP的多样化测试可比法规要求更快地提高认知、推进创新。

NCAP在法规并没有要求的被动安全和主动安全方面发挥着重要的作用。通过NCAP,可以鼓励OEM和零部件厂商加强汽车的安全性,同样也会鼓励消费者购买更安全的车辆。例如,Euro-NCAP一直在鼓励生产商安装速度辅助系统。这套系统主要用于手动设置限速功能,这主要是考虑道路事故中速度的影响因素是决定性的因素,与此同时推动速度辅助系统的重要性在消费群体中的认知。又如,AEB技术使用激光/雷达/摄像系统检测可能发生的碰撞并且在驾驶员没有采取措施时,自动采取刹车手段,据评估,可减少20%的伤害。

除NCAP之外,另一独立第三方组织美国公路安全保险协会(IIHS)和中国保险协会也分别制订和发布了汽车安全评价标准,其中许多评价内容和标准指标比NCAP还要严格,引起消费者和OEM的高度重视。IIHS和中保协的安全标准将在后面的章节中分别详细介绍。

2.1　中国安全标准

我国的汽车法规研究起步比较晚,直到1983年我国才发布了有关汽车排放的国家标准,从1995年下半年起,我国对汽车新产品除要求进行原有的定型试验外,还增加了汽车安全、环保和节能方面的标准,即强制性标准的检测。强制性标准最初为12项,1997年1月1日增至25项,1998年10月1日增至34项,由于取得良好的效果,2004年4月1日又增至40项。强制性标准是目前我国较为系统的技术法规的主要表现形式。汽车主管部门主要依据我国的汽车强制性标准,对汽车产品实施强制性认证及公告管理。

1989年,随着《标准化法》的实施,我国汽车标准化开始了重大改革。标准化法将国家标准、行业标准分为强制性和推荐性两类。强制性标准是依法强制执行的;推荐性标准为推荐实施。在这以后的标准制订中,汽车标准制订工作的重点放在了涉及安全、环保、节能和防盗的强制性标准的制订上。近年来,我国汽车行业已制订了一套较合理、科学的汽车强制性国家标准体系。

2.1.1　安全法规

中国汽车安全法规体系是以欧洲 ECE/EEC 汽车技术法规体系为主要参照体系,在具体项目内容上紧跟欧、美两大汽车法规体系的协调成果。因此,这些强制性标准从技术要求的角度看,其内容上是与国际上先进的法规体系相同的。

自 1993 年第一批强制性标准发布以来,现在有关汽车安全方面的法规共有 107 项。其中,包括 27 项主动安全标准,28 项被动安全标准,28 项一般安全法规,见表 2.2。表 2.3 为截至 2018 年年底的中国汽车安全强制标准目录。

表 2.2　中国汽车强制性法规项目汇总统计

类型	主动安全		被动安全			一般安全		
	照明与光信号装置	制动、转向、轮胎	座椅、门锁、安全带、凸出物	车身、碰撞防护	防火	视野	指示与信号装置	车结构与防盗
数量	20	7	11	12	5	4	6	18

表 2.3　中国汽车安全强制标准

序号	标准号	法规名称
被动安全—车身、碰撞防护		
1	GB 7063—2011	汽车护轮板
2	GB 9656—2003	汽车安全玻璃
3	GB 11551—2014	汽车正面碰撞的乘员保护
4	GB 11557—2011	防止汽车转向机构对驾驶员伤害的规定
5	GB 11567—2017	汽车及挂车侧面和后下部防护要求
6	GB 15743—1995	轿车侧门强度
7	GB 17354—1998	汽车前、后端保护装置
8	GB 17578—2013	客车上部结构强度要求及试验方法
9	GB 20071—2006	汽车侧面碰撞的乘员保护
10	GB 26134—2010	乘用车顶部抗压强度
11	GB 26511—2011	商用车前下部防护要求
12	GB 26512—2011	商用车驾驶室乘员保护

续表

序号	标准号	法规名称
被动安全—座椅、门锁、安全带、凸出物		
1	GB 11550—2009	汽车座椅头枕强度要求和试验方法
2	GB 11552—2009	乘用车内部凸出物
3	GB 11566—2009	乘用车外部凸出物
4	GB 13057—2014	客车座椅及其车辆固定件的强度
5	GB 14166—2013	机动车乘员用安全带、约束系统、儿童约束系统 ISOFIX 儿童约束系统
6	GB 14167—2013	汽车安全带安装固定点、ISOFIX 固定点系统及上拉带固定点
7	GB 15083—2019	汽车座椅、座椅固定装置及头枕强度要求和试验方法
8	GB 15086—2013	汽车门锁及车门保持件的性能要求和试验方法
9	GB 20182—2006	商用车驾驶室外部凸出物
10	GB 24406—2012	专用校车学生座椅系统及其车辆固定件的强度
11	GB 27887—2011	机动车儿童乘员用约束系统
被动安全—防火		
1	GB 8410—2006	汽车内饰材料的燃烧特性
2	GB 18296—2019	汽车燃油箱及其安装的安全性能要求和试验方法
3	GB 20072—2006	乘用车后碰撞燃油系统安全要求
4	GB 32086—2015	特定种类汽车内饰材料垂直燃烧特性技术要求和试验方法
5	GB 34655—2017	客车灭火装备配置要求
主动安全—照明与光信号装置		
1	GB 4599—2007	汽车用灯丝灯泡前照灯
2	GB 4660—2016	机动车用前雾灯配光性能
3	GB 4785—2019	汽车及挂车外部照明和光信号装置的安装规定
4	GB 5920—2019	汽车及挂车前位灯、后位灯、示廓灯和制动灯配光性能
5	GB 11554—2008	机动车和挂车用后雾灯配光性能
6	GB 11564—2008	机动车回复反射器
7	GB 15235—2007	汽车及挂车倒车灯配光性能
8	GB 17509—2008	汽车及挂车转向信号灯配光性能
9	GB 18099—2013	机动车及挂车侧标志灯配光性能
10	GB 18408—2015	汽车及挂车后牌照板照明装置配光性能
11	GB 18409—2013	汽车驻车灯配光性能

续表

序号	标准号	法规名称
12	GB 19151—2003	机动车用三角警告牌
13	GB 21259—2007	汽车用气体放电光源前照灯
14	GB 21260—2007	汽车用前照灯清洗器
15	GB 15766.1—2008	道路机动车辆灯泡　尺寸、光电性能要求
16	GB 23254—2009	货车及挂车　车身反光标识
17	GB 23255—2019	机动车昼间行驶灯配光性能
18	GB 25990—2010	车辆尾部标志板
19	GB 25991—2010	汽车用 LED 前照灯
20	GB 19152—2016	发射对称近光和/或远光的机动车前照灯
	主动安全—制动、转向、轮胎	
1	GB 16897—2010	制动软管的结构、性能要求及试验方法
2	GB 17675—1999	汽车转向系　基本要求
3	GB 5763—2018	汽车用制动器衬片
4	GB 21670—2008	乘用车制动系统技术要求及试验方法
5	GB 9743—2015	轿车轮胎
6	GB 9744—2015	载重汽车轮胎
7	GB 12676—2014	商用车辆和挂车制动系统技术要求及试验方法
	一般安全—视野	
1	GB 11562—2014	汽车驾驶员前方视野要求及测量方法
2	GB 11555—2009	汽车风窗玻璃除霜和除雾系统的性能和试验方法
3	GB 15085—2013	汽车风窗玻璃刮水器和洗涤器　性能要求和试验方法
4	GB 15084—2013	机动车辆　间接视野装置　性能和安装要求
	一般安全—指示与信号装置	
1	GB 15082—2008	汽车用车速表
2	GB 4094—2016	汽车操纵件、指示器及信号装置的标志
3	GB 15742—2019	机动车用喇叭的性能要求及试验方法
4	GB 15741—1995	汽车和挂车号牌板(架)及其位置
5	GB 13392—2005	道路运输危险货物车辆标志
6	GB 30678—2014	客车用安全标志和信息符号
	一般安全—车辆结构与防盗	
1	GB 1589—2016	汽车、挂车及汽车列车外廓尺寸、轴荷及质量限值
2	GB 13094—2007	客车结构安全要求

续表

序号	标准号	法规名称
3	GB 7258—2017	机动车运行安全技术条件
4	GB 11568—2011	汽车罩(盖)锁系统
5	GB 15740—2006	汽车防盗装置
6	GB 20912—2007	汽车用液化石油气蒸发调压器
7	GB 21668—2008	危险货物运输车辆结构要求
8	GB 20300—2018	道路运输爆炸品和剧毒化学品车辆安全技术条件
9	GB 16735—2019	道路车辆　车辆识别代号(VIN)
10	GB 16737—2019	道路车辆　世界制造厂识别代号(WMI)
11	GB 24407—2012	专用校车安全技术条件
12	GB 30509—2014	车辆及部件识别标记
13	GB 28373—2012	N 类及 O 类罐式车辆侧倾稳定性
14	GB 29753—2013	道路运输　食品与生物制品冷藏车　安全要求及试验方法
15	GB 19239—2013	燃气汽车专用装置的安装要求
16	GB/T 21055—2007	肢体残疾人驾驶汽车的操纵辅助装置
17	GB/T 19260—2016	低地板及低入口城市客车结构要求
18	GB 24545—2019	车辆车速限制系统技术要求及试验方法

1)《汽车正面碰撞的乘员保护》(GB 11551—2014)

适用范围:本标准适用于 M1 类汽车和最大设计总质量不大于 2 500 kg 的 N1 类汽车,以及多用途货车。

试验速度:48~50 km/h。

碰撞工况:试验车辆垂直撞击带胶合板的 0°刚性壁障,撞击精度为左右偏差不超过 150 mm。试验工况如图 2.1 所示。

假人放置:在前排驾驶员和乘员位置分别放置一个 Hybrid Ⅲ 型 50 百分位男性假人,用以测量前排人员受伤害情况。

技术要求:标准要求分两部分:一部分主要对假人头、颈、胸和大腿的伤害指数进行要求;另一部分主要对车体结构进行要求。其具体要求见表 2.4。

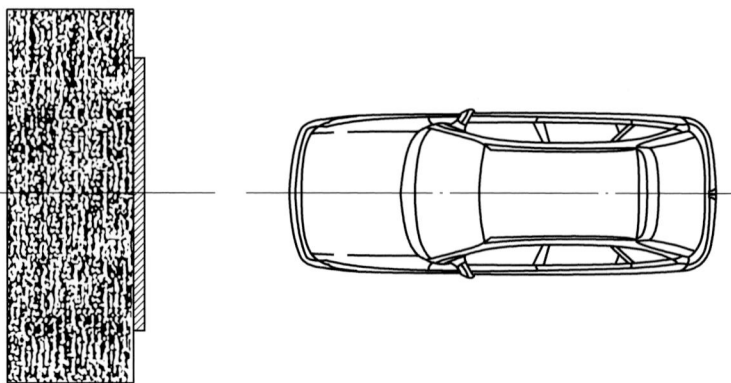

图 2.1　《汽车正面碰撞的乘员保护》(GB 11551—2014)试验

表 2.4　GB 11551—2014 评价标准

	评价部位		要　求
前排假人	头　部	头部伤害值(HIC$_{36}$)	不大于 1 000
		3 ms 合成加速度(g)	不大于 80
	颈　部	剪切力 F_x/kN	曲线评价见图 2.2
		张力 F_z/kN	曲线评价见图 2.3
		伸张弯矩 M_y/(N·m)	不大于 57
	胸　部	压缩变形量/mm	不大于 75
		黏性指数/(m·s^{-1})	不大于 1.0
	大　腿	大腿压缩力/kN	曲线评价见图 2.4
车体结构	要　求		
	试验过程中,车门不得开启		
	试验过程中,前门的锁止系统不得发生锁止		
	对应每排座椅,如有门,至少有一个门能打开		
	将假人从约束系统中解脱时,如果发生了锁止且通过在松脱装置上施加不超过 60 N 的压力能解除锁止		
	不调整座椅,从车辆中完好地取出假人		
	碰撞过程中,燃油系统不应发生泄漏		
	试验后若泄漏,前 5 min 内泄漏速率不得大于 30 g/min		

2)《汽车侧面碰撞的乘员保护》(GB 20071—2006)

适用范围:本标准适用于其质量为基准质量时,最低座椅的 R 点与地面的距离不超过 700 mm 的 M1 类和 N1 类汽车。

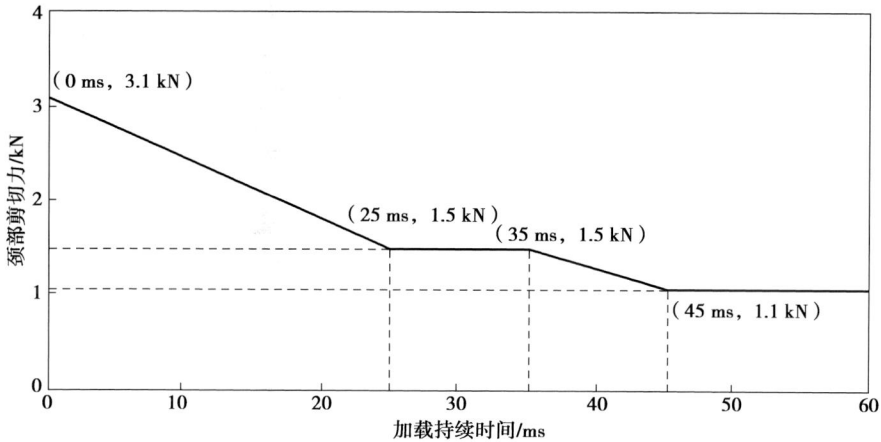

图 2.2　颈部剪切力指标图

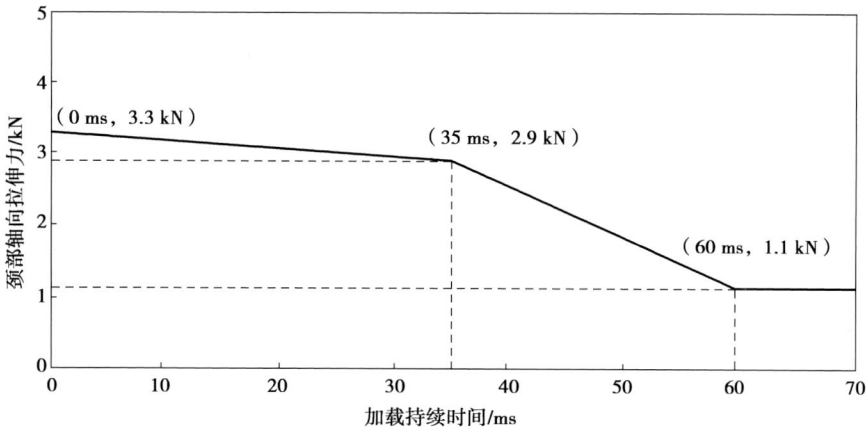

图 2.3　颈部轴向拉伸力指标图

试验速度:49~51 km/h。

碰撞工况:试验应在驾驶员侧进行。移动可变形壁障,移动壁障的纵向中垂面与试验车辆上通过碰撞侧前排座椅 R 点的距离应在±25 mm 内。碰撞瞬间,应确保由变形壁障前表面上边缘和下边缘限定的水平中间平面与试验前确定的位置的上下偏差在±25 mm 内。移动变形壁障上应装有制动装置,以避免与试验车发生二次碰撞。移动壁障含碰撞块(蜂窝铝)技术要求如下:

①总质量为 950±20 kg。

②重心位于纵向中垂面 10 mm 内,距前轴 1 000±30 mm,距地面 500±30 mm 的位置。

③碰撞块前表面与壁障重心的距离为 2 000±30 mm。

④碰撞前,碰撞块前表面下边缘离地间隙为 300±5 mm。

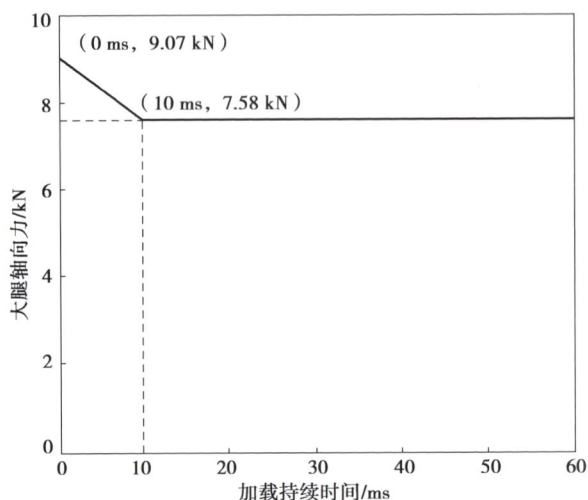

图 2.4　大腿轴向力指标图

⑤前轮和后轮的轮间距为 1 500±10 mm。

⑥壁障车轴距为 3 000±10 mm。

⑦碰撞块(蜂窝铝)为移动可变形碰撞块(AE-MDB),其相关性能及通气框架应符合 GB 20071—2006 附录 C 的规定。该蜂窝铝的几何尺寸如图 2.5 所示。

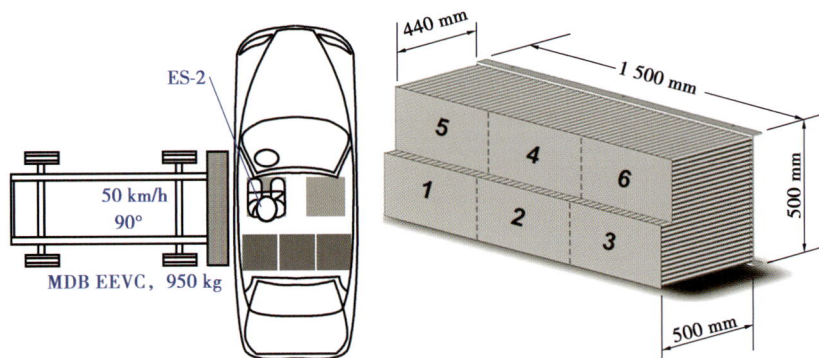

图 2.5　《汽车侧面碰撞的乘员保护》(GB 20071—2006)试验工况及蜂窝铝的几何尺寸

假人放置:在前排驾驶员放置一个 EuroSID I 假人,用以测量人员受伤害情况。

技术要求:标准要求分两部分:一部分主要对假人头、颈、胸和大腿的伤害指数进行要求;另一部分主要对车体结构进行要求。其具体要求见表 2.5。

表 2.5　GB 20071—2006 评价标准

评价部位			要　求
假　人	头　部	HIC$_{36}$	不大于 1 000
	胸　部	压缩变形量 RDC　上肋骨	不大于 42
		中肋骨	不大于 42
		下肋骨	不大于 42
		黏性指数 v_C/(m·s^{-1})　上肋骨	不大于 1.0
		中肋骨	不大于 1.0
		下肋骨	不大于 1.0
	腹　部	腹部力 APF/kN	不大于 2.5
	骨　盆	骨盆力 PSPF/kN	不大于 6.0
车体结构	要　求		
	在试验过程中，车门不得开启		
	试验后，不使用工具应能：打开足够数量的车门，使乘员能正常进出。必要时，可倾斜座椅靠背或座椅，以保证所有乘员能够撤离		
	试验后，不使用工具应能：将假人从约束系统中解脱出来		
	试验后，不使用工具应能：将假人从车辆中移出		
	所有内部构件在脱落时均不得产生锋利的凸出物或锯齿边，以防止增加伤害乘员的可能性		
	在不增加乘员受伤危险的情况下，允许出现因永久变形产生的脱落		
	试验后若燃油泄漏，前 5 min 内泄漏速率不得大于 30 g/min		

3)《乘用车正面偏置碰撞的乘员保护》(GB/T 20913—2007)

适用范围：本标准适用于最大设计质量不大于 2 500 kg 的 M1 类汽车。质量超过该范围的 M1 类汽车以及其他类型汽车可参照执行。

试验速度：55~56 km/h。

碰撞工况：试验车辆垂直撞击壁障，壁障的前表面为可变形蜂窝铝。车辆应与可变形蜂窝铝表面重叠车辆宽度的 40%±20 mm。壁障的定位应使试验车辆与蜂窝铝最先接触发生在驾驶员侧。试验工况如图 2.6 所示。

假人放置：在前排驾驶员和乘员位置分别放置一个 Hybrid Ⅲ 型 50 百分位男性假人，用以测量前排人员受伤害情况。

技术要求：标准要求分两部分：一部分主要对假人头、颈、胸、大腿、小腿和膝关节的伤害指数进行要求；另一部分主要对车体结构进行要求。其具体要求见表 2.6。

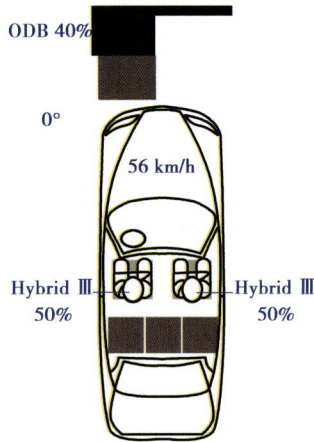

图 2.6　《乘用车正面偏置碰撞的乘员保护》(GB/T 20913—2007)试验

表 2.6　GB/T 20913—2007 评价标准

		要　求	
试验名称	头　部	头部伤害值(HIC$_{36}$)	不大于 1 000
		3 ms 合成加速度(g)	不大于 80
	颈　部	剪切力 F_x/kN	曲线评价见图 2.2
		张力 F_z/kN	曲线评价见图 2.3
		伸张弯矩 M_y/(N·m)	不大于 57
	胸　部	压缩变形量/mm	不大于 50
		黏性指数/(m·s^{-1})	不大于 1.0
	大　腿	大腿压缩力/kN	曲线评价见图 2.4
		膝部位移/mm	不大于 15
	小　腿	胫骨指数(TI)	不大于 1.3
		小腿压缩力/kN	不大于 8
车体结构		要　求	
		试验后,转向盘中心向上不大于 80 mm,向后不大于 100 mm	
		试验过程中,车门不得开启	
		试验过程中,前门的锁止系统不得发生锁止	
		对应每排座椅,如有门,至少有一个门能打开	
		将假人从约束系统中解脱时,如果发生了锁止且通过在松脱装置上施加不超过 60 N 的压力能解除锁止	
		不调整座椅,从车辆中完好地取出假人	
		碰撞过程中,燃油系统不应发生泄漏	
		试验后若泄漏,前 5 min 内泄漏速率不得大于 30 g/min	

4)《乘用车后碰撞燃油系统安全要求》(GB 20072—2006)

适用范围:本标准适用于安装了使用液体燃料的燃油箱的 M1 类汽车,其他类型汽车可参照执行。

试验速度:48~52 km/h。

碰撞壁障:移动壁障小车总质量为 1 100±20 kg,移动壁障小车表面为平面,宽度不小于 2 500 mm,高度不小于 800 mm,其棱边圆角半径为 40~50 mm,表面装有厚度为 20 mm 的胶合板。碰撞壁障表面下边缘离地高度应为 175±25 mm。试验工况如图 2.7 所示。

假人放置:无。

技术要求:主要对车体结构进行要求。其具体要求见表 2.7。

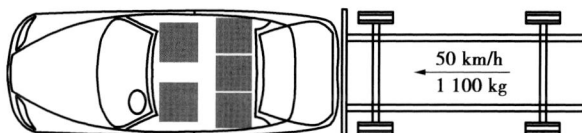

图 2.7　《乘用车后碰撞燃油系统安全要求》(GB 20072—2006)试验

表 2.7　GB 20072—2006 评价标准

序　号	要　求
1	在碰撞过程中,燃油装置不应发生液体泄漏
2	碰撞试验后,燃油装置若有液体连续泄漏,则在碰撞后前 5 min 平均泄漏速率不应大于 30 g/min;如果从燃油装置中泄漏的液体与从其他系统泄漏的液体混淆且这几种液体不容易分开和辨认,则应根据收集到的所有液体评价连续泄漏量
3	不应引起燃料的燃烧
4	在碰撞过程中和碰撞试验后,蓄电池应由保护装置保持自己的位置

2.1.2　C-NCAP 星级评定标准

2006 年,为了促进中国汽车产品安全技术水平的快速发展,降低道路交通安全事故中的伤亡率,实现构建和谐汽车社会的目的,在充分研究并借鉴其他国家 NCAP 发展经验的基础上,结合我国汽车标准、技术和经济发展水平,中国汽车技术研究中心正式建立了 C-NCAP(中国新车评价规程)。在 NCAP 体系中,试验方法与法规认证试验基本相同,但测试项目更全面,要求更严格。例如,NCAP 的量化测试项不仅包括了头部伤害、胸部压缩量和大腿轴向力,还增加了颈部伤害和小腿伤害指标的测定。同时,为了弥补生物力学指标的不足,NCAP 试验还要对车身,特别是乘员舱和转向系统变形进行测量,以此来判断造成人员伤害的潜在可能。更重要的是,NCAP 体系还有一套成熟的安全评价方法,把一般性试验简单的"合格"和"不合格"判定变成更加直观并量化的星级评价。由于它影响广泛,标准严格,试验规范,权威公正,直接面向消费者公布试验结果,故能反映汽车的实际安全水平。因此,各大汽车企业都非常重视 NCAP,把它作为汽车开发的重要评估依据。在 NCAP 试验取得良好成绩的企业,也将试验结果作为产品推广的宣传内容。

经验表明,实施 NCAP 对提高汽车安全性能和改善道路交通安全都有明显的效果。C-NCAP 实施 10 年来,国内车型整体安全技术水平及评价成绩大幅提高,车辆安全装置的配置率也显著增加,中国的广大消费者使用到了更安全的汽车产品,获得了更为安全的驾乘体验,对改善中国道路交通安全状况有着明显的效果。C-NCAP 已成为中国汽车产品安全研发的风向标,更成为汽车安全的代名词。随着 C-NCAP 的顺利实施及研究的深入,中国汽车技术研究中心也对《C-NCAP 管理规则》进行了多次完善和提升,经历了 2006 年版、2009 年版、2012 年版和 2015 年版的变更。如今,车辆被动安全技术日益精细化,而主动安全技术也进入快速飞跃式发展阶段,被动和主动安全技术的相互融合将构成全方位的车辆乘员安全防护体系。因此,C-NCAP 在原有的正面 100% 重叠刚性壁障碰撞试验、正面 40% 重叠可变形壁障碰撞试验、可变形移动壁障侧面碰撞试验、座椅鞭打试验等基础上,再次进行了改进和完善,并针对中国行人事故高发的特点适时增加了行人保护试验和车辆自动紧急制动系统(AEB)试验,评分及星级划分体系也做了较大调整。自此,由乘员保护、行人保护、主动安全三大版块构成的全新《C-NCAP 管理规则(2018 年版)》出台。《C-NCAP 管理规则(2018 年版)》于 2018 年 7 月 1 日实施。

2018 版 C-NCAP 分为以下 3 个部分:

①乘员保护部分。含正面 100% 重叠刚性壁障碰撞试验、正面 40% 重叠可变性壁障碰撞试验、可变形移动壁障侧面碰撞试验及低速后碰撞颈部保护试验("鞭打试验")。

②行人保护部分。含行人保护试验。

③主动安全部分。含车辆自动紧急制动系统(AEB)性能测试和车辆电子稳定性控制系统(ESC)性能测试报告的审核。

1)正面 100% 重叠刚性壁障碰撞试验

试验速度:50~51 km/h。

碰撞工况:试验车辆垂直撞击带胶合板的 0° 刚性壁障,撞击精度为左右偏差不超过 150 mm。试验工况如图 2.8 所示。

假人放置:在前排驾驶员和乘员位置分别放置一个 Hybrid Ⅲ 型 50 百分位男性假人,用以测量前排人员受伤情况。在第二排座椅最左侧座位上放置一个 Hybrid Ⅲ 型 5 百分位女性假人,用以测量第二排人员受伤情况。在第二排最右侧座位上放置一个儿童座椅和一个 Q 系列 3 岁儿童假人,用以考核乘员约束系统性能及对儿童乘员的保护。

评价项目:评价项目分两部分:一部分主要对假人头、颈、胸、大腿、小腿和膝关节的伤害指数进行评价;另一部分主要对车体结构进行总体罚分,总分为 20 分。其具体要求见表 2.8。

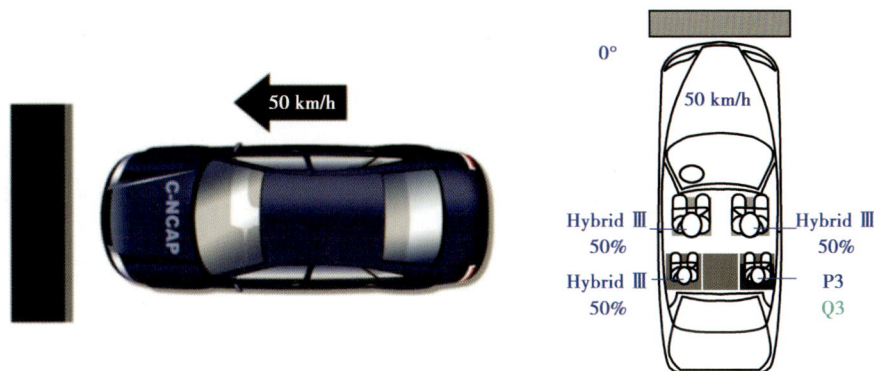

图 2.8　正面 100%重叠刚性壁障碰撞试验

表 2.8　正面 100%重叠刚性壁障碰撞试验评价项目

部位		评价项目	性能要求和得分	部位评分
前排假人	头	头部伤害指数-HIC$_{36}$	650(5 分)~1 000(0 分)	头部分数为头部伤害指数和 3 ms 合成加速度的最低分+转向管柱的罚分
		3 ms 合成加速度(g)	72(5 分)~88(0 分)	
		对驾驶员侧假人,若转向管柱产生向上位移量,则其头部得分应被修正,修正值为-1~0	72(0 分)~88(-1 分)	
	颈	剪切力 F_x/kN	2 分~0 分,曲线评价见图 2.9	颈部分数为剪切力、张力和伸张弯矩的最低分
		张力 F_z/kN	2 分~0 分,曲线评价见图 2.10	
		伸张弯矩 M_y/(N·m)	42(2 分)~57(0 分)	
	胸	压缩变形量/mm	22(2 分)~50(0 分)	胸部分数为压缩变形量和黏性指数的最低分+转向管柱的罚分
		黏性指数	0.5(2 分)~1(0 分)	
		对驾驶员侧假人,若转向管柱产生向后位移量,则其胸部得分应被修正,修正值为-1~0	90(0 分)~110(-1 分)	
	大腿	大腿压缩力/kN	2 分~0 分,曲线评价见图 2.11	大腿分数为大腿压缩力和膝盖滑移量的最低分
		膝盖滑动位移/mm	6(2 分)~15(0 分)	
	小腿	胫骨指数-TI	0.4(2 分)~1.3(0 分)	小腿分数为胫骨指数和小腿压缩力的最低分
		小腿压缩力/kN	2(2 分)~8(0 分)	
	约束系统	正面气囊(包括膝部气囊)若在试验过程中未能完全开启,则减去 1 分	-1	约束系统最高罚分为-3 分
		座椅系统若在试验过程中失效 1,则减去 1 分	-1	
		安全带系统若在试验过程中失效 2,则减去 1 分	-1	

续表

部位		评价项目	性能要求和得分	部位评分
第二排女性假人	头	头部伤害指数-HIC_{15}	1.头部未发生二次接触直接得 1.6 分 2.若发生二次接触,要求和得分为 500(1.6 分)~700(0 分)	1.若头部未发生二次碰撞,颈部的评价指标为张力 F_z 2.若头部发生二次碰撞,颈部的评价指标为剪切力 F_x、张力 F_z 和伸张弯矩 M_y 的最低分
	颈	剪切力 F_x/kN	1.2(0.4 分)~1.95(0 分)	
		张力 F_z/kN	1.7(0.4 分)~2.62(0 分)	
		伸张弯矩 M_y/(N·m)	36(0.4 分)~49(0 分)	
	胸	压缩变形量/mm	23(2 分)~48(0 分)	
	约束系统	第二排女性假人约束系统,若在试验过程中失效,则减去 0.5 分或 1 分	0,-0.5,-1	约束系统最高罚分为-1 分
儿童假人	约束系统	儿童假人约束系统固定装置失效,则减去 1 分	0,-1	儿童约束系统最高罚分为-1 分
总体罚分项		对两侧的每一个车门,若在碰撞过程中开启,则分别减去 1 分		总体罚分最高为-4 分
		将假人从约束系统中解脱时,如果发生了锁止且通过在松脱装置上施加超过 60 N 的压力仍未解除锁止,则分别减去 1 分		
		试验后,对应于每排座位,若有门且在不使用工具的前提下,两侧车门均不能打开,则该排对应减去 1 分		
		对带有自动落锁功能的车辆,车辆落锁进行试验后,若落锁功能未能解除,则减去 1 分		
		碰撞试验后,若燃油供给系统存在液体连续泄漏且在碰撞后前 5 min 平均泄漏速率超过 30 g/min,则减去 2 分		

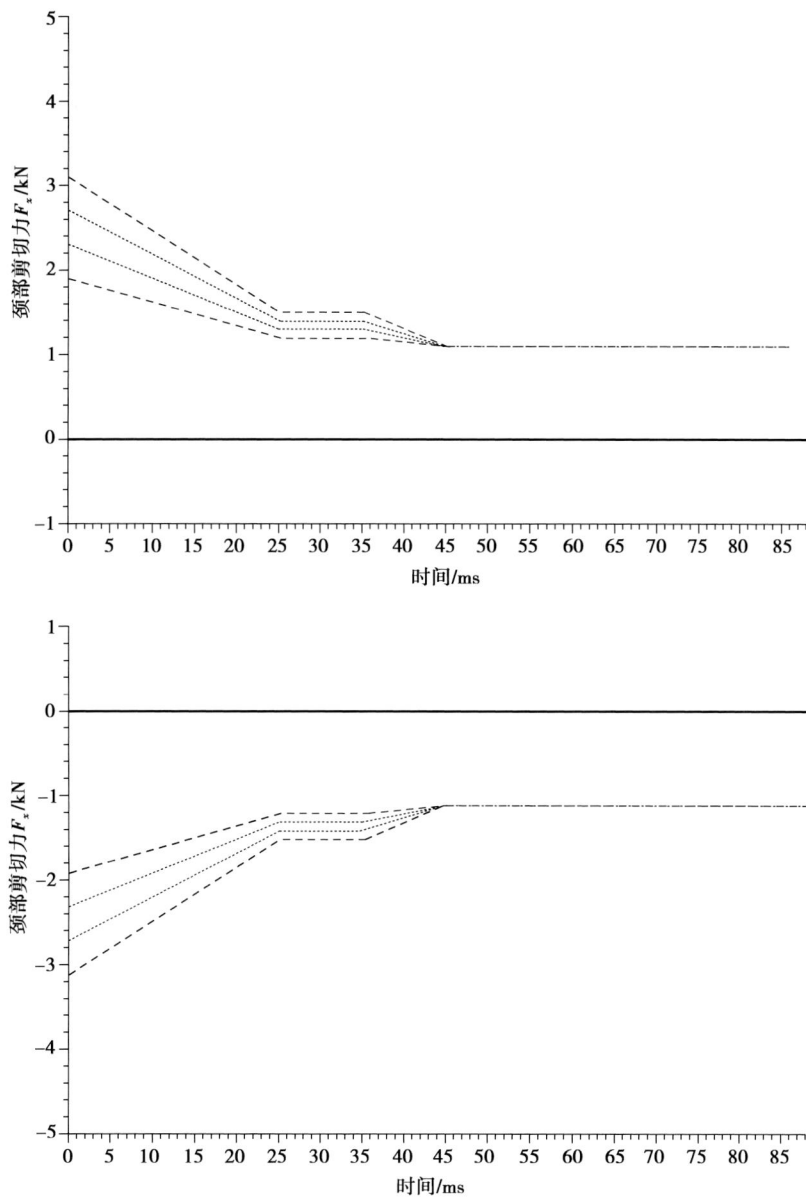

图 2.9　前排假人颈部剪切力曲线评价图

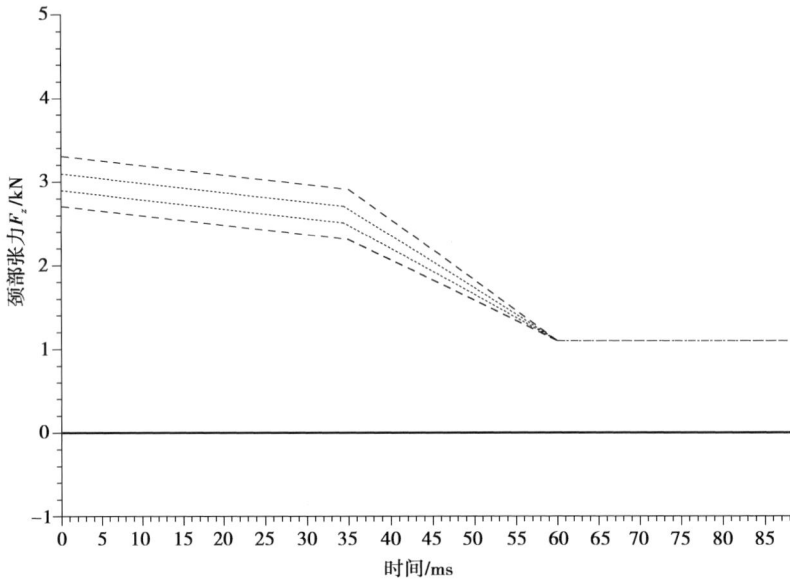

图 2.10　前排假人颈部张力曲线评价图

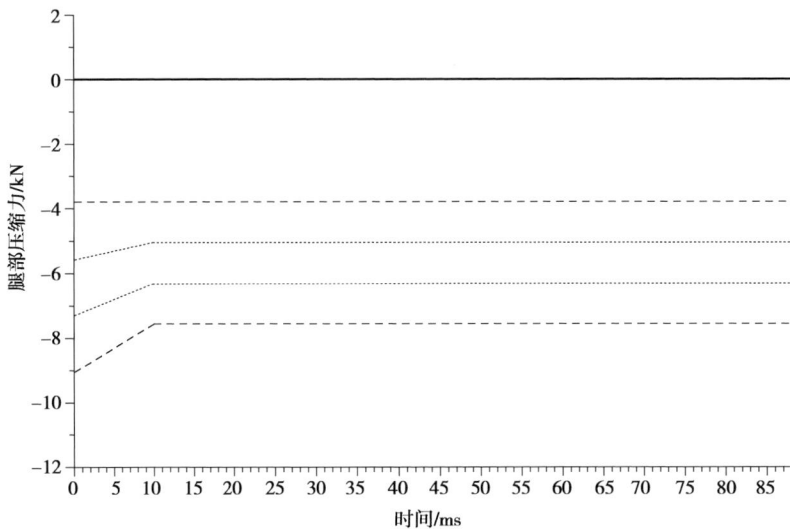

图 2.11　前排假人大腿压缩力曲线评价图

2）正面 40%重叠可变性壁障碰撞试验

试验速度：63～65 km/h。

碰撞工况：试验垂直撞击壁障，壁障的前表面为可变形蜂窝铝。车辆应与可变形蜂窝铝表面重叠车辆宽度的 40%±20 mm。壁障的定位应使试验车辆与蜂窝铝最先接触发生在驾驶员侧。试验工况如图 2.12 所示。

假人放置：在前排驾驶员和乘员位置分别放置一个 Hybrid Ⅲ 型 50 百分位男性

假人,用以测量前排人员受伤害情况。在第二排座椅最左侧座位上放置一个 Hybrid Ⅲ 型 5 百分位女性假人,用以测量第二排人员受伤害情况。对两门单排座车型,仅在前排驾驶员和乘员位置分别放置一个 Hybrid Ⅲ 型 50 百分位男性假人,用以测量前排人员受伤害情况。

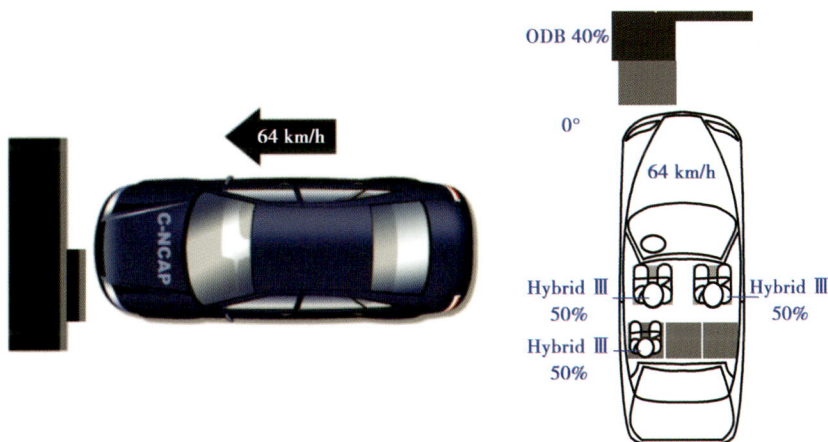

图 2.12　正面 40% 重叠可变性壁障碰撞试验

评价项目:评价项目分两部分:一部分主要对假人头、颈、胸、大腿、小腿和膝关节的伤害指数进行评价;另一部分主要对车体结构进行总体罚分,总分为 20 分。其具体要求见表 2.9。

表 2.9　正面 40% 可变形壁障碰撞试验评价项目

部位		评价项目	性能要求和得分	部位评分
前排假人	头颈部	头部伤害指数-HIC_{36}	650(4 分)~1 000(0 分)	头颈部分数为各项伤害的最低分+转向管柱的罚分
		3 ms 合成加速度(g)	72(4 分)~88(0 分)	
		对驾驶员侧假人,若转向管柱产生向上位移量,则其头部得分应被修正,修正值为-1~0	72(0 分)-88(-1 分)	
		剪切力 F_x/kN	4 分~0 分,曲线评价见图 2.9	
		张力 F_z/kN	2 分~0 分,曲线评价见图 2.10	
		伸张弯矩 M_y/(N·m)	42(4 分)~57(0 分)	
	胸	压缩变形量/mm	22(4 分)~50(0 分)	胸部分数为各项伤害的最低分+转向管柱的罚分
		黏性指数	0.5(4 分)~1(0 分)	
		对驾驶员侧假人,若转向管柱产生向后位移量,则其胸部得分应被修正,修正值为-1~0	90(0 分)~110(-1 分)	

续表

部位		评价项目	性能要求和得分	部位评分
前排假人	大腿	大腿压缩力/kN	4分~0分,曲线评价见图2.11	大腿分数为各项伤害的最低分
		膝盖滑动位移/mm	6(4分)~15(0分)	
	小腿	胫骨指数-TI	0.4(4分)~1.3(0分)	小腿分数为各项伤害的最低分
		小腿压缩力/kN	2(4分)~8(0分)	
	约束系统	正面气囊(包括膝部气囊)若在试验过程中未能完全开启,则减去1分	−1	约束系统最高罚分为−3分
		座椅系统若在试验过程中失效1,则减去1分	−1	
		安全带系统若在试验过程中失效2,则减去1分	−1	
第二排女性假人	头	头部伤害指数-HIC_{15}	1.头部未发生二次接触直接得2分 2.若发生二次接触,要求和得分为500(2分)~700(0分)	
	颈	剪切力 F_x/kN	1.2(2分)~1.95(0分)	1.若头部未发生二次碰撞,颈部的评价指标为张力 F_z 2.若头部发生二次碰撞,颈部的评价指标为剪切力 F_x、张力 F_z 和伸张弯矩 M_y 的最低分
		张力 F_z/kN	1.7(2分)~2.62(0分)	
		伸张弯矩 M_y/(N·m)	36(2分)~49(0分)	
	胸	压缩变形量/mm	23(2分)~48(0分)	
	约束系统	第二排女性假人约束系统,若在试验过程中失效,则减去0.5分或1分	0,−0.5,−1	
儿童假人	约束系统	儿童假人约束系统固定装置失效,则减去1分	0,−1	

续表

部位	评价项目	性能要求和得分	部位评分
总体罚分项	对两侧的每一个车门,若在碰撞过程中开启,则分别减去 1 分		总体罚分最高为 4 分
	将假人从约束系统中解脱时,如果发生了锁止且通过在松脱装置上施加超过 60 N 的压力仍未解除锁止,则分别减去 1 分		
	试验后,对应于每排座位,若有门且在不使用工具的前提下,两侧车门均不能打开,则该排对应减去 1 分		
	对带有自动落锁功能的车辆,车辆落锁进行试验后,若落锁功能未能解除,则减去 1 分		
	碰撞试验后,若燃油供给系统存在液体连续泄漏且在碰撞后前 5 min 平均泄漏速率超过 30 g/min,则减去 2 分		

3)侧面移动可变形壁障碰撞试验

试验速度:50~51 km/h。

碰撞工况:试验应在驾驶员侧进行。移动可变形壁障,移动壁障的纵向中垂面与试验车辆上通过碰撞侧前排座椅 R 点向后 250 mm 处的横断垂面之间的距离应在 ±25 mm 内。试验工况如图 2.13 所示。碰撞瞬间,应确保由变形壁障前表面上边缘和下边缘限定的水平中间平面与试验前确定的位置的上下偏差在 ±25 mm 内。移动变形壁障上应装有制动装置,以避免与试验车发生二次碰撞,移动壁障含蜂窝铝技术要求如下:

①总质量为 1 400±20 kg。

②重心位于纵向中垂面 ±10 mm,前轴向后 1 000±30 mm,地面向上 500±30 mm 的位置。

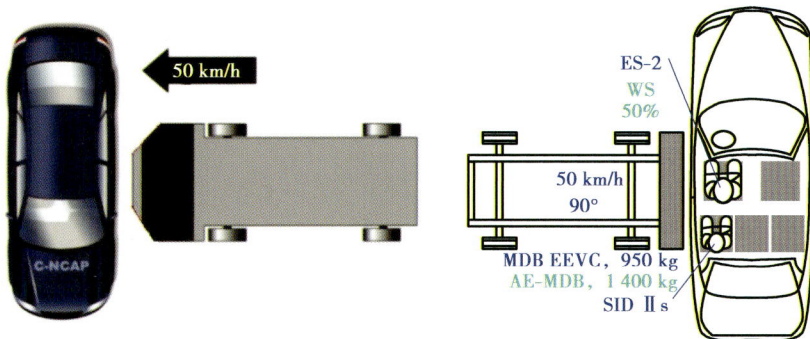

图 2.13　可变性移动壁障侧面碰撞试验

③碰撞块前面至台车重心的距离为 2 000±30 mm;宽度为 1 700±2.5 mm。

④碰撞前,壁障高度应满足以下静态测量要求:梁单元前面最上部分(吸能块上下行相交部分)距离地平面的高度为 600±5 mm。

⑤前轮和后轮的轮间距为 1 500±10 mm。

⑥台车轴距为 3 000±10 mm。

⑦蜂窝铝为欧洲先进的移动壁障块(AE-MDB),其相关性能及通气框架应符合 Euro-NCAP 技术公告 014 的规定。该蜂窝铝的几何尺寸如图 2.14 所示。

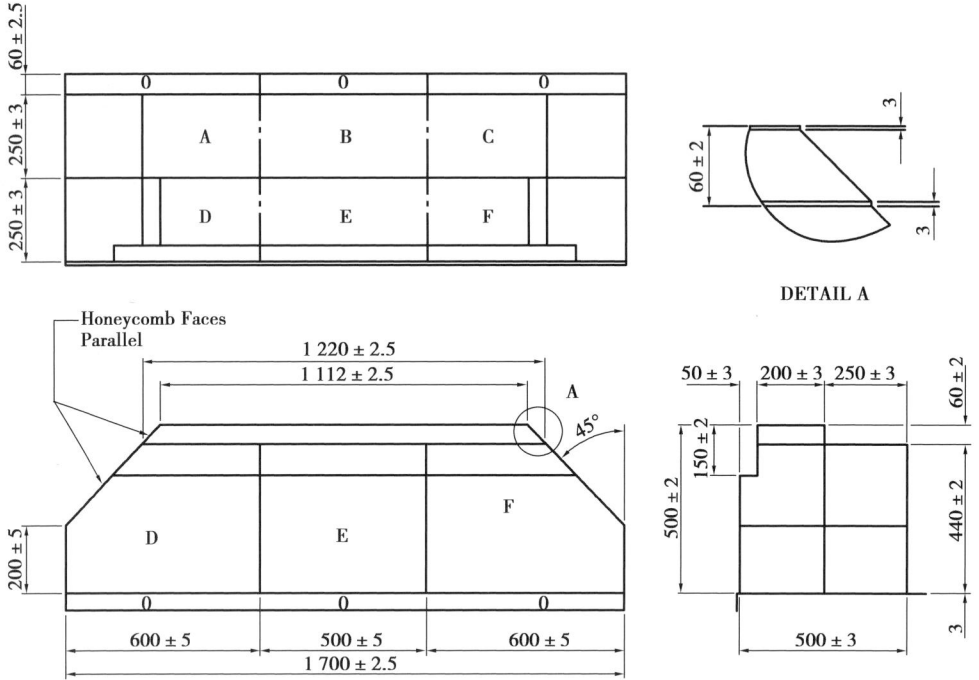

图 2.14　AE-MDB 蜂窝铝的几何尺寸图

假人放置:在驾驶员位置放置一个 World SID 50th 假人,在第二排座椅被撞击侧放置 SID-Ⅱs(D 版)假人,用以测量驾驶员及第二排人员受伤害情况。对两门单排座车型,仅在驾驶员位置放置一个 World SID 50th 型假人,以测量人员受伤害情况。World SID 50th 假人部件性能应符合 ISO 15830 的规定。

技术要求:标准要求分两部分:一部分主要对假人头、胸、腹和骨盆的伤害指数进行要求;另一部分主要对车体结构进行要求。其具体要求见表 2.10。

表 2.10　可变性移动壁障侧面碰撞试验评价项目

部　位		评价项目		性能要求和得分	部位评分
驾驶员假人伤害指数	头部	HIC$_{15}$		500（4 分）~700（0 分）	头部伤害指数为 HIC$_{15}$ 和 3 ms 加速度最低分
		3 ms 加速度（g）		72（4 分）~80（0 分）	
	胸部	压缩变形量	上肋骨	28（4 分）~50（0 分）	胸部伤害指数为压缩量最低分+VC 和肩部力的修正罚分
			中肋骨	28（4 分）~50（0 分）	
			下肋骨	28（4 分）~50（0 分）	
		VC 修正	上肋骨	>1（−4 分），≤1（0 分）	
			中肋骨	>1（−4 分），≤1（0 分）	
			下肋骨	>1（−4 分），≤1（0 分）	
		肩部力修正 F_y/kN		>3（−4 分），≤3（0 分）	
	腹部	压缩变形量	上	47（4 分）~65（0 分）	腹部伤害指数为压缩量最低分+VC 的修正罚分
			下	47（4 分）~65（0 分）	
		VC 修正	上	>1（−4 分），≤1（0 分）	
			下	>1（−4 分），≤1（0 分）	
	骨盆	骨盆合力/kN		1.7（4 分）~2.8（0 分）	
	修正	侧面气囊若在试验过程中未能完全开启，则减去 1 分		−1	约束系统最高罚分为 −2分
		安全带系统若在试验过程中失效，则减去 1 分		−1	
后排女性假人伤害指数	头部	HIC$_{15}$		500（1 分）~700（0 分）	
	胸部	压缩变形量	上肋骨	31（1 分）~41（0 分）	胸部伤害指数为压缩量最低分+VC 的修正罚分
			中肋骨	31（1 分）~41（0 分）	
			下肋骨	31（1 分）~41（0 分）	
		VC 修正	上肋骨	>1（−1 分），≤1（0 分）	
			中肋骨	>1（−1 分），≤1（0 分）	
			下肋骨	>1（−1 分），≤1（0 分）	
	腹部	压缩变形量	上	38（1 分）~48（0 分）	腹部伤害指数为压缩量最低分+VC 的修正罚分
			下	38（1 分）~48（0 分）	
		VC 修正	上	>1（−1 分），≤1（0 分）	
			下	>1（−1 分），≤1（0 分）	
	骨盆	骨盆合力/kN		3.5（1 分）~5.5（0 分）	
	修正	侧面气囊若在试验过程中未能完全开启，则减去 1 分		−1	约束系统最高罚分为 −2分
		安全带系统若在试验过程中失效，则减去 1 分		−1	

续表

总体罚分	对两侧的每一个车门,若在碰撞过程中开启,则分别减去 1 分	总体罚分最高为-4 分
	对带有自动落锁功能的车辆,车辆落锁进行试验后,若非撞击侧车门落锁功能未能解除,则减去 1 分	
	将假人从约束系统中解脱时,如果发生了锁止且通过在松脱装置上施加超过 60 N 的压力仍未解除锁止,则分别减去 1 分	
	碰撞试验后,若燃油供给系统存在液体连续泄漏且在碰撞后前 5 min 平均泄漏速率超过 30 g/min,则减去 2 分	

4)鞭打试验

试验工况:滑车速度以变化量为 20.0±1.0 km/h 的特定加速度波形发射,模拟后碰撞过程。试验工况如图 2.15 所示。

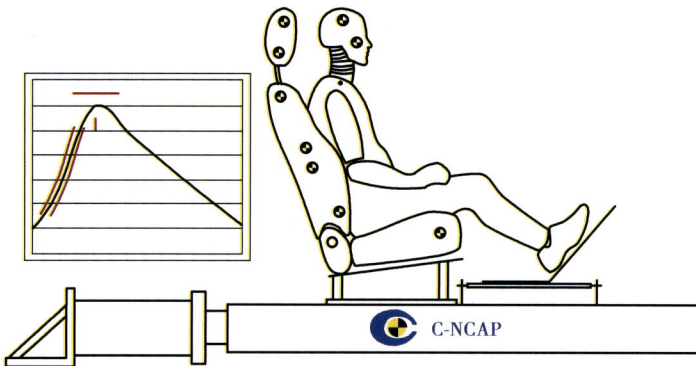

图 2.15　低速后碰撞颈部保护试验(鞭打试验)

假人放置:将驾驶员座椅及约束系统仿照原车结构,固定安装在移动滑车上。座椅上放置 BioRID Ⅱ 型假人,用以测量后碰撞过程中,颈部受到的伤害情况。

评价项目:评价主要分为两部分:一是对 BioRID Ⅱ 假人的颈部伤害进行评价;二是对座椅和头枕的性能进行评价。详细的评分原则见表 2.11。

表 2.11　鞭打试验总体评分原则

指　标	高性能限值	低性能限值	得　分	鞭打试验得分
NIC/$(m^2 \cdot s^{-2})$	8	30	0~2	
上颈部 F_x+/N	340	730		
上颈部 F_z+/N	475	1 130	0~1.5	
上颈部 M_y/$(N \cdot m)$	12	40		0~5
下颈部 F_x+/N	340	730		
下颈部 F_z+/N	257	1 480	0~1.5	
下颈部 M_y/$(N \cdot m)$	12	40		
座椅靠背动态张角	≥25.5°		−2	
头枕干涉头部空间	Y		−2	
座椅滑轨动态位移	≥20 mm		−5	

5) 行人保护试验

行人保护试验项目包括头型试验和腿型试验,分别对车辆头型试验区域或腿型试验区域进行评价,如图 2.16 所示。根据车辆结构特征,头型试验以 WAD1700 包络线(或发动机罩后面基准线)为界选用成人头型或儿童头型,冲击车辆头型试验区域的制订位置;根据保险杠下部离地高度腿型试验选用上腿型或 FLEX-PLI 下腿型,冲击腿型试验区域的制订位置。

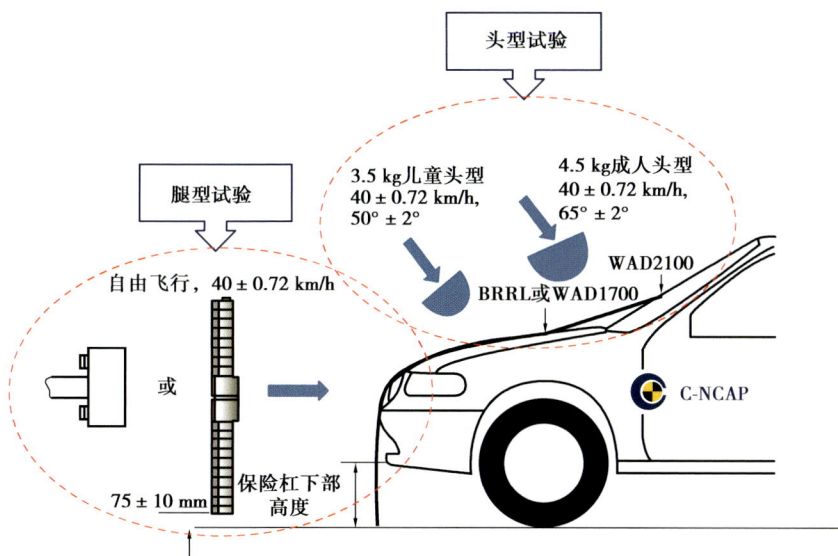

注:根据保险杠下部高度选择腿型冲击器进行腿部撞击保险杠试验

图 2.16　行人保护试验

行人保护的评价包括对车辆头型试验区域和腿型试验区域的评价。可得到的最高分数为 15 分。其中,头型试验区域最高得分为 12 分,腿型试验区域最高得分为 3 分。

6)主动安全

主动安全部分共 15 分。其中,AEB 系统占 11 分,ESC 系统占 4 分。主动安全测试包括:

(1)电子稳定控制系统(ESC)

对配置了车辆电子稳定控制系统(ESC)的车辆,车辆生产企业需提供具备资质的第三方检测机构出具的关于此车型满足《轻型汽车电子稳定控制系统性能要求及试验方法》(GB/T 30677—2014)要求的性能测试报告,并同时提交 C-NCAP 样车与 ESC 试验报告样车的一致性说明文件,性能测试报告中应包括以下内容:

①满足标准的 ESC 功能要求。

②转向盘转角缓慢增加试验数据。

③正弦停滞试验数据。

④安装测试设备的试验车辆及车辆在试验场地进行试验的照片。

⑤与 ESC 性能直接相关的参数,如轴距、轮距、轮胎型号、最大设计总质量、质心位置、悬架结构形式与主要结构参数。

(2)自动紧急制动系统(AEB)

本项试验共 11 分。其中,车辆追尾自动紧急制动系统(AEB CCR)试验 8 分,行人自动紧急制动系统(AEB VRU_Ped)试验 3 分。

(3)主动安全部分评分

主动安全部分得分和得分率可计算为

$$主动安全部分得分=(AEB\ CCR\ 得分+AEB\ VRU\_Ped\ 得分)\times$$
$$配置系数+ESC\ 得分$$

$$主动安全部分得分率=\frac{主动安全部分得分}{15}\times100\%$$

7)C-NCAP(2018 版)得分与星级评价

C-NCAP 以乘员保护、行人保护和主动安全 3 个部分的综合得分率来进行星级评价。乘员保护、行人保护和主动安全 3 个部分通过试验项目分别计算得分,各项目满分值及加分项分值见表 2.12。总体评分如图 2.17 所示。其中,配置系数为当前销售该配置占总销量的比值。

表 2.12　C-NCAP **各部分得分分值**

部　分	项目类别	项　目	分　值		各部分总分
			前　排	后　排	
乘员保护	试验项	100%正面碰撞	16	4	70
		40%偏置碰撞	16	4	
		侧面碰撞	16	4	
		鞭打	5		
	加分项	侧气帘	3		
		安全带提醒	2		
行人保护	试验项	头型	12		15
		腿型	3		
主动安全	审核项	ESC	4		15
	试验项	AEB CCR	8		
		AEB VRU_Ped	3		

注：1.单排座车不计后排分数,其乘员保护部分满分为 57 分。

　　2.前排乘员侧安全带提醒装置符合要求加 1 分;第二排所有座椅位置的安全带提醒装置均符合要求加 1 分。

　　3.主动安全部分最高得分为 15 分,即使由于 AEB 配置系数不同导致计算时超过总分,仍按 15 分计。

3 个部分	项目类别	项　目	单项分值		部分总分	得分率	权重	最终得分率
			前排	后排				
乘员保护	试验项	100%正碰	16	4	70[a]	该部分实际得分/70	0.7	得分率×0.7
		40%偏置	16	4				
		侧碰	16	4				
		鞭打	5					
	加分项	侧面气帘	3					
		安全带提醒	2(前排副驾1、第二排所有位置1)					
						+		综合得分率
行人保护	试验项	头型	12		15	该部分实际得分/15	0.15	得分率×0.15
		腿型	3					
						+		
主动安全	审核加分项	ESC	4		15[b]	(ESC 得分+AEB 试验得分×配置系数)/15	0.15	得分率×0.15
	试验项	AEB_{CCR}	8					
		AEB_{VRU_Ped}	3					

图 2.17　2018 版 C-NCAP 总体评分

乘员保护、行人保护和主动安全3个部分根据每一部分的实际得分除以相应的各部分总分得到3个部分各自的得分率,然后分别乘以3个部分的权重系数(乘员保护:0.7;行人保护:0.15;主动安全:0.15)后求和得到综合得分率。根据最终的综合得分率,按照星级评价标准对试验车辆进行星级评价,见表2.13。

表2.13　C-NCAP(2018版)各星级得分要求

星　级	综合得分率	各部分最低得分率				
		乘员保护	行人保护	主动安全		
				2018 年	2019 年	2020 年
5+(★★★★☆) 5(★★★★★)	≥90% ≥82%且<90%	≥95% ≥85%	≥75% ≥65%	≥50% ≥26%	≥55% ≥38%	≥72% ≥55%
4(★★★★)	≥72%且<82%	≥50%	≥50%	≥26%	≥26%	≥26%
3(★★★)	≥60%且<72%	≥40%	≥40%	—	—	—
2(★★)	≥45%且<60%	≥20%	≥20%	—	—	—
1(★)	<45%	<20%	<20%	—	—	—

2.1.3　中国保险汽车安全指数 C-IASI

在美国、德国等汽车发达国家,车型安全系数已作为车险中车型定价的重要因子,但在中国未能建立系统的体系,极大地制约了我国车型定价的精细化发展。为此,在中国保险行业协会的指导下,中国汽车工程研究院股份有限公司与中保研汽车技术研究院有限公司在充分研究并借鉴国际成熟经验的基础上,结合中国汽车保险与车辆安全技术现状,经过多轮论证、最终制订形成"中国保险汽车安全指数"(以下简称"C-IASI")测试评价体系。

C-IASI从消费者立场出发,从汽车保险视角,围绕车险事故中"车损""人伤",从耐撞性与维修经济性指数、车内乘员安全指数、车外行人安全指数及车辆辅助安全指数4个方面进行测试评价。最终评价结果以直观的等级:优秀(G)、良好(A)、一般(M)、较差(P)的形式定期对外发布,为车险保费厘定、汽车安全研发、消费者购车用车提供数据参考,积极助推车辆安全技术成果与汽车保险的融汇应用,有效促进中国汽车安全水平整体提高和商业车险健康持续发展,更系统、全面地为消费者、汽车行业及保险行业服务。

C-IASI分别从车辆耐撞性与维修经济性指数、车内乘员安全指数、车外行人安全指数及车辆辅助安全指数4个方面对车辆进行测试评价。

1) 耐撞性与维修经济性指数

试验规程参考"RCAR Low-speed structural crash test protocol"和"RCAR Bumper Test"编制。在车辆低速结构正面碰撞试验中,试验车辆以 15~16 km/h 的速度撞击刚性壁障。在车辆低速结构追尾碰撞中,装有刚性壁障的移动壁障车以 15~16 km/h 的速度撞击静止的试验车辆后部。

评价规程参考国际相关研究机构的评价办法,并结合中国汽车保险的实际需求制订。评价内容包含正面碰撞和追尾碰撞中的车辆耐撞性能和维修经济性能。具体评价步骤如下:

①首先开展车辆低速结构碰撞测试(包括低速结构正面碰撞和低速结构追尾碰撞),并根据相对应的评价方法,分别计算出低速结构正面碰撞工况和追尾碰撞工况的得分。

②利用加权计算方法,计算出车辆低速碰撞的加权得分,即

$$低速结构碰撞加权得分 = 低速结构正面碰撞得分×2 + \frac{低速结构追尾碰撞得分}{3}$$

在此基础上,对车辆耐撞性与维修经济性指数进行评价。具体的评价指标见表 2.14。特别指出的是,如果车辆安全气囊系统在碰撞过程中发生了起爆现象,则该测试车辆耐撞性与维修经济性指数直接评定为较差(P)。

表 2.14　车辆耐撞性与维修经济性评价指标

得分/X	评　级
$X \geqslant 23$	优秀(G)
$19 \leqslant X < 23$	良好(A)
$14 \leqslant X < 19$	一般(M)
$X < 14$	较差(P)

(1)车辆低速结构正面碰撞试验规程

适用范围:适用于整备质量不超过 3 500 kg 的载客车辆和载货车辆(M1 类和 N1 类)。

碰撞工况:试验车辆以 15 km/h 的速度撞击固定刚性壁障。在固定刚性壁障时,需确保其前端面与测试车辆横向垂面成 10°±1°。测试车辆与刚性壁障的初始接触位于驾驶员侧,并且刚性壁障前表面与车辆的重叠量为前部车辆宽度的 40%,误差范围±25 mm。试验车辆的碰撞速度为 15^{+1}_{0} km/h。在驾驶员位置放置一个 75±5 kg 的假人或等质量的配重物,假人或配重物通过标准三点式安全带固定在驾驶员座椅上。碰撞工况如图 2.18 所示。

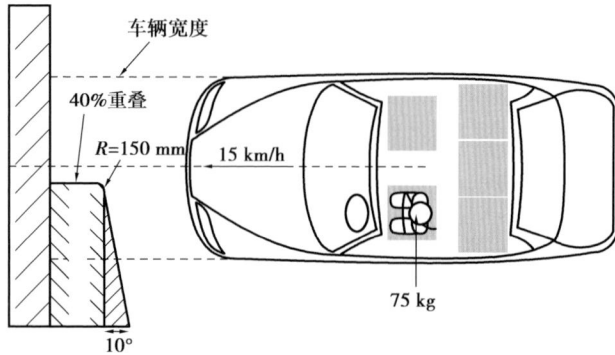

图 2.18　车辆低速结构正面碰撞试验工况

评价方法:碰撞后核查并统计受损伤的车辆零部件及数量,分析受损伤零部件的损伤程度,并确定各零部件是否更换或修复,主要分为车辆耐撞性评价和车辆维修经济性评价。

①车辆耐撞性评价

a.根据车辆低速结构正面碰撞工况中闭合件间隙测量结果,当所有测量点(标记位置的车门与侧围间隙)的最大变形量≤2 mm 且变形后间隙>0 mm 时,则得分为 3 分;当每存在 1 个测量点的变形量>2 mm 或者变形后间隙≤0 mm(测量点位置出现直接接触或交错现象)时,则得分减去 0.5 分,即为 2.5 分。依次累计,本项最低分为 0 分。

b.根据车辆低速结构正面碰撞工况中底盘结构变形测量结果,当所有测量点(标记位置的底盘结构变形)的最大变形量≤3 mm 时,则得分为 3 分;当每存在 1 个测量点的变形量>3 mm 时,则得分减去 0.5 分,即为 2.5 分。依次累计,当单个测量点的变形量每增加 3 mm,则再减去 0.5 分,本项最低分为 0 分。

②车辆维修经济性评价

统计分析各零部件的损伤明细,计算车辆修复所需要的总费用。在此基础上,根据车辆修复费用和厂商的新车销售指导价,对车辆低速结构正面碰撞工况下的车辆维修经济性进行评价。费用与得分之间的关系见表 2.15。

表 2.15　低速结构正面碰撞工况下车辆维修经济性性能评价

(车辆修复费用/厂商新车销售指导价)×100(X/%)	得分
$X<3.0$	24
$3.0 \leq X<3.5$	23
$3.5 \leq X<4.0$	22
$4.0 \leq X<4.5$	21
$4.5 \leq X<5.0$	20
$5.5 \leq X<6.0$	19
$6.0 \leq X<6.5$	18

续表

（车辆修复费用/厂商新车销售指导价）×100（X/%）	得分
6.5≤X<7.0	17
7.0≤X<7.5	16
7.5≤X<8.0	15
8.0≤X<8.5	14
8.5≤X<9.0	13
9.0≤X<9.5	12
9.5≤X<10.0	11
10.0≤X<10.5	10
10.5≤X<11.0	9
11.0≤X<11.5	8
11.5≤X<12.0	7
12.0≤X<12.5	6
12.5≤X<13.0	5
13.0≤X<13.5	4
13.5≤X<14.0	3
14.0≤X<14.5	2
X>14.5	1

综上所述，车辆低速结构追尾碰撞工况下，则

车辆正面碰撞总得分＝车辆正面耐撞性评价分数＋车辆正面维修经济性评价分数

（2）车辆低速结构追尾碰撞试验规程

适用范围：适用于整备质量不超过 3 500 kg 的载客车辆和载货车辆（M1 类和 N1 类）。

碰撞工况：使用移动壁障车以 15^{+1}_{0} km/h 撞击试验车辆后部，碰撞前的移动壁障前端面应与水平地面垂直，误差为±1°，移动壁障与试验车辆的重叠量为后部车辆宽度的 40%±25 mm，移动壁障纵轴和试验车辆的纵轴夹角为 10°±1°，如图 2.19 所示。移动壁障应配备制动装置或其他措施防止发生二次碰撞，移动壁障质量为 1 400±5 kg，移动壁障的尺寸结构如图 2.20 所示。在驾驶员位置放置一个 75±5 kg 的假人或等质量的配重物，假人或配重物通过标准三点式安全带固定在驾驶员座椅上。

评价方法：碰撞后核查并统计受损伤的车辆零部件及数量，分析受损伤零部件的损伤程度，并确定各零部件是否更换或修复。它主要分为车辆耐撞性评价和车辆

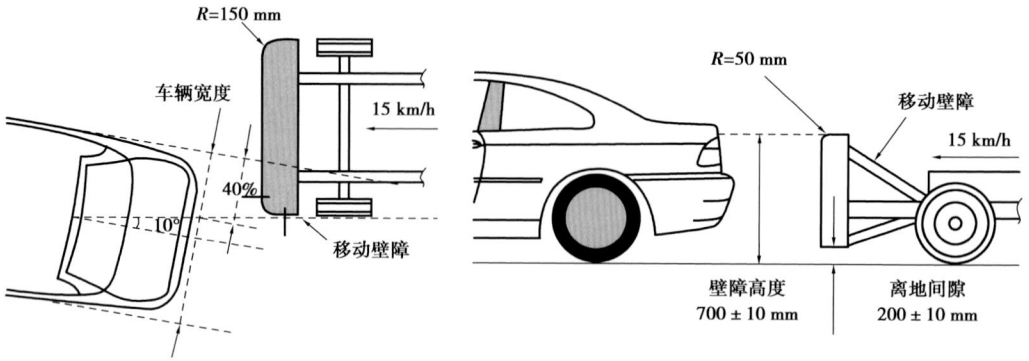

图 2.19　车辆低速结构追尾碰撞试验工况

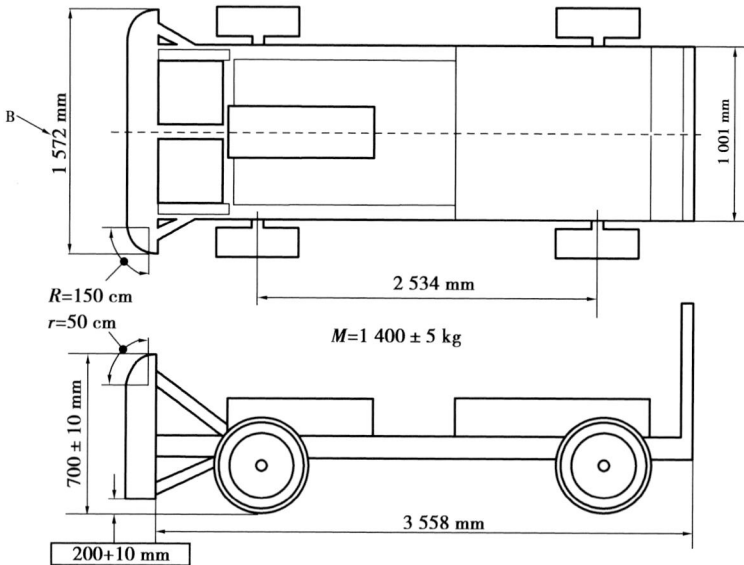

图 2.20　移动壁障尺寸结构图

维修经济性评价。

①车辆耐撞性评价

a.根据车辆低速结构追尾碰撞工况中闭合件间隙测量结果,当所有测量点(标记位置的车门与侧围间隙)的最大变形量≤2 mm 且变形后间隙>0 mm 时,则得分为 3分;当每存在 1 个测量点的变形量>2 mm 或者变形后间隙≤0 mm(测量点位置出现直接接触或交错现象)时,则得分减去 0.5 分,即为 2.5 分。依次累计,本项最低分为0 分。

b.根据车辆低速结构追尾碰撞工况中底盘结构变形测量结果,当所有测量点(标记位置的底盘结构变形)的最大变形量≤3 mm 时,则得分为 3分;当每存在 1 个测量点的变形量>3 mm 时,则得分减去 0.5 分,即为 2.5 分。依次累计,当单个测量点的变形量每增加 3 mm,则再减去 0.5 分,本项最低分为 0 分。

②车辆维修经济性评价

统计分析各零部件的损伤明细,计算车辆修复所需要的总费用。在此基础上,根据车辆修复费用和厂商的新车销售指导价,对车辆低速结构追尾碰撞工况下车辆耐撞性与维修经济性进行初步评价。费用与得分之间的关系见表 2.16。

表 2.16 低速结构追尾碰撞工况下车辆耐碰撞性与维修经济性性能评价

(车辆修复费用/厂商新车销售指导价)×100(X/%)	得分
$X<0.5$	24
$0.5 \leqslant X<0.75$	23
$0.75 \leqslant X<1.0$	22
$1.0 \leqslant X<1.25$	21
$1.25 \leqslant X<1.5$	20
$1.5 \leqslant X<1.75$	19
$1.75 \leqslant X<2.0$	18
$2.0 \leqslant X<2.25$	17
$2.25 \leqslant X<2.5$	16
$2.5 \leqslant X<2.75$	15
$2.75 \leqslant X<3.0$	14
$3.0 \leqslant X<3.25$	13
$3.25 \leqslant X<3.5$	12
$3.5 \leqslant X<3.75$	11
$3.75 \leqslant X<4.0$	10
$4.0 \leqslant X<4.25$	9
$4.25 \leqslant X<4.5$	8
$4.5 \leqslant X<4.75$	7
$4.75 \leqslant X<5.0$	6
$5.0 \leqslant X<5.25$	5
$5.25 \leqslant X<5.5$	4
$5.5 \leqslant X<5.75$	3
$5.75 \leqslant X<6.0$	2
$6.0 \leqslant X<6.25$	1
$X>6.25$	0

综上所述,车辆低速结构追尾碰撞工况下,则

车辆追尾碰撞总得分=车辆追尾耐撞性评价分数+车辆追尾维修经济性评价分数

2)车内乘员安全指数

车内乘员安全指数体系设计参考美国 IIHS 高速测试标准,开展正面 25%偏置碰撞、侧面碰撞、车顶强度、座椅/头枕试验等典型工况,并进行结果评价。

(1)正面 25%偏置碰撞试验

试验规程参考 IIHS 中"Small Overlap Frontal Crashworthiness Evaluation Crash Test Protocol"编制。试验车辆以 64.4±1 km/h 的速度,以 25%±1%的重叠率(驾驶员侧)正面撞击固定刚性壁障,采集假人伤害数据、车体结构变形数据、假人运动状态数据。

评价规程参考 IIHS 中"Small Overlap Frontal Crashworthiness Evaluation Crash Rating Protocol"编制。正面 25%偏置碰撞评价分为约束系统和假人运动、假人伤害和车辆结构 3 个方面。

碰撞速度:64.4±1 km/h。

碰撞工况:试验车辆以 25%重叠区域撞击刚性壁障。试验工况如图 2.21 所示。

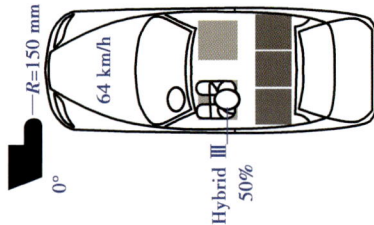

图 2.21　正面 25%偏置碰撞试验示意图

假人放置:在前排驾驶员位置放置一个 Hybird Ⅲ型第 50 百分位男性假人,用于测量驾驶员受伤害情况。

评价项目:主要评价项目包括车身结构评估、假人伤害评估、约束系统及假人运动评估。

车身结构评估主要考察乘员舱的耐撞性。测量的具体内容见表 2.17。

表 2.17　车身结构评估

假人	部位	标　　准	优秀（G）	良好（A）	一般（M）	较差（P）
结构评估	乘员舱下部侵入量/mm	A 柱下铰链（合成位移）	≤150	≤225	≤300	>300
		歇脚板（合成位移）				
		左侧足板（合成位移）				
		制动踏板（合成位移）				
		驻车制动踏板（合成位移）				
		门槛（横向）	≤50	≤100	≤150	>150
	乘员舱上部侵入量/mm	转向管柱（合成位移）	≤50	≤100	≤150	>150
		A 柱上铰链（合成位移）	≤75	≤125	≤175	>175
		上仪表板（合成位移）				
		左下方仪表板（合成位移）				
	定性观察	出现搁脚空间压溃导致假人脚部被卡、铰链柱完全撕裂等情况	车辆结构等级应在侵入量测量值评定等级上降一级			

假人伤害评估主要考察驾驶员头颈、胸部、大腿、小腿的得分性能。考察的具体内容见表 2.18。

表 2.18　正面 25% 偏置碰撞试验假人伤害评估

假人	部位	标　　准	优秀（G）	良好（A）	一般（M）	较差（P）
HⅢ 50% 假人	头颈部	HIC_{15}	≤560	≤700	≤840	>840
		N_{ij}	≤0.80	≤1.00	≤1.20	>1.20
		F_z，拉伸/kN	≤2.6	≤3.3	≤4.0	>4.0
		F_z，压缩/kN	≤3.2	≤4.0	≤4.8	>4.8
		合成加速度 a	加速度值>70g 时降级处理			
	胸部	3 ms 合成加速度（g）	≤60	≤75	≤90	>90
		压缩量/mm	≤50	≤60	≤75	>75
		压缩率/（m·s^{-1}）	≤6.6	≤8.2	≤9.8	>9.8
		(v_C)/（m·s^{-1}）	≤0.8	≤1.0	≤1.2	>1.2
	大腿和臀部	膝盖-大腿-臀部伤害风险 KTH/%	≤5	≤15	≤25	>18
	腿部和脚部	膝部位移	≤12	≤15	≤18	>18
		TI	≤0.8	≤1.00	≤1.20	>1.20
		小腿轴向力	≤4.0	≤6.0	≤8.0	>8.0
		脚部加速度	≤150	≤200	≤260	>260

　　约束系统和假人运动评估主要考察约束系统对驾驶员的保护情况。考察的具体内容见表2.19。每发生一次图中的现象,就会记录对应的缺陷数量,如假人头部与前部气囊接触面积过小,那么就会记录两个缺陷。

表 2.19　约束系统和假人运动评估

约束系统和假人运动评估	
基于缺点的评估系统	缺　点
正面头部保护	
与前部气囊部分接触	1
与前部气囊接触面积过小	2
转向盘横向移动过度(>100 mm)	1
头部与硬体结构接触两次或多次	1
正面安全气囊未展开或未及时展开	降为较差(P)
侧面头部保护	
侧气帘对头部向前运动保护不充分	1
侧面头部保护安全气囊未展开	2
头部侧向位移过度	1
正面胸部保护	
转向盘垂直移动过度(>100 mm)	1
转向盘横向移动过度(>150 mm)	1
乘员防护和其他	
乘员过度向前运动(>250 mm)	1
乘员烧伤风险	1
座椅不稳定性	1
座椅附件失效	降为较差(P)
车门打开	降为较差(P)

评　估	优秀(G)	良好(A)	一般(M)	较差(P)
缺点总和	≤1	≤3	≤5	>5

　　正面25%偏置碰撞试验整体评估最终会综合车身结构评估、假人伤害评估、约束系统及假人运动评估。其整体评估见表2.20。例如,如果想要得到Good(优秀)的结果,那么车身结构评估、假人伤害评估、约束系统及假人运动评估都必须是Good(优秀)的结果。同时,约束系统和假人运动评估项目中缺陷加起来必须小于或等于3。

表 2.20　正面 25% 偏置碰撞试验整体评估

评估项目	优秀（G）	良好（A）	一般（M）	较差（P）
车身结构评估	0	2	6	10
头颈伤害评估	0	2	10	20
胸部伤害评估	0	2	10	20
大腿和臀部伤害评估	0	2	6	10
小腿和脚伤害评估	0	1	2	4
约束/运动型评估	0	2	6	10
基于上述缺点的总体评估				
总体评估	优秀（G）	良好（A）	一般（M）	较差（P）
缺点的和	≤3	≤9	≤19	>19

（2）侧面碰撞试验

试验规程参考 IIHS 中 "Side Impact Crashworthiness Evaluation Crash Test Protocol" 编制。试验使用前端安装 IIHS 碰撞块的移动可变形壁障（MDB）撞击试验车辆驾驶员侧。MDB 行驶方向与试验车辆的纵向中心平面垂直，MDB 纵向中心线对准试验车辆碰撞参考线，碰撞速度为 50±1 km/h。试验车辆驾驶员位置及第二排左侧座椅位置上各放置一个 SID-IIs（D 版）型假人，用于测量碰撞过程中驾驶员及第二排左侧乘员的损伤情况。

评价规程参考 IIHS 中 "Side Impact Crash-worthiness Evaluation Guidelines for Rating Injury Measures" "IIHS Side Impact Test Program Rating Guidelines" 编制。侧面碰撞评价分为假人头部运动保护、假人伤害和车辆结构 3 个方面。

碰撞速度：50 km/h。

碰撞工况：一个重 1 500 kg 的移动壁障车垂直撞击试验车辆的驾驶员侧，移动壁障车前端有可变形蜂窝铝。碰撞工况如图 2.22 所示。

图 2.22　侧面碰撞试验示意图

假人放置：在前排驾驶员位置和后面的位置各放置一个 SID IIs 男性假人，用于测量假人受伤害情况。侧面碰撞试验评估项目见表 2.21。

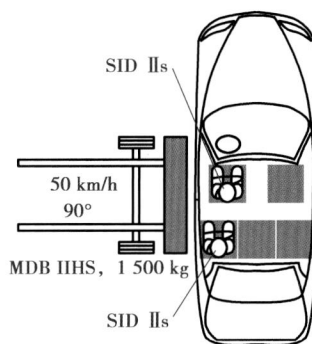

表 2.21　侧面碰撞试验评估项目

假人	部位	标　准	优秀(G)	良好(A)	一般(M)	较差(P)
H Ⅲ 50%假人	头颈部	HIC_{15}	≤623	≤779	≤935	>935
		F_z,拉伸/kN	≤2.1	≤2.5	≤2.9	>2.9
		F_z,压缩/kN	≤2.5	≤3.0	≤3.5	>3.5
	胸部/躯干	肩部压缩量/mm	数值>60 时导致降级			
		肋骨压缩量/mm	≤34	≤42	≤50	>50
		最差肋骨压缩量/mm			51~55	>55
		压缩率/(m·s⁻¹)	≤8.20	≤9.84	≤11.48	>11.48
		v_c/(m·s⁻¹)	≤1.00	≤1.20	≤1.40	>1.40
	骨盆/左大腿	髋骨力	≤4.0	≤4.8	≤5.6	>5.6
		髂骨力	≤4.0	≤4.8	≤5.6	>5.6
		髋骨和髂骨合力	≤5.1	≤6.1	≤7.1	>7.1
		大腿力 F_y(3 ms clip)/kN	≤2.8	≤3.4	≤3.9	>3.9
		大腿力 F_x(3 ms clip)/kN	≤2.8	≤3.4	≤3.9	>3.9
		大腿力矩 M_x(3 ms clip)/(N·m)	≤254	≤305	≤356	>356
		大腿力矩 M_y(3 ms clip)/(N·m)	≤254	≤305	≤356	>356
结　构		B柱与驾驶员座椅中线之间的距离/mm	≥125	≥50	≥0	<0

（3）车顶强度试验

试验规程参考 IIHS 中"Crashworthiness Evaluation Roof Strength Test Protocol"编制。试验时,加载装置的刚性压板以约 5 mm/s 的速度给试验车辆施加载荷,加载位移≥127 mm,采集压板位移量 127 mm 范围内测得的峰值载荷与车重(整备质量状态)的比值(SWR)。

评价规程参考 IIHS 中"Crashworthiness Evaluation Roof Strength Test Protocol"编制。车顶强度等级基于试验过程中在压板位移量 127 mm 范围内测得的峰值载荷与车重(整备质量状态)的比值(SWR)进行评价。根据试验过程中测得的载荷与位移量绘制出载荷-位移曲线,载荷和车重均需精确到整数位,位移量应精确到小数点后一位,用压板位移量 126.9 mm 之前测得峰值载荷除以车重得到 SWR。计算结果精确到小数点后两位。

车顶强度评级见表 2.22。车顶强度评级分为优秀、良好、一般、较差 4 个等级,依次用 G/A/M/P 表示。

表 2.22　车顶强度评级界限

载荷-质量比(SWR)	评　级
SWR≥4.00	优秀(G)
4.00>SWR≥3.25	良好(A)
3.25>SWR≥2.50	一般(M)
SWR<2.50	较差(P)

试验工况:将试验车辆放置在水平面上,拆除车顶行李架以及试验过程中所有可能会接触到压板的非结构性部件,拆除任何影响车辆固定支撑的装饰件或其他部件。试验前,试验侧的前排座椅靠背应放倒,以防止试验过程中座椅与车顶产生相互作用;后排座椅固定在直立位置。关闭所有车窗,关闭并锁止所有车门。

调整车辆使得:

①加载压板和试验车辆顶部最初接触点与加载压板纵向中心线之间的横向距离≤10 mm。

②试验车辆的纵向中心线相对于加载压板纵向中心线的偏转角为 0°±0.5°。

③加载压板前缘中点位于试验车辆顶部纵向中心线最前点(包括挡风玻璃装饰条)之前 254±10 mm。

④试验时,保证试验车辆的俯仰角与实际压板前倾角之间的差值和整备质量状态下车辆的俯仰角与−5°之间的差值在±0.5°。当误差超过±0.5°时,可在车辆门槛支撑系统和安装到铁平板上的工字梁之间插入垫片,以满足试验条件。

⑤车辆定位后,将车辆支撑系统固定到铁平板上,且做出标记,以确认测试过程中车辆位置得到保持。对非承载式车身,应消除底盘自身重力对车身的作用。

试验工况如图 2.23 和图 2.24 所示。

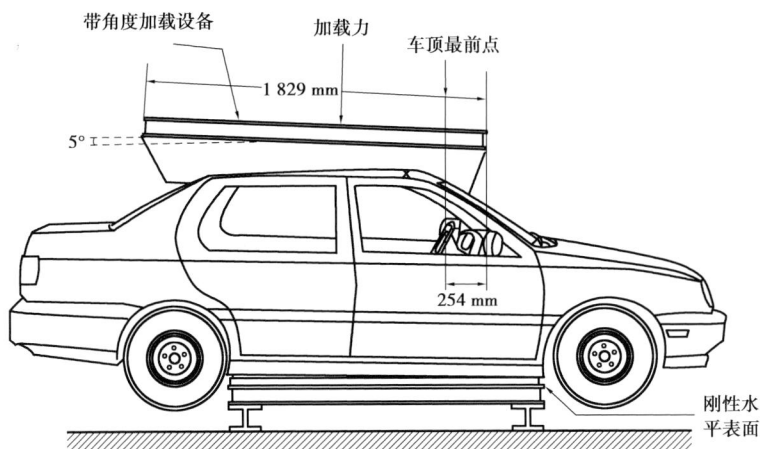

图 2.23　顶压试验右侧视图

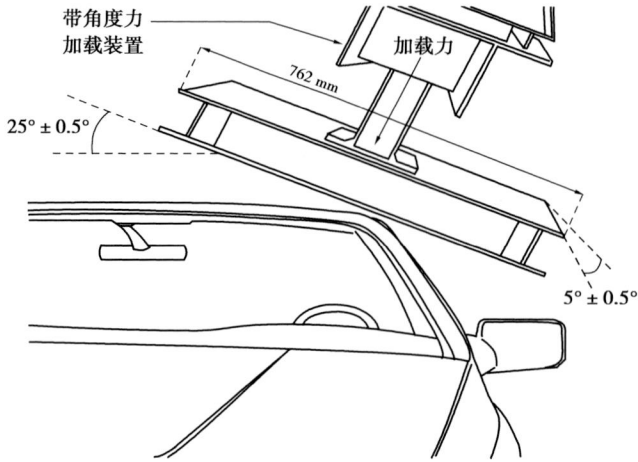

图 2.24　顶压试验前视图

（4）座椅/头枕试验

座椅/头枕试验包含静态试验和动态试验两部分。

静态试验规程参考 IIHS 中的"A Procedure for Evaluating Motor Vehicle Head Restraints"编制。座椅/头枕静态试验旨在评估车辆追尾碰撞中头枕几何特征对减少乘员颈部损伤的影响。动态试验规程参考 IIHS 中的"RCAR-IIWPG Seat/Head Restraint Evaluation Protocol"（Version 3）编制。座椅/头枕动态试验用于评估座椅/头枕在中低速追尾碰撞中防止颈部伤害的能力。

评价规程参考 IIHS 中的"A Procedure for Evaluating Motor Vehicle Head Restraints""RCAR-IIWPG Seat/Head Restraint Evaluation Protocol"编制。座椅/头枕评估分为静态测量和动态测试两部分。首先进行座椅头枕的静态几何形状测量和评价，然后将座椅安装到台车上进行模拟追尾碰撞（波形满足特定的几何界限），完成动态测试和评价，最后对座椅/头枕进行总体评价。

①静态测量方法

使用安装有 HRMD（见图 2.25）的 HPM 进行头枕高度和头后间隙测量。HPM 和 HRMD 装置需配套使用。

HRMD 中安装两个探针,用于测量头枕高度（见图 2.26）和头后间隙（见图 2.27）。

②静态结果评价

静态评价根据头枕高度和头后间隙的静态测量值所在的区域，得出优秀、良

图 2.25　HPM 和 HRMD 装置

好、一般、较差静态评价结果,见表 2.23 和图 2.28。

图 2.26　测量头枕高度　　　　　　　图 2.27　测量头后间隙

表 2.23　测量值区域划分

测量值区域划分	头后间隙 B/cm	头枕高度 H/cm	静态评价
区域 1	$B\leqslant 7$	$H\leqslant 6$	优秀(G)
区域 2	$7<B\leqslant 9$	$6<H\leqslant 8$	良好(A)
区域 3	$9<B\leqslant 11$	$8<H\leqslant 10$	一般(M)
区域 4	$B>11$	$H>10$	较差(P)

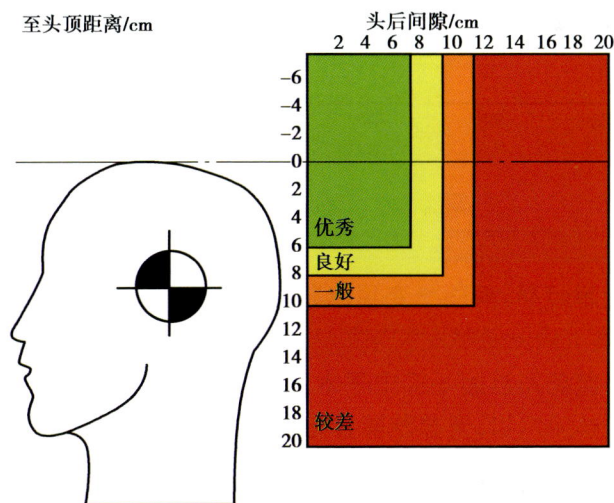

图 2.28　头枕评级示意图

③动态测量方法

将座椅及工装固定在加速台车上,在座椅上放置一个 BioRID Ⅱ g 假人进行速度变化为 16 km/h 的后碰撞模拟试验。试验波形模拟约 16 km/h 的追尾碰撞;试验波形应精确控制,以满足试验要求(见图2.29)。

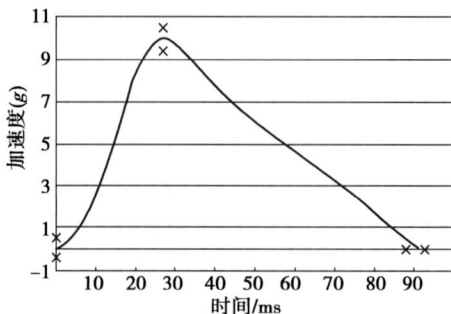

图2.29　动态测量加速度波形要求

加速台车的速度变化量应控制为 $\Delta V = 14.8 \sim 16.2$ km/h,波形持续时间为 $\Delta T = 88 \sim 94$ ms,见表2.24。

表2.24　台车加速度波形规范要求

加速度波形特征	最小	最大
时间 $T=0$ ms 时的加速度	$-0.25g$	$0.50g$
时间 $T=27$ ms 时的加速度	$9.5g$	$10.5g$
波形持续时间(ΔT)	88 ms	94 ms
速度变化量(ΔT)	14.8 km/h	16.2 km/h

动态评价根据假人的颈部力等级、T1 的 X 向加速度或头枕接触时刻划分为优秀、良好和一般 3 个等级。若 T1 的 X 向加速度和头枕接触时刻均不满足要求,则座椅的动态评价下调一级。动态评价要求详见表2.25。

表2.25　动态评价要求

评价指标	颈部力分类	动态评价
T1 的 X 向加速度$>9.5g$ 和头枕接触时刻>70 ms	低	良好
	中	一般
	高	较差

④总体评价

根据静态评价与动态评价情况(见表2.26),进行座椅/头枕的整体评价。

若座椅/头枕的静态评价为一般或较差,则不进行动态试验,其总体评价为差。

若座椅/头枕的静态评价为良好,但是头枕高度评估为优秀,且动态评价为优秀,则总体评价为优秀。

表 2.26 座椅及头枕整体评价表

静态评价	动态评价	整体评价
优秀	优秀	优秀
	良好	良好
	一般	一般
	较差	较差
头枕高度为优秀	优秀	优秀
		良好
良好	良好	良好
	一般	一般
	较差	较差
一般	不进行动态测试	较差
较差	不进行动态测试	较差

3）车外行人安全指数

试验规程参考 Euro-NCAP 中"行人保护试验规程"编制。头型试验采用儿童/成人头型以 11.1±0.2 m/s 的速度冲击车辆发动机罩等车辆前部结构,测量头部伤害指标。腿型试验根据保险杠离地高度选用 TRL 上腿型或 FLEX-PLI 柔性腿型以 11.1±0.2 m/s 的速度冲击车辆前保险杠,测量腿部伤害指标。TRL 上腿型冲击车辆包络线 775 mm,测量大腿/骨盆的伤害,作为监测项。行人保护测试工况和撞击位置如图 2.30所示。

行人保护的评定是由头型试验区域的评定和 TRL 上腿型/Flex-PLI 柔性腿型试验区域的评定两部分组成。在头型试验区域,若制造厂商提供预测数据,采用网格点法进行评定;若制造厂商未提供预测数据,采用均分区域法进行评定。在腿型试验区域,根据保险杠下部基准线的离地高度选择 TRL 上腿型或 Flex-PLI 柔性腿型采用网格点法进行评定。TRL 上腿型冲击包络线 775 mm 作为监测项,不计入总分。

试验室将选择若干试验点,制造厂商也可申请附加的试验,试验结果会同时包括到评定结果。

头型试验区域满分为 24 分,腿型试验区域满分为 6 分,在行人保护试验中最高得分为 30 分。对一辆试验车,行人保护的得分率表示成一个百分比,以相应的颜色标示。

头型试验区域被划分为若干个网格点或均分区域,采用网格点法时,每个网格点的最高可得分数为 1.000,最低可得分数为 0.000;采用均分区域法时,每个均分区域最高可得分数为 4.000,最低可得点分数为 0.000。头型试验中所有网格点或者均分区域的总得分除以最大可实现的总得分,得到头型试验得分的百分比,然后乘以24,即为头型试验得分,该分数采用四舍五入的方法保留到小数点后 3 位。

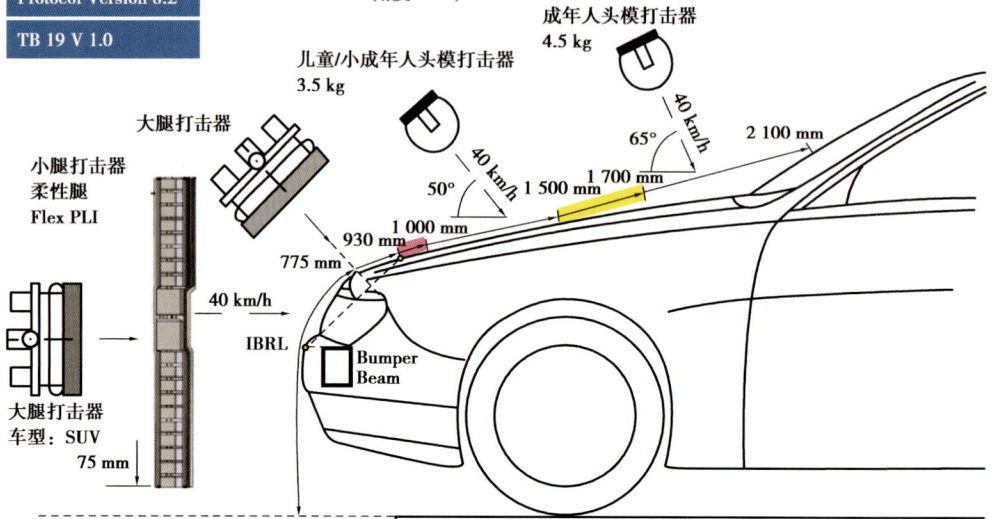

图 2.30　行人保护测试工况和撞击位置

根据汽车制造厂商是否按照要求提供头型试验区域预测结果的情况,选择网格点法或均分区域法进行头型试验及评分。头部测试网格划分如图 2.31 所示。

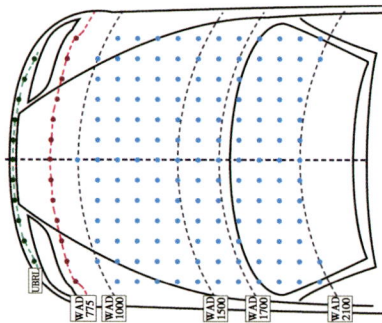

图 2.31　头部测试网格划分

头部评价指标为 HIC,根据头部评价指标 HIC 的值设定区间,并以不同颜色和分数来表示,见表 2.27。

表 2.27   头部测试网格点得分

HIC$_{15}$<650	1.00 分
650≤HIC$_{15}$<1 000	0.75 分
1 000≤HIC$_{15}$<1 350	0.50 分
1 350≤HIC$_{15}$<1 700	0.25 分
1 700≤HIC$_{15}$	0.00 分

腿型试验区域被划分为若干个网格点,每个网格点的最高可得分数为 1.000,最低可得分数为 0.000。腿型试验中所有网格点的总得分除以最大可实现的总得分,得到腿型试验得分的百分比,然后乘以 6,即为腿型试验得分。该分数采用四舍五入的方法保留到小数点后 3 位。

每个网格点的评定结果,根据表 2.28 以不同颜色来标示。

表 2.28   腿型试验结果可视化

颜色	得 分
绿色	网格点得分=1 000
黄色	0.750<网格点<1 000
橙色	0.500<网格点<0.750
棕色	0.250<网格点<0.500
红色	0.000<网格点<0.250

试验室原则上将会在 L0 或 L1 中选择一点开始进行试验,之后的试验点将至少间隔一个网格点。试验点的选择将考虑车辆的对称性。没有被选取的网格点,将按照邻近测试点中最差的结果进行评价,制造厂商可追加试验点。根据保险杠下部基准线的高度选择柔性腿型或上腿型进行试验。

(1)柔性腿型试验评定

每个网格点最高可得分数为 1.000 分,最低可得分数为 0.000 分。若试验结果在高低限值之间采用线性插值法计算。每个网格点的得分为胫骨弯矩(最高 0.500 分)和韧带伸长量(最高 0.500 分)之和。其指标和限值见表 2.29。

表 2.29   柔性腿型指标和限值

指 标	高性能限值	低性能限值
胫骨弯矩/(N·m)	282	340
内侧副韧带伸长量/mm	19	22
前、后交叉韧带伸长量/mm	10	10

胫骨弯矩的得分取 T1,T2,T3,T4 中最差的得分。

韧带伸长量的得分:当 ACL/PCL(前/后交叉韧带伸长量)小于限值,得分根据 MCL(内侧副韧带伸长量)的限值进行评分;当 ACL/PCL 达到或超过限值,得分为 0.000 分。FLEX-PLI 柔性腿型试验得分计算公式为

FLEX-PLI 柔性腿型试验得分的百分比 = $\sum$ 网格点的得分 ÷ 最大可实现的总分 × 100%

FLEX-PLI 柔性腿型试验得分 = FLEX-PLI 柔性腿型试验得分的百分比 × 6

(2)上腿型试验评定

每个网格点最高可得分数为 1.000 分,最低可得分数为 0.000 分。若试验结果在高低限值之间则采用线性插值法计算。根据弯矩和合力分别计算得分,该网格点的得分取两者中较差的得分。其指标和限值见表 2.30。

表 2.30　上腿型指标和限值

指　标	高性能限值	低性能限值
弯矩/(N·m)	285	350
合力/kN	5.0	6.0

上腿型的试验得分计算公式为

上腿型得分的百分比 = $\sum$ 每个网格点得分 ÷ 最大可实现的总分 × 100%

上腿型试验得分 = TRL 上腿型得分的百分比 × 6

总体评价:

根据头型、腿型的得分情况计算出行人保护的得分率。其计算公式为

行人保护得分率 = (头型得分 + 腿型得分) ÷ 30 × 100%

按照表 2.31 进行总体评价。

表 2.31　总体评级

评估项目	等　级			
	优秀(G)	良好(A)	一般(M)	较差(P)
总体登记界限值	≥65%	≥50%且<65%	≥40%且<50%	<40%

4)车辆辅助安全指数

试验规程参考 IIHS 中"Autonomous Emergency Braking Test Protocol"编制。试验工况分为 FCW 功能测试和 AEB 功能测试,FCW 功能测试包含 72±1.6 km/h 的速度对静止目标车、低速目标车和减速目标车的测试工况;AEB 功能测试包含 20±1 km/h 和 40±1 km/h 对静止目标车的测试工况,采集目标车车速、主车车速、两车横向距

离、两车纵向距离、横摆角速度及 FCW 报警时刻等数据。

评价规程参考 IIHS 中"Rating Guidelines for Forward Collision Warning and Autonomous Emergency Braking"编制。评价工况分为 FCW 功能评价和 AEB 功能评价。FCW 功能评价包含 72±1.6 km/h 的速度对静止目标车、低速目标车和减速目标车的测试工况的评价；AEB 功能评价包含 20±1 km/h 和 40±1 km/h 对静止目标车的测试工况的评价。

在 FCW 系统测试中，如果 3 个工况均满足测试要求，则 FCW 得 1 分，若其中有任何工况不满足要求，则 FCW 得 0 分；如果没有 FCW 报警功能，则 FCW 系统得 0 分。FCW 功能评价方法见表 2.32。

表 2.32　FCW 功能评价方法

测试场景		测试车速 /(km·h^{-1})	目标速度 /(km·h^{-1})	评价方法	满分
FCW 功能	目标车静止	72	0	报警时刻 TTC≥2.1 s	
	目标车低速	72	32	报警时刻 TTC≥2.0 s	1
	目标车减速	72	72	报警时刻 TTC≥2.4 s	

自动紧急制动系统试验规程中规定定义如下：

①AEB 激活前 0.1 s 时主车速度为 v_1。其中，纵向减速度达到 0.5 m/s 以上认为 AEB 已经激活。

②碰撞时速度 v_2：两车辆碰撞时的主车速度。当目标车静止时，如果两车没有发生碰撞，主车碰撞时速度为 $v_2=0$。

③制动减速量 v_3：为 AEB 激活前速度减去碰撞时的速度，即

$$v_3 = v_1 - v_2$$

根据主车和目标车的相对纵向速度确定 AEB 系统评分原则，见表 2.33。

表 2.33　AEB 系统测试评分原则

相对速度	20 km/h			40 km/h			
制动减速量	$v_3<8$	$8 \leqslant v_3 < 16$	$v_3 \geqslant 16$	$v_3<8$	$8 \leqslant v_3 < 16$	$16 \leqslant v_3 < 36$	$v_3 \geqslant 36$
分　值	0	1	2	0	1	2	3

AEB 系统测试满分为 5 分。其具体满分分值见表 2.34。

表 2.34　AEB 满分分值列表

测试工况/相对车速	20 km/h	40 km/h
目标车静止	2	3
总计满分：5 分		

最终实际得分为 FCW 得分与 AEB 得分之和为 6 分,见表 2.35 的规定,即 0 分评价等级为差,1 分评价等级为及格,2~4 分评价等级为良好,5~6 分评价等级为优秀。

表 2.35 评价等级

AEB 系统得分	5~6 分	2~4 分	1 分	0 分
评价等级	优秀(G)	良好(A)	一般(M)	较差(P)

得分细则如下:

①较差(P)

a.车辆没有装配 FCW 和 AEB 系统。

b.车辆只装配了 FCW 系统,但是 FCW 系统得分为 0 分。

c.车辆只装配了 AEB 系统,但是 AEB 系统得分为 0 分。

d.车辆装配了 FCW 系统和 AEB 系统,但是二者得分均为 0 分。

②一般(M)

a.车辆只装配了 FCW 系统,且 FCW 系统得分为 1 分。

b.车辆只装配了 AEB 系统,且 AEB 系统得分为 1 分。

c.车辆装配了 FCW 系统和 AEB 系统,且 FCW 系统得分为 1 分,AEB 系统得分为 0 分。或者 FCW 系统得分为 0 分,AEB 系统得分为 1 分。

③良好(A)

a.车辆装配了 FCW 系统和 AEB 系统,且 FCW 系统得分为 0 分,AEB 系统得分为 2~4 分。

b.车辆装配了 FCW 系统和 AEB 系统,且 FCW 系统得分为 1 分,AEB 系统得分为 1~3 分。

c.车辆只装配了 AEB 系统,且 AEB 系统得分为 2~4 分。

④优秀(G)

a.车辆装配了 FCW 系统和 AEB 系统,且 FCW 系统得分为 0 分,AEB 系统得分为 5 分。

b.车辆装配了 FCW 系统和 AEB 系统,且 FCW 系统得分为 1 分,AEB 系统得分为 4~5 分。

c.车辆只装配了 AEB 系统,且 AEB 系统得分为 5 分。

2.2 欧盟安全标准

欧洲各国除有自己国家的汽车法规外,主要有两个地区性的汽车法规:一是联合国欧洲经济委员会(Economic Commission for Europe,ECE)基于 1958 年日内瓦协定制定的汽车法规;二是欧洲经济共同体(European Economic Community,EEC)基于 1957 年罗马条约制定的指令(Directives)。制定统一的 EEC 指令和 ECE 法规则始于第二次世界大战后。ECE 法规由各国任意自选,是非强制性的,而 EEC 指令则作为成员国统一的法规,是强制性的。但 ECE 法规已被大多数国家所接受,并引入本国的法律体系中。

Euro-NCAP(欧盟新车评价规程)是汽车界很具权威的安全认证机构。该组织创始于 1997 年,最初的评价规程是由 TRL 和汽车安全顾问有限公司分别依据英国环境运输部门和地区以及国际合同共同发展的,后续有欧盟其他的机构加入。目前,包括欧洲 7 个政府机构,2 个汽车俱乐部,1 个消费者组织,1 个保险公司。

2.2.1　欧盟安全法规

1)ECE 技术法规

欧洲各国的汽车法规起步较早,20 世纪 50 年代初,一些国家就对汽车排放、灯具、制动等装置制定了一些规定,但各国规定的检查方法、效果评定以及限制等都不统一。这些法规上的不统一妨碍了欧洲各国间的自由贸易和国际运输。在国际贸易中,道路车辆及其部件装备的进出口又占有重要的地位。第二次世界大战以后,联合国欧洲经济委员会为了开辟市场、促进经济增长、促进国际贸易,于 1958 年在日内瓦签订了《关于采用统一条件批准机动车辆和零部件并互相承认批准的协定书》,即统一汽车产品认证条件的协定书,简称《1958 年协定书》。根据这个协定,欧洲经济委员会缔约国之间制定了一套统一的汽车法规,对需要认证的汽车及其零部件采用这套统一的法规进行认证,并使各成员国对认证相互承认。这样就大大简化了国际的汽车认证程序,统一了各国的法规要求,促进了国际的技术交流和自由贸易。

《1958 年协定书》经过 50 多年的成功运作,已在国际上产生深远影响,在促进汽车产品国际化方面起到重要作用。目前,《1958 年协定书》共有 48 个缔约方,其中包括了绝大多数欧洲国家和许多非欧洲国家。美国采用的是自我认证制度而非政府认证制度,因此没有加入该协定。ECE 法规日益国际化,其不仅在《1958 年协定书》缔约方之间采用,同时也被许多非协定书缔约方采用。其方式主要为两种:一是在制定自身的技术法规中,直接引用或参照 ECE 法规的技术内容(如我国);二是在对汽车产品的市场准入管理体制中,承认满足 ECE 法规,并且对满足 ECE 法规的产品,在整车产品进入市场时,相应的项目不再进行检验和认证。

ECE 法规是由欧洲经济委员会下属的道路运输工作组的车辆结构专家组

（WP29）负责起草。WP29 下设有 6 个专家小组：一般安全专家组（Meeting of Experts on General Safety Provisions, GRSG）、被动安全专家组（Meeting of Experts on Passive Safety, GRSP）、污染与能源专家组（Meeting of Experts on Pollution and Energy, GRPE）、灯光及光信号专家组（Meeting of Experts on Lighting and Light Signalling, GRE）、噪声专家组（Meeting of Experts on Noise, GRB）、制动及底盘专家组（Meeting of Experts on Brakes and Running Gear, GRRF）。这些专家小组分别负责有关汽车安全、环保、节能领域内的 ECE 汽车技术法规制订与修订工作。WP29 下属的专家组每年召开 3 次会议讨论 ECE 法规的制订与修订工作，在广泛听取缔约国和非缔约国意见的基础上，共同研讨法规的制订与修订方式，保证了法规制订与修订的公正性与公开性，ECE 法规在保证汽车安全性、环保及节能的基础上，更加重视法规的协调性、适用性和可操作性。

ECE 法规的制订程序一般是至少来自两个缔约国的车辆结构专家组提出草案，经缔约国协商并提交至秘书长，其生效日期在提交草案的 5 个月后。秘书长向其他各缔约国通知该草案及其生效日期，各缔约国如在接到通知后 3 个月内回复则表示接受该草案，秘书长则向各缔约国通知该法规的生效日期及接受该法规的缔约国名单。任何一个缔约国都可以宣布采用或停止采用某一项法规，都可提出修正方案。因此，ECE 法规在缔约国内是自愿采用的，各国可根据本国的具体情况，可全部采用，也可部分采用。

ECE 法规的制订、修订程序如图 2.32 所示。

ECE 法规自 1958 年制定以来，在不断地修改补充至今已颁布实施的 136 项法规中，与汽车相关的法规（不包含摩托车、农用拖拉机、三轮车、非道路机械等的相关规定）有 110 条，其中，100 项是安全法规。这些法规包括 70 项主动安全法规和 30 项被动安全法规。ECE 法规非常重视灯光和信号装置的安全性。另外，在动态试验方面规定了车辆正面碰撞、侧面碰撞、翻车时车身强度及碰撞时防止火灾发生等要求。

现有的 ECE 法规明细见表 2.36。

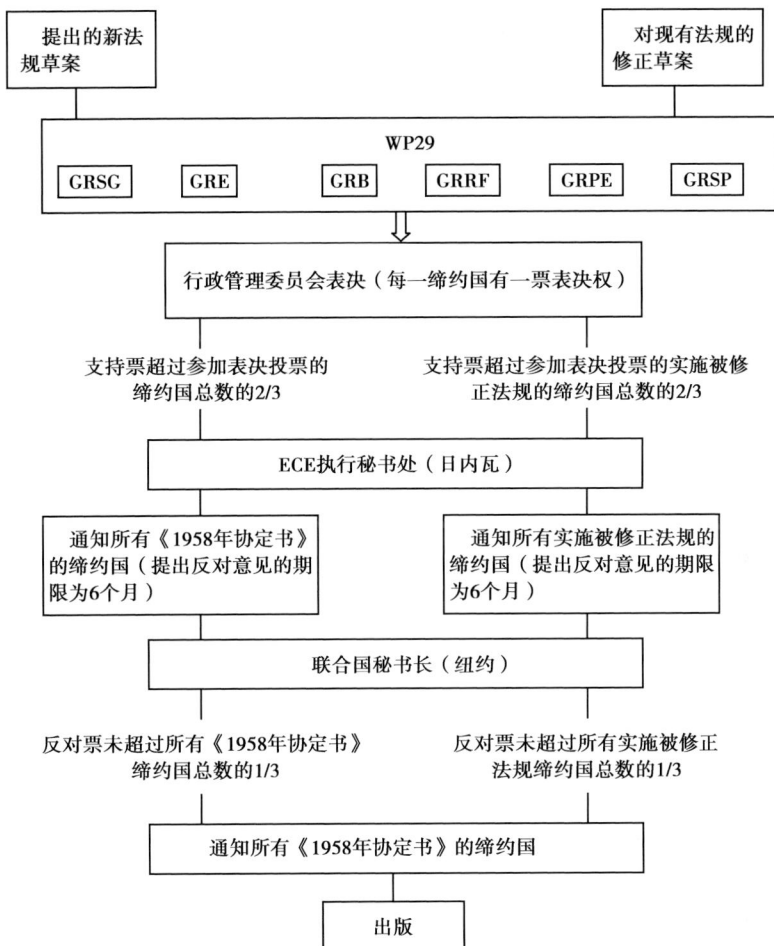

图 2.32　ECE 法规的制订、修订程序

表 2.36　ECE 法规明细

法规代号	法规名称
ECE R1	关于批准发射不对称近光并装有 R2/或 HS1 类白炽灯的机动车前照灯的统一规定
ECE R3	关于批准机动车及其挂车回复反射器的统一规定
ECE R4	关于批准机动车(不含摩托车)及其挂车后牌照板照明装置的统一规定
ECE R5	关于批准发射欧洲不对称近光和/或远光机动车封闭式前照灯(SB)的统一规定
ECE R6	关于批准机动车及其挂车方向指示器的统一规定
ECE R7	关于批准机动车(不含摩托车)及其挂车前后位置(侧)灯、驻车灯和示廓灯的统一规定

续表

法规代号	法规名称
ECE R8	关于批准发射不对称近光和/或远光并装有卤素灯丝灯泡（H1，H2，H3，HB3，HB4，H7，H8，H9，HIR1，HIR2 和/或 H11）的机动车前照灯的统一规定
ECE R9	就噪声方面批准 L2，L4 和 L5 类车辆的统一规定
ECE R10	就电磁兼容性方面批准车辆的统一规定
ECE R11	就门锁和门保持件方面批准车辆的统一规定
ECE R12	就碰撞中防止转向机构伤害驾驶员方面批准车辆的统一规定
ECE R13	就制动方面批准 M 类、N 类和 O 类车辆的统一规定
ECE R13-H	就制动方面批准乘用车的统一规定（欧美日协调版）
ECE R14	就安全带固定点、ISOFIX 固定系统和 ISOFIX 上拉带带固定点方面批准车辆的统一规定
ECE R15	就发动机气体污染物排放方面批准装有点火式发动机或压燃式发动机的车辆的统一规定—点火式发动机的功率测量方法—车辆的油耗测量方法
ECE R16	关于批准： Ⅰ.机动车乘员安全带、约束系统、儿童约束系统和 ISOFIX 儿童约束系统的统一规定 Ⅱ.车辆安装安全带、安全带提示器，约束系统、儿童约束系统和 ISOFIX 儿童约束系统的统一规定
ECE R17	就座椅、座椅固定点和头枕方面批准车辆的统一规定
ECE R18	就防盗方面批准机动车的统一规定
ECE R19	关于批准机动车前雾灯的统一规定
ECE R20	关于批准发射非对称近光和/或远光并装有卤素灯丝灯泡（H4 灯泡）的机动车前照灯的统一规定
ECE R21	就内配件方面批准车辆的统一规定
ECE R22	关于批准摩托车和轻便摩托车驾驶员及乘客用头盔和面罩的统一规定
ECE R23	关于批准机动车辆及其挂车的倒车灯和操作灯的统一规定
ECE R24	就： 1.可见污染物排放方面批准压燃式（C.I）发动机的统一规定 2.安装已获型式批准的 C.I.发动机方面批准机动车的统一规定 3.发动机的可见污染物排放方面批准装用 C.I.发动机的机动车辆的统一规定 4.C.I.发动机的功率测量的统一规定
ECE R25	关于批准与车辆座椅一体或非一体的头枕的统一规定
ECE R26	就外部凸出物方面批准车辆的统一规定

法规代号	法规名称
ECE R27	关于批准三角警告牌的统一规定
ECE R28	关于批准声响报警装置和就声响信号方面批准机动车的统一规定
ECE R29	关于商用车辆驾驶室乘员防护方面批准车辆的统一规定
ECE R30	关于批准机动车及其挂车气压轮胎的统一规定
ECE R31	关于批准发射非对称近光和/或远光的封闭式(SB)机动车前照灯的统一规定
ECE R32	就追尾碰撞中被撞车辆的结构特性方面批准车辆的统一规定
ECE R33	就正面冲撞中被撞的结构特性方面批准车辆的统一规定
ECE R34	就防火方面批准车辆的统一规定
ECE R35	就脚控制件的布置方面批准车辆的统一规定
ECE R36	就一般结构方面批准大型客车的统一规定
ECE R37	关于批准用于已经批准的机动车及其挂车灯具中的白炽灯的统一规定
ECE R38	关于批准机动车及其挂车后雾灯的统一规定
ECE R39	就车速表及其安装方面批准车辆的统一规定
ECE R40	就发动机气体污染物的排放方面批准装有点燃式发动机的摩托车的统一规定
ECE R41	就噪声方面批准摩托车的统一规定
ECE R42	就车辆前、后防护装置(保险杠等)批准车辆的统一规定
ECE R43	关于批准安全玻璃材料及其在车辆上安装的统一规定
ECE R44	关于批准机动车儿童乘员约束装置(儿童约束系统)的统一规定
ECE R45	关于批准前照灯清洗器和就前照灯清洗器方面批准机动车辆的统一规定
ECE R46	关于批准后视镜和就后视镜的安装方面批准机动车辆的统一规定
ECE R47	就发动机的气体污染物排放方面批准装有点火发动机的轻便摩托车的统一规定
ECE R48	就照明和光信号装置的安装方面批准车辆的统一规定
ECE R49	就控制车用压燃式发动机和点燃式发动机的气体污染物和颗粒物排放措施方面的统一规定
ECE R50	关于批准摩托车前后位置灯、制动灯、转向信号灯和后牌照板照明装置的统一规定
ECE R51	就噪声方面批准四轮及四轮以上机动车的统一规定
ECE R52	就总体结构方面批准 M2 和 M3 类车辆的统一规定
ECE R53	就灯光及光信号装置的安装方面批准 L3 类车辆(摩托车)的统一规定
ECE R54	关于批准商用车辆及其挂车充气轮胎的统一规定

续表

法规代号	法规名称
ECE R55	关于批准汽车列车机械连接件的统一规定
ECE R56	关于批准轻便摩托车及类似车辆前照灯的统一规定
ECE R57	关于批准摩托车及类似车辆前照灯的统一规定
ECE R58	关于： 1.批准后下部防护装置(RUPDs)的统一规定 2.就已批准的后下部防护装置的安装方面批准车辆的统一规定 3.就后下部防护装置方面批准车辆的统一规定
ECE R59	关于批准备用消声系统的统一规定
ECE R60	就驾驶员操纵的控制件,包括控制件的识别、信号装置和指示器方面批准两轮摩托车、轻便摩托车的统一规定
ECE R61	就驾驶室后围板前外部凸出物方面批准车辆的统一规定
ECE R62	就防盗方面批准带有操纵把的机动车的统一规定
ECE R63	就噪声方面批准两轮轻便摩托车的统一规定
ECE R64	关于批准装有应急备用轮胎、跑气保用轮胎和/或跑气保用系统的车辆的统一规定
ECE R65	关于批准机动车及其挂车特别警告灯的统一规定
ECE R66	就上部结构强度方面批准大型乘客车的统一规定
ECE R67	关于： 1.批准在驱动系统中使用液化石油气的机动车辆特殊装置的统一规定 2.就该装置的安装批准机动车辆的统一规定
ECE R68	就最大车速的测量方面批准包括纯电动车辆在内的机动车的统一规定
ECE R69	关于批准低速车辆及其挂车后标志牌的统一规定
ECE R70	关于批准重,长型车辆后标志牌的统一规定
ECE R71	关于驾驶员视野方面批准农用拖拉机的统一规定
ECE R72	关于批准发射非对称近光和远光并装有卤素灯(HS1)的摩托车前照灯的统一规定
ECE R73	关于货车侧面保护方面的统一规定
ECE R74	关于灯光和光信号装置方面批准L1类车辆的统一规定
ECE R75	关于批准摩托车和轻便摩托车气压轮胎的统一规定
ECE R76	关于批准发射远光和近光的轻便摩托车前照灯的统一规定
ECE R77	关于批准机动车驻车灯的统一规定

法规代号	法规名称
ECE R78	就制动方面批准 L1,L2,L3,L4,L5 类车辆的统一规定
ECE R79	就转向装置方面批准车辆的统一规定
ECE R80	就座椅强度及其固定点方面批准大型客车座椅和车辆的统一规定
ECE R81	就车把上后视镜的安装方面批准后视镜及带与不带边斗的二轮机动车的统一规定
ECE R82	关于批准装用卤素灯丝灯泡(HS2)的轻便摩托车前照灯的统一规定
ECE R83	关于根据发动机燃料要求就污染物排放方面批准车辆的统一规定
ECE R84	就油耗测量方面批准装有内燃机的轿车的统一规定
ECE R85	就净功率和电驱动系统最大 30 min 功率测量方面批准用于驱动 M 类和 N 类机动车辆的内燃机或电驱动系统的统一规定
ECE R86	关于批准农林拖拉机的灯光和光信号装置安装方面的统一规定
ECE R87	关于批准机动车白天行车灯的统一规定
ECE R88	关于批准两轮车反光轮胎的统一规定
ECE R89	关于车辆速度限制的统一规定
ECE R90	关于批准机动车辆及其挂车用可更替制动衬片总成的统一规定
ECE R91	关于批准机动车及其挂车侧标志灯的统一规定
ECE R92	关于批准摩托车、轻便摩托车和三轮车辆非原装可更换排气消声系统(RESS)的统一规定
ECE R93	关于批准车辆前下部防护装置的统一规定
ECE R94	就正面碰撞中乘员防护方面批准车辆的统一规定
ECE R95	就侧碰撞中乘员防护方面批准车辆的统一规定
ECE R96	就发动机污染物排放方面批准安装在农林拖拉机和非道路机动机械中的压燃式发动机的统一规定
ECE R97	关于其报警系统方面批准车辆报警系统和机动车辆的统一规定
ECE R98	关于批准装用气体放电光源的机动车前照灯的统一规定
ECE R99	关于批准用于已通过认证的机动车的气体放电灯具的气体放电光源的统一规定
ECE R100	就特殊要求方面批准电动车辆的统一规定
ECE R101	就 CO_2 和燃料消耗量的测量方面批准仅装用内燃机的乘用车或混合动力电动乘用车,以及就电能消耗量和续驶里程的测量方面批准仅装用电驱动的 M1 和 N1 类车辆的统一规定

续表

法规代号	法规名称
ECE R102	关于： 1.批准紧耦合装置（CCD）的统一规定 2.就已批准的紧耦合装置的安装方面批准车辆的统一规定
ECE R103	关于批准机动车辆可更换催化转化器的统一规定
ECE R104	关于批准 M,N,O 类机动车回复反射标志的统一规定
ECE R105	关于特殊结构特征方面批准用于运输危险货物的机动车的统一规定
ECE R106	关于批准农用机动车及其挂车用充气轮胎的统一规定
ECE R107	就一般结构方面批准 M2 和 M3 类车辆的统一规定
ECE R108	关于批准机动车及其挂车用翻新充气轮胎产品的统一规定
ECE R109	关于批准商用车及其挂车用翻新充气轮胎产品的统一规定
ECE R110	关于： 1.批准在其驱动系统使用压缩天然气（CNG）的机动车的特殊部件的统一规定 2.就已批准的特殊部件的安装方面批准在其驱动系统使用压缩天然气（CNG）的机动车的统一规定
ECE R111	就倾翻稳定性方面批准 N 类和 O 类罐式机动车的统一规定
ECE R112	关于批准发射不对称远光和/或近光并装用灯丝灯泡和/或 LED 模块的机动车前照灯的统一规定
ECE R113	关于批准发射对称远光和/或近光并装用灯丝灯泡、放电光源和/或 LED 模块的机动车前照灯的统一规定
ECE R114	关于批准： 1.更换性气囊系统用气囊组件的统一规定 2.装有已经批准的气囊组件的可更换方向盘的统一规定 3.安装在方向盘以外部位的更换性气囊系统的统一规定
ECE R115	关于批准： 1.在驱动系统中使用液化石油气（LPG）的机动车辆上安装的特殊液化石油气加注系统的统一规定 2.在驱动系统中使用压缩天然气（CNG）的机动车辆上安装的特殊压缩天然气加注系统的统一规定
ECE R116	关于机动车辆防盗保护的统一技术规定
ECE R117	在滚动噪声和湿滑路面黏附方面批准轮胎的统一规定
ECE R118	用于某些类型机动车辆内部结构的材料的燃烧特性和/或燃料或润滑材料性能的统一技术规定

续表

法规代号	法规名称
ECE R119	关于批准机动车转弯灯的统一规定
ECE R120	就净功率、净扭矩和油耗的测量批准农林拖拉机和非道路机动机械装用的内燃机的统一规定
ECE R121	就手操纵件、信号装置、指示器的位置和识别批准机动车辆的统一规定
ECE R122	就加热系统批准 M,N 和 O 类车辆的统一规定
ECE R123	关于批准机动车辆适应性前照灯(AFS)的统一规定
ECE R124	关于批准乘用车及挂车车轮的统一规定
ECE R125	就驾驶员前视野方面批准机动车辆的统一规定
ECE R126	关于批准用于保护乘员免受行李箱冲击伤害、作为非原始车辆装备供应的隔离系统的统一规定
ECE R127	机动车辆关于行人安全性能的统一规定
ECE R128	机动车辆及其挂车灯具中使用发光二极管(LED)光源的统一规定
ECE R129	增强性儿童约束系统(ECRS)
ECE R130	道路偏离警示系统(LDWS)
ECE R131	紧急制动预警系统(AEBS)
ECE R132	关于批准装备有压缩点火发动机的重型车辆、农林用牵引车及非道路用移动器械的改装排放控制装置(REC)的统一规定
ECE R133	关于批准机动车辆再利用、再循环及回收利用的统一规定
ECE R134	关于批准机动车辆及其部件的氢能与燃料电池车辆(HFCV)安全相关性能的统一规定
ECE R135	关于批准车辆侧面柱碰性能的统一规定
ECE R136	关于批准 L 类车辆电驱动系统特殊要求的统一规定

(1)《就正面碰撞中乘员防护方面批准车辆的统一规定》

《就正面碰撞中乘员防护方面批准车辆的统一规定》(ECE R94)与《乘用车正面偏置碰撞的乘员保护》(GB/T 20913—2007)基本一致,相关要求可参考《乘用车正面偏置碰撞的乘员保护》(GB/T 20913—2007)执行。

(2)《就侧碰撞中乘员防护方面批准车辆的统一规定》

《就侧碰撞中乘员防护方面批准车辆的统一规定》(ECE R95)与《汽车侧面碰撞的乘员保护》(GB 20071—2006)基本一致,相关要求可参考《汽车侧面碰撞的乘员保护》(GB 20071—2006)执行。

2）EEC 法规指令

EEC 汽车技术指令是欧洲经济共同体成员国（包括德国、法国、英国、意大利、丹麦、比利时、荷兰、卢森堡、爱尔兰、希腊等 12 国）经协商并经多次表决共同制定的。《马斯特里赫特条约》生效实施后，EEC 指令逐渐改称 EC 指令。

欧洲经济共同体理事会鉴于在各成员国内，用于运输货物的汽车以及客车，都必须符合某些法定的技术要求，而这些要求在各成员国之间存在着差异，阻碍了欧洲经济共同体内的贸易。如果所有成员国都采用统一的要求，补充或者代替各国自己的规定，便能减少，甚至消除对共同体市场的建立和正常运行所造成的种种阻碍。因此，欧洲经济共同体理事会于 1970 年 2 月发布了《各成员国关于汽车及其挂车型式认证协议》(70/156/EEC) 的指令，随后又制定了一系列有关汽车安全、排放、噪声、单独零部件的性能要求等的法规。

EEC 指令的基本构成是：规定了该指令所适用汽车的定义；某种汽车部件符合指令提出的要求时，任何成员国不得以其他借口拒绝给使用该部件的汽车批准 EEC 形式认证或国家形式认证；如果车辆的部件符合指令中提出的要求，任何成员国不得拒绝或禁止该形式车辆的进口销售、登记领照等；需要修订指令中的技术要求时，应按 70/56/EC 指令中规定的程序进行；各成员国在接到本指令后 18 个月内，付诸实施；每一项指令的附件内容大致包括技术要求、试验方法、EEC 形式认证申请及规定、EEC 形式认证证书式样等方面。

EEC 指令是为取得汽车的全体成员国认可的车辆综合认证的框架指令，欧洲各主要国家都可同时加盟 EEC 指令、ECE 法规，EEC 指令和 ECE 法规中的基本项目和内容是相同的，也有个别内容不同。另外，ECE 法规中没有像 EEC 指令那样的框架要求。EEC 指令一经下达后，就要在共同体成员国内强制执行，并优先于本国法规，因此，EEC 指令在成员国内是强制性的，而 ECE 法规在成员国内则是选择性的。

EEC 指令除了整车形式批准的框架性技术指令外，原欧洲经济共同体和现有的欧洲联盟还针对车辆零部件和系统制定了涉及安全、环保和节能方面的 EEC 技术指令，并根据这些技术指令开展车辆产品零部件和系统的单项形式批准，这些车辆零部件和系统的单项形式批准既单独存在，同时又构成其整车产品形式批准必不可少的一部分。例如，目前欧洲联盟统一进行的 MI 类车辆的整车产品形式批准中，必须首先完成 47 项车辆零部件和系统的形式批准合格后，才能获得 MI 类整车产品形式的批准。

所有 EEC 技术指令都是按年度、按印发时间顺序统一编号的。第一次发布的 EEC 技术指令为基础指令，以后对基础指令的修改又形成新的单独技术指令，并独立编号。修改后的技术指令只有修改内容或补充内容，法规基础内容及前修改指令内容仍要查阅基础指令和前修改指令。

现行欧洲 EEC 指令见表 2.37。

表 2.37 EEC 指令明细

序号	基础指令号	技术指令名称	指令修订版
		主动安全技术指令	
1	70/22/EEC	机动车辆及其挂车后牌照板的固定及其安装空间	2003/76/EC
2	70/311/EEC	机动车辆及其挂车的转向装置	92/62/EC 1999/7/EC
3	71/320/EEC	具体某类机动车辆及其挂车的制动	74/132/EEC 75/524/EEC 79/489/EEC 85/647/EEC 88/194/EEC 91/422/EEC 98/12/EC 2002/78/EC 2006/96/EC
4	74/61/EEC	防止盗用机动车辆的装置	95/56/EC 2006/96/EC
5	75/443/EEC	机动车辆车速表和倒车装置	97/39/EC
6	76/114/EEC	机动车辆及其挂车的法定铭牌及其内容,以及铭牌安装的位置和方法	78/507/EEC 87/354/EEC 2006/96/EC
7	77/389/EEC	机动车辆牵引装置	96/64/EC
8	77/649/EEC	机动车辆驾驶员视野	81/643/EEC 88/366/EEC 90/630/EEC
9	78/316/EEC	机动车辆操纵件、信号装置和指示器的识别	93/91/EC 94/53/EC
10	78/317/EEC	机动车辆玻璃表面的除霜和除雾系统	(EC)672/2010
11	78/318/EEC	机动车辆刮刷器和清洗器系统	94/68/EC 2006/96/EC
12	78/549/EEC	机动车辆护轮板	94/78/EEC

续表

序号	基础指令号	技术指令名称	指令修订版
13	91/226/EEC	某类机动车辆及其挂车防飞溅系统	2006/96/EC 2010/19/EC 2011/415/EU
14	92/22/EEC	机动车辆及其挂车安全玻璃及其玻璃材料	2001/92/EC
15	92/23/EEC	机动车辆及其挂车轮胎及其安装	2001/43/EC 2005/11/EC
16	92/24/EEC	某类机动车辆限速装置或类似的车载限速系统	2004/11/EC
17	94/20/EC	机动车辆及其挂车的机械连接装置以及折现装置在车辆上的连接	2006/96/EC
18	98/97/EC	用于运输危险物品的机动车辆及其挂车	
19	2001/56/EC	机动车辆及其挂车加热系统	2004/78/EC 2006/119/EC 2006/96/EC
20	2001/85/EC	8座以上(驾驶员除外)车辆的结构安全要求	2006/96/EC
21	2003/97/EC	间接视野装置和安装这类装置车辆的型式批准	2005/27/EC 2006/96/EC
22	(EU)2015/562	特定类型车辆的先进紧急制动系统的型式批准	
被动安全技术指令			
1	70/221/EC	机动车辆及其挂车液体燃料箱和后防护装置	79/490/EEC 81/333/EEC 97/19/EC 2000/8/EC 2006/20/EC 2006/96/EC
2	70/387/EEC	机动车辆车门及其门铰链	98/90/EC 2001/31/EC
3	74/60/EEC	机动车辆内饰件(除车内后视镜、操纵件、车顶或滑动车顶、座椅靠背及其后部部件以外的乘客舱内部部件)	78/632/EEC 2000/4/EC
4	74/297/EEC	机动车辆发生碰撞时转向机构的性能	91/662/EEC

序号	基础指令号	技术指令名称	指令修订版
5	74/408/EEC	机动车辆座椅及其固定点强度	81/557/EEC 96/37/EC 2005/39/EC 2006/96/EC
6	74/483/EEC	机动车辆外部凸出物	79/448/EEC 87/354/EEC 2007/15/EC 2006/96/EC
7	76/115/EEC	机动车辆安全带固定点	81/575/EEC 82/318/EEC 90/629/EEC 96/38/EC 2005/41/EC
8	77/541/EEC	机动车辆安全带及其约束系统	81/576/EEC 82/319/EEC 87/354/EEC 90/628/EEC 96/36/EC 2000/3/EC 2005/40/EC 2006/96/EC
9	78/932/EEC	机动车辆座椅头枕	87/354/EEC 2006/96/EC
10	89/297/EEC	某类机动车辆及其挂车侧面防护	
11	92/114/EEC	N 类机动车辆驾驶室后挡板前的外部凸出物	
12	95/28/EC	某类机动车辆内部结构所用材料的燃烧特性	2006/96/EC
13	96/79/EC	机动车辆在发生正面碰撞时的乘员保护	1999/98/EC
14	96/27/EC	机动车辆在发生侧碰撞时的乘员保护	
15	2000/40/EC	机动车辆的前下防护	2006/96/EC
16	（EC）78/2009	对行人及其他易受伤害的道路使用者的保护	（EC）78/2009 的具体实施法规为（EC）631/2009

续表

序号	基础指令号	技术指令名称	指令修订版
汽车灯光及信号装置			
1	70/388/EEC	机动车辆音响报警装置	87/354/EEC 2006/96/EC
2	76/756/EEC	机动车辆及其挂车照明和灯光信号装置的安装	80/233/EEC 82/244/EEC 83/276/EEC 84/8/EEC 89/278/EEC 91/663/EEC 97/28/EC 2007/35/EC 2008/89/EC
3	76/757/EEC	机动车辆及其挂车的回复反射器	87/354/EEC 97/29/EC 2006/96/EC
4	76/758/EEC	机动车辆及其挂车外廓灯、前位置(侧)灯、后位置(侧)灯、制动灯、侧标志灯、白日行驶灯	87/354/EEC 89/516/EEC 97/30/EC 2006/96/EC
5	76/759/EEC	机动车辆及其挂车转向指示灯	87/354/EEC 89/277/EEC 1999/15/EC 2006/96/EC
6	76/760/EEC	机动车辆及其挂车后牌照灯	87/354/EEC 97/31/EC 2006/96/EC
7	76/761/EEC	机动车辆远光和/或近光前照灯以及这些前照灯装用的白炽灯泡	87/354/EEC 89/517/EEC 1999/17/EC 2006/96/EC
8	76/762/EEC	机动车辆前雾灯及所装用的灯丝灯泡	1999/18/EC 2006/96/EC

续表

序号	基础指令号	技术指令名称	指令修订版
9	77/538/EEC	机动车辆及其挂车后雾灯	87/354/EEC 89/518/EEC 1999/14/EC 2006/96/EC
10	77/539/EEC	机动车辆及其挂车倒车灯	87/354/EEC 97/32/EC 2006/96/EC
11	77/540/EEC	机动车辆驻车灯	87/354/EEC 1999/16/EC 2006/96/EC

2.2.2　Euro-NCAP 星级评定标准

欧洲新车评估测试程序(Euro-NCAP)由成人保护、儿童保护、行人保护及安全辅助 4 个部分组成。整体得分是由 4 部分测试得分加权计算而得,同时还要确保每一部分不能低于整体星级。目的是提供一个公平、有意义且客观的车辆安全性能评价方法。与此同时,告知消费者,鼓励并给予信用评级给那些能够提供最高防护的车辆制造商。这些碰撞测试基于欧洲加强车辆安全委员会前碰和侧碰保护乘客和车辆前方行人的立法发展而来。其他的测试来自现有的立法测试(如车速限制器的评价),以现有消费者测试(如鞭打)为基础或完全由欧洲新车评估测试发展(如安全带提醒),见表 2.38。

表 2.38　欧洲新车评估测试程序(Euro-NCAP)组成

乘员保护			儿童保护			行人保护			安全辅助		
	2018	2020		2018	2020		2018	2020		2018	2020
正面偏置碰撞	8	8	动态测试(正面)	16	16	头部冲击	24	24	安全带提醒	3	3
正面碰撞	8	8	动态测试(侧面)	8	8	腿部冲击	6	6	速度辅助系统	3	3
侧面碰撞	8	6	CRS 安装	12	12	大腿冲击	6	6	ESC	—	—
侧面柱碰	8	6	车辆评估	13	13	AEB行人保护	6	6	LDW	4	4

续表

乘员保护			儿童保护			行人保护			安全辅助		
	2018	2020		2018	2020		2018	2020		2018	2020
侧碰撞副驾驶乘员保护		4							AEB Inter Urban	3	4
鞭打前排	1.5	1.5				AEB自行车保护	6	6	Junction Assist		2
鞭打后排	0.5	0.5									
AEB City	4	4									
满分	38	38	满分	49	49	满分	48	48	满分	13	16
得分率（2）	实际得分/满分		得分率（2）	实际得分/满分		得分率（2）	实际得分/满分		得分率（2）	实际得分/满分	
权重（3）	40%		权重（3）	20%		权重（3）	20%		权重（3）	20%	
加权得分（4）	（2）×（3）		加权得分（4）	（2）×（3）		加权得分（4）	（2）×（3）		加权得分（4）	（2）×（3）	

1）成人保护

成人保护评价起始分数来源于 5 个不同试验工况的数据采集和记录：正面100%重叠刚性壁障碰撞试验（FRB）、正面 40%重叠可变形壁障碰撞试验（ODB）、侧面移动可变形壁障碰撞试验（MDB）、侧面柱碰撞试验（PSI）及挥鞭试验，见表 2.39。所有的计算标准和方法都根据 Euro-NCAP 技术规程 TB-17 进行。起初每一个相关的身体部位都会根据假人的测量参数给定一个原始分数，经过相应的测试之后，会根据实际情况调整相应的分数。例如，在前碰撞中，应考虑是否调整原始分数来反映接触位置的微小变化是否会影响乘员的保护，因为乘客体形的不同和座椅位置的不同可能会给测试结果带来很大的影响。

表 2.39　成人保护评价项目和总分

项　目	2018 年满分
正面 100% 重叠刚性壁障碰撞试验（FRB）	8
正面 40% 重叠可变形壁障碰撞试验（ODB）	8
侧面移动可变形壁障碰撞试验（MDB）	8
侧面碰撞试验（PSI）	8
挥鞭试验（前排）	1.5
挥鞭试验（后排）	0.5
城市自动紧急制动系统（AEB-City）	4
总　分	38

　　在这些测试中,也会包括车辆的结构性能评估,如测试中会考虑转向机构的位移、踏板移动、脚部空间变形及 A 柱变形。这些评估既基于观察也基于几何变形,尤其是那些对身体部位可能造成影响的重点区域,在偏置碰中,每个身体区域的得分主要基于驾驶员数据,除非乘客的状况非常糟糕,这就意味着得出的判断主要与驾驶员相关。在前部碰撞中,得分同时基于驾驶员和后排乘客。侧碰撞和侧面柱碰撞只与碰撞侧的乘员相关,挥鞭试验结果与前排和后排的结果相关。

　　在评分体系中,并不区分致残伤害因素和威胁伤害因素。同样,也不区分发生概率低但伤害很严重和发生概率高但伤害小的伤害。这样做的目的在于鼓励生产厂商集中精力用在事故中提高安全的工作。根据从 5 个不同的测试场景中获得的信息和数据,对应的 5 个独立的测试包括前碰撞、侧面和侧面柱碰撞以及挥鞭试验都应该独立进行评分。最终的成人保护分数使用最高分数的百分比的形式出现。除了最基本的 Euro-NCAP 评估,其他的信息也会被记录并且报告。在将来,这些额外的信息都会添加到 Euro-NCAP 评价中。

　　（1）正面 100% 重叠刚性壁障碰撞试验

　　试验速度:49~51 km/h。

　　碰撞壁障:壁障由钢筋混凝土制成,前部宽度不小于 3 m,高度不小于 1.5 m。壁障厚度应保证其质量不低于 70 000 kg。壁障前表面应铅垂,其法线应与车辆直线行驶方向成 0° 夹角,且壁障表面应覆以 20±2 mm 厚的胶合板。该试验工况如图 2.33 所示。

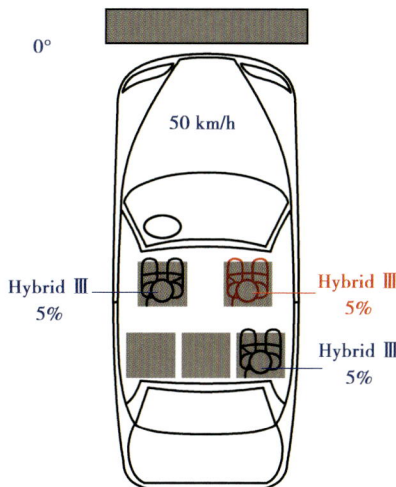

图 2.33　Euro-NCAP 正面 100% 重叠刚性壁障碰撞试验工况

　　假人放置:在前排驾驶员放置一个 Hybrid Ⅲ 型05百分位女性假人,用以测量前排人员受伤害情况。在第二排座椅最右侧座位上放置一个 Hybrid Ⅲ 型05百分位女性假人,用以测量第二排人员受伤害情况。其中,如果主机厂能提供前排乘员侧的假人伤害指标,Euro-NCAP 试验中可不放置该假人,直接采取主机厂提供的数据。

　　技术要求分两部分:一部分主要对假人头、颈、胸和大腿的伤害指数进行要求;另一部分主要对车体结构进行要求。其具体要求见表2.40。

表 2.40　Euro-NCAP 正面100%重叠刚性壁障碰撞试验成人保护评价项目

部　位		评价项目	评价要求和得分	部位评分
前排女性假人	头部	头部伤害指数-HIC_{36}	450(4分)～700(0分)	头部最高分为4分,最低分为0分
		3 ms 合成加速度(g)	<80(4分),≥80(0分)	
		气囊不稳定接触[1]	罚1分	
		气囊危险展开[2]	罚1分	
		气囊不正确展开[3]	罚1分	
		转向管柱位移量/mm	向后:90(0分)～110(-1分)	
			向上:72(0分)～88(-1分)	
			横向:90(0分)～110(-1分)	
	颈部	剪切力 F_x/kN	1.2(4分)～1.95(0分)	颈部最高分为4分,最低分为0分
		张力 F_z/kN	1.7(4分)～2.62(0分)	
		伸张弯矩 M_y/(N·m)	36(4分)～49(0分)	
	胸	压缩变形量/mm	18(4分)～42(0分)	胸部最高分为4分,最低分为0分
		黏性指数(VC)	0.5(4分)～1(0分)	
		肩带力罚分	≤6(0分),>6(-2分)	
		胸部和转向盘直接接触	罚1分	
		气囊不正确展开	罚1分	
	大腿和骨盆	大腿压缩力/kN	2.6(4分)～6.0(0分)	大腿和骨盆最高分为4分,最低分为0分
		膝盖滑动位移/mm	不参与评价	
		髂骨力变化率 1 ms/kN	≤1(0分),>1(-4分)	
	小腿	胫骨指数-TI	不参与评价	小腿不参与评价,只做记录
		小腿压缩力/kN	不参与评价	

续表

部　位		评价项目	评价要求和得分	部位评分
后排女性假人	头部	头部伤害指数-HIC$_{36}$	450（4 分）~700（0 分）	头部最高分为 4 分，最低分为 0 分
		3 ms 合成加速度（g）	<80（4 分），≥80（0 分）	
		气囊不稳定接触	罚 1 分	
		气囊危险展开	罚 1 分	
		气囊不正确展开	罚 1 分	
		头部甩动过大	后排假人头部超出 450 mm 或 550 mm，将被罚-2 分或-4 分	
	颈部	剪切力 F_x/kN	1.2（4 分）~1.95（0 分）	颈部最高分为 4 分，最低分为 0 分
		张力 F_z/kN	1.7（4 分）~2.62（0 分）	
		伸张弯矩 M_y/（N·m）	36（4 分）~49（0 分）	
	胸	压缩变形量/mm	18（4 分）~42（0 分）	胸部最高分为 4 分，最低分为 0 分
		黏性指数（VC）	0.5（4 分）~1（0 分）	
		肩带力罚分	≤6（0 分），>6（-2 分）	
		气囊不正确展开	罚 1 分	
	大腿和骨盆	大腿压缩力/kN	2.6（4 分）~6.0（0 分）	大腿和骨盆最高分为 4 分，最低分为 0 分
		膝盖滑动位移/mm	不参与评价	
		髂骨力变化率 1 ms/kN	≤1（0 分），>1（-4 分）	
	小腿	胫骨指数-TI	不参与评价	小腿不参与评价，只做记录
		小腿压缩力/kN	不参与评价	
总体评估		试验过程中每有一个门开启扣 1 分；包括后备厢、天窗。罚分没有上限		{（前排+后排）/2}/2＝最终得分（最高 8 分）
		前排乘员得分不能少于驾驶员 90%；否则将按照驾驶员与成员中最低得分计算		
		头、颈部、胸部 3 个部位，任何一个部位 0 分，则该假人 0 分		

注：1.气囊不稳定接触：如果头部在向前运动的过程中，头部重心运动到气囊边缘外，头部接触被认为不稳定。需扣掉 1 分。如果发生转向盘从转向管柱上分离，或气囊被假人头部砸透等影响气囊对头部保护效果的现象，都需要罚 1 分。

　　2.如果在头部区域，气囊的展开方式是拍打展开，在垂直方向或水平方向扫过人的脸，则气囊不稳定接触修正头部得分，扣 1 分。如果气囊向后展开，头部区域内速度超过 90 m/s，头部得分被修正，扣 1 分。具体见 Euro-NCAP 技术文件 TB-001。

　　3.任何气囊没有按设计的方式完全展开，假人接触的每一个部位均被修正，每个修正部位各扣 1 分。例如，转向盘内安装的气囊错误地展开，前碰撞假人头部将被罚 1 分。乘员膝部气囊错误地展开，前碰撞乘员假人的左右膝部、大腿和骨盆均罚 1 分。

（2）正面 40%重叠可变形壁障碰撞试验

试验速度：63~65 km/h。

碰撞壁障：壁障的前表面为可变形蜂窝铝。车辆应与可变形蜂窝铝表面重叠车辆宽度的 40%±20 mm。壁障的定位应使试验车辆与蜂窝铝最先接触发生在驾驶员侧。试验工况如图 2.34 所示。

假人放置：在前排驾驶员和乘员位置分别放置一个 Hybrid Ⅲ 型 50 百分位男性假人，用于成人保护的评价。在第二排座椅最左侧座位上放置一个 Q6 假人，在最右侧座位上放置一个 Q10 假人，用于儿童保护的评价。

评价项目：成人保护评价项目分两部分。一部分主要对假人头、颈、胸、大腿、小腿和膝关节的伤害指数进行评价；另一部分主要对车体结构进行总体罚分，总分为16 分。其具体要求见表 2.41。

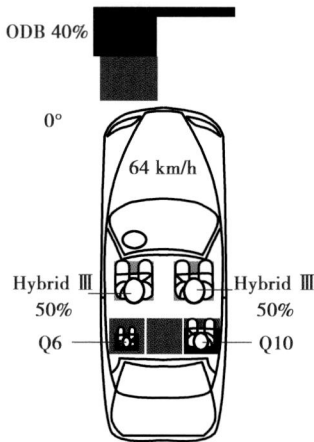

图 2.34　Euro-NCAP 正面 40%重叠可变形壁障碰撞试验工况

表 2.41　Euro-NCAP 正面 40%重叠可变形壁障碰撞试验评价要求

部　位		评价项目	评价要求和得分	部位评分
前排男性假人	头部	头部合成加速度峰值(g)	<80(4 分,同时不评价 HIC 和 3 ms 合成加速度)，≥80(须评价 HIC 和 3 ms 合成加速度)	头颈部最高分为 4 分,最低分为 0 分
		头部伤害指数-HIC_{15}	500(4 分)~700(0 分)	
		3 ms 合成加速度(g)	72(4 分)~80(0 分)	
		气囊不稳定接触[1]	罚 1 分	
		气囊危险展开[2]	罚 1 分	
		气囊不正确展开[3]	罚 1 分	
		转向管柱位移量/mm	向后:90(0 分)~110(-1 分) 或向上:72(0 分)~88(-1 分) 或横向:90(0 分)~110(-1 分)	

续表

部　位		评价项目	评价要求和得分	部位评分
前排男性假人	颈部	剪切力 F_x/kN	曲线评价,见图 2.9	
		张力 F_z/kN	曲线评价,见图 2.10	
		伸张弯矩 M_y/(N·m)	42(4 分)~57(0 分)	
	胸	压缩变形量/mm	22(4 分)~42(0 分)	胸部最高分为 4 分,最低分为 0 分
		黏性指数(VC)	0.5(4 分)~1(0 分)	
		肩带力罚分	≤6(0 分),>6(−2 分)	
		胸部和转向盘直接接触	罚 1 分	
		气囊不正确展开	罚 1 分	
		A 柱位移罚分	100(0 分)~200(−2 分)	
		乘员舱不稳定[4]	罚 1 分	
	膝部、大腿和骨盆	大腿压缩力/kN	曲线评价,见图 2.11	膝部、大腿和骨盆最高分为 4 分,最低分为 0 分
		膝盖滑动位移/mm	6(4 分)~15(0 分)	
		可变接触[5]	罚 1 分	
		集中载荷[6]	罚 1 分	
		气囊不正确展开	罚 1 分	
	小腿	胫骨指数-TI	0.4(4 分)~1.3(0 分)	小腿、脚和脚踝最高分为 4 分,最低分为 0 分
		小腿压缩力/kN	2(4 分)~8(0 分)	
		踏板垂直方向最大位移罚分	72(0 分)~88(−1 分)	
	脚和脚踝	踏板水平方向最大位移/mm	100(4 分)~200(0 分)	
		歇脚板割裂[7]	罚 1 分	
		踏板卡滞[8]	罚 1 分	
总体评估		试验过程中每有一个门开启扣 1 分;包括后备厢、天窗。罚分没有上限		每个部位取驾驶员和乘员的最低分。最后用总分/2 为最终得分
		头、颈部、胸部 3 个部位,任何一个部位 0 分,则该假人 0 分		

注:1.气囊不稳定接触:如果头部在向前运动的过程中,头部重心运动到气囊边缘外,头部接触被认为不稳定。需扣掉 1 分。如果任何原因危及气囊对头部保护安全,如转向盘从转向管柱上分离开来,或气囊被假人头部砸透,都需要罚分。

2.如果在头部区域,气囊的展开方式是拍打展开,在垂直方向或水平方向扫人的脸,则用气囊不稳定接触修正头部得分,扣 1 分。如果气囊向后展开,头部区域内速度超过 90 m/s,头部得分被修正,扣 1 分。具体见 Euro-NCAP 技术文件 TB-001。

3.任何气囊没有按设计的方式完整展开,假人接触的每一个部位均被修正,每个修正部位各扣 1 分。例如,转向盘内安装的气囊错误地展开,前碰撞假人头部将被罚 1 分。乘员膝部气囊错误地展开,前碰撞乘员假人的左右膝部、大腿和骨盆均罚1分。

4.乘员舱完整性的损坏由以下特征显示:A.车门锁或铰链失效,车门不能充分保持本身结构;B.卡住,或其他车门失效导致的前后压缩结构强度失效;C.仪表板与A柱连接处分离或接近分离;D.车门缝隙导致结构强度不足。

5.可变接触:在膝部保护区域内,某一个位置被膝部撞击后可能会造成膝部位移大于6 mm或大腿力大于3.8 kN,则这个位置被认为"可变接触",这个位置对应的那一条腿会被扣1分。除非KNEE MAPPING试验证明这个位置的伤害——膝部位移小于6 mm且大腿力小于3.8 kN,才不会被扣这1分。

6.集中载荷:在膝部可变接触评价区域中挑出硬点区域进行检查。硬点区域背面应覆盖10 mm支承泡沫衬垫;若泡沫厚度会发生变化,取最薄部分的厚度;如果不满足这一要求,则这个位置对应的那一条腿会被扣1分。如果膝部可变接触的罚分是由于膝部位移单因素造成,可不进行膝部集中载荷罚分;若厂家能提供有效KNEE MAPPING数据,膝部不稳定接触和膝部集中载何罚分可进行消除。

7.歇脚板割裂:如果搁脚空间有效的区域出现破裂,将被罚分。

8.踏板锁止:是指加载200 N的力推进踏板,踏板向前运动量小于25 mm。

(3)侧面移动可变形壁障侧面碰撞试验

试验速度:49~51 km/h。

碰撞壁障:试验应在驾驶员侧进行。移动可变形壁障,移动壁障的纵向中垂面与试验车辆上通过碰撞侧前排座椅R点向后250 mm处的横断垂面之间的距离应在±25 mm内。试验工况如图2.35所示。碰撞瞬间,应确保由变形壁障前表面上边缘和下边缘限定的水平中间平面与试验前确定的位置的上下偏差在±25 mm内。移动变形壁障上应装有制动装置,以避免与试验车发生二次碰撞,移动壁障含蜂窝铝技术要求如下(移动壁障含蜂窝铝如图2.36所示):

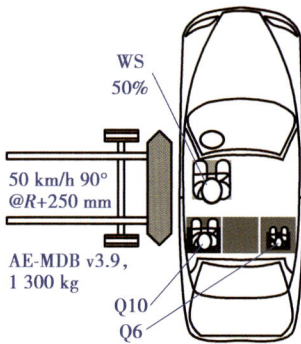

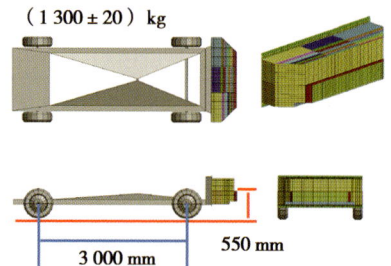

图2.35　Euro-NCAP侧面移动可变形壁障碰撞试验工况　图2.36　移动壁障含蜂窝铝整体概念图

①总重为1 300±20 kg。

②重心位于前轴向后1 000±30 mm,离地500±30 mm和小车纵垂面±10 mm的相交部分。

③撞击器的最前面和重心的距离为2 000±30 mm。

④壁障的高度必须保证壁障前面两个单元的交界线离地550±5 mm。

⑤台车的前后轮距应为1 500±10 mm。

⑥台车的轴距应为 3 000±10 mm。

假人放置:在驾驶员位置放置一个 World SID 50th 假人,World SID 50th 假人部件性能应符合 ISO 15830 的规定。在第二排左侧座椅放置 Q10 儿童假人,在第二排右侧座椅位置放置 Q6 儿童假人。

技术要求:标准要求分两部分,一部分主要对假人头、胸、腹和骨盆的伤害指数进行要求;另一部分主要对车体结构进行要求。其具体要求见表 2.42。

表 2.42　Euro-NCAP 侧面移动可变形壁障碰撞试验成人保护评价项目

部　位		评价项目	评价要求和得分	部位评分
前排男性假人	头部	头部合成加速度峰值(g)	不参与评价	头部最高分为 4 分,最低分为 0 分
		头部伤害指数-HIC_{15}	500(4 分)~700(0 分)	
		3 ms 合成加速度(g)	72(4 分)~80(0 分)	
		气囊不正确展开[1]	罚 1 分	
	胸	肋骨压缩量(包含上、中、下 3 根肋骨)/mm	28(4 分)~50(0 分)	胸部最高分为 4 分,最低分为 0 分
		黏性指数(VC)(包含上、中、下 3 根肋骨)	>1(-4 分)	
		肩部力	>3(-4 分)	
		气囊不正确展开*	罚 1 分	
	腹部	腹部压缩量(包含上、下腹部)	47(4 分)~65(0 分)	腹部最高分为 4 分,最低分为 0 分
		气囊不正确展开*	罚 1 分	
	骨盆	骨盆合力/kN	1.7(4 分)~2.8(0 分)	骨盆最高分为 4 分,最低分为 0 分
		气囊不正确展开*	罚 1 分	
总体评估		试验过程中每有一个门开启扣 1 分;包括后备厢、天窗。罚分没有上限		
		头、颈部、胸部、腹部 4 个部位,任何一个部位 0 分,则该假人 0 分		

注:*气囊不正确展开是指气囊展开不完全或设计的展开状态不一致等会影响到对人体正常保护的情况。

按 Euro-NCAP 技术公告 014 的规定,该蜂窝铝的几何尺寸如图 2.37 所示。

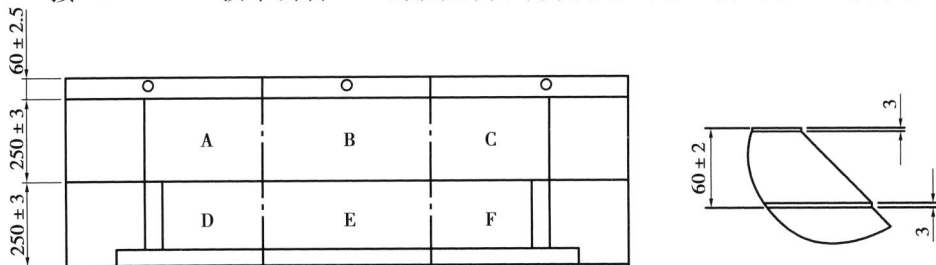

详图 A

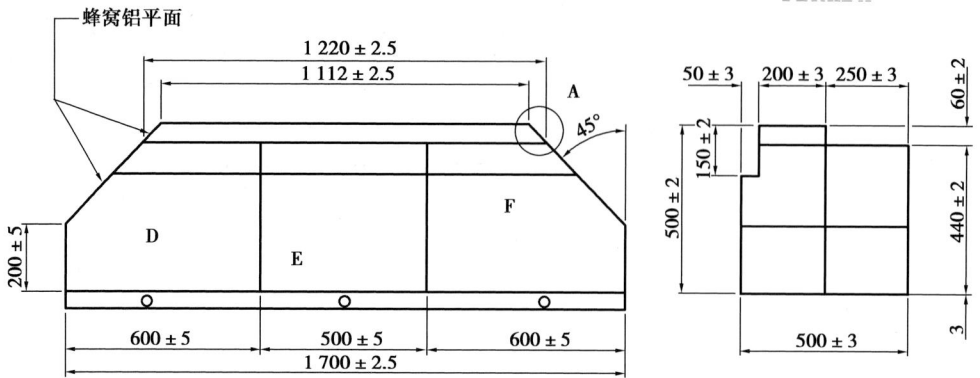

图 2.37　AE-MDB 蜂窝铝的几何尺寸图

（4）侧面柱碰撞试验

试验速度：31.5~32.5 km/h。

碰撞壁障：碰撞柱的立柱直径为 254 ±3 mm，与汽车纵轴角度为 75°±3°。试验工况如图 2.38 所示。

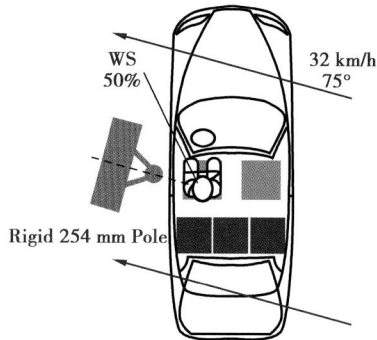

图 2.38　Euro-NCAP 侧面柱碰撞试验工况

假人放置：在驾驶员位置放置一个 World SID 50th 假人。

评价项目：成人保护评价项目同 Euro-NCAP 侧面移动可变形壁障碰撞试验成人保护评价项目一致。

（5）挥鞭测试

试验速度：16 km/h。

碰撞壁障：3 种波形（低、中、高）。

假人放置：碰撞假人采用 BioRID，假人要安装在台架上且采用 3 点安全带固定。

评价项目：挥鞭测试的评价指标见表 2.43。

表 2.43　挥鞭测试的评价指标

挥鞭伤测试	低能级脉冲			中能级脉冲			高能级脉冲		
	高性能	低性能	可得分极限	高性能	低性能	可得分极限	高性能	低性能	可得分极限
NIC(颈部伤害值)	9.00	15.00	18.30	11.00	24.00	27.00	13.00	23.00	25.50
Nkm(颈部伤害预测指数)	0.12	0.35	0.50	0.15	0.55	0.69	0.22	0.47	0.78
反弹速度/(m·s^{-1})	3.0	4.4	4.7	3.2	4.8	5.2	4.1	5.5	6.0
上颈部剪切力 F_x/N	30	110	187	30	190	290	30	210	364
上颈部拉伸力 F_z/N	270	610	734	360	750	900	470	770	1 024
T1 加速度(g)	9.40	12.00	14.10	9.30	13.10	15.55	12.50	15.90	17.80
T-HRC/ms	61	83	95	57	82	92	53	80	92

2)儿童保护

儿童保护主要用来说明在 Euro-NCAP 中儿童是如何受到保护的,基本原则是在碰撞测试中,儿童应受到和成人同样的保护,作为评价的一部分,不同类型的儿童约束系统会装在车辆上来评估对所有年龄段儿童的保护能力,Q6 和 Q10 假人会用于评价 40%偏置前碰撞和可变形移动壁障侧面碰撞中保护儿童的能力。其测试结果分为动态测试、儿童座椅安装和车辆匹配性能评估。

(1)动态测试

动态测试包括正面偏置碰撞和侧面碰撞。这两个试验中都会放置 Q6 和 Q10 儿童假人,儿童假人放置的位置如图 2.39 所示。其中,Q6 假人应该坐在 6 岁或身高 125 cm 的儿童座椅上。这个座椅可以是主机厂推荐的。若主机厂没有推荐,试验座椅将从试验规程座椅推荐表中适当选取。Q10 假人应坐在缓冲垫上。这个缓冲垫可以是主机厂推荐的。若厂家推荐缓冲垫有可拆卸的高护背装置,试验时要把护背拆掉。如果厂家没有推荐,试验座椅将从试验规程座椅推荐表中适当选取。动态测试中,主要评价儿童假人的头部、颈部和胸部。两个试验总得分为 24 分。每个部位的评价指标和得分见表 2.44。

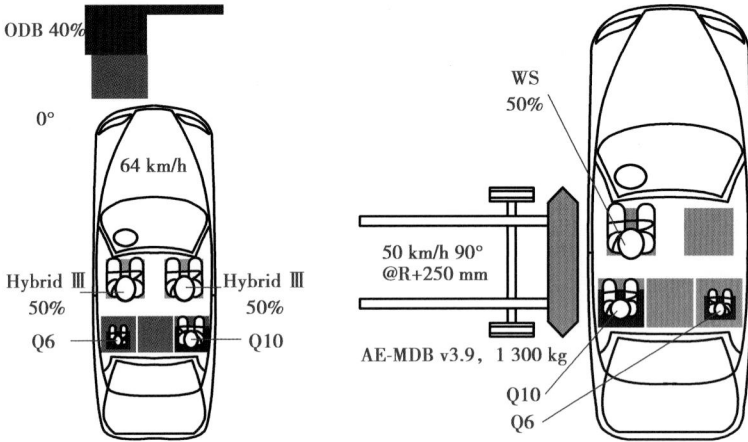

图 2.39　动态测试工况和儿童乘坐位置

表 2.44　动态测试儿童评价指标和得分

	假　人	区　域	评价项目	评价标准和得分
满分 24 分	正面偏置碰撞			
	Q6/Q10	头部	头部伤害指数 HIC_{15}	500(4 分)~700(0 分)
			3 ms 合成加速度(g)	60(4 分)~80(0 分)
			头部前移量罚分/mm	450(−2 分)~550(−4 分)
		颈部	上颈部拉升力/kN	1.7(2 分)~2.62(0 分)
		胸部	3 ms 合成加速度(g)	41(2 分)~55(0 分)
	侧面碰撞（MDB）			
	Q6/Q10	头部	头部伤害指数 HIC_{15}	500(2 分)~700(0 分)
			3 ms 合成加速度(g)	72(2 分)~88(0 分)
		颈部	Q6 假人上颈部 Fres/kN	Fres<2.4(1 分)，Fres≥2.4(0 分)
			Q10 假人上颈部 Fres/kN	Fres<2.2(1 分)，Fres≥2.2(0 分)
		胸部	3 ms 合成加速度 $a_{3\,ms}$(g)	$a_{3\,ms}$<67(1 分)，$a_{3\,ms}$≥67(0 分)

（2）儿童座椅安装

儿童座椅安装主要考察儿童座椅安装的方便性和适用范围。它主要分为通用型儿童座椅、ISOFIX 型儿童座椅、i-Size 型儿童座椅及主机厂推荐的儿童座椅，总分数为 12 分。表 2.45 为儿童座椅安装的评估指标和得分。

表 2.45　儿童座椅安装的评价指标和得分

	通用型 CRS	分数	4
满分 12 分	ISOFIX CRS	分数	2
	i-Size CRS	分数	4
	主机厂推荐 CRS	分数	2

（3）车辆匹配性能评估

车辆匹配性能评估主要考察试验车辆对安装儿童座椅的适用性，每个座位能安装哪些儿童座椅。表 2.46 为车辆匹配性能的评价指标和得分。

表 2.46　车辆匹配性能的评价指标和得分

前提条件：			
所有的座位都能提供 3 点式安全带			
车辆使用说明书里详细、清楚地描述了各座位是否可安装通用式/ISOFIX/i-Size CRS			
只要有气囊安装的位子（无论前排还是后排），汽车使用手册里都要说明该位子是否适合安装儿童座椅，适合何种座椅，以及如何安装			
得分 13	按 UN ECE R16 Annex17-Appendix1 的规定，第二排外侧座椅能安装 Gabarit	分数	1
	按 UN ECE R16 Annex17-Appendix1 的规定，其他位子也能安装 Gabarit		1
	有 2 个位子能装 i-size 儿童座椅且绑带固定的标记		2
	有 3 个独立的位子能装 i-size 儿童座椅且绑带固定的标记		1
	至少有 2 个位子能独立安装后向大尺寸儿童座椅（Class C）ISOFIX CRS，（CRF）ISO/R3		1
	气囊标识和手动或自动关闭气囊点爆		2/4
	集成儿童座椅		1/3

3）行人保护

行人保护的评价由头部试验、大腿试验、小腿试验及自动紧急刹车（AEB）测试数据共同构成。在腿部测试区域，在保险杠和车前盖区域会被划分成网格，然后采用两个腿部模拟器。Euro-NCAP 将会测试"性能"最差的网格点。制造商可以提名额外的测试，并且该结果会包含在评估报告中。行人保护试验的总得分为 36 分，包括头部试验 24 分、大腿试验 6 分、小腿试验 6 分。AEB 在 2018 年和 2020 年为 12 分。行人保护的总分数在 2018 年和 2020 年为 48 分。

在头部试验中，在车辆的外表层会被标记成网格，头部测试网格划分如图 2.31 所示。汽车制造商被要求向 Euro-NCAP 秘书处提供详细的每一个网格的保护数据，这些数据必须在测试准备开始的时候提供。Euro-NCAP 会针对车辆的保护性能进行验证,整体的预测会根据随机性测试进行校正。每个网格点的得分为 0~1 分。其网格点得分见表 2.47。行人保护头部试验最高得分 24 分。网格点的最后得分是计算出来的,用一个百分比乘以 24 分。

表 2.47　头部测试网格点得分

$HIC_{15} < 650$	1.00 分
$650 \leqslant HIC_{15} < 1\ 000$	0.75 分
$1\ 000 \leqslant HIC_{15} < 1\ 350$	0.50 分
$1\ 350 \leqslant HIC_{15} < 1\ 700$	0.25 分
$1\ 700 \leqslant HIC_{15}$	0.00 分

腿部冲击试验按车的高度分为大腿部试验和小腿部试验,且试验点分布都在 100 mm间隔,并规定试验的第一点为车辆中心点或中心点的临近点,试验隔点进行。试验结果满足车辆中心对称原则且未试验点的结果取其两临近试验结果差的一方。一个点的满分为 1 分。对大腿而言,实际得分取力和弯矩中得分差的一方。小腿试验点的得分由小腿力矩(满分 0.5 分)和韧带拉伸(满分 0.5 分)的得分相加。

在自动紧急刹车测试中,车辆制造商也被要求提交 AEB 数据给 Euro-NCAP 秘书处。其中,应包括所有的 4 种情况,提供的数据被用于参考比较测试数据与实际数据。

4)安全辅助

不像是在碰撞事故中的车辆所提供的保护那样,安全辅助评价不需要破坏车体的结构。该项评价既可以基于配件要求,也可以是性能要求。性能要求包括安全带提醒、速度辅助、自动紧急刹车系统,或者是单独的部件要求,包括电子稳定性系统和车道偏离警告。

该项测试的目的在于促进在欧洲销售车辆安全标准配件的普及率,如安全带提示和速度辅助系统等。在 2018 年,该项目总分为 13 分。其评价项目和得分见表 2.48。

表 2.48　安全辅助评价项目和得分

项　　目	2018 年满分
安全带提醒(SBR)	3
速度辅助系统(SAS)	3
电子稳定程序(ESC)	——
车道偏离警告(LDW)	4
自动紧急制动系统(AEB)	3
总　　分	13

2.3　美国安全标准

2.3.1　FMVSS 安全法规

美国的"汽车安全法规"(Federal Motor Vehicle Safety Standards,FMVSS)是在美国《机动车安全法》的授权下,由 NHTSA 具体负责制订、实施的。任何车辆或装备部件如果不符合 FMVSS,那么其不得以销售为目的而生产,不得销售或引入美国洲际商业系统,不得进口。从 1968 年 1 月 10 日实行以来,该法规经过不断修改,其中各条款的要求更加严格。

FVMSS 目前共计 64 项,分为 5 大类。FMVSS 100 系列为防止撞车等安全事故发生的法规,即汽车主动安全法规。这类法规是对保证汽车安全行驶所需的条件加以规定。例如,规定各种便于操纵和识别的标志及位置,使驾驶人不致因标志及位置不清和操作失误而造成安全事故。此外,该法规对制动系统、灯具、轮胎及车身附件的性能有明确规定,目前,这些技术法规共计 28 项。FMVSS 200 系列为发生事故时减少驾驶人及乘员伤害的法规,即汽车被动安全法规。其目的为使乘客的伤亡减至最少,如涉及撞车时对乘员的防护,座椅及安全带、车门及门锁、风窗玻璃等部件在撞车时应对乘员起到保护作用,目前共计 24 项。

FMVSS 300 系列对防止撞车灾害性事故的发生而加以规定,即汽车防火安全法规,目前共计 5 项。FMVSS 400 系列对撞车时人员和物品的保护加以规定,即汽车运载人员和物品保护法规,目前共计 3 项。FMVSS 500 系列对汽车的运行安全加以规定,目前共计 1 项。

美国现行的 FMVSS 系列法规明细见表 2.49。

表 2.49　FMVSS 系列法规明细

FMVSS 100 系列:主动安全法规	
法规代号	法规名称
FMVSS 101	控制器和显示器
FMVSS 102	变速器换挡杆顺序,启动机互锁机构和变速器制动效能
FMVSS 103	风窗玻璃除霜和除雾系统
FMVSS 104	风窗玻璃刮水和洗涤系统
FMVSS 105	液压与电子制动系统
FMVSS 106	制动软管
FMVSS 108	灯具、反射装置和辅助设备

续表

法规代号	法规名称
FMVSS 109	新的充气轮胎
FMVSS 110	轮胎和轮辋选择
FMVSS 111	后视镜
FMVSS 113	罩盖锁装置
FMVSS 114	防盗装置和侧翻防护
FMVSS 116	机动车制动液
FMVSS 117	翻新充气轮胎
FMVSS 118	动力操纵车窗系统
FMVSS 119	车辆(不包括轿车)用的充气轮胎
FMVSS 120	机动车(不包括轿车)轮胎和轮辋选择
FMVSS 121	气压制动系统
FMVSS 122	摩托车制动系统
FMVSS 123	摩托车的控制器和显示器
FMVSS 124	加速器控制系统
FMVSS 125	警告装置
FMVSS 126	汽车电子稳定控制系统
FMVSS 129	新的轿车非充气轮胎
FMVSS 131	学童客车行人安全装置
FMVSS 135	轿车制动系统
FMVSS 138	轮胎气压监控系统
FMVSS 139	轻型车辆新气压轮胎
FMVSS 200 系列:被动安全法规	
法规代号	法规名称
FMVSS 201	乘员在车内碰撞时的防护
FMVSS 202(a)	头枕
FMVSS 203	驾驶员免受转向控制系统伤害的碰撞保护
FMVSS 204	转向控制装置的向后位移
FMVSS 205(a)	玻璃材料
FMVSS 206	车门锁及车门固定组件
FMVSS 207	座椅系统

续表

法规代号	法规名称
FMVSS 208	乘员碰撞保护
FMVSS 209	座椅安全带总成
FMVSS 210	座椅安全带总成固定点
FMVSS 212	风窗玻璃的安装
FMVSS 213	儿童约束系统
FMVSS 214	侧碰撞保护
FMVSS 216(a)	轿车车顶抗压强度
FMVSS 217	客车紧急出口及车窗的固定与松放
FMVSS 218	摩托车头盔
FMVSS 219	风窗玻璃区的干扰
FMVSS 220	学童客车倾翻的防护
FMVSS 221	学童客车的车身联结强度
FMVSS 222	学童客车乘员座椅和碰撞保护
FMVSS 223	后碰撞保护
FMVSS 224	后碰撞保护
FMVSS 225	儿童约束系统固定点
FMVSS 226	降低弹出危险性
FMVSS 300—500 系列:FMVSS 防火安全法规	
法规代号	法规名称
FMVSS 301	燃料系统的完整性
FMVSS 302	汽车内饰材料的燃烧特性
FMVSS 303	压缩天然气车辆燃料系统的完整性
FMVSS 304	压缩天然气燃料箱的完整性
FMVSS 305	电动车辆—电解液溅出及电击保护
FMVSS 401	乘用车行李厢内部开启机构
FMVSS 403	机动车辆地板举升系统
FMVSS 404	机动车辆地板举升器的安装
FMVSS 501	低速车辆(车速介于 20~35 m/h 的四轮车辆)

　　美国汽车安全法规的制订程序不同于欧洲,欧洲主要是以召开会议的形式,而美国则是以公报的形式向全社会公开征求意见来开展技术法规的制订、修订工作。

美国汽车安全法规可由政府各部门、各社会团体、企业或任何一个普通公民提出,在提案被 NHTSA 采纳后,即开始法规的制订程序。在每周发行的公告"联邦注册"中刊登所有有关的法规制订文本,使广大公众了解法规制订的有关信息,同时草案和文本还将发送给美国汽车制造商协会、汽车工业协会及其他与汽车有关的协会,定期召开汽车工业界与政府部门之间的会议,向业界传达政府的意向和计划。一项法规从提出到制订完成,通常需要 3~4 年,新法规在实施上还需 2~3 年准备期。

除 FMVSS 汽车安全技术法规外,美国运输部还制定了一系列管理性技术法规,以保证 FMVSS 的制订和修订工作以及有效实施。这些法规同样都被收录在 CFR 第49 篇中,其中,比较重要的管理性技术法规包括信息收集权、申请制定有关法规及申请发布确定缺陷与不符的命令、法规制订程序、对 FMVSS 的暂时豁免、车辆识别代号(VIN)、制造商识别、认证、2 阶段和多阶段制造的车辆、消费者信息法规、记录的保持、里程表披露要求、保险杠标准、分阶段引入儿童约束固定系统的报告要求等。

1)《乘员碰撞保护》(FMVSS 208)

适用范围:适用于乘用车、多功能乘用车、载货汽车和客车。下面试验方法及限值仅针对 2010 年 9 月 1 日之后生产的乘用车。

试验程序包含两部分:第一部分为正常坐姿的正面碰撞试验和翻滚试验;第二部分为离位坐姿的气囊点爆试验简称 OOP 试验。其中,正常坐姿的正面碰撞试验包括 7 种碰撞试验工况。试验工况如图 2.40 所示。

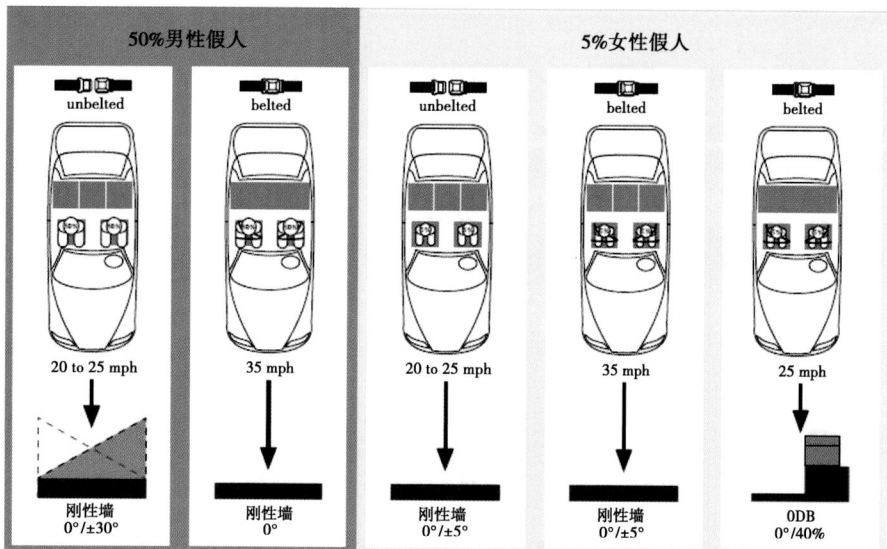

图 2.40　正常坐姿的正面碰撞试验工况示意图

正常坐姿正面碰撞试验的 7 种工况如下:

①未系安全带的 50%男性假人左侧 30°碰撞试验。

②未系安全带的 50%男性假人 0°碰撞试验。

③未系安全带的 50%男性假人右侧 30°碰撞试验。

④系安全带的 50%男性假人 0°碰撞试验。

⑤未系安全带的 5%女性假人 0°碰撞试验。

⑥系安全带的 5%女性假人 0°碰撞试验。

⑦系安全带的 5%女性假人 40%碰撞试验。

评价项目:男性假人评价项目和要求见表 2.50。女性假人评价项目和要求见表 2.51。所有的试验假人都位于乘员舱内。

翻滚试验工况:车辆制动松开,变速箱置空挡,放于横向倾斜 23°试验台上,试验台低侧的前排外侧座位放一假人,假人温度为 20.6~22.2 ℃;试验台以速度 30 m/h(48.3 km/h)垂直于车辆纵轴向低侧运动并在 3 ft(0.914 m)内减速至静止,减速度≥20 g 的持续时间应大于等于 0.04 s,如图 2.41 所示。

评价项目:整个试验过程中假人都位于乘员舱内。

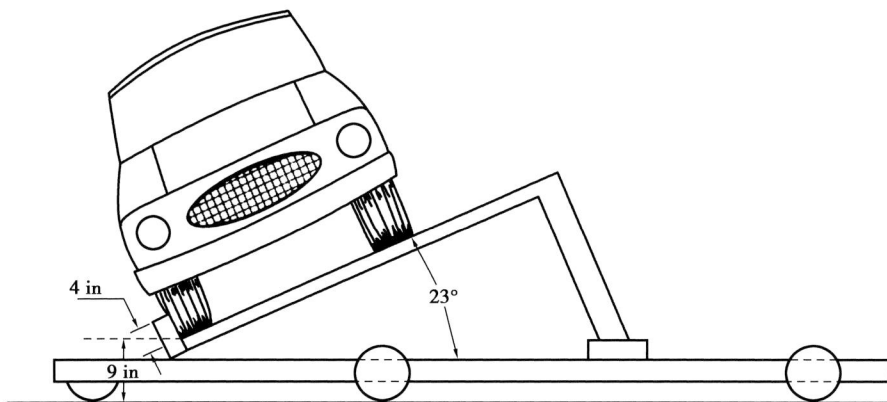

图 2.41　翻滚试验工况示意图

离位坐姿 7 种试验工况如下:

①驾驶员侧 5%女性假人下巴在气囊模块上,如图 2.42 所示。

②驾驶员侧 5%女性假人下巴在转向盘上轮缘,如图 2.43 所示。

③1 岁儿童假人在反向放置儿童座椅中,如图 2.44 所示。

④3 岁儿童假人胸部在仪表板上,如图 2.45 所示。

⑤3 岁儿童假人头部在仪表板上,如图 2.46 所示。

⑥6 岁儿童假人胸部在仪表板上,如图 2.47 所示。

⑦6 岁儿童假人头部在仪表板上,如图 2.48 所示。

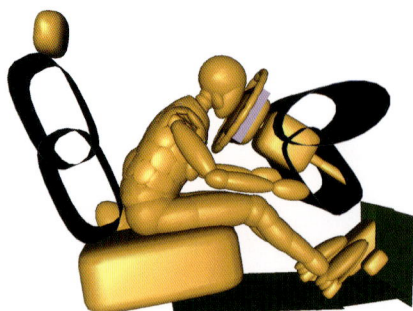

图 2.42　驾驶员侧 5% 女性假人下巴
在气囊模块上

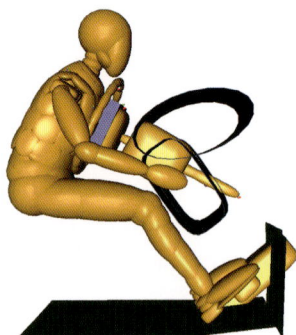

图 2.43　驾驶员侧 5% 女性假人下巴
在转向盘上轮缘

图 2.44　1 岁儿童假人在反向放置儿童座椅中

图 2.45　3 岁儿童假人胸部在仪表板上

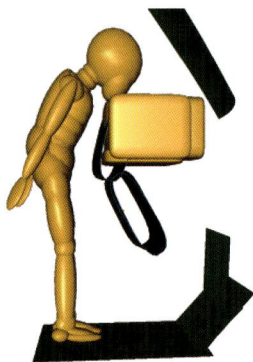

图 2.46　3 岁儿童假人头部在仪表板上

图 2.47　6 岁儿童假人胸部在仪表板上

评价项目:5% 女性假人伤害评价标准如图 2.49 所示,12 个月假人伤害评价标准如图 2.50 所示,3 岁假人伤害评价标准如图 2.51 所示,6 岁假人伤害评价标准如图 2.52所示。

图 2.48　6 岁儿童假人头部在仪表板上

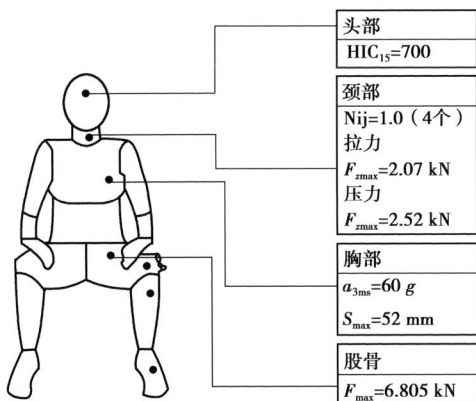

头部
$HIC_{15}=700$

颈部
$Nij=1.0$（4个）
拉力
$F_{zmax}=2.07$ kN
压力
$F_{zmax}=2.52$ kN

胸部
$a_{3ms}=60$ g
$S_{max}=52$ mm

股骨
$F_{max}=6.805$ kN

图 2.49　5%女性假人伤害评价标准

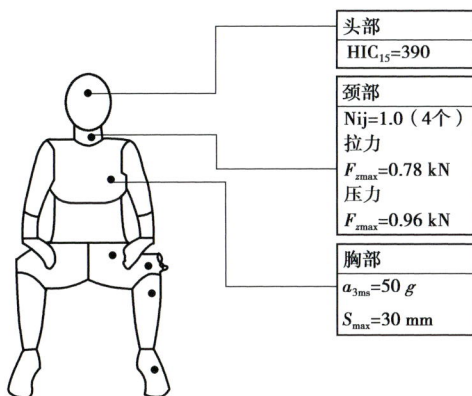

头部
$HIC_{15}=390$

颈部
$Nij=1.0$（4个）
拉力
$F_{zmax}=0.78$ kN
压力
$F_{zmax}=0.96$ kN

胸部
$a_{3ms}=50$ g
$S_{max}=30$ mm

图 2.50　12 个月假人伤害评价标准

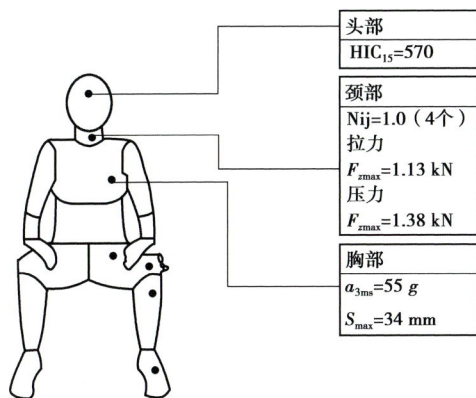

头部
$HIC_{15}=570$

颈部
$Nij=1.0$（4个）
拉力
$F_{zmax}=1.13$ kN
压力
$F_{zmax}=1.38$ kN

胸部
$a_{3ms}=55$ g
$S_{max}=34$ mm

图 2.51　3 岁假人伤害评价标准

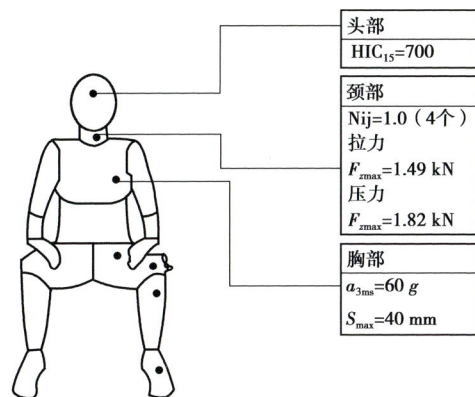

头部
$HIC_{15}=700$

颈部
$Nij=1.0$（4个）
拉力
$F_{zmax}=1.49$ kN
压力
$F_{zmax}=1.82$ kN

胸部
$a_{3ms}=60$ g
$S_{max}=40$ mm

图 2.52　6 岁假人伤害评价标准

2)《侧碰撞保护》(FMVSS 214)

适用范围:适用于车辆总质量等于或小于 4 536 kg 的轿车、多功能乘用车、卡车及公交车。

试验程序包含 3 种试验工况:侧面准静态试验、侧面移动可变性壁障碰撞试验和侧面柱碰撞试验。

侧面准静态试验工况如图 2.53 所示。试验要求:

①所有车窗关闭,车门锁止。

②刚性圆柱或半圆柱加载体的直径为 305 mm,圆柱倒角为 13 mm。

③加载的挤压距离为 457 mm,加载过程中避免加载体旋转或者偏离运动方向,加载过程必须在 120 s 内完成。

④整个试验过程中,应用载荷的增量不得超过 200 lb/in(1 lb = 453.6 g,1 in = 25.4 mm)。

⑤双开门车辆的两侧车门都须进行静态侵入试验,四门车辆的驾驶员侧前排车门和副驾驶侧后排车门须进行静态侵入试验。

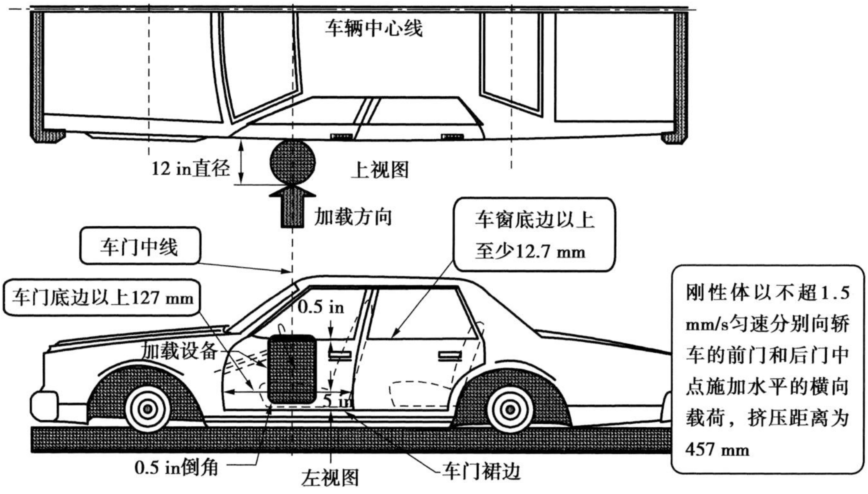

图 2.53　侧面准静态试验工况

评价项目和要求如图 2.54 所示。

要求	判断条件	移除座椅的车辆	安装有座椅的车辆
初始挤压抵抗力	初始挤压变形至 152.4 mm 时,车门所受的平均力	不少于 1 020.6 kg	不少于 1 020.6 kg
中等挤压抵抗力	初始挤压变形至 304.8 mm 时,车门所受的平均力	不少于 1 587.6 kg	不少于 1 984.5 kg
最高挤压抵抗力	整个挤压变形过程中,车门所受的平均力	不少于 3 175.1 kg 或 3 倍整备质量(取其中较小的值)	不少于 5 443.1 kg 或 3.5 倍整备质量(取其中较小的值)

图 2.54　侧面准静态试验评价项目和要求

侧面移动可变形壁障碰撞试验:其撞击参考线依据车辆类型和轴距不同而有所区别。试验工况如图 2.55 所示。

侧面移动可变形壁障碰撞试验参考线如图 2.56 所示。

乘用车撞击参考线:

①轴距≤2 896 mm,位于轴距中心前 940 mm 处。

②轴距>2 896 mm,位于前轴中心线后 508 mm 处。

MPV、轻卡、客车的撞击参考线:

①轴距≤2 489 mm,位于前轴中心线后 305 mm 处。

②2 489 mm<轴距<2 896 mm,位于轴距中心线前 940 mm 处。

③轴距>2 896 mm,位于前轴中心线后 508 mm 处。

碰撞速度: 53 ± 1.0 km/h
碰撞角度: 27°
壁障: 1 368 kg
前排: ES-2re 假人
后排: SID ⅡS 假人

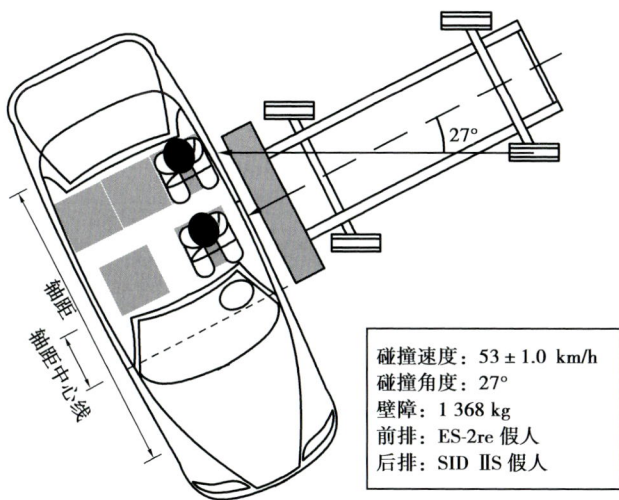

图 2.55　侧面移动可变形壁障碰撞试验工况

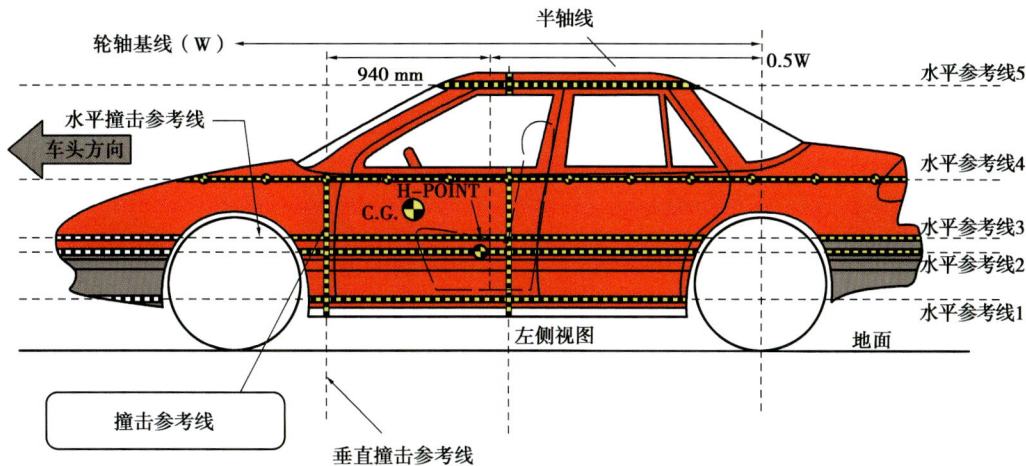

图 2.56　侧面移动可变形壁障碰撞试验参考线

评价项目:ES-2re 假人伤害评价标准如图 2.57 所示,SID Ⅱs 假人伤害评价标准如图 2.58 所示。车门的要求如下:

①被移动可变形壁障撞击的任意一个侧门,不得全部与车辆分开。

②没有被移动可变形壁障撞击的任何门(包括掀背式尾门或货车后挡板),需要满足下列要求:

a.门不能脱离锁定位置。

b.车锁不能脱离锁扣,铰链不能彼此脱离或者脱离车辆。

c.车锁和铰链组件不得由初始固定位置拉出。

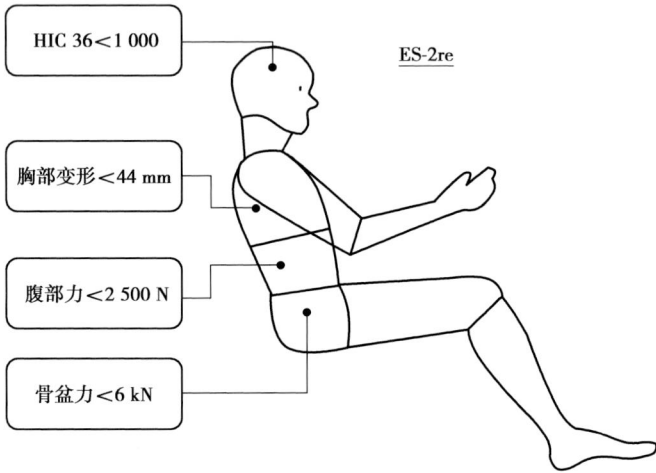

- HIC 36<1 000
- 胸部变形<44 mm
- 腹部力<2 500 N
- 骨盆力<6 kN

ES-2re

图 2.57　ES-2re 假人伤害评价标准

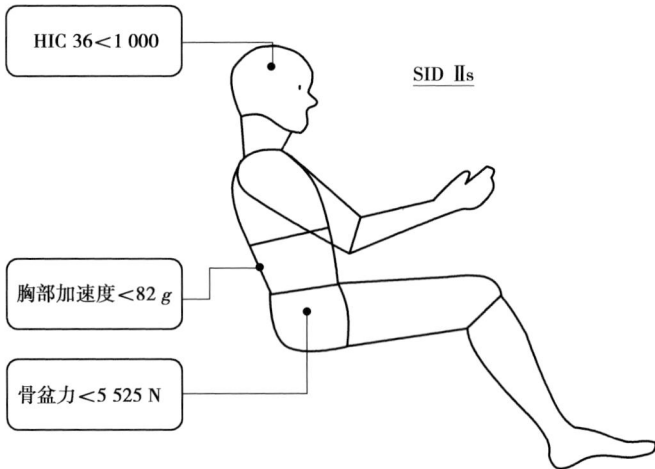

- HIC 36<1 000
- 胸部加速度<82 g
- 骨盆力<5 525 N

SID Ⅱs

图 2.58　SID Ⅱs 假人伤害评价标准

侧面柱碰试验工况如图 2.59 所示。柱撞参考线定位为假人的头部重心。

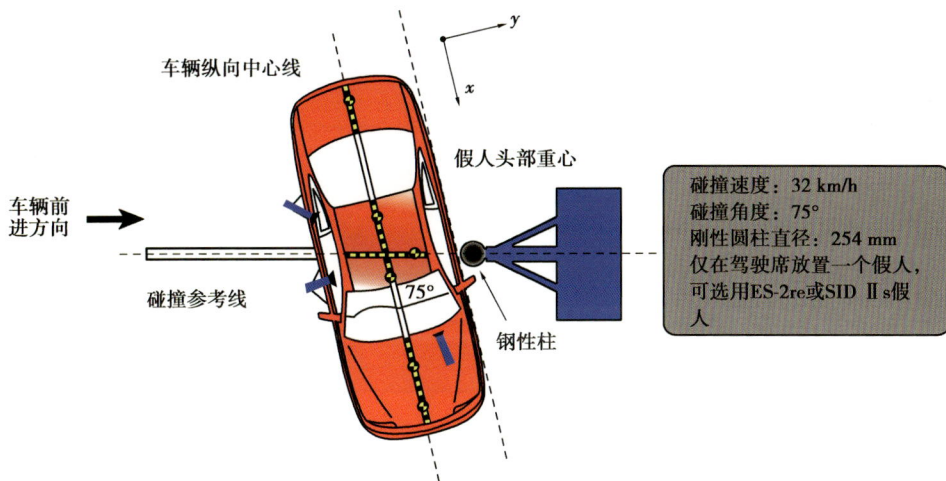

图 2.59 侧面柱碰撞试验工况

评价项目:ES-2re 假人伤害评价标准为头部伤害指数(HIC_{36})小于 1 000,胸部压缩量小于 44 mm,腹部力小于 2 500 N,骨盆力小于 6 kN,SID Ⅱs 假人伤害评价标准为头部伤害指数(HIC_{36})小于 1 000,胸部加速度小于 82g,骨盆力小于 5 525 N。车门的要求如下:

①被移动可变形壁障撞击的任意一个侧门,不得全部与车辆分开。

②没有被移动可变形壁障撞击的任何门(包括掀背式尾门或货车后挡板),需要满足下列要求:

a.门不能脱离锁定位置。

b.车锁不能脱离锁扣,铰链不能彼此脱离或者脱离车辆。

c.车锁和铰链组件不得由初始固定位置拉出。

3)《轿车车顶抗压强度》(FMVSS 216)

适用范围:适用于车辆总质量等于或小于 4 536 kg 的轿车、多功能乘用车、卡车以及公交车。

试验条件:试验时,将车身置于刚性平面上,关闭所有的车窗,车门关闭并锁上,取下车顶行李架或其他非结构部件。轿车车顶抗压强度试验工况如图 2.60 和图 2.61所示。加载速率≤13 mm/s。两侧车顶均须进行测试。施加作用力的大小: GVWR≤2 722 kg, $F = 3.0 \times GVWR \times 9.8$ m/s^2;2 722 kg<GVWR≤4 536 kg, $F = 1.5 \times GVWR \times 9.8$ m/s^2。

评价项目:压盘位移≤127 mm;50%男性假人头部载荷≤222 N。

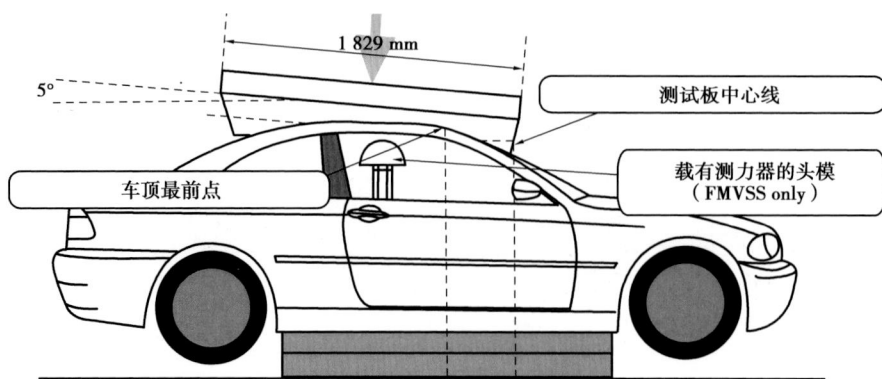

图 2.60　轿车车顶抗压强度侧视图

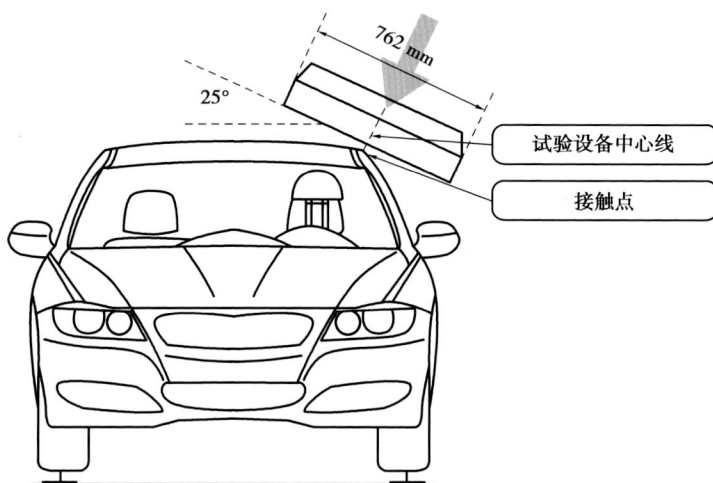

图 2.61　轿车车顶抗压强度侧视图

2.3.2　US-NCAP 星级评定标准

US-NCAP 全称为美国新车评价规程,最早在 1978 年,美国高速公路交通安全管理局(NHTSA)就开始按照比国家法规更严格的方法对市场上销售的车型进行碰撞安全性能测试、评分和划分星级,随后结果公布给消费者以作参考,US-NCAP 经过几十年的发展,目前需要进行的测试项目有 100%正面碰撞测试、侧面碰撞测试和翻滚测试。

1)正面 100%重叠刚性壁障碰撞试验

碰撞速度:56 km/h。

碰撞壁障:刚性墙,撞击精度为左右偏差不超过 150 mm。测试工况如图 2.62
所示。

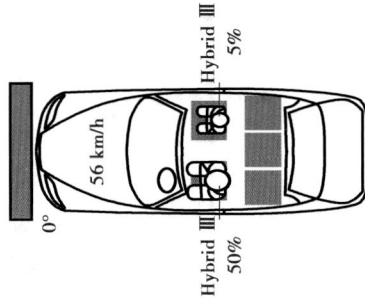

图 2.62　100%正面碰撞测试工况

假人放置:在前排驾驶员位置放置一个 Hybird Ⅲ 型第 50 百分位男性假人,在前
排乘客位置放置一个 Hybird Ⅲ 型第 5 百分位女性假人用于测量驾驶员受伤害情况,
并且都要安装安全带。

评价项目:在正面碰撞中主要考察驾驶员和前排乘员的头部、颈部、胸部及腿部
的数据。其中,各部位的评价如图 2.63 所示。

假人	Hybrid Ⅲ 50%(驾驶员)	Hybrid Ⅲ 5%(副驾驶员)
头部 (HIC$_{15}$)	$P_{head}(AIS\,3+)=\Phi\left(\dfrac{\ln(HIC_{15})-7.452\,31}{0.739\,98}\right)$ *where* Φ=cumulative normal distribution	$P_{head}(AIS\,3+)=\Phi\left(\dfrac{\ln(HIC_{15})-7.452\,31}{0.739\,98}\right)$ *where* Φ=cumulative normal distribution
胸部 (压缩量)/mm	$P_{chest\_defl}(AIS\,3+)=\dfrac{1}{1+e^{10.545\,6-1.568\,*\,(ChestDefl)^{0.4612}}}$	$P_{chest\_defl}(AIS\,3+)=\dfrac{1}{1+e^{10.545\,6-1.721\,2\,*\,(ChestDefl)^{0.461\,2}}}$
大腿 (大腿力)/kN	$P(AIS\,2+)=\dfrac{1}{1+e^{5.795-0.519\,6\,Femur\text{-}Force}}$	$P(AIS\,2+)=\dfrac{1}{1+e^{5.794\,9-0.761\,9\,Femur\text{-}Force}}$
颈部 (N_{ij}指数 和拉伸/压 缩力)/kN	$P_{neck\_Nij}(AIS\,3+)=\dfrac{1}{1+e^{3.226\,9-1.968\,8Nij}}$ $P_{neck\_Tens}(AIS\,3+)=\dfrac{1}{1+e^{10.974\,5-2.375Neck\_Tension}}$ $P_{neck\_Comp}(AIS\,3+)=\dfrac{1}{1+e^{10.974\,5-2.375Neck\_Compression}}$ $P_{neck}=\max(P_{neck\_Nij},P_{neck\_Tens},P_{neck\_Comp})$	$P_{neck\_Nij}(AIS\,3+)=\dfrac{1}{1+e^{3.2269-1.9688Nij}}$ $P_{neck\_Tens}(AIS\,3+)=\dfrac{1}{1+e^{10.958-3.770Neck\_Tension}}$ $P_{neck\_Comp}(AIS\,3+)=\dfrac{1}{1+e^{10.958-3.770Neck\_Compression}}$ $P_{neck}=\max(P_{neck\_Nij},P_{neck\_Tens},P_{neck\_Comp})$
Overall	$P_{joint}=1-(1-P_{head})\times(1-P_{neck})\times(1-P_{chest})\times(1-P_{femur})$	

图 2.63　100%正面碰撞测试假人伤害评价

2)侧面碰撞测试

侧面碰撞测试包含侧面角度碰撞和侧面柱碰撞测试。

(1)侧面角度碰撞测试

碰撞速度:62 km/h。

碰撞工况:1 368 kg 重的移动壁障小车以 27°角撞击试验车辆驾驶员侧面。碰撞壁障会在车的前部安装蜂窝铝材料来模拟车辆保险杠。测试工况如图 2.64 所示。

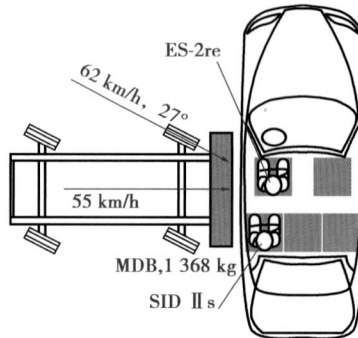

图 2.64　侧面碰撞测试工况

假人放置:在前排驾驶员位置放置一个 ES-2re 男性假人,在后排左侧乘员位置放置一个 SID Ⅱ s 假人用于测量驾驶员和乘员受伤害情况,并都要安装安全带。

评价项目:主要评价驾驶员假人的头部、胸部、腹部及骨盆的受伤指数,侧面碰撞中后排评价主要是评价头部和骨盆。其中,各部位的评价如图 2.65 所示。

假人	ES-2re 50%	SID-Ⅱs 5%
头部 (HIC_{36})	$P_{head}(AIS\ 3+)=\Phi\left(\dfrac{\ln(HIC_{36})-7.452\ 31}{0.739\ 98}\right)$ *where Φ = cumulative normal distribution*	$P_{head}(AIS\ 3+)=\Phi\left(\dfrac{\ln(HIC_{36})-7.452\ 31}{0.739\ 98}\right)$ *where Φ = cumulative normal distribution*
胸部 (肋骨压 缩量)/mm	$P_{chest}(AIS\ 3+)=\dfrac{1}{1+e^{5.389\ 5-0.091\ 9\ *\ max.rib\ deflection}}$	
腹部 (压力)/N	$P_{abdomen}(AIS\ 3+)=\dfrac{1}{1+e^{6.040\ 44-0.002\ 133\ *\ F}}$ *where F = total abdominal force(N) in ES-2re*	
骨盆 (力)	$P_{pelvis}(AIS\ 3+)=\dfrac{1}{1+e^{7.596\ 9-0.001\ 1\ *\ F}}$ *where F is the pubic force in the ES-2re in Newtons*	$P_{pelvis}(AIS\ 2+)=\dfrac{1}{1+e^{6.305\ 5-0.000\ 94\ *\ F}}$ *where F is the sum of acetabular and iliac force in the SID-IIs dummy in Newtons*
Overall	$P_{joint}=1-(1-P_{head})\times(1-P_{chest})\times(1-P_{abdomen})\times(1-P_{pelvis})$	$P_{joint}=1-(1-P_{head})\times(1-P_{pelvis})$

图 2.65　侧面碰撞测试假人伤害评价

(2)侧面柱碰撞测试

碰撞速度:32 km/h。

碰撞工况:试验车辆放置在可移动飞行地毯上,以 75°角撞击固定的刚性柱,刚性柱的直径为 254 mm。测试示意图如图 2.66 所示。

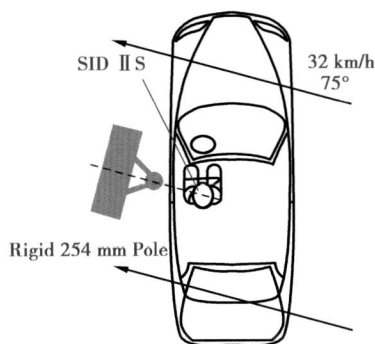

图 2.66　侧面柱碰撞测试示意图

假人放置：在前排驾驶员位置放置一个 SID Ⅱs 假人用于测量驾驶员伤害情况，并要安装安全带。

评价项目：主要评价驾驶员 SID Ⅱs 假人的头部和骨盆。其中，各部位的评价如图 2.67 所示。

假人	SID- Ⅱ s5%
头部 （HIC_{36}）	$P_{head}(AIS\ 3+) = \Phi\left(\dfrac{\ln(HIC_{36}) - 7.452\ 31}{0.739\ 98}\right)$ *where Φ = cumulative normal distribution*
胸部 （肋骨压缩量）/mm	
腹部 （压力）/N	
骨盆 （力）	$p_{pelvis}(AIS\ 2+) = \dfrac{1}{1 + e^{6.305\ 5 - 0.000\ 94\ *\ F}}$ *where F is the sum of acetabular and iliac force in the SID-IIs dummy in Newtons*
Overall	$P_{joint} = 1 - (1 - P_{head}) \times (1 - P_{pelvis})$

图 2.67　侧面柱碰撞评价项目

3）翻滚测试

翻滚试验分为动态评估和静态评估。其中，动态评估包括缓慢转向试验和鱼钩试验。

（1）静态评估

静态评估通过静态稳定系数（Static Stability Factor，SSF）完成，如图 2.68 所示。

该系数根据车辆的几何特性测量而来,与车辆自身设计特性紧密相关。其计算公式为

$$SSF = \frac{t}{2h}$$

式中　t——车辆的轮距;

　　　h——车辆重心的高度。

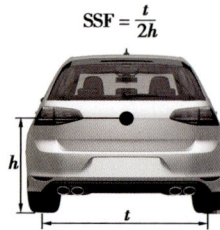

图 2.68　翻滚静态评估示意图

（2）动态评估

动态评估包括缓慢转向试验和鱼钩试验。其中,缓慢转向试验的目的为测出在横向加速度为 0.3g 时的转向盘角度,用于鱼钩型试验。鱼钩试验通过编程,在试验时,鱼钩型试验中转向盘角度和翻滚角度输入曲线按照图 2.69 来输入。

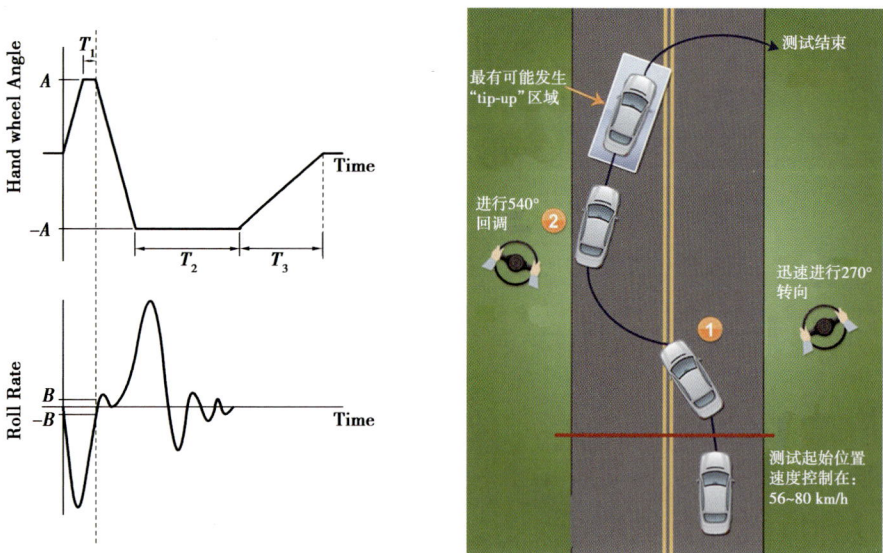

图 2.69　翻滚动态评估示意图

2.3.3　IIHS 高速安全保险协会评定标准

IIHS(Insurance Institute for Highway Safety,美国公路安全保险协会)是世界安全标准的重要组成部分。IIHS 没有官方背景,是一家 NPO 非营利组织。机构运行的资金费用都是由美国各个保险公司负担,这些费用被用于碰撞试验的研究并提升车辆整体安全性的研究上,并最终减少消费者在事故中的伤害以及促进相关法律的制定。IIHS 在欧洲和美洲每年进行系统和专业的碰撞测试,得出的安全性能指数对各个厂商的车型进行等级划分,促进各车厂对安全性研究的投入。这些指数反映汽车在各种可能遇到的碰撞条件下对乘员和行人的安全程度。

目前,IIHS 评测项目包括正面 40%重叠可变形壁障碰撞试验、正面 25%偏置碰撞试验、侧面碰撞试验、车顶强度测试及后碰挥鞭伤试验。IIHS 着重强调正面 25%偏置碰撞试验,并用"最小接受指数"来表示车辆安全信息。分别以优秀(Good)、良好(Acceptable)、一般(Marginal)及较差(Poor)4 个级别分级评定,为消费者提供权威的汽车安全信息。与国内碰撞测试(如 C-NCAP)不同的是,IIHS 只会选择最低配车型进行测试,如果厂家有要求,可对选装后的高配车重新测试,但是,成绩必须与低配车型一起公布。

1)正面 40%重叠可变形壁障碰撞试验

碰撞速度:64 km/h。

碰撞壁障:试验车辆以 40%重叠区域撞击可变形壁障蜂窝铝。试验工况如图2.70所示。

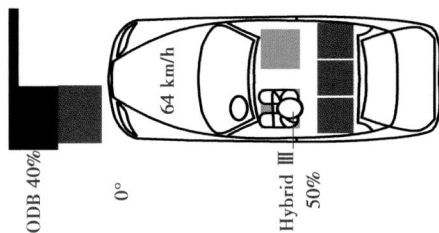

图 2.70　正面 40%重叠可变形壁障碰撞试验工况

假人放置:在前排驾驶员位置放置一个 Hybird Ⅲ型第 50 百分位男性假人,用于测量驾驶员受伤害情况。

评价项目:主要评价驾驶员的头颈部、胸部和腿部。其评价指标和得分见表2.50。

表 2.50　假人伤害评价指标和得分

假人	部位	标准	优秀(G)	良好(A)	一般(M)	较差(P)
HⅢ 50%假人	头颈部	HIC_{15}	≤560	≤700	≤840	>840
		N_{ij}	≤0.80	≤1.00	≤1.20	>1.20
		F_z,拉伸/kN	≤2.6	≤3.3	≤4.0	>4.0
		F_z,压缩/kN	≤3.2	≤4.0	≤4.8	>4.8
		合成加速度 a	加速度值>70g 时降级处理			
	胸部	3 ms 合成加速度(g)	≤60	≤75	≤90	>90
		压缩量/mm	≤50	≤60	≤75	>75
		压缩率/(m·s^{-1})	≤6.6	≤8.2	≤9.8	>9.8
		VC/(m·s^{-1})	≤0.8	≤1.0	≤1.2	>1.2
	大腿和小腿	大腿轴向力/kN				
		膝部位移	≤12	≤15	≤18	>18
		TI	≤0.8	≤1.00	≤1.20	>1.20
		小腿轴向力	≤4.0	≤6.0	≤8.0	>8.0
		脚步加速度	≤150	≤200	≤260	>260

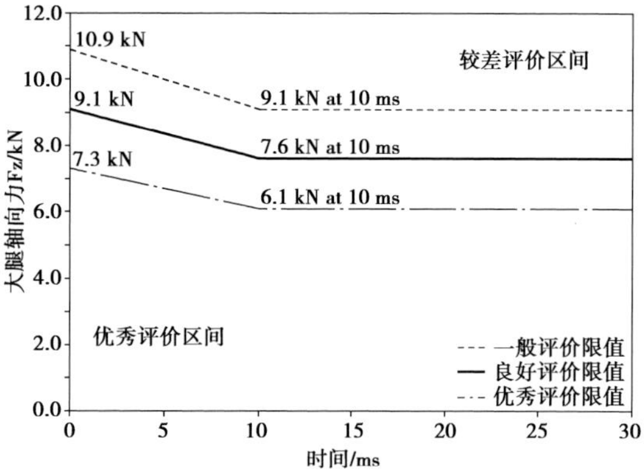

2）正面 25%偏置碰撞试验

碰撞速度：64 km/h。

碰撞工况：试验车辆以 25%重叠区域撞击刚性壁障。试验工况如图 2.71 所示。

假人放置：在前排驾驶员位置放置一个 Hybird Ⅲ型第 50 百分位男性假人，用于测量驾驶员受伤害情况。

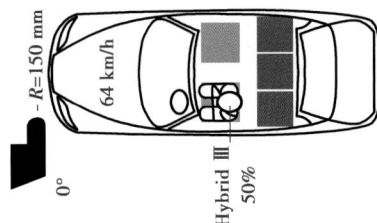

图 2.71 正面 25%偏置碰撞试验示意图

评价项目：主要评价项目包括车身结构评估、假人伤害评估、约束系统及假人运动评估。

车身结构评估主要考察乘员舱的耐撞性。测量的具体内容见表 2.51。

表 2.51 车身结构评估

假人	部位	标　准	优秀（G）	良好（A）	一般（M）	较差（P）
结构评估	乘员舱下部侵入量 /mm	A 柱下铰链（合成位移）	≤150	≤225	≤300	>300
		歇脚板（合成位移）				
		左侧足板（合成位移）				
		制动踏板（合成位移）				
		驻车制动踏板（合成位移）				
		门槛（横向）	≤50	≤100	≤150	>150
	乘员舱上部侵入量 /mm	转向管柱（合成位移）	≤50	≤100	≤150	>150
		A 柱上铰链（合成位移）	≤75	≤125	≤175	>175
		上仪表板（合成位移）				
		左下方仪表板（合成位移）				
	定性观察	出现搁脚空间压溃导致假人脚部被卡、铰链柱完全撕裂等情况	车辆结构等级应在侵入量测量值评定等级上降一级			

假人伤害评估主要考察驾驶员头颈、胸部、大腿及小腿的得分性能。考察的具体内容见表 2.52。

表 2.52　正面 25% 偏置碰撞试验假人伤害评估

假人	部位	标　准	优秀（G）	良好（A）	一般（M）	较差（P）
H Ⅲ 50% 假人	头颈部	HIC_{15}	≤560	≤700	≤840	>840
		N_{ij}	≤0.80	≤1.00	≤1.20	>1.20
		F_z，拉伸/kN	≤2.6	≤3.3	≤4.0	>4.0
		F_z，压缩/kN	≤3.2	≤4.0	≤4.8	>4.8
		合成加速度 a	加速度值>70g 时降级处理			
	胸部	3 ms 合成加速度（g）	≤60	≤75	≤90	>90
		压缩量/mm	≤50	≤60	≤75	>75
		压缩率/($m \cdot s^{-1}$)	≤6.6	≤8.2	≤9.8	>9.8
		VC/($m \cdot s^{-1}$)	≤0.8	≤1.0	≤1.2	>1.2
	大腿和臀部	膝盖-大腿-臀部伤害风险 KTH/%	≤5	≤15	≤25	>18
	腿部和脚部	膝部位移	≤12	≤15	≤18	>18
		TI	≤0.8	≤1.00	≤1.20	>1.20
		小腿轴向力	≤4.0	≤6.0	≤8.0	>8.0
		脚部加速度	≤150	≤200	≤260	>260

约束系统和假人运动评估主要考察约束系统对驾驶员的保护情况。考察的具体内容见表 2.53。每发生一次表中的现象,就会记录对应的缺陷数量,如假人头部与前部气囊接触面积过小,那么就会记录两个缺陷。

表 2.53　约束系统和假人运动评估

基于缺点的评估系统	缺点
正面头部保护	
与前部气囊部分接触	1
与前部气囊接触面积过小	2
转向盘横向移动过度（>100 mm）	1
头部与硬体结构接触两次或多次	1
正面安全气囊未展开或未及时展开	降为较差（P）
侧面头部保护	
侧气帘对头部向前运动保护不充分	1
侧面头部保护安全气囊未展开	2
头部侧向位移过度	1

续表

基于缺点的评估系统	缺点
正面胸部保护	
转向盘垂直移动过度(>100 mm)	1
转向盘横向移动过度(>150 mm)	1
乘员防护和其他	
乘员过度向前运动(>250 mm)	1
乘员烧伤风险	1
座椅不稳定性	1
座椅附件失效	降为较差(P)
车门打开	降为较差(P)

评估	优秀(G)	良好(A)	一般(M)	较差(P)
缺点总和	≤1	≤3	≤5	>5

正面 25%偏置碰撞试验整体评估最终会综合车身结构评估、假人伤害评估、约束系统及假人运动评估。其整体评估见表 2.54。例如,如果想要得到 Good(优秀)的结果,那么车身结构评估、假人伤害评估、约束系统及假人运动评估都必须是 Good(优秀)的结果,同时,约束系统和假人运动评估项目中缺陷加起来必须小于或等于 3。

表 2.54　正面 25%偏置碰撞试验整体评估

评估项目	优秀(G)	良好(A)	一般(M)	较差(P)
车身结构评估	0	2	6	10
头颈伤害评估	0	2	10	20
胸部伤害评估	0	2	10	20
大腿和臀部伤害评估	0	2	6	10
小腿和脚伤害评估	0	1	2	4
约束/运动型评估	0	2	6	10
基于上述缺点的总体评估				
总体评估	优秀(G)	良好(A)	一般(M)	较差(P)
缺点总和	≤3	≤9	≤19	>19

3)侧面碰撞试验

碰撞速度:50 km/h。

碰撞壁障:移动壁障车重 1 500 kg,前端有可变形蜂窝铝,垂直撞击车辆驾驶员侧。试验工况如图 2.72 所示。

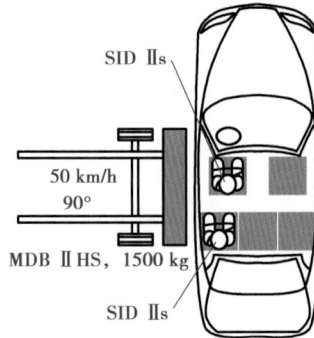

图 2.72　侧面碰撞试验示意图

假人放置:在前排驾驶员位置和后面的位置各放置一个 SID Ⅱs 男性假人,用于测量假人受伤害情况。

评价项目:主要评价项目包括假人头颈部伤害、胸部伤害、骨盆及腿部伤害以及机构的耐撞性能。其具体的评估表 2.55。

表 2.55　侧面碰撞试验评估

假人	部位	标　准	优秀(G)	良好(A)	一般(M)	较差(P)
SID Ⅱs	头颈部	HIC$_{15}$	≤623	≤779	≤935	>935
		F_z,拉伸/kN	≤2.1	≤2.5	≤2.9	>2.9
		F_z,压缩/kN	≤2.5	≤3.0	≤3.5	>3.5
	胸部/躯干	肩部压缩量/mm	数值>60 时导致降级			
		肋骨压缩量/mm	≤34	≤42	≤50	>50
		最差肋骨压缩量/mm			51~55	>55
		压缩率/(m·s^{-1})	≤8.20	≤9.84	≤11.48	>11.48
		VC/(m·s^{-1})	≤1.00	≤1.20	≤1.40	>1.40
	骨盆/左大腿	髋骨力	≤4.0	≤4.8	≤5.6	>5.6
		髂骨力	≤4.0	≤4.8	≤5.6	>5.6
		髋骨和髂骨合力	≤5.1	≤6.1	≤7.1	>7.1
		大腿力 F_y(3 ms clip)/kN	≤2.8	≤3.4	≤3.9	>3.9
		大腿力 F_x(3 ms clip)/kN	≤2.8	≤3.4	≤3.9	>3.9
		大腿力矩 M_x(3 ms clip)/(N·m)	≤254	≤305	≤356	>356
		大腿力矩 M_y(3 ms clip)/(N·m)	≤254	≤305	≤356	>356
结构		B 柱与驾驶员座椅中线之间的距离/mm	≥125	≥50	≥0	<0

4）车顶强度测试

测试工况:按以 5 mm/s 的速度匀速加载,车顶应被压缩至少 127 mm。一些试验会加载更大的位移来收集额外的强度数据以用来研究。通过安装在压板上的 5 个传感器来记录力的数据。通过集成到液压控制器上的 4 个线性可变位移传感器来记录位移数据。试验会选取结构最弱的一侧进行试验。试验时车窗关闭。测试示意图如图 2.73 所示。

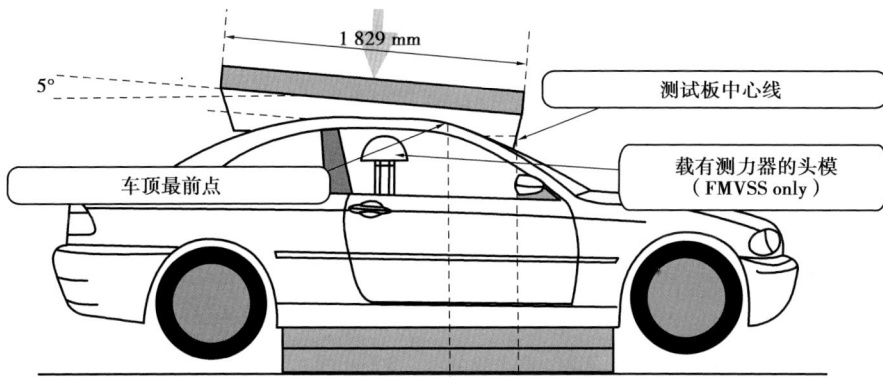

图 2.73　车顶强度测试示意图

评价项目:通过用压板 127 mm 行程内的力的最大值除以车辆的整备质量来得到 SWR,见表 2.56。

表 2.56　车顶强度评价范围

SWR	评　级
SWR≥4.00	优秀(Good)
3.25≤SWR<4.00	良好(Acceptable)
2.50≤SWR<3.25	一般(Marginal)
SWR<2.50	较差(Poor)

5）后碰挥鞭伤试验

测试工况:静态评估+动态评估。只有静态评估结果是优秀或良好的,才进行动态评估测试。

静态评估:静态评估基于在平均身材的男性假人上的头枕高度和头后间隙的测量。为了得到至少及格的成绩,假人头顶与头枕的高度差需要小于 10 cm,头后间隙小于 11 cm;否则,头枕静态评估成绩为差。高的头枕给个高的乘客提供保护,头枕与头的距离小,可在碰撞过程中及时支撑头部提供保护。静态评估成绩为可接受对应的头枕高度不超过 8 cm,头后间隙不超过 9 cm。静态评估成绩为优秀对应的头枕高度不超过 6 cm,头后间隙不超过 7 cm(见图 2.74)。

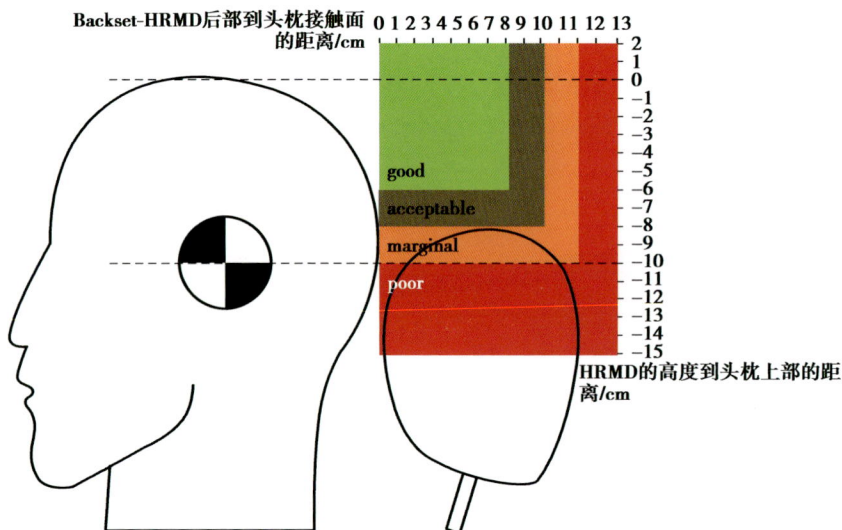

图 2.74 座椅静态评估

动态评估:动态试验是放置一个 BioRID 假人到座椅上的一个追尾模拟。座椅固定在台车上,速度变化为 16 km/h。加速度波形是一个大致的三角形,峰值 $10g$,波形持续时间 91 ms。会采集假人颈部拉力、颈部剪切力、头部和头枕接触时间、假人 T1 加速度(见图 2.75)。

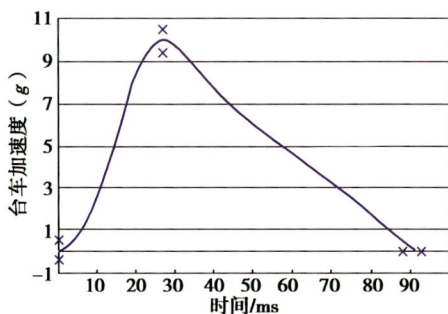

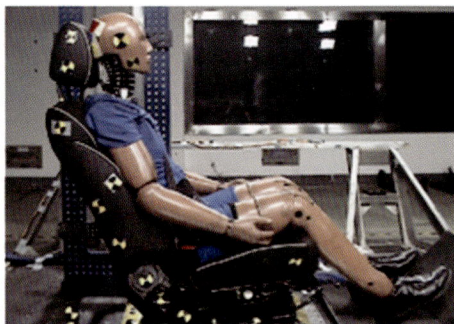

图 2.75 座椅动态性能测试

评价项目:总体评估取静态评估或动态评估成绩较差一方。其评价标准见表 2.57。

表 2.57　后碰挥鞭伤评价标准

假人	部位	标注	优秀(G)	良好(A)	一般(M)	较差(P)
		座椅/头枕:静态评估				
HRMD	头部/颈部	头与头枕间隙	≤70	≤90	≤110	>110
		离头顶部距离	≤60	≤80	≤100	>100
		座椅/头枕:动态评估				
BioBID	头部/颈部	剪切与拉伸力的合力	<{0.450}	≤{0.825}	>{0.825}	
		与头部接触时间	实测值>70 ms 时评估成绩降一级			
		T1 加速度(g)	实测值>9.5 时评估成绩降一级			

本章小结

本章主要介绍了全球主要汽车市场,中国、欧盟和美国 3 个国家和地区的汽车主被动安全法规以及第三方评价规程。通过本章的学习,可了解不同的汽车主被动安全法规的差异,掌握第三方规程的测试工况和评价标准,认识法规和第三方规程的差异性。

练习题

1.当前,世界上主要的汽车法规有_____汽车法规、_____汽车法规两大汽车法规体系。

2.GB 11551—2014 标准名称为_____。

3.2018 版 C-NCAP 分为 3 个部分,分别是乘员保护、_____和_____。

4.2018 版 C-NCAP 乘员保护包含 4 个试验,即正面 100% 重叠刚性壁障碰撞试验、_____、_____及低速后碰撞颈部保护试验("鞭打试验")。

5.2018 版 C-NCAP 正面 100% 重叠刚性壁障碰撞试验中,碰撞速度为_____km/h,共放 4 个假人,总分为_____分。

6.欧洲各国除有自己国家的汽车法规外,主要有两个地区性的汽车法规:一是_____基于 1958 年日内瓦协定制定的汽车法规;二是_____基于 1957 年罗马条约制定的指令(Directives)。制定统一的 EEC 指令和 ECE 法规则始于第二次世界大战后。ECE 法规由各国任意自选,是非强制性的,而 EEC 指令则作为成员国统一的法规,是强制性的。但 ECE 法规已被大多数国家所接受,并引入本国的法律体系中。

7.欧洲新车评估测试程序(Euro-NCAP)由_____、_____、_____及安全辅助4个部分组成。

8.Euro-NCAP儿童保护测试结果分为以下3类:动态测试、_____和车辆匹配性能评估。其中,动态测试包括正面偏置碰撞和侧面碰撞。这两个试验中,都会放置_____和_____儿童假人。

9.美国的"汽车安全法规"FVMSS目前共计64项,分为5大类。FMVSS 200系列为发生事故时减少驾驶人及乘员伤害的法规,即_____,目前共计_____项。其中,FMVSS 208法规名称为_____。

10.US-NCAP全称为_____,目前需要进行的测试项目有100%正面碰撞测试、侧面碰撞测试和_____。

11.US-NCAP侧面碰撞测试含_____和侧面柱碰撞测试。侧面柱碰撞测试碰撞速度为_____km/h。碰撞时,试验车辆放置在可移动飞行地毯上,以_____角撞击固定的刚性柱,刚性柱的直径为254 mm。

12.目前,IIHS评测项目包括正面40%重叠可变形壁障碰撞试验、正面25%偏置碰撞试验、侧面碰撞、车顶强度测试及_____。IIHS分别以优秀(Good)、良好(Acceptable)、一般(Marginal)及较差(Poor)4个级别分级评定,为消费者提供权威的汽车安全信息。

13.IIHS正面25%偏置碰撞试验整体评估最终会综合_____、假人伤害评估、约束系统及假人运动评估。

14.IIHS正面25%偏置碰撞试验碰撞速度为_____km/h,在_____放置一个Hybird Ⅲ型第50百分位男性假人,用于测量驾驶员受伤害情况。

15.全过程正向碰撞安全开发体系包括先期技术开发、产品开发、_____及供应商管理等体系。

参考文献

[1] 吴卫.我国汽车安全标准现状与发展趋势[J].现代零部件,2010.

[2] 刘晶郁,李晓霞.汽车安全与法规[M].2版.北京:人民交通出版社,2015.

[3] 郭荣春,曹凤萍.汽车安全工程[M].北京:中国水利水电出版社,2016.

[4] 日本自动车技术会.汽车工程手册2 环境与安全篇[M].中国汽车工程学会组,译.北京:北京理工大学出版社,2014.

第3章 汽车碰撞安全试验测试技术

从 18 世纪汽车问世以来,汽车事故便随之产生,汽车的安全便得到了人们极大的关注。为提高汽车的安全性,世界各发达国家都对汽车碰撞安全性做出了强制性要求,并建立了各自的法规。法规中明确规定了车辆在各项碰撞试验中的测试方法及评价指标,其实施有力地促进了世界各汽车工业发达国家汽车碰撞安全性的提高。汽车生产厂家也非常重视其试验评价结果,并将其作为产品推广的重要宣传内容。

汽车生产厂家新车上市前,往往需要进行大量的碰撞试验,以保障其可靠的安全性能。基于车辆的设计开发流程,由简到繁可将碰撞安全试验测试分为关键零部件安全性能测试、子系统安全集成测试和整车碰撞试验测试 3 大类。

3.1 关键零部件安全性能测试技术

零部件碰撞安全性能是整车安全性能匹配的基础,对排查子系统和整车安全性能匹配中出现问题的零部件尤其重要。关键零部件包括座椅、安全带、气囊、转向盘及转向管柱等。零部件碰撞试验的目的在于实现对单个零部件的碰撞安全性能的达成与管控,提高子系统及整车安全性能匹配成功的概率,节省试验时间和降低试验成本。本节对常见的关键安全零部件的测试过程和原理进行介绍。

3.1.1 安全气囊动态冲击测试技术

安全气囊动态冲击试验的目的是测试其刚度,为 CAE 仿真分析的模型提供对标数据。此类试验国内没有标准,都是企业自行制定企业标准。

试验时,采用导向冲击器对气囊进行冲击,设置好试验参数,见表 3.1。当气囊刚好完全展开时,冲击器恰好与气囊接触,碰撞开始。下面以驾驶员正面安全为例说明这一过程,如图 3.1 所示。

表 3.1　气囊试验及参数设置

气囊种类	冲击器质量 /kg	冲击速度 /(m·s⁻¹)	点爆延迟时间 /ms	气囊厚度设置 /mm	备　注
驾驶员气囊	20	6	28	300	试验参数根据具体情况可调整
乘员气囊	20	6	40	400	
侧气囊	20	6	10	200	
侧气帘	6.8	6	10	100	

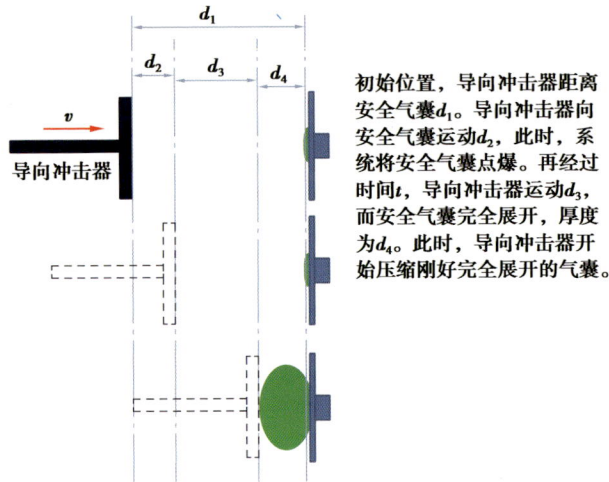

初始位置，导向冲击器距离安全气囊d_1。导向冲击器向安全气囊运动d_2，此时，系统将安全气囊点爆。再经过时间t，导向冲击器运动d_3，而安全气囊完全展开，厚度为d_4。此时，导向冲击器开始压缩刚好完全展开的气囊。

图 3.1　安全气囊冲击过程

冲击器前端的冲击平板的尺寸可以是矩形，也可以是模拟人体上部外形的"凸"字形。采用"凸"字形的平板尺寸如图 3.2 所示。

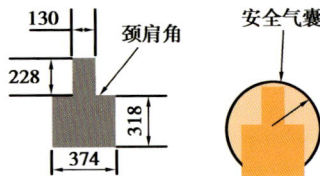

图 3.2　安全气囊冲击平板

试验后，获取安全气囊加速度响应数据，将加速度积分成位移。同时，根据冲击器质量，换算成冲击力，最终获取气囊刚度。在某项目开发工作中，有两家气囊供应商提供的产品可供选择，该选择哪一家气囊进行匹配？面对这样的问题，试验室在进行整车碰撞试验之前，对两个厂家的气囊分别进行气囊动态冲击试验，获取两种气囊刚度数据如图 3.3 所示，结合整车约束系统对气囊刚度的需求，在最短时间、最低试验成本的条件下，做出了最优选择。

加速度曲线　　　　　　　　　　　　　　　力-位移曲线

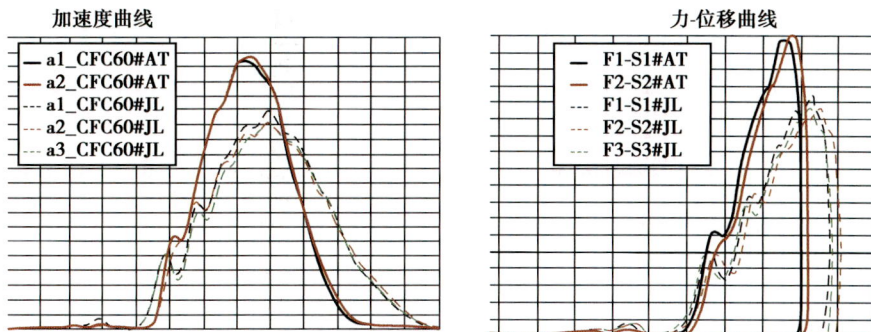

图 3.3　加速度响应及气囊刚度对比

3.1.2　转向盘动态冲击测试技术

转向盘动态冲击试验有两种：一种是根据 GB 11557—2011 要求，采用导向头型对转向盘进行 6.8 kg，24.1～25.3 km/h 的冲击试验，考察 3 ms 加速度是否超过 80g；另一种是非法规试验，采用线性冲击器冲击转向盘下轮缘，考察转向盘下轮缘的动态刚度，降低整车正碰试验中转向盘对假人胸部伤害的可能性。前一种方法标准已有详细的规定，这里不再论述，只讲述第二种试验方法。

试验时，将转向盘安装到实车角度，并且上轮缘处固定。线性冲击器质量为 35 kg，冲击速度为 12.8 km/h，如图 3.4 所示。加速度传感器安装到线性冲击器平板后面，测量冲击过程的加速度。试验后，根据加速度与质量的关系，计算转向盘下轮缘刚度，如图 3.5 所示评价标准考察是否在规定的限值内。

图 3.4　转向盘下轮缘冲击试验

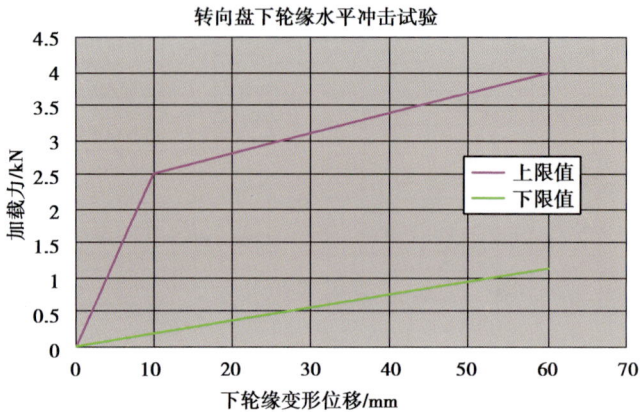

图 3.5　转向盘下轮缘评价标准

　　某次整车正碰试验中,假人胸部压缩量较大。经过分析,影响假人胸部压缩量的因素有多种。例如,安全带肩带力、安全气囊刚度、转向盘下轮缘等都能影响假人胸压量。转向盘下轮缘冲击的目的是测量转向盘下轮缘刚度,为分析整车碰撞中假人胸部伤害提供依据。试验室对该车型转向盘进行 3 次动态冲击试验。其刚度如图 3.6 所示。

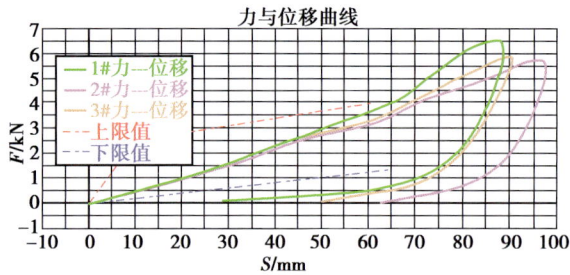

图 3.6　某车型转向盘刚度评价

　　试验结果表明,该转向盘下轮缘刚度适中,不是造成整车碰撞中假人胸部压缩量偏大的主要原因。

3.1.3　转向管柱动态冲击测试技术

1)转向管柱结构

　　转向管柱溃缩与否对假人胸部压缩量的大小有重要影响。当前的车型中,几乎都使用可溃缩式的转向管柱,但不同结构的转向管柱的溃缩性能差别很大。

　　可溃缩式转向管柱一般由转向管柱上柱筒、转向管柱下柱筒、中间芯轴组成。能在碰撞中发生溃缩吸能的结构通常位于转向管柱安装上支架、转向管柱上下柱筒之间以及中间芯轴,如图 3.7 所示为一种常见的可溃缩式转向管柱。

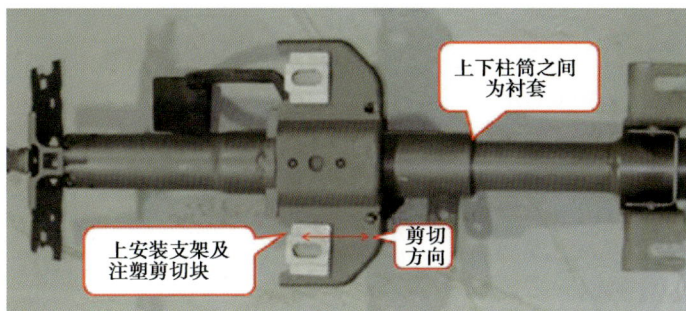

图 3.7　一种典型的可溃缩式转向管柱结构

转向管柱上安装支架吸能结构多数为注塑剪切块。该结构简单可靠,只要控制好注塑压力和温度,则剪切力一致性较好,但也有不同的结构,如图 3.8 所示。

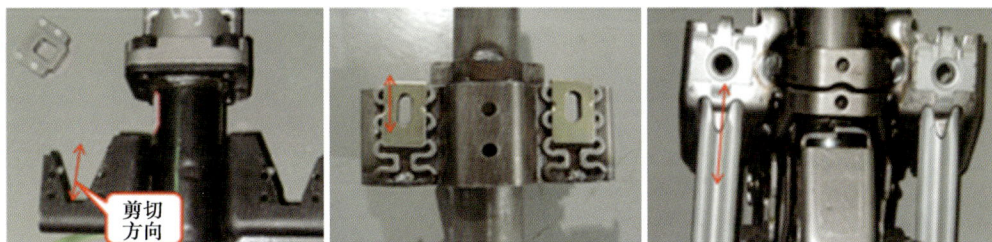

图 3.8　常见的上安装支架吸能结构

转向管柱上下柱筒之间过去通常采用滚珠衬套结构,但现在使用较多的是上柱筒开口带锁紧的结构。各种结构中,凸筋结构则较难溃缩,现在已基本没有厂家使用。各种结构的典型案例如图 3.9 所示。

图 3.9　常见的上下柱筒之间吸能结构

转向管柱中间芯轴也有多种结构,如注塑、铆压等,如图 3.10 所示。但随着对管柱溃缩性能要求的提高,目前的管柱芯轴基本采用花键间隙连接,即上下芯轴之间可轻松滑动,几乎没有摩擦力,不吸能。其目的是增加管柱溃缩性能。该结构芯轴如图 3.11 所示。

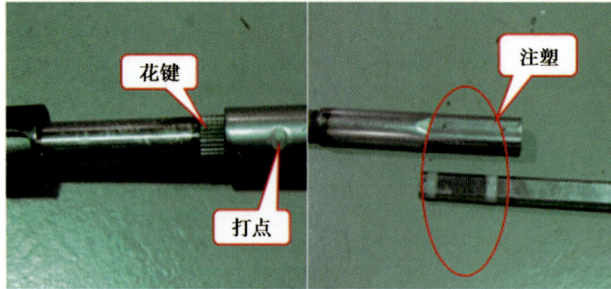

图 3.10　管柱芯轴可吸能结构

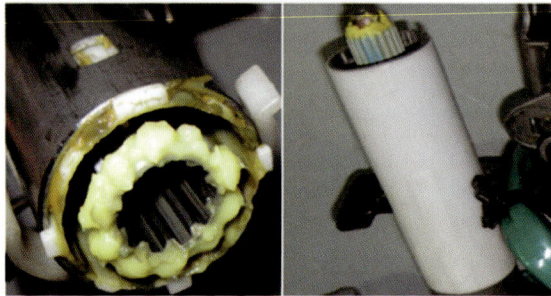

图 3.11　管柱芯轴不吸能结构

2) 转向管柱倾斜发射测试技术

转向管柱动态冲击试验有多种,如 GB 11557—2011 规定的 Bodyblock 冲击试验。下面介绍一种非标准的试验方法,对气囊、转向盘和转向管柱组成的小系统进行试验。

为了更好地模拟整车正碰中转向管柱的受力形态,按照转向管柱在整车中的状态进行安装,仍然采用半身假人,只需对冲击方式和试验参数进行调整。

试验时,半身假人倾斜 15°发射,气囊刚好完全展开时,倾斜的半身假人与气囊接触,模拟正碰中假人与转向系统的碰撞,如图 3.12 所示。

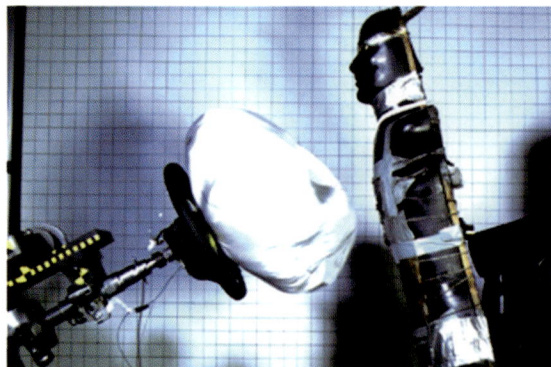

图 3.12　半身假人倾斜发射

试验后所测轴向力数据如图 3.13 所示,与整车正碰试验中轴向力更加接近。

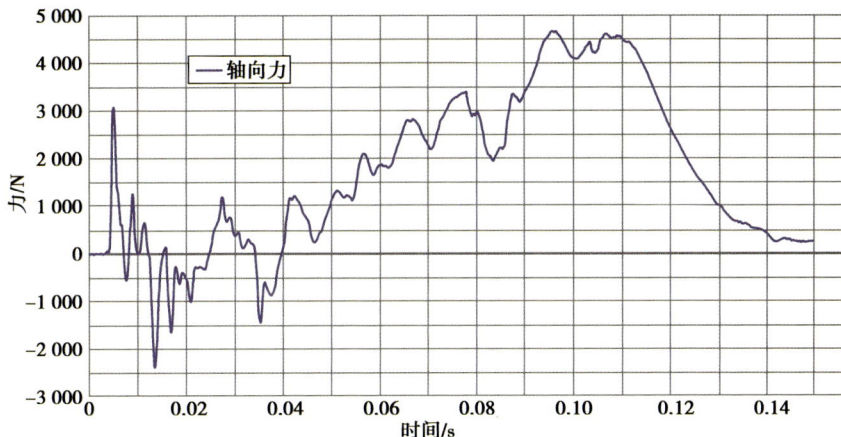

图 3.13　半身假人倾斜发射管柱轴向力

3.1.4　气囊压力测试技术

气囊在碰撞中能有效地吸收碰撞能量,而气囊的刚度对吸能效果有直接影响。气囊刚度实则为气囊织带内部压力大小。因此,测量压力值对改善气囊吸能性有重要的参考价值。

以下是一种测量气囊气体发生器位置处压力的试验方法(见图 3.14):

①在气囊壳体上打孔,通到气囊织带内部。

②插入连接管,且用螺母固定住。

③在连接管的另一端,连接压力传感器。

④对各个连接部分进行密封检查。

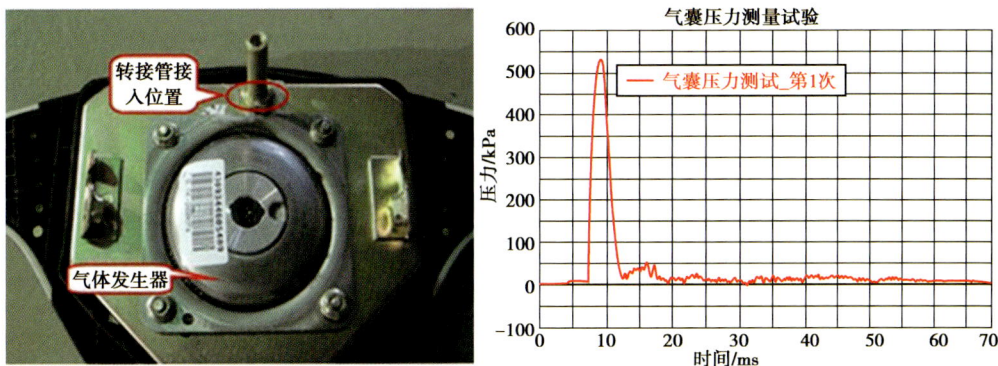

图 3.14　气囊压力测试

该方法测量结果为气体发生器附件的压力。由于气囊织带内部压力是不均匀的,且远离发生器处,故织袋表面压力可能相差较大。因此,还可通过使用柔性管的方法来测量织袋位置的压力。

3.1.5　转向管柱溃缩位移测量

测量转向管柱的溃缩位移,结合管柱轴向力数据,即可获取转向管柱动态溃缩刚度。选择拉线式位移传感器对转向管柱溃缩位移进行测量。测量前,将拉索拉长,拉长方向与管柱溃缩方向平行;管柱溃缩时,拉索被卷收器收回,从而测量出管柱溃缩的位移量。其具体方法如下(见图3.15):

①选择尺寸及量程适合的拉线式位移传感器,制作工装。

②将拉线式位移传感器安装到转向管柱上,尽量避免传感器在管柱溃缩时受到冲击。

应特别注意对拉线式位移传感器的保护,防止拉索在试验中被拉断。

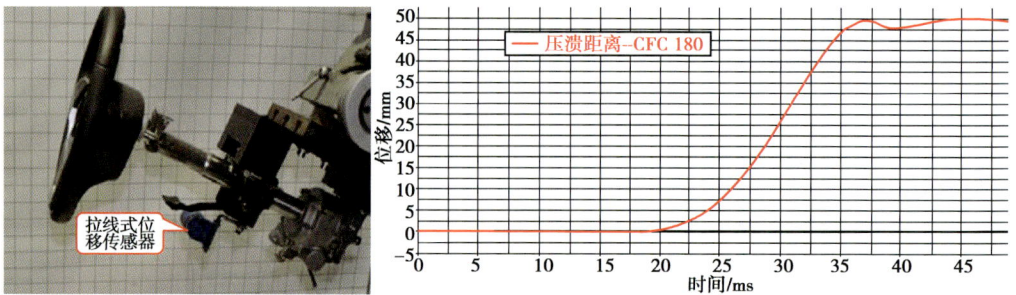

图3.15　转向管柱溃缩位移测试

3.1.6　转向管柱旋转角度测量

管柱在试验中会发生旋转,旋转则会增加转向管柱的安装角度,对溃缩性能产生影响。因此,测量管柱的旋转角度有重要意义。

根据选用的传感器不同,有多种方法。这里介绍一种选用角速度传感器测量转向管柱旋转角度的方法(见图3.16)。该角速度传感器体积小、质量轻,与一般加速度传感器相当。测量时,直接用双面胶粘贴到被测管柱上即可。需要注意的是,粘贴面应与管柱旋转平面平行。

3.1.7　不增加转向管柱高度下的轴向力测试

为测量转向管柱在溃缩过程中的轴向力,需使用力传感器,然而力传感器的安装增加了转向管柱的长度,对溃缩性能造成的影响难以准确评估。因此,如何在不

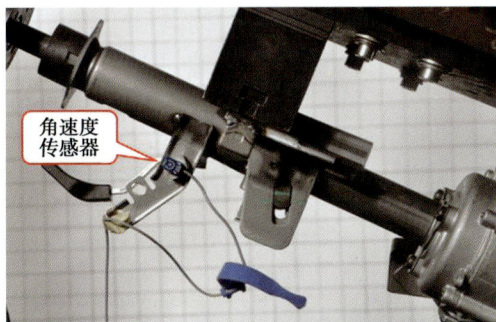

图 3.16　转向管柱选择角度测试

增加转向管柱高度的情况下测量轴向力,成为各个试验室研究的难点。下面介绍一种解决该难点的试验方法(见图 3.17)。

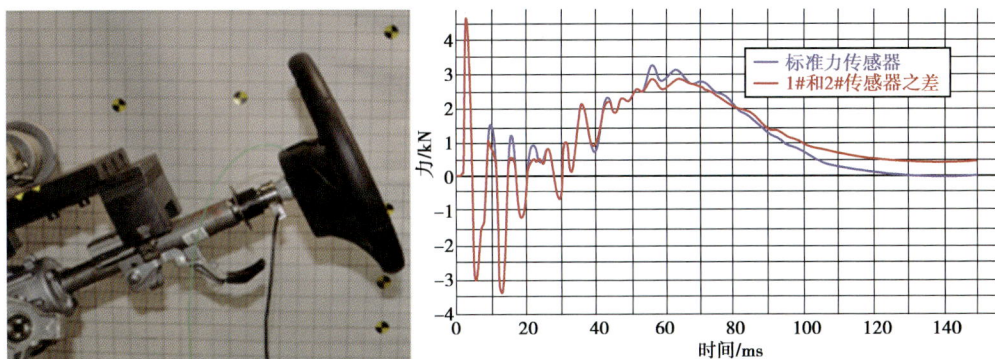

图 3.17　转向管柱轴向力测试

　　其原理是:转向管柱受到的轴向力通过转向盘安装点传递。因此,测量转向盘安装点的力就等于测量转向管柱受的力。转向管柱顶端穿过转向盘,顶端和转向盘内部通过螺母联接,外部则锥度过盈联接,只需在这两个位置安装力传感器,测量对应的力,相减即为转向管所受的轴向力。

　　通过大量试验对比,该方法测力精度为 95% 以上,且稳定性较好。同时,该方法最大的作用在于能在台车及整车试验中测量管柱轴向力,为约束系统的匹配提供更多的试验数据。

3.1.8　不增加转向管柱长度下的三轴向力测试

　　整车和台车正面碰撞中,转向系统受到假人冲击,不仅受到因假人转动产生的轴向力 F_z,而且会受到因假人向前平移产生的扰动力 F_x。根据分析,在转向管柱受到轴向力 F_z 相同的情况下,扰动力 F_x 的大小对转向管柱的溃缩性能有直接影响。因此,掌握扰动力 F_x 的大小同样重要。

　　传统的三轴向力传感器由于体积大无法安装到整车或台车试验的转向管柱上,

即使可以安装,也会明显增加转向系统的重量和长度,严重影响假人碰撞响应。因此,无法应用到整车和台车正碰试验中。转向管柱受力及传统三轴向力传感器如图3.18所示。

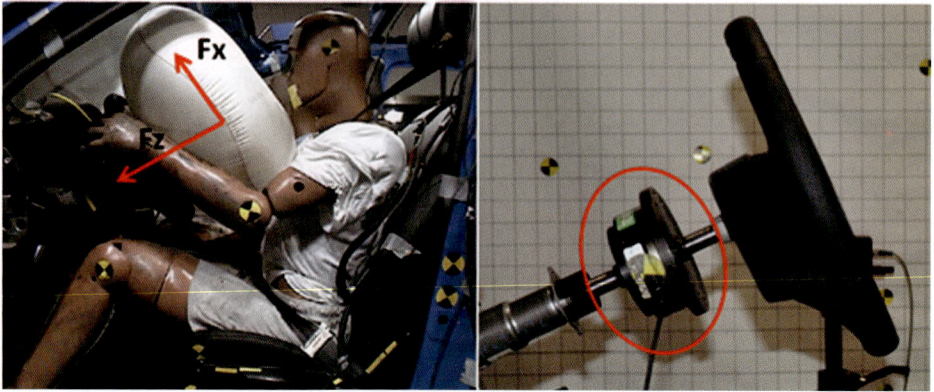

图3.18 转向管柱受力及传统三轴向力传感器

为了解决上述问题,需设计和制造新型的小型三轴向力传感器和采用特别的安装方法,在不增加转向管柱长度的情况下,测量转向管柱的轴向力 F_z,扰动力 F_x,同时,侧面方向力 F_y 也将一并测量。所采用的三轴向力传感器的一端为外螺纹结构,与转向管柱连接,另一端为花键和螺纹结构,与转向管柱芯轴顶部结构完全一致,与转向盘连接。传感器中部集成了敏感元件的圆柱体长度需控制在 20 mm 左右,即可满足大多数转向管柱的测量需求,如图3.19所示。

试验方法:在转向管柱顶端加工内螺纹孔,孔径与三轴向力传感器保持一致,两者通过螺纹联接,需确保传感器安装紧固时,扰动力 F_x 方向在车辆纵向平面以内。在传感器的顶部安装转向盘,与转向盘正常安装过程完全一致。该测量方法应用到台车正碰试验中的效果如图3.19所示。

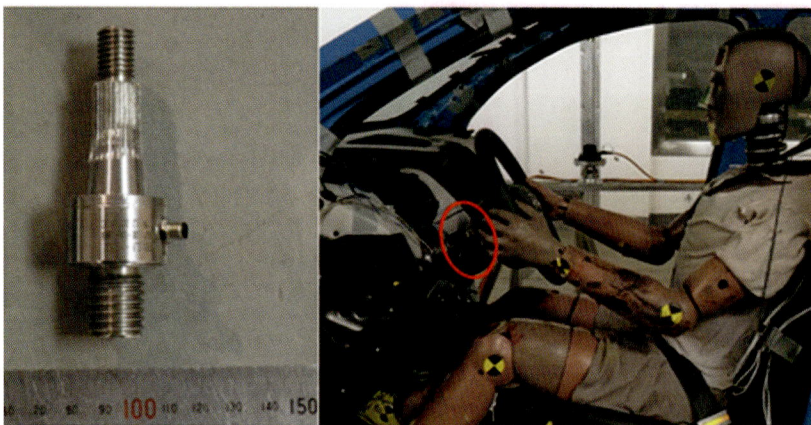

图3.19 小型三轴向力传感器及在台车中的应用

3.1.9　气囊误作用试验之高速篮球冲击车辆侧面试验

气囊误作用试验中有一项是发射 60 km/h 的篮球冲击车辆侧面特定部位,该试验的难点在于冲击的速度高达 60 km/h,远大于零部件冲击试验台所能发射的最高速度(45 km/h)。因此,试验方案通常是升级零部件冲击试验台,采用发射能量更大的发射缸,提高设备的发射能力。

在零部件冲击试验台发射能力未升级的情况下,采用基本的动量和动能定理,对篮球进行碰撞加速,零部件冲击试验台同样具备完成该试验的能力。

试验方法:在零部件冲击试验台上发射导向模块,质量 6 kg,加速到 40 km/h 后与篮球发生正碰,如图 3.20 所示。高速运动的导向冲击模块将绝大部分动能传递给篮球,篮球从静止状态加速到高速状态。理论上,质量 0.63 kg 的篮球可加速到 72 km/h。由于碰撞并非理想的完全弹性碰撞,因此,篮球的速度比理论值要低一些,试验中,篮球速度达到了 68 km/h,与法规要求的 60 km/h 相比还有较大的余量。通过简单标定,即对导向发射模块的输入速度进行调整,对篮球的飞行方向适当控制,则篮球加速完成后的速度达到 60 km/h,满足试验需求。

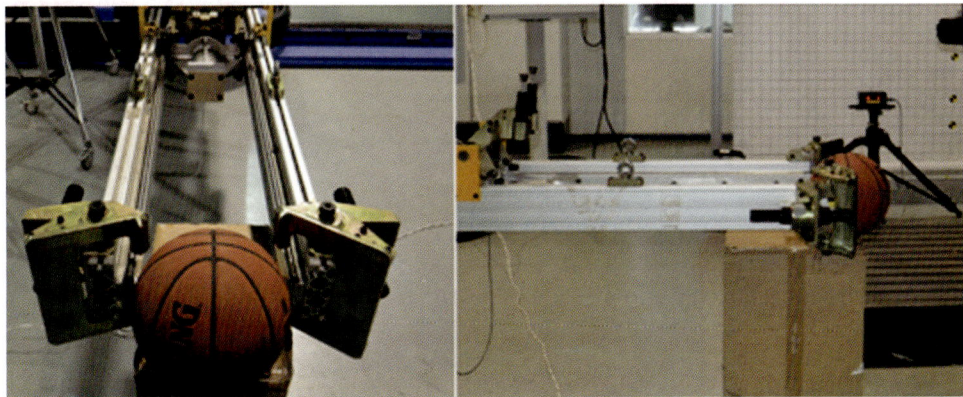

图 3.20　转向管柱轴向力测试

3.2　子系统安全集成测试技术

通过对单个关重零部件的安全性能测试,能够解决对单个零部件的碰撞安全性能管控,而由两个或多个零部件组成的子系统,其碰撞安全性能就必须通过子系统集成试验来完成。目前,子系统集成试验绝大部分由台车系统来完成,如正面约束系统匹配(台车正面碰撞模拟试验、台车偏置碰模拟试验)、侧面约束系统匹配(侧面碰撞模拟试验)、座椅类总成碰撞安全性能测试及安全带总成碰撞安全性能测试等。

现阶段台车系统分为加速台车系统和减速台车系统。加速台车系统模拟精度更高。

　　子系统安全集成测试试验能有效进行约束系统性能匹配以及约束系统零部件总成的安全性能验证,可有效减少整车试验次数、缩短试验周期、降低开发成本,目前在汽车研发中被广泛应用。

3.2.1　台车正面碰撞模拟试验技术

　　整车碰撞试验属于完全破坏性试验,代价较高,特别是在车型项目开发中,整车资源紧张且费用高,而气囊、安全带参数需要靠不断地优化来确定,故台车模拟试验就应运而生了。由于加速台车系统具有较高的模拟精度和重复性,现阶段主机厂一般都选用加速度台车来进行约束系统匹配,如图 3.21 所示。

图 3.21　正面碰撞台车模拟试验

　　台车正面碰撞模拟试验主要用来模拟整车正面 100% 刚性壁障碰撞试验,用于正面约束系统匹配(见图 3.21)。一般来说,正面约束系统匹配试验主要进行气囊、安全带、座椅、转向盘以及转向管柱相关参数的选择,随着各整车厂平台化战略的不断推进,座椅、转向盘、转向管柱基本都模块化,甚至气囊、安全带的主要部件都模块化了,能够进行选择的匹配优化参数就只剩下气囊拉带长度、出气孔大小以及安全带限力等级等。

　　加速度台车系统通过模拟整车碰撞试验的加速度,使台车试验工况与整车试验相似,包括试验速度、假人运动姿态、假人伤害、约束系统部件表现等。项目开发中,一般选择整车正面 100% 刚性壁障碰撞试验中左侧 B 柱下端加速度曲线,或者约束系统仿真分析提供的加速度曲线,作为加速度台车系统迭代的目标曲线,台车匹配试验就使用该迭代曲线作为试验输入曲线,如图 3.22 所示。

　　根据整车试验结果以及约束系统仿真分析,参考安全带、气囊等约束系统参数选择范围,制订一轮台车正面碰撞模拟试验方案。一般来说,整车安全气囊控制器信号采集试验与验证试验之间会有 2~3 个月的间隙,台车的多轮匹配试验都在这个时期内完成。安全带、气囊的参数完全确认后,气囊控制器的信号验证试验才能正常开展。

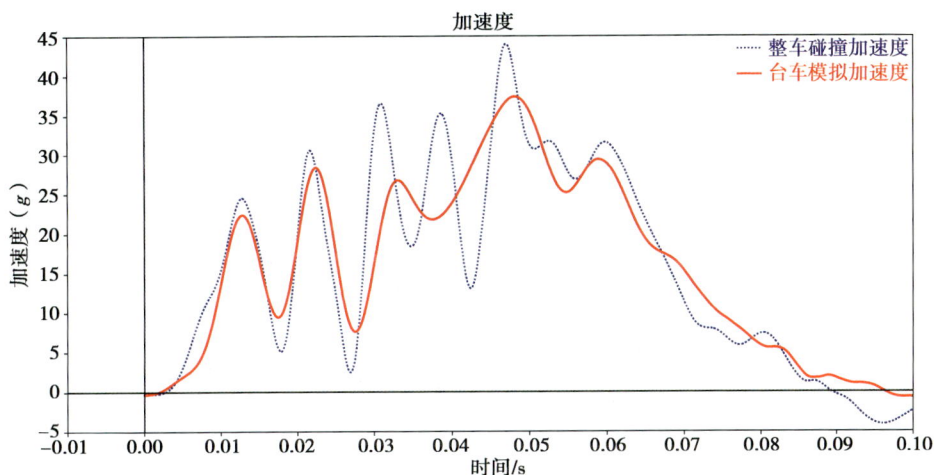

加速度

图 3.22　正碰台车输入加速度

白车身工装制作需要考虑承受 90g 以内的加速度冲击,并且能够重复使用多次。因此,整个车身框架、A 柱、B 柱、安全带安装固定点、座椅安装固定点等受力部位都需要加强,如图 3.23 所示。当然,白车身工装制作不能改变白车身上各个零件的安装状态。一般来说,凡是车身薄弱的地方、试验中需要受力的部位以及需要重复拆卸的安装点都要重点关注。

图 3.23　某车型正碰台车试验台架

台车模拟试验中需要尽可能还原整车试验环境,白车身上至少需要安装地毯总成、前壁板隔音垫总成、主副驾前搁脚支撑泡沫总成、歇脚板、油门踏板、座椅总成、安全带总成、DAB、PAB、A 柱左右上内饰板总成、仪表板总成、转向管柱支撑总成、转向管柱、转向盘等。每次试验都应更换所有零件,同时所有零件都应在试验规定的温度和湿度范围内放置 4 h 以上。

台车正碰模拟试验使用的假人与整车试验相同（见图3.24），前排使用 HIII50%男性假人，后排使用 HIII5%女性假人。假人定位与放置、假人内部传感器通道数、假人外部力传感器布置数量与位置、假人涂色的部位都需与整车试验保持一致。为保证台车试验假人与整车试验假人的可对比性，需要对假人相对车身位置进行测量并记录数据（见表3.2），方便与整车碰撞试验和约束系统分析对标。

图 3.24　正碰台车还原真实约束系统环境

表 3.2　试验假人定位测量参数表

前排假人				
序号	测量位置	要求	驾驶员	乘员
1	头顶角	—		
2	鼻尖→挡风玻璃	水平		
3	胸部→转向盘中心/IP	水平		
4	腹部→转向盘下轮沿/IP	水平		
5	左膝→护膝板	水平		
6	右膝→护膝板	水平		
7	左膝→右膝	膝部外侧		
后排女性假人				
8	头顶角	—		
9	鼻尖→前排座椅头枕	水平		
10	胸部→前排座椅靠背	水平		
11	左膝→前排座椅靠背	水平		
12	右膝→前排座椅靠背	水平		
13	左膝→右膝	膝部中心		

台车上安装车载数据采集系统，采集车身加速度传感器、假人内部传感器、安全带力传感器以及台车系统上的加速度传感器的数据，同时数采系统中的 Timer 装置可以强制起爆气囊、安全带。

相比整车碰撞试验，正碰台车模拟试验可大量使用车载高速相机，观测到气囊的展开、安全带的运动、假人完整的运动姿态以及各零部件动态表现。如图3.25所示，一般正碰台车模拟试验采用4台车载高速摄像机、4台地面高速摄像机。车载摄像机主要关注气囊的展开、假人运行的细节情况,地面摄像机关注整个车体的运动状况,各有侧重点。

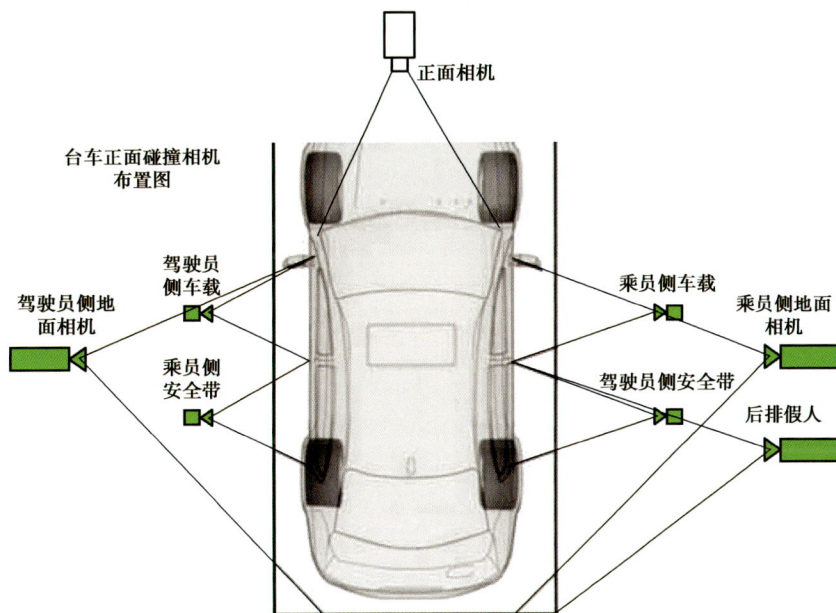

图 3.25　台车试验高速相机位置

台车正碰模拟试验基本能反映整车正碰试验结果,特别是假人运动姿态、假人伤害评价。一般来说,台车正碰模拟试验只考虑头、颈、胸的试验结果,下肢部分伤害不够准确,主要由于整车碰撞试验中下肢区域有侵入现象,一般台车系统很难模拟。

假人头部伤害对比如图 3.26 所示。

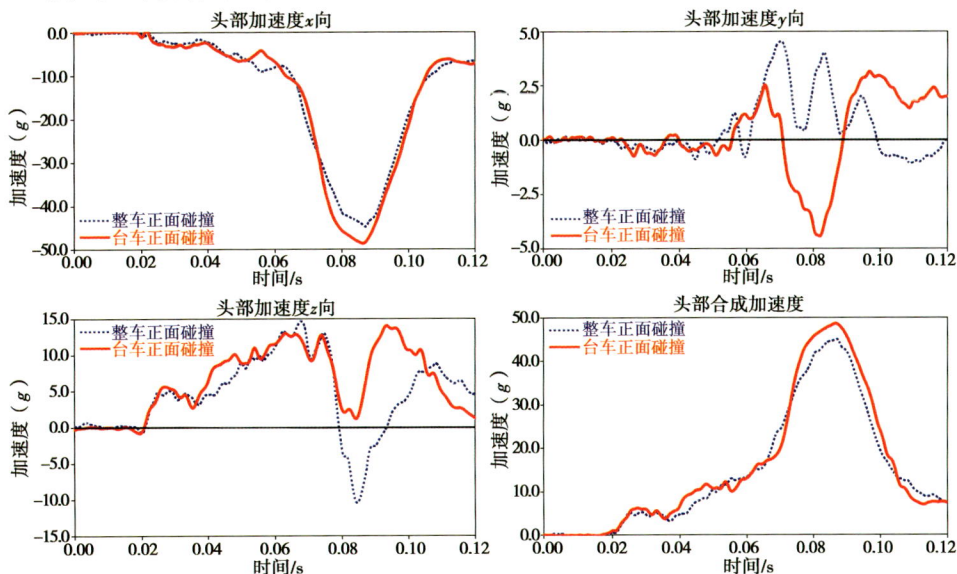

图 3.26　假人伤害对比(一)

假人颈部伤害对比如图 3.27 所示。

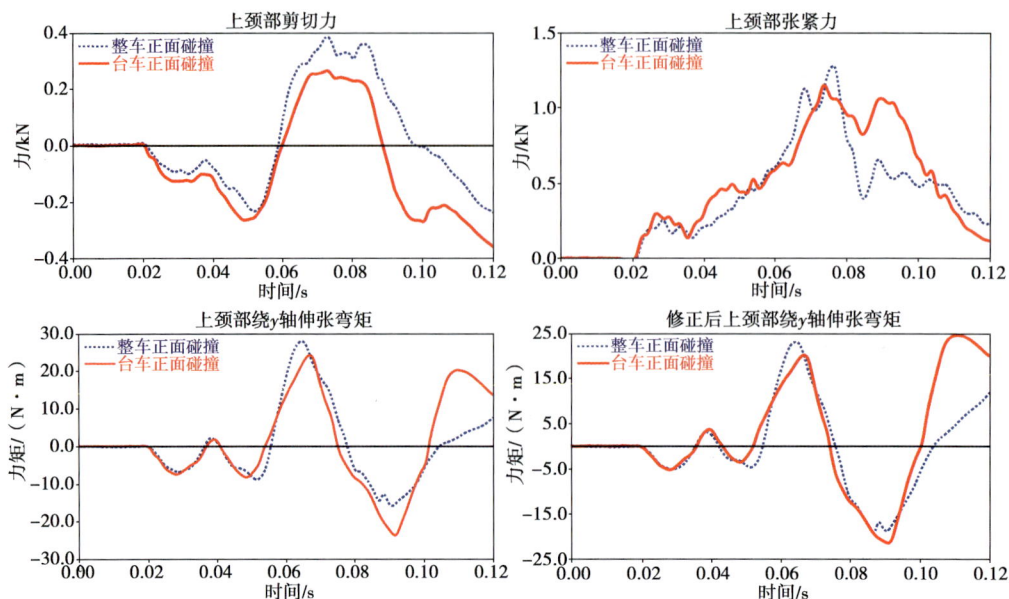

图 3.27　假人伤害对比(二)

假人胸部伤害对比如图 3.28 所示。

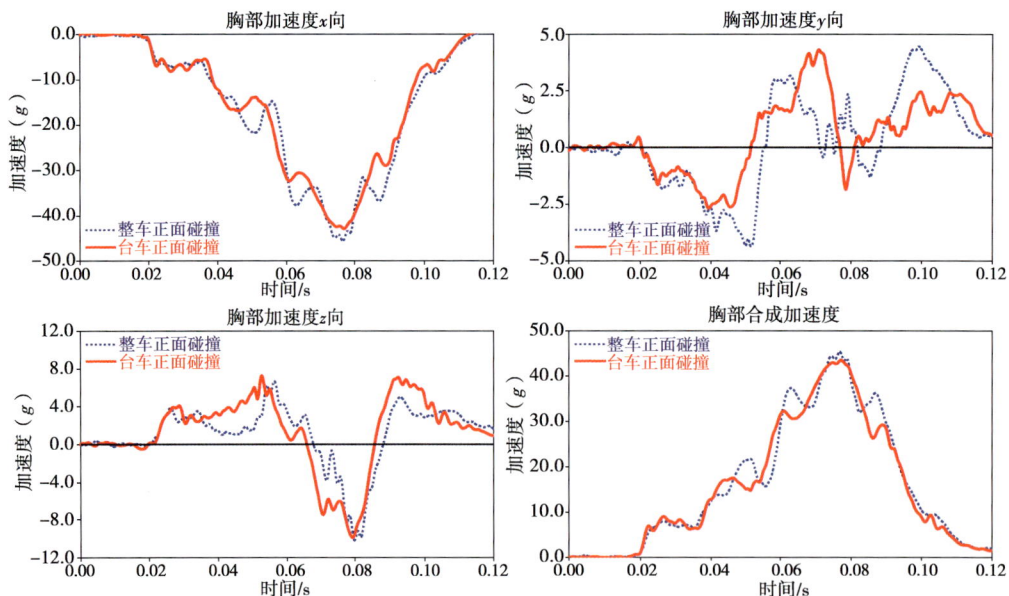

图 3.28　假人伤害对比(三)

安全带力与胸部位移对比如图 3.29 所示。

目前,有少数厂家在加速台车上进行了局部改进,如在防火墙位置安装动态液压汽缸来模拟脚部侵入,提高了下肢模拟精度。为进一步改进加速台车系统模拟精度,知名加速台车制造商在现有线性台车系统上增加了垂直方向的动态液压缸,使台车车身在"碰撞"过程中同时产生垂直方向的运动,以实现模拟整车正碰中的俯仰(Pitching)现象。

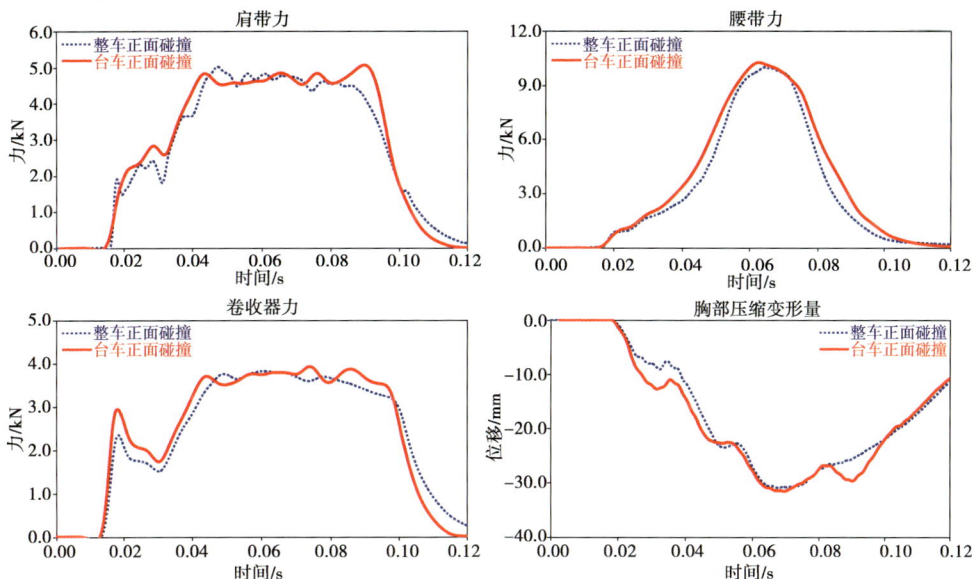

图 3.29　假人伤害对比(四)

3.2.2　台车偏置碰模拟试验技术

正面 40%偏置整车试验过程中,车身有俯仰、动态偏转、动态旋转等过程,相当于车身在 X,Y,Z 方向上有 6 个自由度的运动。目前,传统台车系统由于台车直线轨道的限制,很难对偏置碰作出有效模拟。为了在直线运行的台车系统上完成对偏置碰工况的模拟,首先需要通过约束系统 CAE 分析,找出哪种过程运动是偏置碰的最大影响因素,通过不断地对标和数据分析,确认动态旋转对偏置碰的影响最大。在无法改变台车运行方向的情况下,通过选择改变白车身工作的安装角度和加速度波形曲线,在角度变化和加速度曲线变化中找到与整车偏置碰撞试验的乘员伤害值结果相对接近的试验条件,从而预测整车偏置试验结果,达到用台车模拟整车偏置碰撞来优化约束系统的目的。

1)偏置旋转台车工装

整车偏置碰撞过程中,每辆车的动态旋转是不同的。不同的车型,旋转的幅度和频率不同。由于台车无法模拟动态旋转的变化,那么将白车身工装静态旋转至某个角度进行试验,台车试验结果与整车偏置碰试验就有了相关性。

通过约束系统仿真分析与整车偏置碰试验对标,确定某个车型台车偏置碰模拟试验的旋转角度范围,白车身工装就根据这个角度范围进行设计制造。加速台车试验室瞬时高速运动,属于高度危险的破坏性试验,所有工装、仪器设备都必须在滑台上牢固地固定,否则试验无法进行。如何设计偏置台车工装,使其满足车型项目开发的需要,就成为偏置碰台车模拟试验的关键因素。

如图 3.30 所示,一种可以 0°~15°任意旋转的偏置旋转台车工装,可满足不同车型、不同角度的偏转需要。

图 3.30　偏置碰撞台车

该工装设计可使白车身沿着纵向 Z 轴左右 15°范围内旋转,间隔为 1°。

2)台车偏置模拟试验方法

整车 40%偏置碰撞试验中,乘员侧假人伤害并不明显。因此,约束系统匹配一般都只考虑驾驶员侧假人伤害。相比台车正碰模拟试验,白车身需倾斜安装,与台车轨道形成固定角度。根据约束系统仿真分析提供的初始加速度波形,进行台车复现试验。

根据台车偏置模拟试验结果以及假人运动形态,来调整白车身角度以及加速度波形,逐步得到可与整车偏置碰试验正相关的台车模拟试验状态。在项目开发过程中,可利用这种台车偏置模拟手段进行约束系统匹配验证试验,图 3.31 记录了台车试验过程中约束系统的作用过程。

通过改变白车身的初始旋转角度和模拟的加速度曲线,台车偏置模拟试验能很好地模拟整车偏置碰试验,包括假人响应、假人运动形态。

3)试验结果与整车试验的对标

将偏置碰台车试验假人响应曲线与整车偏置碰撞试验的结果进行对比,曲线的拟合度能达到 80%以上。关键部位的曲线对比如图 3.32 所示。

同时,对台车偏置模拟试验与整车偏置试验的假人伤害得分也进行对比。对比结果:偏置碰台车的假人伤害和得分完成能够反映整车偏置碰撞试验的情况,如图 3.33 所示。

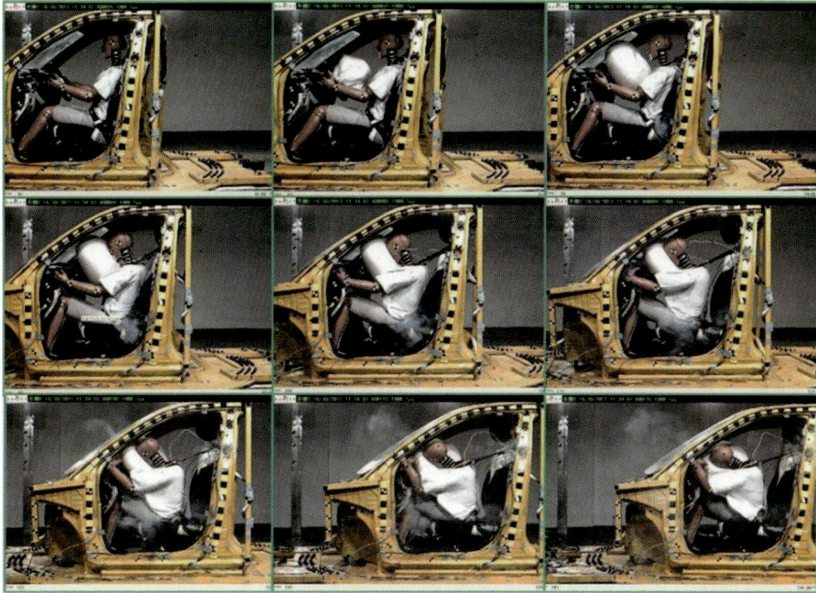

图 3.31 偏置碰撞中约束系统作用过程

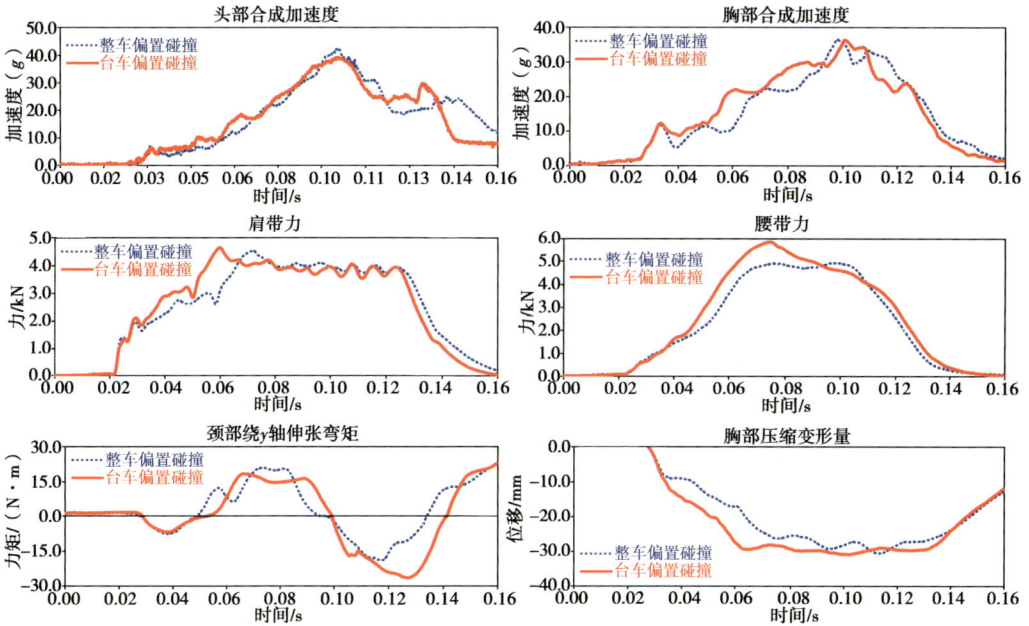

图 3.32 整车 & 偏置台车试验结果对比

	假人伤害	整车偏置试验	台车偏置模拟
头部	头部伤害	359/4.0	434/4.0
	合成加速 3 ms 过载量	46.1g/4.0	50.95g/4.0
	得分	4	4
颈部	颈部剪切力 F_x	4	4
	颈部伸张力矩 M_y	16.09 N·m/4.0	17.21 N·m/4.0
	颈部伸张力 F_z	4	4
	得分	4	4
胸部	变形位移量	36.05 mm/1.99	33.4 mm/2.51
	合成加速 3 ms 过载量	44.76g/2.77	40.8g/3.49
	得分	1.99	2.51

图 3.33　偏置台车假人伤害值对比

从假人响应、伤害值以及假人运动形态上看,台车偏置碰模拟试验能够模拟整车偏置碰试验,能利用台车偏置碰试验来进行约束系统匹配,可有效预测整车偏置碰试验。台车偏置模拟技术是一项针对偏置工况约束系统匹配的开发技术。它通过仿真分析、台车模拟试验进行大量的约束系统匹配工作,避免了直接利用整车偏置碰试验来获取约束系统性能数据。

3.2.3　侧面碰撞模拟试验

汽车在侧面碰撞中容易造成乘员的头部、颈部、胸腹部、骨盆以及大腿的伤害。为了减轻乘员在侧面碰撞中的各部位伤害,汽车生产商会对车体结构加强,优化门内饰板,同时采用侧面约束系统,如侧气囊、侧气帘等。采用上述方案后,通常会减少乘员在侧面碰撞中的伤害。但是,如何选择最优的方案,使乘员的伤害达到最低且成本最低,就需要通过多次反复的试验验证。最直接的验证方式是采用整车进行试验验证,但成本和周期会倍增。为了缩短开发周期和节约开发成本,各主机厂及相关研发机构都尝试通过模拟侧面碰撞技术进行方案验证和预测。

侧面碰撞模拟试验主要是将车门台车作为主台车,座椅安装在二级滑台上,车门固定在车门台车上,二级滑台安装在主台车上,活塞推动主台车以一定的速度与加速度运动,座椅与假人由于惯性与车门相撞,从而实现侧面碰撞过程,将复杂的侧面碰撞过程简化为车门撞击座椅与假人的过程。整个试验系统主要包括加速台车系统、数据采集系统、高速摄像系统、灯光系统、三坐标测量仪、3DH 装置、WorldSID 或 SID-Ⅱs 假人。

1）试验准备阶段

需要对所开发车型的白车身侧围进行切割加固,按照如图 3.34 所示安装在加速台车上。在安装侧围工装时,需要将其向外侧倾斜 0°~5°进行安装,来模拟在整车侧面碰撞中,侧面车体结构接触假人时的瞬间变形状态。同时,车门总成与侧围进行牢固焊接。

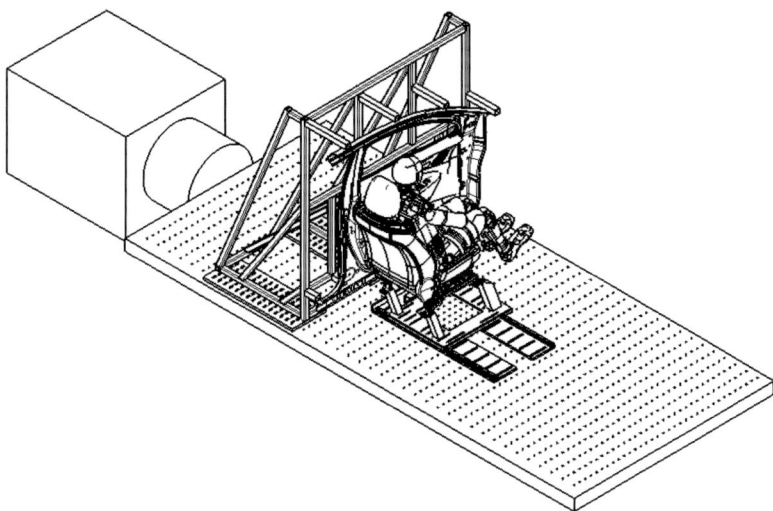

图 3.34　侧面碰撞台车

2）样件安装

将侧围工装安装在主台车上后,用三坐标测量仪根据输入的参考点坐标建立整车坐标系,然后安装二级滑台。由于二级滑台的底板为腰形孔,座椅工装又可在二级滑台上水平滑动,故可调节座椅工装与侧围的工装在 X 和 Y 向的相对位置与整车一致。在此之前,制作的座椅工装高度应与整车保持一致。因此,通过二级滑台的调节,可保证座椅与车身侧围的相对位置与整车一致。

3）加速度波形的一般选择与迭代

整车侧碰过程中,车门及 B 柱的侵入加速度变化剧烈,正向负向加速度都存在,而加速台车系统只能模拟正向加速度。因此,在迭代波形之前,需要对整车试验中选取的加速度曲线进行等效处理,如图 3.35 所示。根据侧碰的物理过程分析,假人在与车门接触之前,加速度的正负方向性对试验结果没有影响。更需要关注的是接触时刻车门的侵入速度,以及到假人伤害值达到最大时这段时间的速度变化。

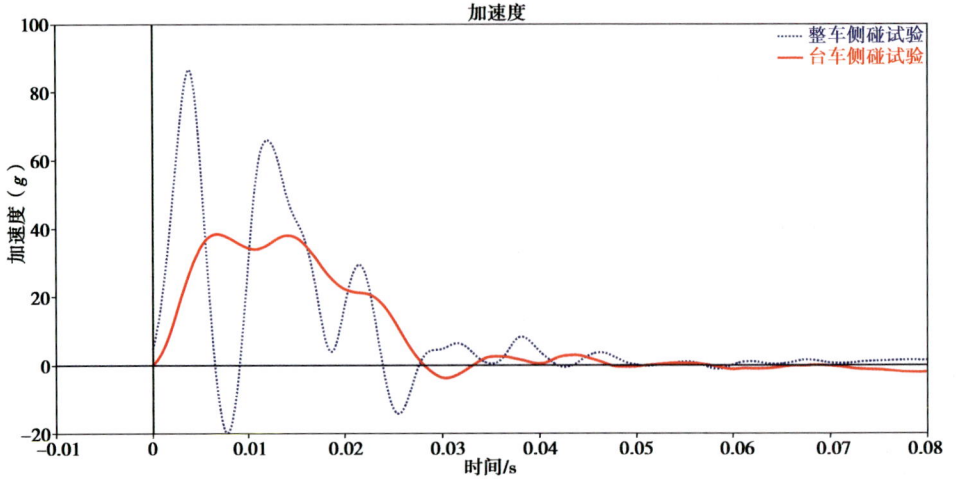

图 3.35　侧碰台车输入加速度

4) 座椅调节及假人定位

通过三 DH 装置进行座椅调节。根据三 DH 测量值,三坐标测量仪对假人进行定位。同时,对比整车试验中座椅调节位置和假人,确认台车试验中的调节定位与整车的差异能满足试验要求。

5) 高速摄像机的布置

如图 3.36 所示,为了便于分析改进,分别在正面、正面斜 45°以及背面 3 个位置各布置一台高速摄像机,主要考察侧气囊的展开、侧气囊与假人接触时间、假人运动趋势,方便与整车试验进行对比。

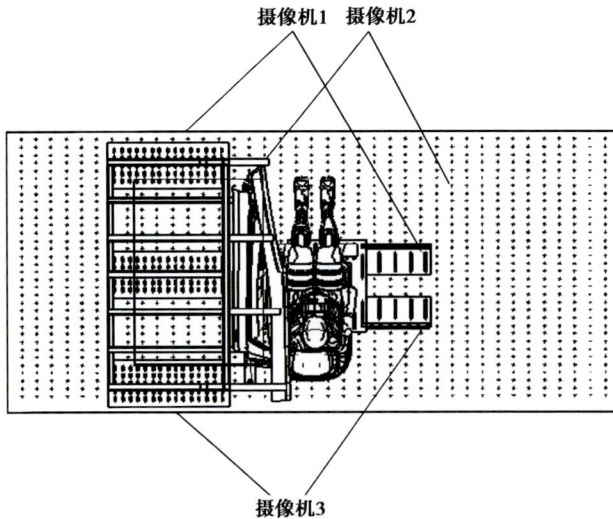

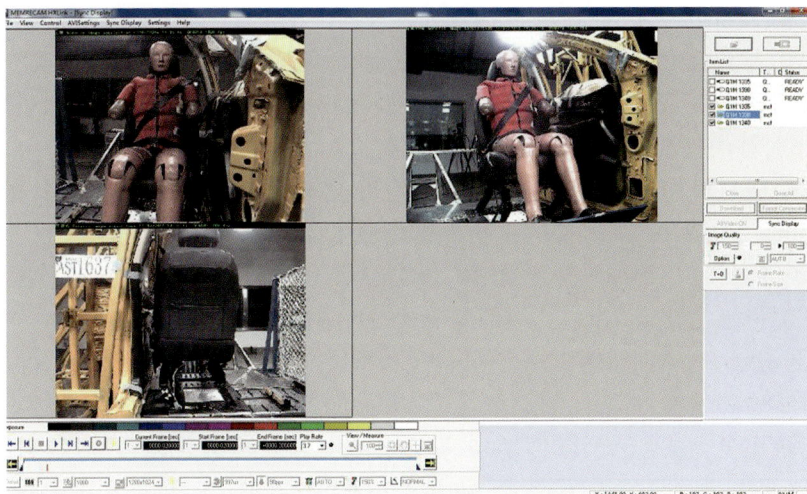

图 3.36　侧碰台车高速相机布置位置

6）数据后处理及模拟效果评估

试验结束后，需要采用专业的软件对数据采集系统采集到的数据进行处理。不同类型、不同假人位置的传感器滤波等级不同。通常，采用 CFC1000，CFC600，CFC180，CFC60 这 4 种滤波方式。处理完成的数据需要与整车试验的各相同位置数据进行对比（见图 3.37），检查侧碰模拟试验与整车侧碰试验的一致性，并在此基础上进行优化方案的验证。

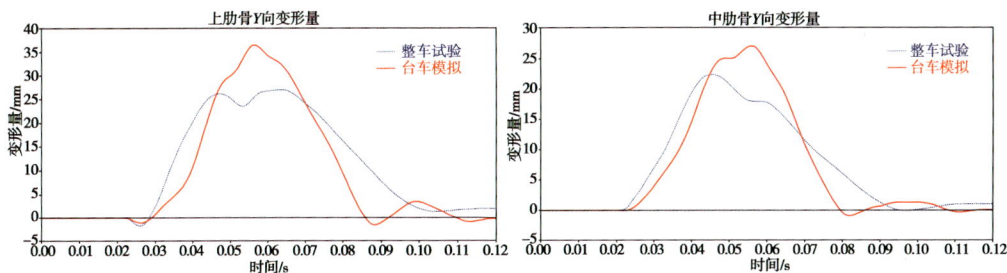

图 3.37　侧碰台车假人伤害值对比

3.2.4　鞭打试验

在汽车碰撞致死事故中，汽车后碰只占 4%，但后碰占所有致伤事故比例的51%，而其中 78.2% 的损伤发生在颈部。目前，由于缺乏对颈部损伤机理的了解，颈部损伤造成了较高的代价。在后碰中，座椅是唯一能够支持乘员并吸收碰撞能量的保护装置。因此，其设计与乘员受伤密切相关，很多国家都开展了相关研究，并形成

了针对后碰颈部保护装置的法规或标准,如美国的 FMVSS 202(a)、IIHS,欧洲的
Euro-NCAP 等。由中国汽车技术研究中心组织发布的《C-NCAP 管理规则(2012 年
版)》于 2012 年 7 月 1 日实施,第一次对座椅鞭打性能提出了要求,后续的 2015 版、
2018 版分别对鞭打性能评价规则进行了调整。

汽车后碰过程中颈部的损伤机理还没有完全被了解,不同的法规选择的评价指
标不尽相同。Euro-NCAP 颈部的损伤评价指标主要有 Nkm、颈部伤害指数 NIC、颈部
剪切力、颈部张力、头部回弹速度、胸椎 T1 加速度、头部接触持续时间;C-NCAP 颈部
的损伤评价指标主要有 NIC、上颈部剪切力、下颈部剪切力、上颈部张力、下颈部张
力、上颈部扭矩、下颈部扭矩。

鞭打试验的基本方法是:将驾驶员侧(乘员侧)座椅及约束系统依照原车结构安
装在加速台车上,加速台车以特定加速度波形发射来模拟后碰过程。座椅上放置
BIORID-II 假人,利用灯光摄像系统、数据采集系统,得到试验数据和试验录像,通过
假人颈部伤害值来评价座椅及头枕对乘员颈部的保护。下面以 2015 版 C-NCAP 鞭
打试验规程进行介绍。

1)加速度波形控制

由于鞭打试验加速度波形要求比较特殊,加速度波形在 0~150 ms 必须控制在
一个特定通道范围内,并精确控制以满足试验要求。加速度台车的速度变化量应控
制在 $\Delta v = 15.65$ km/h± 0.8 km/h,有效波形持续时间控制在 $\Delta T = 91$ ms± 3 ms,如图
3.38所示。

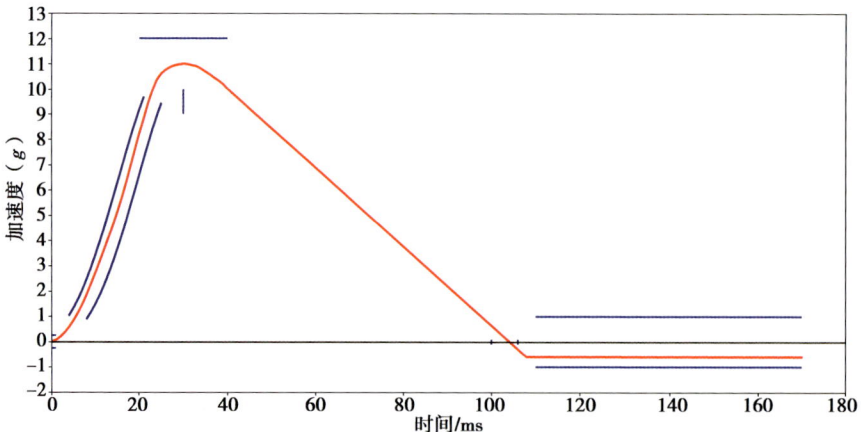

图 3.38　鞭打台车输入加速度

鞭打试验的加速度波形需要控制其模拟精度和重复性,对于加速台车系统来
说,速度越小,波形越难模拟。为了有效模拟出满足试验要求的加速度波形,需要在
加速台车系统迭代过程中,根据迭代结果不断修改目标波形,使加速度台车最终迭
代的结果满足在通道范围内(目标波形可以在通道范围外)。

2）试验准备

根据座椅安装孔准备座椅安装工装，模拟座椅在实车上的安装位置。座椅 4 个安装孔的相对位置与实车保持一致，座椅导轨相对地板平面的角度与实车保持一致（见图 3.39）。

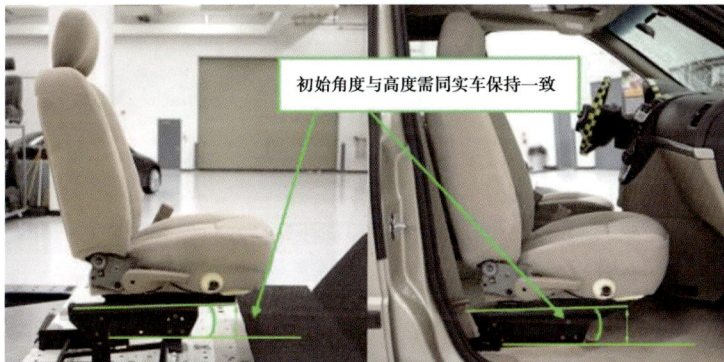

初始角度与高度需同实车保持一致

图 3.39　鞭打台车座椅安装示例

脚踏板：用来模拟车辆地板平面和油门踏板，保证假人的脚部放置在正确的位置上，如图 3.40 所示。

安全带固定点的安装位置：D 环安装点、卷收器安装点、锚点安装点安全模式安全带在实车上的安装相对位置，如图 3.41 所示。

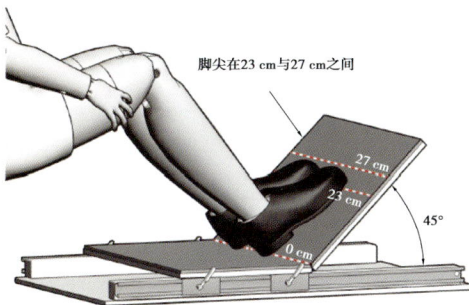

脚尖在23 cm与27 cm之间

27 cm

23 cm

0 cm

45°

图 3.40　鞭打台车脚踏板

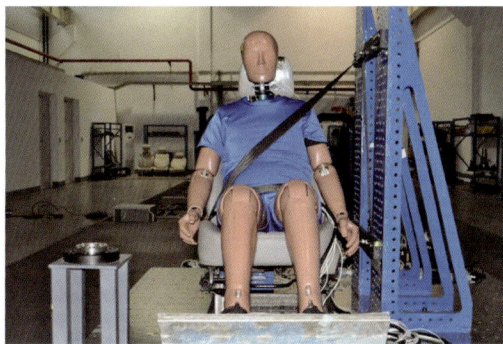

图 3.41　鞭打台车安全带安装

最后将假人、座椅、安全带按照实车状态安装在台车上，如图 3.42 所示。

3）静态测量

在测试座椅上放置假人前，应先用 HPM 装置以及 HRMD 装置对座椅进行静态测量，确定座椅靠背角锁止在 25°±1°，然后测量并记录座椅 H 点、头后间隙、头枕高度等，如图 3.43 所示。

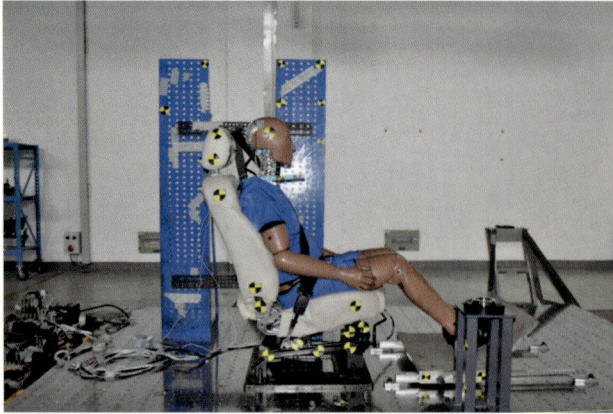

图 3.42　鞭打台车全貌

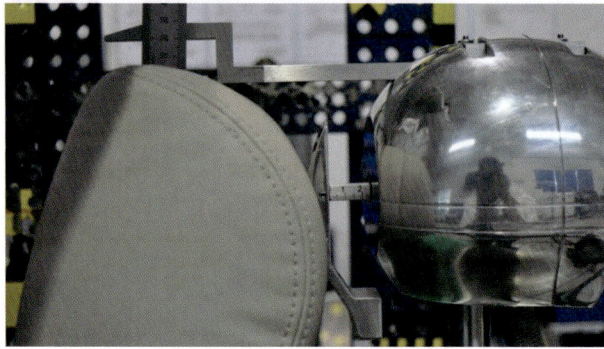

图 3.43　座椅头后间隙测量

4）动态试验

将 BioRid Ⅱ 假人按照静态测量结果放置在座椅上，按照表 3.3 对假人进行定位。

表 3.3　鞭打台车假人定位

假人定位	目　　标	公　　差
H 点（X 坐标值）	XHPM 值+20 mm	±5 mm
H 点（Z 坐标值）	ZHPM 值	±10 mm
骨盆角	26.5°	±2.5°
头顶角	0°（水平）	±0.5°
头后间隙	头后参考间隙 Bref	±2 mm

　　布置至少两台高速摄像机，从试验开始（T0）持续 300 ms 时间，一台高速摄像机需要记录整个试验画面，包括台车上的座椅、假人运动趋势等。其中，要求所记录的画面中图像清晰，图像特征点明确可辨，以便于后期的图像分析；第二台记录假人头部、颈部在整个试验中的运动过程，该相机位置要求摄像机镜头中心垂直高度与假

人头部重心平齐。将假人和座椅上按如图 3.44 所示布置标记点。

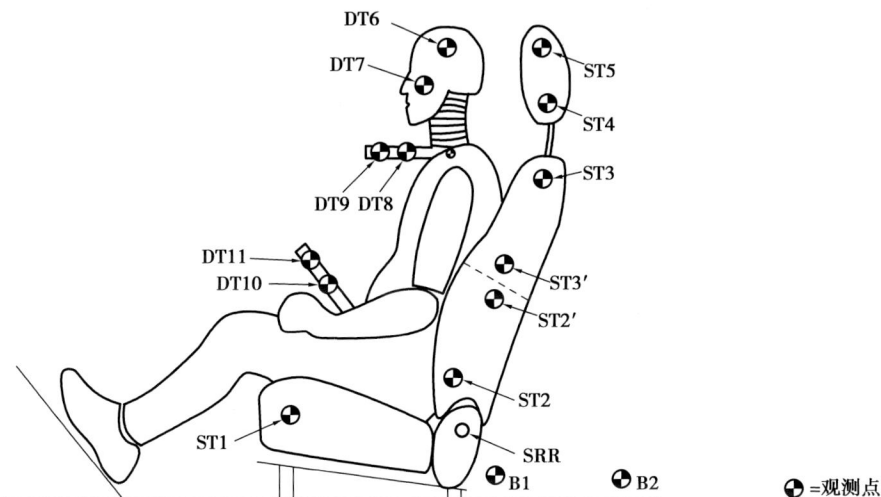

图 3.44　鞭打试验动态观测点

加速台车系统发射台车,给出 T0 触发信号,数采采集假人内传感器信号,高速摄像记录假人座椅运动过程。

5)数据处理

数采系统采集 BioRid II 假人:上头部质心加速度 A_x,上颈部载荷 F_x,F_z,上颈部力矩 M_y,下颈部载荷 F_x,F_z;下颈部力矩 M_y,胸部加速度 $T1$(左/右),共计 9 个通道的数据。通过所采集的传感器数据对假人伤害值进行计算。下面以 NIC 为例进行说明。

NIC:是枕骨铰链相对于 T1 的水平加速度和速度的相对值,即

$$NIC(t) = 0.2 \times A_x^{\mathrm{rel}}(t) + \left[V_x^{\mathrm{rel}}(t) \right]^2$$

$$NIC_{\max} = \underset{T-HRC_{(End)}}{\mathrm{Max}} \left[NIC(t) \right]$$

相对加速度

$$A_x^{\mathrm{rel}}(t) = A_x^{T1}(t) - A_x^{\mathrm{Heads}}(t)$$

式中,$A_x^{T1} = \dfrac{A_x^{T1Left}(t) + A_x^{T1Right}(t)}{2}$,$A_x^{T1Left}$,$A_x^{T1Right}$,$A_x^{\mathrm{Heads}}$ 的单位均为 m/s^2。

相对速度

$$V_x^{\mathrm{rel}}(t) = \int_0^t A_x^{\mathrm{rel}}(t) \, \mathrm{d}t$$

将采集到的头部质心加速度 A_x 与胸部加速度 $T1$(左/右)的原始数据导入数据处理软件中,按上述公式进行计算,得到 NIC 曲线。再根据 NIC 评价的高低性能值,对试验伤害值进行评价得分,如图 3.45 所示。

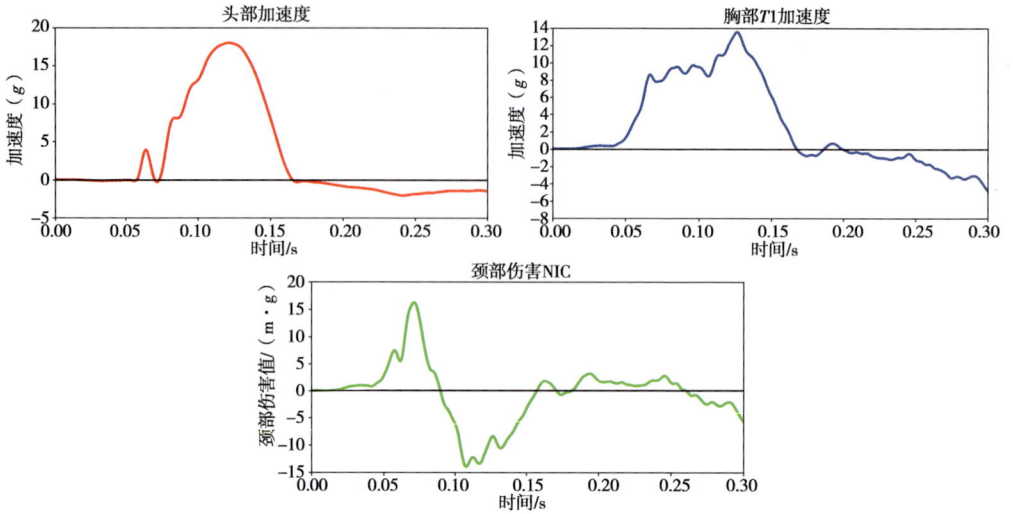

头部加速度

胸部T1加速度

颈部伤害NIC

图 3.45 鞭打试验测试结果

将所有伤害值评价项进行计算并填入表 3.4 中,按照 2015 版 C-NCAP 进行评价得分。

表 3.4 鞭打试验评价表

试验编号							
评分测量项		高性能	低性能	满　分	伤害值	得　分	有效得分
头枕接触—分离时刻					56~159 ms		
NIC/(m² · s⁻²)		8	30	2	15.81	1.29	1.29
上颈部	上 F_x+/N	340	730	1	0.147	1.00	
	上 F_z+/N	475	1 130	1	379.3	1.00	1.00
	上 M_y/(N · m)	12	40	1	9.286	1.00	
下颈部	下 F_x+/N	340	730	1	201.18	1.00	
	下 F_z+/N	257	1 480	1	308.81	0.96	0.96
	下 M_y/(N · m)	12	40	1	3.517	1.00	
座椅靠背动态最大张角/(°)		19°		−2	10.7	0	0
头枕干涉头部空间		是否干涉		−2	否	0	0
座椅滑轨动态最大位移/mm		是否大于 20 mm		−4	否	0	0
C-NCAP 得分(2015 版)						3.25	

注:座椅靠背动态最大张角与座椅滑轨动态最大位移由高速摄像系统利用录像分析计算功能进行计算得出,头枕是否干涉由静态测量得出。

3.2.5　座椅子系统动态试验

座椅子系统是乘员接触汽车最多的部件,也是影响车辆安全性能的重要组成部分。要管控整车碰撞安全性能,必须验证座椅子系统的碰撞安全性能。现阶段,座椅碰撞性能分为前排座椅动态性能、第二排座椅动态性能和前排座椅高速后碰性能。

1)前排座椅动态试验

前排座椅动态试验分为前排座椅动态强度和前排座椅动态性能两类试验。目前关于座椅动态强度和性能还没有强制性法规,各个整车厂根据自身情况制订了企业标准,作为座椅安全性能的研发目标及产品验收标准。

动态强度主要考察座椅的结构、材料以及锁止结构的强度,可以允许座椅材料出现一定形变,但不能出现伤害乘员的突出物形变模式。当然,整个试验过程中,座椅各个锁止功能件不能出现被解锁现象。

座椅强度失效模式见表 3.5。

表 3.5　动态强度试验座椅失效判定

序号	类　别		判定要求
	零件	描　述	
1	关重件	高调、滑轨、调角器等	不能出现任何功能及结构失效、撕裂、脱焊、断裂等现象
2	主要承载结构件	座靠侧板、调角器下连接板、连杆组件、齿板、座盆、座盆连接支架、靠背上横管、靠背上横板、座靠簧、带扣支架、前后横管等	允许出现变形,但不允许出现脱落、撕裂、内部开裂、断裂、脱焊等现象
3	次要承载结构件	靠背下连接板、盘簧支架	允许出现变形及翻边区域存在不超过2 处且小于 10 mm 的开裂,但不允许出现脱落、脱焊、断裂、主受力面开裂等现象
4	附属零件	护板支撑钢丝、护板安装支架、面套固定钢丝等	允许出现变形及翻边区域存在不超过两处且小于 10 mm 的开裂,但不允许出现脱落、断裂、脱焊等现象
5	塑料件	手柄及内外侧护板	允许出现不产生尖锐凸出物的变形及偏离原固定位置,但不允许出现压溃、开裂、断裂,以及从固定位置脱落等现象

动态性能除考察座椅动态强度外,还考察座椅动态下潜量,Y 向位移量以及锁扣位移量。通过测量试验过程中和试验后座椅各个测量点的位移变化来对座椅进行

评价。

①试验过程中,主、副驾座椅座盆动态下潜量最大处不得大于 40 mm(以座椅后安装固定点为测量基准);本条要求不适用于发动机中置车型的主、副驾座椅。

②试验后,主、副驾座椅座盆 Y 向位移最大处不得大于 15 mm(以座椅后安装固定点为测量基准)。

③试验过程中,安全带锁扣连接板在主、副驾座椅上的安装固定点在 X,Y,Z 三向位移量为:X 向不得大于 15 mm,Y 向不得大于 40 mm,Z 向不得大于 35 mm(以座椅后安装固定点为测量基准,该项评价标准适用于锁扣安装在座椅上)。

各个测试点如下:

①下潜量测试点,如图 3.46 所示。

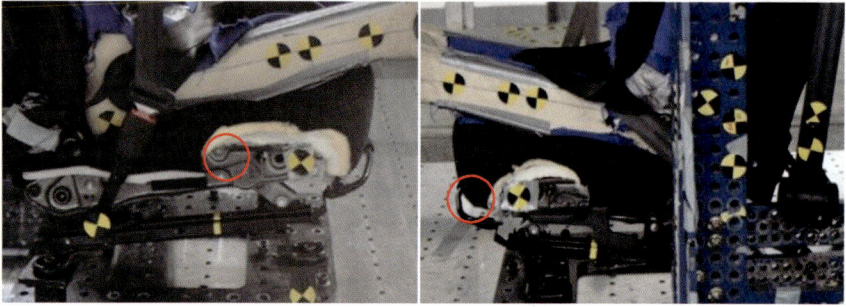

图 3.46　座椅动态测量点(一)

②Y 向位移量测试点,如图 3.47 所示。

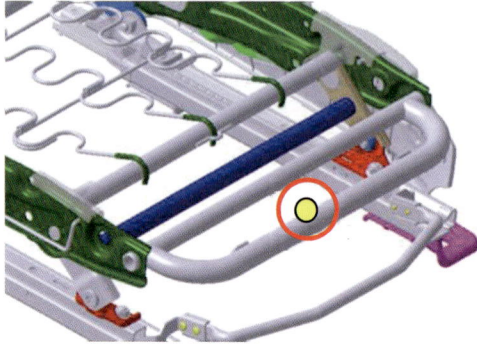

图 3.47　座椅动态测量点(二)

③锁扣位移量测试点,如图 3.48 所示。

由于前排座椅动态强度和动态性能考察目的不同,因此,两种试验的加速度波形不完全一致。座椅试验波形一般根据碰撞整车试验事故得到,强度试验波形上升速率更快。

①动态强度波形如图 3.49 所示,速度为 51±1 km/h。

②动态性能波形如图 3.50 所示,速度为 55±1 km/h。

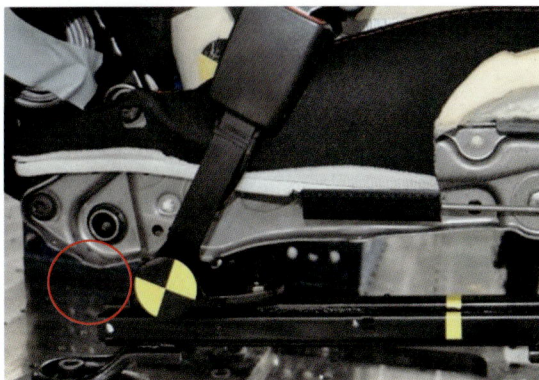

图 3.48　座椅动态测量点(三)

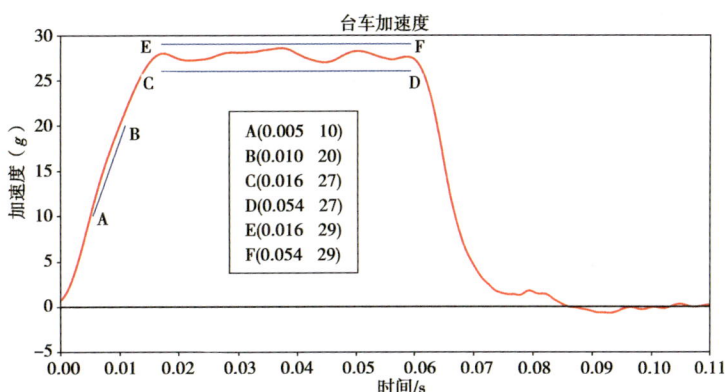

图 3.49　座椅动态强度试验加速度

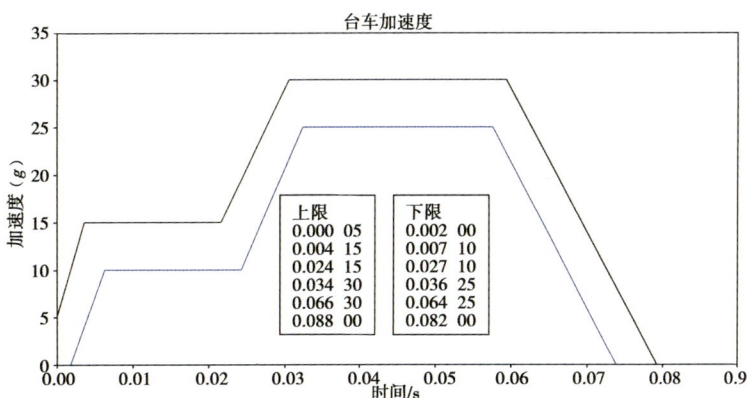

图 3.50　座椅动态性能试验加速度

　　前排座椅安装在座椅工装上进行动态试验,座椅工装各个安装孔模拟整车安装位置,安全带安装在模拟 B 柱上,安全带各固定点相对座椅位置与整车基本一致(见图 3.51)。动态强度试验采用普通式安全带,动态性能试验采用限力式安全带。

　　由于要计算各个测试点的动态位移量,因此,至少需要布置 4 台车载高速摄像机。其布置方案如图 3.52 所示,并见表 3.6。

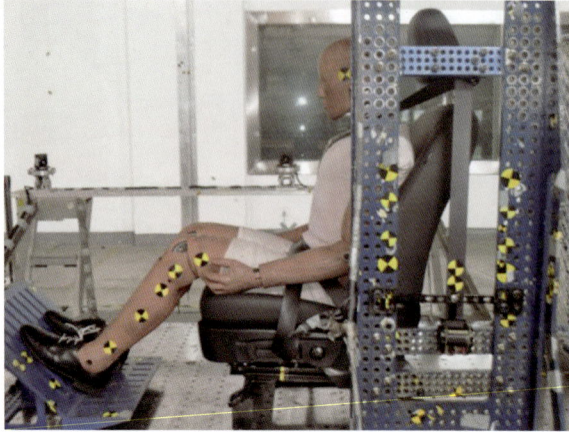

图 3.51　座椅性能试验台架

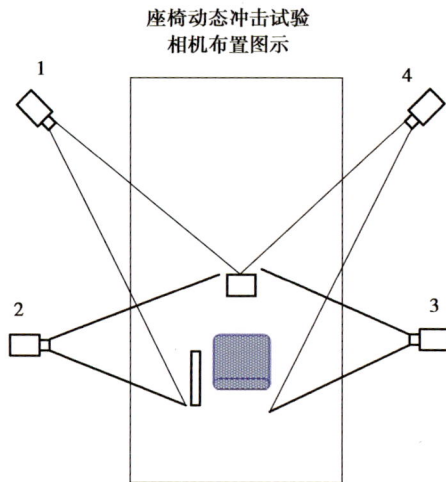

图 3.52　座椅性能试验高速相机布置

表 3.6　座椅性能试验高速相机布置

相机命名规范以及要求	1	名　称	左前 45°（车载）
		录制要求	负责左前 45°视角的整体试验过程的录制
	2	名　称	左侧整体（车载）
		录制要求	负责左侧座椅整个试验过程录制
	3	名　称	右侧整体（车载）
		录制要求	负责右侧座椅整个试验过程的录制
	4	名　称	右前 45°（车载）
		录制要求	负责右前 45°视角的整体试验过程的录制

试验后,根据试验录像计算各个测试点的位移量,同时测量静态变化量,检查座椅试验后的情况,从而判断前排座椅碰撞安全性能。

2)第二排座椅动态试验

随着碰撞安全领域的不断发展,第二排座椅碰撞安全性能的重要性不断增加,特别是 2018 版 C-NCAP 增大了后排假人得分占比,国内各主机厂和零部件厂商都更重视第二排座椅的性能。目前,第二排座椅共有 3 种形式,独立座椅、带骨架整体座椅和无骨架座椅。

第二排座椅动态试验也分为座椅动态强度和动态性能试验两种。试验波形与前排座椅试验一致,采用的安全带也与前排座椅一致。独立座椅和带骨架整体座椅一般采用座椅工装形式进行安装,无骨架座椅采用半截车身进行安装。

为了能够统一评价 3 种座椅形式的性能,一般采用直接评价第二排假人的位移量。如图 3.53 所示,选择的测试点为骨盆上的点(变形小,不易遮挡)。第二排座椅动态强度的评价与前排座椅一致,动态性能评价除满足强度要求外,假人骨盆在试验过程中还必须满足位移量要求,假人骨盆的动态下潜量不得大于 50 mm,X 向前移量不得大于 180 mm。

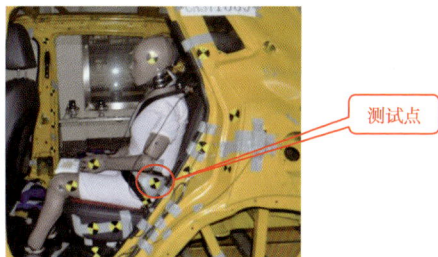

图 3.53　中、后排座椅动态试验台架

由于要计算假人骨盆上的动态位移量,因此,至少需要布置 3 台车载高速摄像机。其布置方案如图 3.54 和表 3.7 所示。

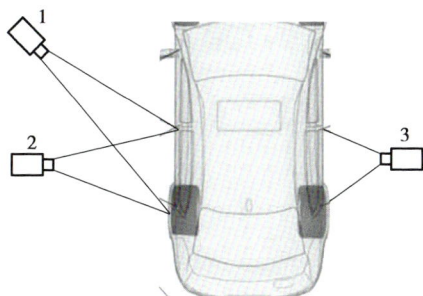

中/后排座椅动态性能
试验相机布置图示

图 3.54　中、后排座椅动态试验高速相机分布

表 3.7　中、后排座椅动态试验高速相机分布

相机命名规范以及要求	1	名　称	左前 45°（车载）
		录制要求	负责左前 45°视角的整体试验过程的录制
	2	名　称	左侧整体（车载）
		录制要求	负责左侧座椅整个试验过程录制
	3	名　称	右侧整体（车载）
		录制要求	负责右侧座椅整个试验过程的录制

3）前排座椅高速后碰

现阶段,法规与 NCAP 评价都集中在前碰撞中约束系统对乘员的保护,高速后碰中约束系统的性能基本没有涉及。前排座椅高速后碰主要考察前排独立座椅靠背抗冲击性能,模拟高速后碰中座椅前排座椅靠背对乘员的支撑强度。

前排座椅高速后碰试验采用如图 3.55 所示的标准波形（根据整车追尾碰撞波形等效）波形持续时间为 150 ms。

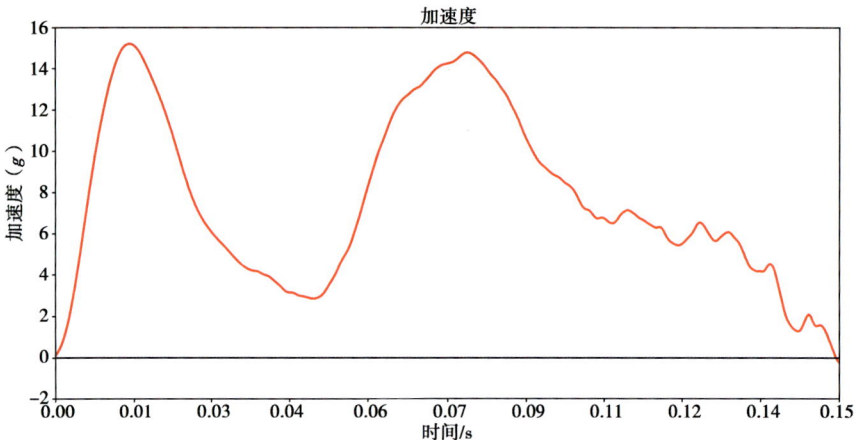

图 3.55　后碰座椅动态试验加速度

采用 HⅢ50%男性假人进行配重,假人面向台车发射方向（与鞭打试验相同）,安全带采用任意安全带（保护假人）,座椅、假人、安全带、脚踏板相对位置参考整车环境,假人定位按照正碰试验进行,座椅后碰试验台车如图 3.56 所示。

由于需要计算座椅靠背的动态张角,同时需要观察试验过程中靠背的响应情况,至少需要布置 4 台车载高速摄像机。其具体要求见表 3.8。

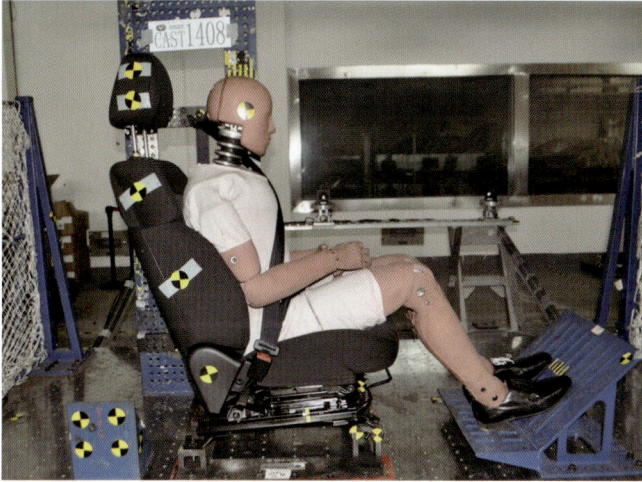

图 3.56　座椅后碰试验台车

表 3.8　座椅后碰试验高速相机布置

相机命名规范以及要求	1	名　称	左前 45°（车载）
		录制要求	负责左前 45°视角的整体试验过程的录制
	2	名　称	左侧整体（车载）
		录制要求	负责左侧座椅整个试验过程的录制
	3	名　称	右侧整体（车载）
		录制要求	负责右侧座椅整个试验过程的录制
	4	名　称	右前 45°（车载）
		录制要求	负责右前 45°视角的整体试验过程的录制

座椅后碰试验高速摄像机布置位置如图 3.57 所示。

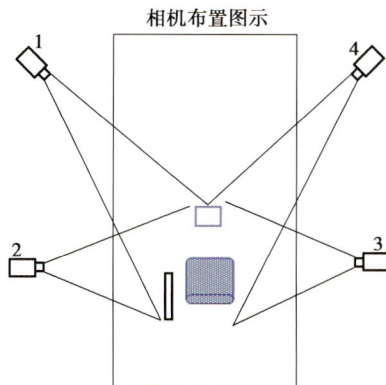

图 3.57　座椅后碰试验高速相机布置

参考前排座椅动态试验,前排座椅高速后排试验结构强度失效模式判断见表3.9。同时,允许座椅材料出现一定形变,但不能出现伤害乘员的突出物形变模式;整个试验过程中,座椅各个锁止功能件不能出现被解锁现象。对座椅靠背动态张角,要求小于30°,同时座椅靠背永久张角小于20°。

表 3.9 后碰试验座椅失效判定表

序号	类 别		判定要求
	零件	描 述	
1	关重件	高调、滑轨、调角器等	不能出现任何功能及结构失效、撕裂、脱焊、断裂等现象
2	主要承载结构件	座靠侧板、调角器下连接板、连杆组件、齿板、座盆、座盆连接支架、靠背上横管、靠背上横板、座靠簧、带扣支架、前后横管等	允许出现变形,但不允许出现脱落、撕裂、内部开裂、断裂、脱焊等现象
3	次要承载结构件	靠背下连接板、盘簧支架	允许出现变形及翻边区域存在不超过两处且小于10 mm的开裂,但不允许出现脱落、脱焊、断裂、主受力面开裂等现象
4	附属零件	护板支撑钢丝、护板安装支架、面套固定钢丝等	允许出现变形及翻边区域存在不超过两处且小于10 mm的开裂,但不允许出现脱落、断裂、脱焊等现象
5	塑料件	手柄及内外侧护板	允许出现不产生尖锐凸出物的变形及偏离原固定位置,但不允许出现压溃、开裂、断裂,以及从固定位置脱落等现象

3.2.6 安全带子系统试验

安全带对乘员约束起着至关重要的作用。汽车事故调查表明,在发生正面撞车时,如果系了安全带,可使死亡率减少57%,侧面撞车时可减少44%,翻车时可减少80%。因此,研究安全带子系统的安全性能有着非常现实的意义。

现阶段,安全带主要有普通式安全带、限力式安全带、预紧限力式安全带等种类(预紧安全带也开始配置在高级车上)。下面以前排安全带中最常见的预紧限力式安全带来阐述安全带子系统试验。

一般来说,预紧限力式安全带可通过静态预紧试验、安全带动态强度试验和安全带动态性能试验来进行性能验证。

1）安全带静态预紧

为了测量不同预紧限力安全带的静态预紧量,必须建立一个标准的测试环境,可重复实现各类安全带的测试,结果具有重复性和可靠性。如图 3.58 所示,采用一个标准的静态预紧测试台架,安全带各个安装固定点参考整车安装环境,各个固定点可以微调,假人采用 HⅢ50% 男性假人。

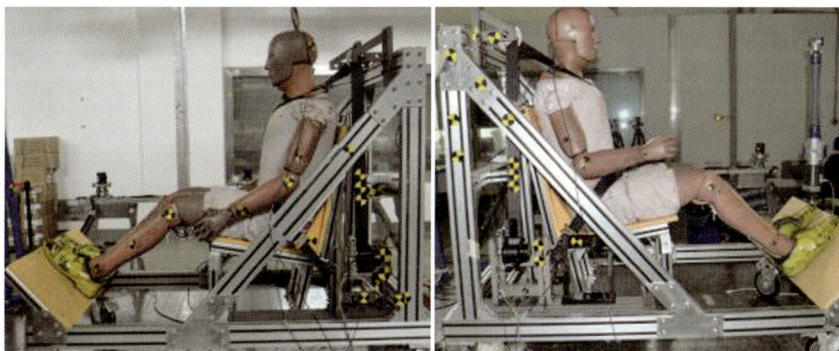

图 3.58　安全带预紧试验台

利用便携式三坐标进行精确定位,将安全带织带正确地佩戴在假人躯干上,在安全带卷收器至 D 环段织带中间用测力计垂直向下施加 20 N 的力,确保安全带的松紧度合适。在安全带的肩带、腰带和安全带出口上方 150 mm 处各安装一个力传感器,以测量安全带织带的受力情况,并且在安全带织带出口上方贴上标记点,用于高速摄像机计算织带的预紧量(见图 3.59)。

图 3.59　安全带预紧试验动态检测点

安全带静态预紧试验需要确保每一步都标准化,保证试验的可重复性和准确性。

2）安全带动态强度

安全带动态强度主要考察安全带的结构强度，保证安全带在碰撞过程中不会失效。通常采用如图 3.60 所示的波形进行安全带动态强度试验。试验中，安全带总成不得有任何形式的失效，如安全带织带断裂、安全带卷收器损坏、安全带导向环破裂以及安全带带扣出现断裂和脱开等形式。

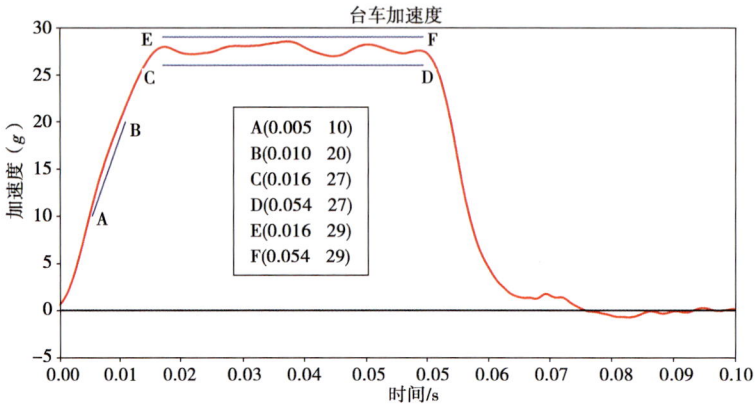

台车加速度

A(0.005　10)
B(0.010　20)
C(0.016　27)
D(0.054　27)
E(0.016　29)
F(0.054　29)

图 3.60　安全带动态试验加速度

建立安全带强度试验的试验环境，如图 3.61 所示。刚性座椅、脚踏板、模拟 B 柱组成一个标准的测试台架，以各个车型的安全带安装固定点坐标，选择合适的安全带强度试验的固定点坐标值，采用 H Ⅲ 50% 男性假人，按照正碰试验进行假人定位。

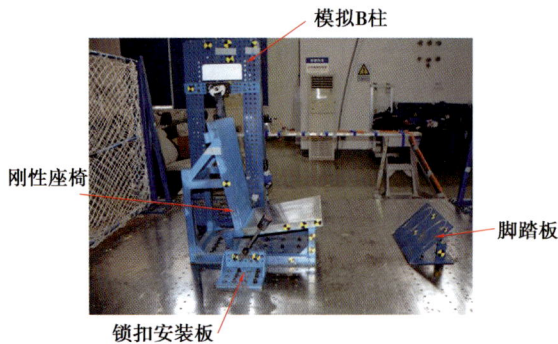

模拟B柱

刚性座椅

脚踏板

锁扣安装板

图 3.61　安全带试验假人定位

3）安全带动态性能

安全带动态性能主要考察安全带的动态预紧性能、安全带限力特性等功能。当然，强度也不能失效。安全带动态性能的试验环境与安全带动态强度完全一样，只是试验波形不同。如图 3.62 所示的二阶波形为安全带动态性能试验波形。

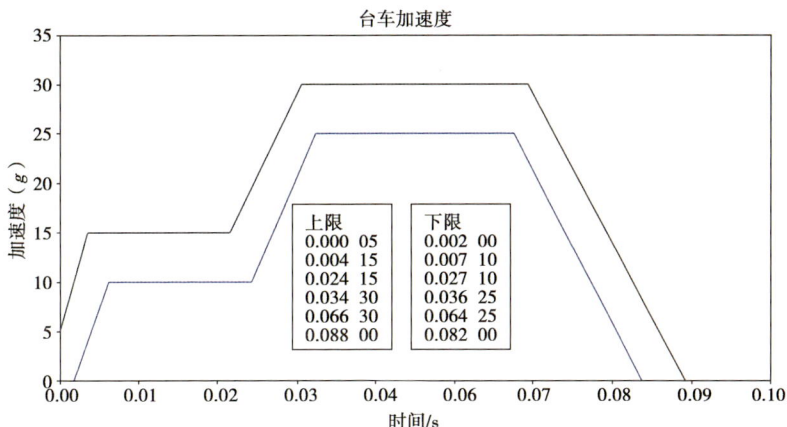

图 3.62　安全带性能试验加速度

按照 C-NCAP 中假人的定位标准进行摆放假人,将安全带织带正确地佩戴在假人躯干上,在安全带的肩带、腰带和安全带出口上方 90 mm 处各安装一个力传感器,以测量安全带织带的受力情况,并且在安全带织带出口上方贴上标记点,用于高速摄像机计算织带的预紧量和拉出量(见图 3.63)。

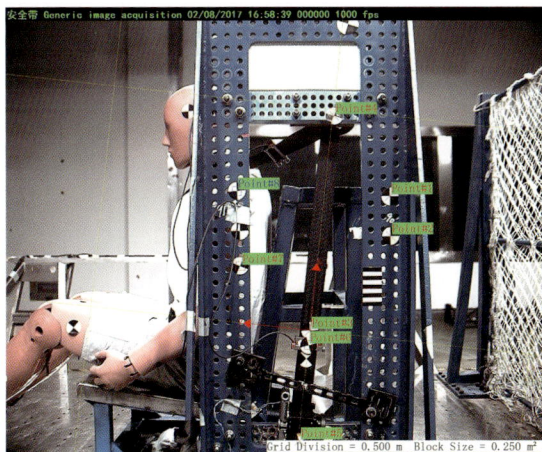

图 3.63　安全带动态试验检测点

安全带性能试验主要评价安全带卷收器处传感器的测量数据。如图 3.64 所示,分别评价安全带卷收器的动态预紧阶段、预紧到限力阶段的过渡和限力阶段的力曲线。

通过对安全带总成、座椅总成的碰撞安全性能的验证,确认单个零件总成满足碰撞安全性能目标要求,然后通过约束系统匹配验证优化,对约束系统各部件进行参数预选择,最后通过整车试验的验证,最终确认约束系统及零部件是否满足性能目标要求。

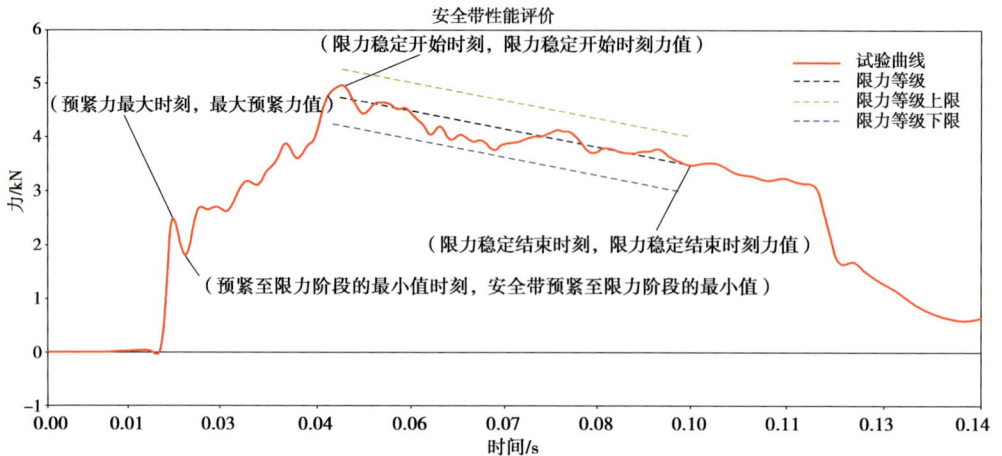

图 3.64　安全带动态试验测试结果

3.3　整车碰撞试验测试技术

　　整车碰撞试验是综合评价汽车碰撞安全性能最基本、最有效的方法。它是从乘员保护的观点出发,以交通事故再现的方式,来分析车辆碰撞前后的乘员与车辆运动状态及损伤状况,并以此为依据改进车辆结构安全性设计,增设或改进车内外乘员保护装置。同时,它还是台车模拟碰撞、计算机模拟计算等试验研究的基础。虽然整车碰撞试验费用昂贵,周期较长,但却是目前不可替代的整车安全性能研发及验证的有效手段。

　　一般来说,一个设备完备的整车碰撞试验室应能够完成试验法规要求的碰撞试验,并能够尽可能灵活地再现交通事故中车辆的碰撞形态,以满足汽车碰撞安全性能评价、研究及为整车碰撞试验法规的发展提出新的试验方法的要求。整车碰撞试验一般用于下列目的:车辆安全性能的综合评价;安全约束系统和整车的关系;分析车身变形对乘员生存空间的影响;设定模拟碰撞试验的碰撞环境;再现实际交通事故过程。

3.3.1　整车碰撞试验室的构成

　　整车碰撞试验的瞬时性、复杂性和综合性决定了它所用的各种仪器设备必须准确无误地实现预先设定的碰撞,并精确地记录车辆与乘员碰撞时的运动状态。因此,建造一个整车标准碰撞系统需要较大的资金。一个较完善的整车碰撞试验室一般由碰撞区及跑道、牵引系统、灯光照明系统、假人及标定系统、数采系统、高速摄像系统及试验辅助系统等构成。

1）碰撞区及跑道

由于碰撞过程具有一定的不可预见性,要求碰撞区足够大,以防止各种不同形态的碰撞过程中车辆与其他设施发生意外的碰撞。牵引跑道长度不小于 150 m,宽度不小于 4 m,跑道应保持水平、平整、干燥、干净。一般在跑道前端有用于正碰试验的第一摄像坑,跑道中间位置有用于侧碰、后碰试验的第二摄影地坑,地坑由透明盖板及水泥盖板封顶,且透明盖板和水泥盖板可以互换,每个盖板最少能承受每个车轮5 t的质量。在地坑内设置照明系统和高速摄像机,从而可从地坑中实施拍摄,为了增强被摄影零部件的可分辨性,试验可对车辆底部的动力总成、前纵梁等对碰撞性能影响较大的部件喷涂不同的颜色并贴标记点,以了解碰撞过程中车辆前端结构内部的变形、运动状态和接触状况。如要满足两车不同角度对碰的试验能力,还应建一个扇形跑道,一般是以 15°为单位增加至 6 条牵引轨道（见图 3.65）。目前也有主机厂在设计建造无级可变角度的车-车对碰试验室。

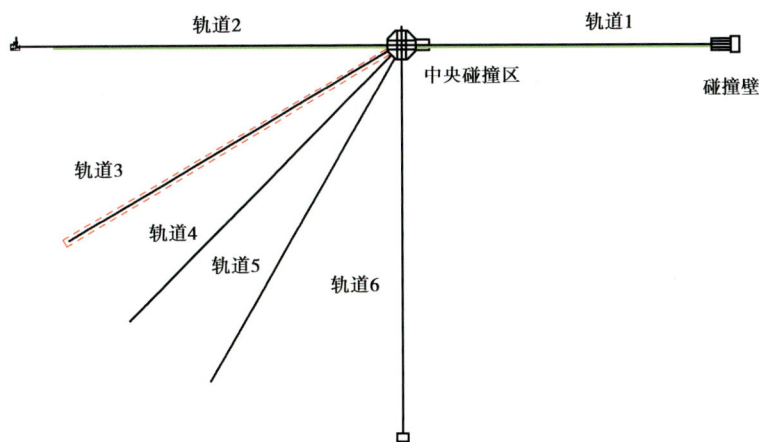

图 3.65　整车碰撞区及跑道

2）碰撞壁

碰撞区中的正面碰撞试验区域设置有固定壁障。按照 SAE J850 推荐,固定壁障表面宽 3 m、高 1.5 m,壁障厚度应保证其质量不低于 $7×10^4$ kg。壁障前表面应铅锤,其法线应与车辆直线行驶方向成 0°夹角。壁障前端安装有碰撞钢板,厚度不小于 50 mm,上面有用于安装设备相机、工装壁障、表面测压元件的安装孔位。大多数试验室的固定壁障采用固定的混凝土结构,但也有一些试验室,为了场地能实现其他碰撞形态,将固定壁障设计成能够移动的结构。

3）移动壁障

侧面碰撞和追尾碰撞是采用移动壁障对停放在碰撞区域中的试验车辆实施碰

撞的。移动壁障的质量、碰撞表面结构按照不同的试验要求是不同的。移动壁障代表一辆"平均的标准车",其质量代表该地区使用车辆的平均质量。如图 3.66 所示,分别为 ECE R95 和 FMVSS 214 标准中规定的侧面碰撞试验要求的移动壁障。移动壁前端是由蜂窝状铝材制成的吸能壁障,用于模拟该地区使用的车辆前端碰撞时的平均刚度。

图 3.66　几种不同的移动壁障及试验工况

4) 刚性壁障

除政府强制的法规试验,在安全气囊开发中,还需进行各种不同碰撞形态、不同碰撞车速的碰撞试验,以用于安全气囊控制器参数的设定。不同的刚性壁障构成不同的碰撞试验,刚性壁障一般要固定在碰撞壁上,目前全球工装壁障接近 20 种,分别用于正碰、后碰、角度碰、柱碰(见图 3.67)及翻滚等试验工况。

5) 牵引系统

牵引系统是将试验车辆或移动壁障由静止加速到所设定的碰撞初速度的装置。它一般分为牵引装置、轨道装置、脱钩装置、刹车制动装置及测速装置等板块。

目前,主流的牵引系统制造商有 MESSRING(德国)、SESA(美国)、ENCOPIM(西班牙)及 Additum(西班牙)。

图 3.67　柱碰刚性壁障

（1）牵引装置

牵引装置必须有精确的速度控制系统，以满足试验法规中规定的碰撞速度要求。它一般由大功率的电机与 PLC 控制系统组成（见图 3.68）。最大牵引质量不小于 3 t，最大稳定速度不低于 100 km/h，最低稳定速度不大于 2 km/h。一般为双向运动设计，车辆与移动壁障在测试中既可向碰撞壁障方向运动，也可向相反方向运动。所有相关参数的设置均由专门的软件完成。

图 3.68　某品牌牵引装置

对放置有假人的试验车辆，在牵引过程中，为了防止加速过程中假人姿态发生变化，加速度不能过大。FMVSS 208 的试验程序规定，牵引加速度不大于 $0.5g$，欧洲、日本、中国等国家的整车碰撞试验设施的牵引系统一般都将最大牵引加速度限制在 $0.3g$ 以内。

（2）轨道装置

轨道一般采用合金钢材料，镶嵌在跑道中，轨道里面是牵引用钢缆和滑车（见图 3.69）。为保证试验中能精确地引导车辆，对轨道的水平度和直线度都有要求。

图 3.69　某品牌轨道

为满足对碰试验能力,轨道可安装为碰撞测试设备能力范围内的任意角度。默认角度以 15°为单位增加(105°,120°,135°,150°,165°)。

(3)脱钩装置

脱钩装置用于拖挂且引导车辆。它由两部分组成:一部分连接车辆;另一部分连接牵引钢缆。一般当车辆被牵引至碰撞接触位置前 1 m 左右,脱钩装置释放,将车辆与钢缆脱离,车辆再自由滑行至碰撞点。其具体结构因不同厂家的设计理念而不同。

(4)刹车制动装置

开始牵引后的试验车辆发生异常或牵引加速度超过规定值等突发情况,必须终止试验。在这种情况下,必须使用刹车制动装置使车辆及牵引电机紧急停车。

目前,除被动刹车装置外,另一种与主动安全相关的新型制动设备被开发出来,预制动(prebrake)装置。预制动装置用于模拟交通事故中碰撞前驾驶员刹车动作,以验证预预紧安全带(一种前沿产品,目前并没有大量使用)的功能。碰后制动装置是一种在规定时间内(一般为 ms 级)将试验车或移动壁障车制动处于抱死状态的装置,以防止试验车辆发生二次碰撞而影响试验数据。

(5)测速装置

激光测速系统用于测量试验车辆实际的碰撞速度,带有双速激光,速度测量范围为 2~150 km/h,精确度≤0.2%,激光工作高度为 250~950 mm,激光接收距离≥20 m(见图 3.70)。由于在光亮度环境下,激光测速装置应不受强光及热量影响。设备系统具有记录试验数据的功能,并且在显示屏幕中能同时呈现多次试验的数据。测速装置通常与牵引系统控制软件集成,可在试验后直接传输数据。

图 3.70　激光测试采集系统

6)高速摄像系统

高速摄像系统用于整车碰撞试验过程中图像数据采集,记录高速碰撞时车内假人、气囊、车身结构的运动或变形情况。高速相机根据用途,可分为地面高速相机和车载高速相机。地面相机布置在碰撞区域指定地方,用于观察记录车身机构及假人整体运动情况。车载相机布置在试验车内部,用于观察假人、气囊、安全带等局部的运动情况。

在全球各个法规,如 GB,C-NCAP,Euro-NCAP,IIHS 中,均对相机分辨率有明确要求,一般最小分辨率大于等于512×384,摄像机速度一般要求 30~1 000 fps;针对不同工况,如侧碰、正面、后碰试验中,相机的数量和布置位置也有明确的要求。如图3.71 和表 3.10 所示为 C-NCAP 正面 100%重叠刚性壁障碰撞试验对高速相机摆放位置及拍摄速度的具体要求。

目前,主流的高速摄像系统制造商有 NAC(日本)、Photron(日本)、Pco(德国)。

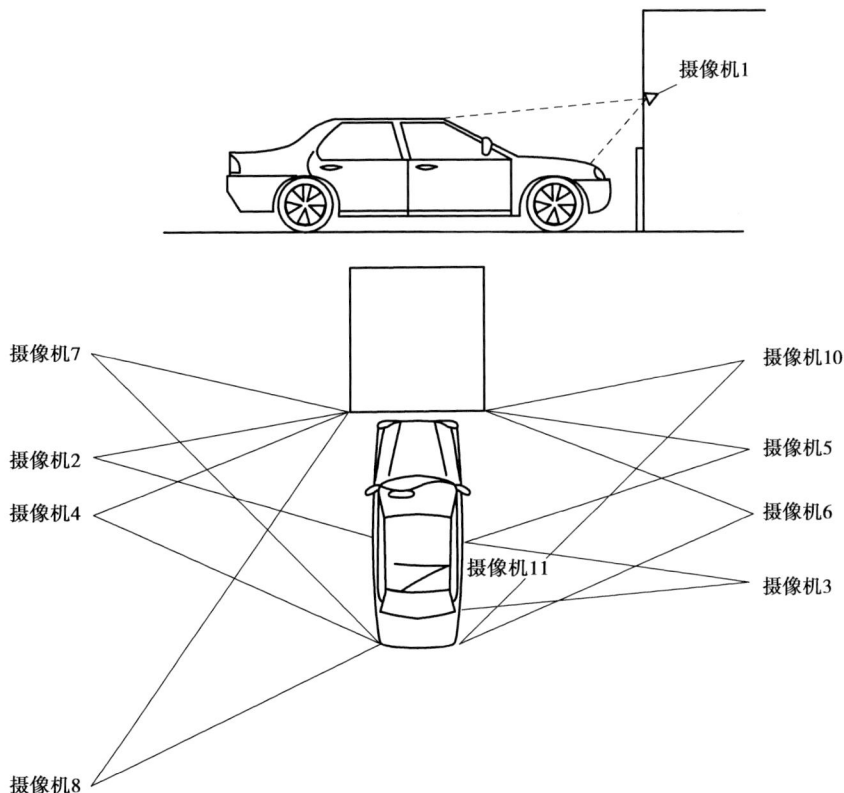

图 3.71　正面 100%重叠刚性壁障碰撞试验摄像机位置图

表 3.10　正面 100%重叠刚性壁障碰撞试验对摄像机要求

摄像机编号	摄像机速度	拍摄位置	拍摄目标
1	1 000 fps	风窗玻璃正面视野	驾驶员假人和乘员假人正面运动形态
2	1 000 fps	车辆左侧前端到 B 柱	驾驶员假人运动形态
3	1 000 fps	车辆右侧 B 柱到 C 柱	第二排假人运动形态
4	1 000 fps	壁障到车辆左侧	车辆左侧整体运动过程
5	1 000 fps	车辆右侧前端到 B 柱	乘员假人运动形态
6	1 000 fps	壁障到车辆右侧全视野	车辆右侧运动过程
7	30 fps	车辆左前 45°	车辆左侧变形
8	31 fps	车辆左后 45°	车辆左侧变形
9	32 fps	试验跑道	车辆运动过程
10	33 fps	车辆右前 45°	车辆右侧变形
11	1 000 fps	后排乘员舱内部(车载摄像机)	后排女性假人运动形态

7)灯光照明系统

整车碰撞试验过程中,由于摄像帧数一般要求为 1 000,常规灯光根本无法满足碰撞拍摄要求。因此,在碰撞区需要设置专用的灯光照明系统。

照明系统平均照度应不小于 100 000 lx,具有 BOOST(推进)功能,即光源的控制可以提供 50%,100%,200%的光源输出,可通过控制软件点击启动,也可由外部信号触发启动。照明区域要能覆盖整个碰撞区域,并且灯架能在三轴向进行移动。

灯光系统能与整车牵引控制系统配合工作,完成完整的碰撞试验(见图 3.72)。灯光系统在接收牵引系统给予的外部触发信号后,能实现灯光的推进(Boost)功能;同时,灯光系统也能将自己系统的相关工作状态信息反馈给牵引控制系统,便于试验人员对灯光系统的工作状态进行监控。

目前,主流的灯光照明系统制造商有 Atlas(美国)、Visol(韩国)、Messring(德国)。

8)假人及标定系统

假人是在碰撞试验中用来模拟真实交通事故乘员的装置。假人的质量、部件中心与标准人体(欧美)相似,由钢、铝、硬塑料等材料模拟人体骨骼,柔软塑料和橡胶模拟人体肌肉和皮肤。假人的头、颈、胸、腰、骨盆、大腿、小腿和脚上装有各种传感器用来测量加速度、力、力矩、转角及位移等数据。利用这些数据,再按照车辆法规的要求来衡量汽车的安全性能。各法规均有对碰撞试验假人定位到目标姿态的要求。

图 3.72　灯光照明系统示意图

假人种类众多,总体分为男性假人、女性假人和儿童假人等。不同碰撞法规要求用的假人类型和数量也不同,如图 3.73 所示。

- 正面碰撞
  - Hybrid Ⅲ
    - 5th% 女性
    - 50th% 男性
    - 95th% 男性
      男性
    - 3 岁
    - 6 岁
    - 10 岁
  - P儿童
    - 0,1,3,6和10岁
  - Q儿童
    - 0,1,3和6岁

- 侧面碰撞
  - US-SID
  - EuroSID-1
  - ES-2
  - SID-IIs
  - WorldSID
  - ES-2re
  - Q3s
- 后面碰撞
  - RID
- 行人保护
  - 头型试验
  - 腿型试验

图 3.73　假人类型

由于假人是检验车辆安全性能的标准工具,假人各个部件和整体要按规定定期进行标定试验,以确保其精确度。不同的部位标定要用不同的标定装置进行。一般有头部标定装置、颈部标定装置、胸部标定装置、膝部标定装置、欧洲脚标定装置及臀部标定装置等。

假人标定对环境有严格的要求,按照 CFR49 中 Part572 的规定,标定需要在温度 18~25 ℃,相对湿度 10%~70% 的环境下进行。因此,碰撞试验室中要有专门的假人标定间,通过温湿度调控装置,使标定环境满足法规的要求。

目前,主流的假人及标定系统供应商为 Humanetics(美国)。

9)数采系统

数采系统是用于碰撞试验中假人及车身传感器数据采集的设备。通过采集的这些数据,再根据各个法规的指标对车辆安全进行最终的评价。

由于特殊的工作环境,数采系统所有设备均应具有良好的抗冲击性。一套完整的数采系统应包括车载碰撞试验数据采集系统、车载点爆装置以及其附属配套设备。车载数据采集系统用于在试验中采集车载传感器数据、假人传感器数据和气囊点爆相关数据,记录试验中包括假人、车身加速度传感器、安全带力和位移传感器、气囊压力传感器等相关数据内容。因此,要求其能与车身及假人传感器兼容。车载点爆装置用于在试验中点爆安全气囊和预紧式安全带,并记录点爆相关信息数据。数据采集系统能够接收触发信号,记录整个碰撞试验过程中的完整数据。内置或外置车载电池电量应足够大,以确保能支撑到碰撞结束。设备的最大采样频率应不低于 20 kHz 且可选择使用,以满足各个法规中对传感器的采样要求。

设备的所有信息参数的设置由专门的控制软件进行。数据采集控制软件能对采集到的数据进行基本的编辑处理工作;碰撞后数据由数据采集分析软件进行分析,并按照各个法规要求进行假人伤害计算和评分。

目前,主流的数采系统制造商有 Kistler(德国)(见图 3.74)、DTS(美国)。

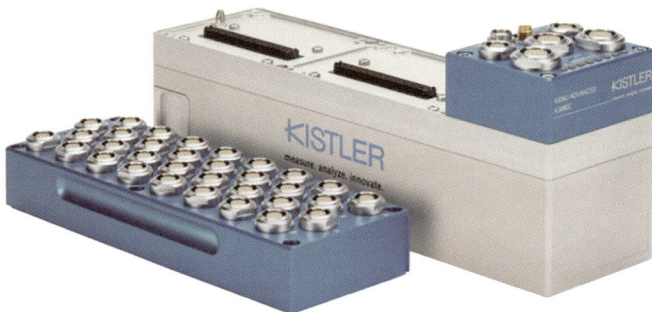

图 3.74　某数采设备示意图

10)试验辅助系统

要完成一次整车碰撞试验除了上述几个主要设备外,还有一些辅助设备是必不可少的。它们主要包括三坐标测量仪和 HPM 装置。

(1)三坐标测量仪

三坐标测量仪是测量记录车身及假人标记点坐标的设备。其测量精度应不低于 0.01 mm。

三坐标测量仪在碰撞试验中主要用于两个方面:一是记录碰撞前后车身标记点

坐标,如通过测量碰撞前后探踏板、转向管柱等的坐标,计算出其变形的值,再根据各个法规指标,参与车辆安全评价;二是用于假人定位,记录假人关键点标坐标。如假人定位就是要三坐标测量假人 H 点的坐标值与设计值进行比较,直到满足要求。图 3.75 是某品牌三坐标测量仪。

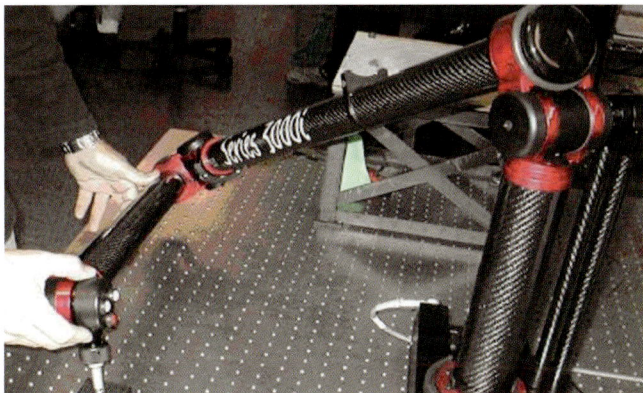

图 3.75　某品牌三坐标测量仪示意图

在各类法规中,如 GB,C-NCAP,Euro-NCAP,IIHS,均有对车身和假人测量点的要求。

目前,主流的三坐标测量仪制造商有 FARO(美国)和 HEXAGON(美国)。

(2)HPM 装置

HPM 装置是用来测量和调整试验车辆座椅上的乘坐"H"点和实际靠背角的装置,HPM 装置应满足规范 SAE J826 的要求(见图 3.76)。

图 3.76　HPM 装置

目前,主流的 HPM 装置制造商有 Humanetics(美国)、SAE(美国)。

3.3.2　整车碰撞试验类型

整车碰撞试验按碰撞形态,可分为正面碰撞、侧面碰撞、追尾碰撞、车辆动态翻滚及角度碰撞。正面碰撞是指车与固定壁障正面碰撞;侧面碰撞是指移动壁障与汽车的侧面碰撞;追尾碰撞是指自车与前车发生追尾碰撞;角度碰撞是指车与车之间以一定角度发生的碰撞。下面根据不同的碰撞形态进行详细介绍。

1)正面碰撞

整车碰撞试验的基本条件主要包括车辆质量状态、假人质量、壁障的几何形状和质量、壁障与被试验车辆的位置关系等。试验车辆前部与壁障发生接触碰撞的形式,统称正面碰撞。根据壁障的自身特性,可分为刚性壁障和可变形壁障两类。

整车正面碰撞试验形式有正面100%重叠刚性壁障碰撞、正面40%重叠可变形壁障碰撞、正面30°斜角刚性壁障碰撞、正面中心柱碰撞及正面钻卡车尾碰撞等(见图3.77)。

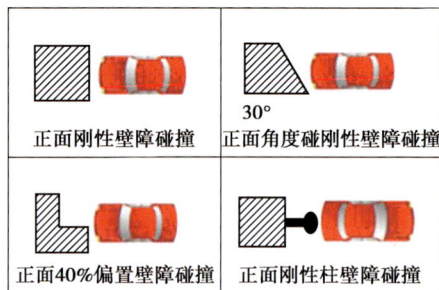

正面刚性壁障碰撞　　　　正面角度碰撞刚性壁障碰撞

正面40%偏置壁障碰撞　　　正面刚性柱壁障碰撞

图3.77　整车碰撞工况示例

(1)正面100%重叠刚性壁障碰撞

该试验方法就是把试验车辆加速到指定的碰撞速度,然后车身前端全部参与碰撞,简称FRB。汽车碰撞方向与固定壁垂直。车体刚度越大,碰撞过程中车体冲击加速度峰值越大,而车体变形越小。这种碰撞形态下,车内乘员的伤害机理是在巨大的冲击惯性力作用下,乘员头部、胸部的伤害较严重,人体头部、胸部的冲击伤害往往造成死亡。大量研究表明,与乘员生物伤害指标相关的主要是乘员约束系统,安全车身在确保碰撞过程中乘员足够的生存空间的前提下,通过安全带、安全气囊的合理匹配,可有效控制乘员动能的耗散,减少乘员伤害指标。因此,正面100%重叠刚性壁障碰撞试验评价方法主要用于对乘员约束系统的考察(见图3.78)。

(2)正面40%重叠可变形壁障碰撞

该试验方法是在固定壁障前安装一块可变形吸能的蜂窝铝块,然后将试验车辆加速到指定的碰撞速度冲击蜂窝铝。碰撞车辆与蜂窝铝的重叠宽度为40%车宽。

此试验也称 40%偏置碰撞,简称 ODB。蜂窝铝块的刚度是按照欧洲车辆的平均刚度设定的,代表"平均车型"的前端刚度。由于 ODB 试验时,车辆前端只有一侧参与碰撞中能量吸收,这种碰撞形态下的车身变形较大,车体冲击加速度峰值较小,由于冲击惯性造成的乘员伤害较小,但是严重的乘员舱侵入量会造成乘员伤害。交通事故统计结果也表明,该事故形态下乘员严重受伤的比例最高。因此,正面 40%重叠可变形壁障碰撞试验评价方法主要考察车身结构的安全性(见图 3.79)。

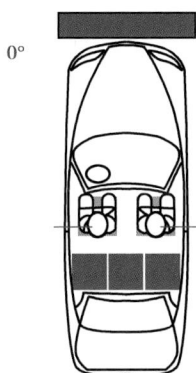

图 3.78　正面 100%重叠刚性壁障碰撞　　　图 3.79　正面 40%重叠可变形壁障碰撞

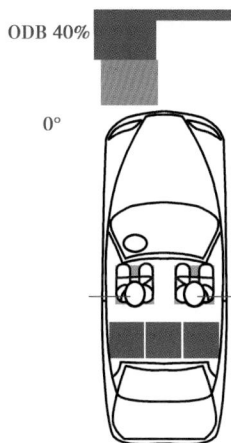

(3)正面 30°斜角刚性壁障碰撞

该试验方法是在固定壁障前安装一块 30°的楔形块(根据需求可以左 30°,也可以右 30°),然后将试验车辆加速到指定的碰撞速度,碰撞时车辆左前端或者右前端先接触楔形块。为了防止斜角碰撞中车辆前端面的滑动,需在楔形块上安装防滑装置(一般为 20 mm 胶合板)。该类试验主要用于气囊控制器的设计开发,以保障发生碰撞时气囊、安全带等约束系统可正常响应(见图 3.80)。

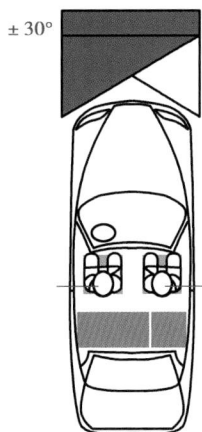

图 3.80　正面 30°斜角刚性壁障碰撞

（4）正面中心柱碰撞

该试验方法是在固定壁障前安装一个直径 254 mm 的刚性柱,然后将试验车辆加速到指定的碰撞速度,碰撞时车辆前端中心与刚性柱的中心接触。该类试验主要用于气囊控制器的设计开发,以保障发生碰撞时气囊、安全带等约束系统可正常响应(见图 3.81)。

图 3.81　正面中心柱碰撞

2）侧面碰撞

在能行走的平台车上装备有一定撞车面积的可移动壁障,加速到一定的速度后,用它来碰撞处于静止状态的试验车。在检查被试验车的侧撞和尾撞安全性时,使用这种试验方法。为进行反复试验,平台的构造需要坚固耐用。在 SAE J972 和美国安全标准中,对可移动壁障碰撞试验进行了规定。欧洲的试验标准和美国标准有所不同,如图 3.82 所示。移动壁障的加速方法与固定壁障试验中试验车辆的加速方法一致,需依靠牵引系统。试验时,应给碰撞后的试验车留出足够的滑动范围。

3）车-车碰撞试验

这是两台试验车以等速正面撞车的试验方法。为安置各种测量仪器和高速摄像机,首先应正确地估计撞车地点,并且撞车地点应有足够的宽度。

在直角交叉的 T 形道路上,使用等速的两台试验车辆,以一辆车的正面冲撞另一辆车的侧面进行试验。撞车后两车的移动范围相当大,移动方向也不能确定。为此,撞车地点需要有足够的面积,否则无法安装各种测量仪和高速摄像机。

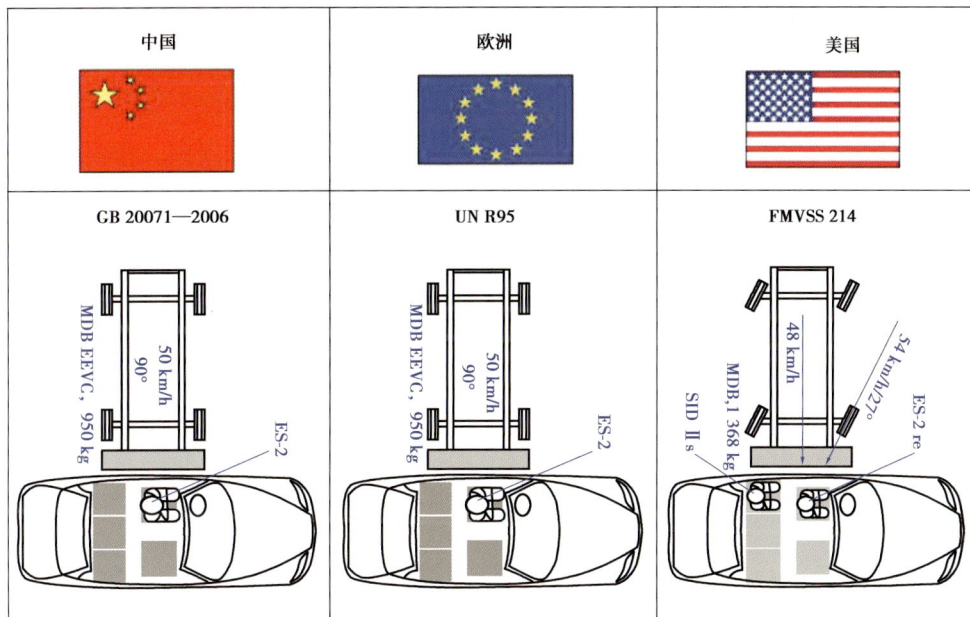

图 3.82　侧面碰撞试验几种工况

3.3.3　整车碰撞试验一般步骤

试验车辆到达试验室后,先测量运达时的车辆质量和前后轴的轴荷,并予以记录。检查和确认车辆外观、配置和车辆的基本参数。

排空燃油箱中的燃油,运转发动机到发动机自然熄火为止。计算燃油箱额定容量时的燃油质量,汽油密度以 0.74 g/mL 计,柴油密度以 0.84 g/mL 计。向燃油箱中注入水,水的质量为燃油箱额定容量时燃油质量的 90%。检查并调整各轮胎气压至车辆半载时制造厂所规定的气压值;检查车辆的其他液体(如发动机机油、变速箱油、制动液、洗涤液及防冻液等)是否达到最高液位,并予以调整;确认备用轮胎和随车工具已就位,清除车辆中任何与车辆无关的物品。测量和记录 4 个车轮过车轮中心的横切面与车轮护轮板上缘交点的高度。测量和记录车辆质量和前后轴的轴荷,车辆质量即为整车整备质量。

排空发动机机油、变速箱油、制动液、洗涤液、防冻液及转向助力液等液体,排出液体的质量应予以补偿。拆除行李箱地毯及随车工具,以及备胎(确定备胎不影响车辆碰撞特性)。安装车载记录仪,安装加速度传感器。测量车辆质量和前后轴的轴荷,比较整车整备质量和前后轴的轴荷,各轴轴荷的变化不大于 5%,每轴变化不超过 20 kg,车辆质量变化不超过 25 kg。可增加或减少不影响车辆碰撞特性的部件,可调整燃油箱中水的质量达到上述要求,记录最终的车辆质量和前后轴的轴荷。测量和记录 4 个车轮过车轮中心的横切面与车轮护轮板上缘交点的高度。测量和记录车辆质量和前后轴的轴荷,此时的车辆质量称为试验质量(包括假人和所有车载测试仪器)。

　　如果转向盘可调,则将其置于中间位置,包括可调节的任何方向。将点火开关关闭,切断蓄电池电源。对纵向可调节的前排座椅,应使其位于行程的中间位置或者最接近于中间位置的向后位置锁止,并检查确认座椅滑轨系统已处于完全锁止位置。对高度可单独调节的前排座椅,应调整至制造厂设计位置或最低位置。若坐垫倾斜角可调,应调整至制造厂设计位置或中间位置,座椅靠背应调节到使 3DH 装置躯干倾角达到制造厂规定的设计角度或调节到从铅垂面向后倾斜 25° 的位置。座椅腰部支撑可调节的,应调整至制造厂设计或完全缩回的位置。头枕高度可调节的,应调整至最高位置。头枕倾斜角度可调节的,应调整至制造厂设计位置或中间位置。座椅扶手应处于放下的位置。若与假人放置位置干涉,则允许扶手处于抬起位置。

　　调整安全带固定点、变速杆、车辆上的活动玻璃、踏板、遮阳板、后视镜,车门应关闭但不锁止。如果安装有活动车顶或可拆式车顶,其应处于应有位置并关闭,驻车制动器应处于正常的释放位置。

　　放置假人,在碰撞过程中,车上安装的测量仪器不应影响假人的运动。试验前,假人和测量仪器系统的温度应稳定,并尽可能保持在 20°~22°。放置假人在座椅上,假人的躯干和手臂紧靠座椅靠背,手放在大腿外侧。给假人系好安全带。对躯干下部施加一向后的轻微力,同时对躯干上部施加一向前的轻微力,使上躯干从座椅靠背向前倾。保持对躯干下部施加的向后轻微力,同时对躯干上部施加向后的轻微力,使上躯干逐渐回到座椅靠背。将假人定位,测量假人的相对位置,重要部分涂上油彩。

　　进行试验,试验过程中测量车速,并进行数据采集。

　　试验完毕,进行试验后各种数据的获取。

本章小结

　　今天,汽车的安全性比以往任何时候都受到重视,对汽车购买者来讲,它已成为影响购买决策的一个重要因素。根据法规规定,所有新型乘用车在其上市之前都必须通过一定的安全检测。但是,立法只是规定了对一个新型乘用车的最低法定安全标准,而政府的目的是鼓励制造商超越这些最低的要求。对于汽车消费者来说,期望对不同型号汽车的安全性表现,能获得可靠和正确的比较信息。

　　通过对试验车辆上安放假人的伤害值的评价,可得到对汽车整体安全性能的综合评价。假人是通过人体仿生学研制而成的,并且与人体有着类似的损伤机理。在其内部布置有大量的传感器,这些信息用于评价假人身体相应部位在车辆碰撞过程中所感受的冲击力等指标。汽车碰撞试验以再现交通事故的方式,用于分析汽车在碰撞过程中车内乘员与车辆的相对运动状态、乘员及车辆伤害状态等,通过分析结果可改进车辆结构安全性设计和增设汽车乘员保护装置。通过进行汽车碰撞试验,还可对安全带、安全气囊、汽车座椅、座椅头枕、门锁、转向系统及儿童约束系统等部件进行安全性能评价。对汽车车身上的安全带连接部、车身结构强度与吸能、车内凸出物等方面进行安全性能评价,以起到能更好地保护乘员安全的作用。因此,汽车碰撞安全性能的开发离不开碰撞安全试验测试,其中,关键零部件安全性能测试、子系统安全集成测试及整车碰撞试验测试 3 大板块的关系是密不可分、相辅相成的。

练习题

1.汽车安全气囊有哪些种类? 气囊动态冲击试验方法有哪些差异?

2.零部件级转向管柱动态冲击试验中可测试哪些关键数据?

3.可溃缩式转向管柱有哪些吸能结构?

4.一个较完善的整车碰撞试验室一般由哪些系统构成?

5.整车碰撞试验按碰撞形态可分为哪些?

6.整车正面碰撞试验形式有哪些?

参考文献

[1] 黄世霖,张金换,王筱冬.汽车碰撞与安全[M].北京:清华大学出版社,2000.

[2] 张金换,杜汇良,马春生.汽车碰撞安全性设计[M].北京:清华大学出版社,2010.

[3] 柳艳杰.汽车碰撞的安全性[M].哈尔滨:黑龙江大学出版社,2014.

第4章　汽车行人保护安全技术

目前,在被动安全性车内乘员保护系统方面,国内各大主机厂都有了较大的进步。国家制订并颁布了汽车碰撞安全方面的法规,同时中国汽车技术研究中心在2006年颁布了适合中国国情的CNCAP。自CNCAP颁布实施以来,促使国内的汽车主机厂将汽车的安全性提高到一个新的高度,同时也从一个侧面拯救了更多汽车乘员的生命。但是,基于行人安全的研究对于国内主机厂来说却一直是个短板。

在机动车辆造成的人员伤亡事故中,行人伤亡的人数仅次于车内乘员伤亡人数。行人作为交通事故中的弱势群体,更应受到关注。

行人与行驶的汽车发生碰撞时,首先是汽车的保险杠撞击行人小腿,容易导致小腿骨折,然后发动机盖前部边缘撞击行人大腿及臀部,最后是行人头部和发动机盖平面碰撞,非常容易造成致命伤害。

在人车碰撞事故中,行人被碰撞是一个综合、复杂的过程,包括人与车辆的一次碰撞,以及人被撞反弹后与道路及其基础设施的二次碰撞。行人保护主要关注在碰撞过程中汽车本身结构对行人的伤害。

通过对行人人体受伤区域的研究发现,头部和腿部是最容易受伤的两个部位。头部受伤通常是与发动机盖和汽车前柱部分碰撞造成的;盆骨和大腿受伤是与发动机盖、翼子板碰撞造成的;大约3/4的小腿受伤和40%以上的膝盖受伤是与保险杠碰撞造成的。腿部创伤是最常见的行人受伤类型,头部的创伤则是导致行人死亡的主要原因。

2009年,我国出台制订了《汽车对行人的碰撞保护》法规推荐稿,该标准参考《关于机动车碰撞时对行人及弱势道路使用者加强保护和减轻严重伤害的认证统一规定》(全球技术法规GTR9)而制订,2018年启动强制实施的推动工作。与此同时,CNCAP在2018版评价规程中增加了行人保护评价项。可见,我国近年来在汽车行人保护安全领域正在加快发展。

4.1　行人保护撞击区域及各工况伤害限值要求

4.1.1　人车碰撞中撞击位置简析

根据行人保护法规及 CNCAP 规程可知,在车辆行人保护性能开发中,重点关注人体 3 个部位的伤害情况,即头部、小腿和大腿。由事故统计及分析统计而定的车体碰撞区域,法规要求的碰撞位置大致分为发动机罩上部、发动机罩前缘和保险杠 3 个部分。具体碰撞位置,以国家标准 GB/T 24550 和 CNCAP 规程为例。

1) 国家标准 GB/T 24550—2009 碰撞区域(见图 4.1)

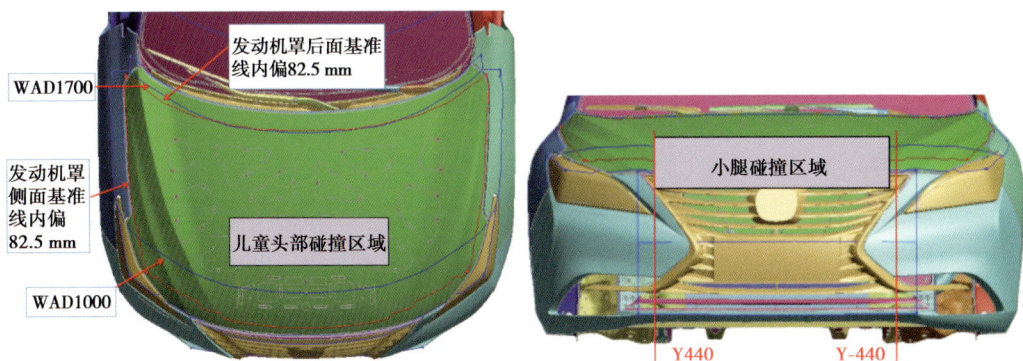

图 4.1　国家标准要求碰撞区域位置

①儿童头部碰撞区域。该区域边界由前缘基准线内偏 82.5 mm、WAD1000 以及侧面基准线内偏 82.5 mm 线、发动机罩后面基准线向前偏移 82.5 mm 组成。

②成人头部碰撞区域。该区域边界由 WAD1700 线与发动机罩后面基准线内偏 82.5 mm 组成。

③小腿碰撞区域。保险杠 Y=+/−440 之间的区域为小腿碰撞区域。

2) CNCAP 碰撞区域(见图 4.2)

①儿童头部碰撞区域。该区域由 WAD1000、侧面基准线、WAD1700 组成。

②成人头部碰撞区域。该区域由 WAD1700、侧面基准线、WAD2100 组成。

③柔性小腿碰撞区域。保险杠 Y=+/−574 之间的区域为小腿碰撞区域。

从以上区域划分结果可知,头部区域主要由包络线、侧面基准线和后缘基准线等构成,而腿部区域,图 4.1 比图 4.2 区域窄一些,这是由于国家标准中规定的腿部区域是由保险杠角位置确定,而 CNCAP 的腿部碰撞区域由保险杠角与防撞横梁宽度比较之后确定,取宽度最大的位置,图示车型防撞横梁宽度大于保险杠角宽度。

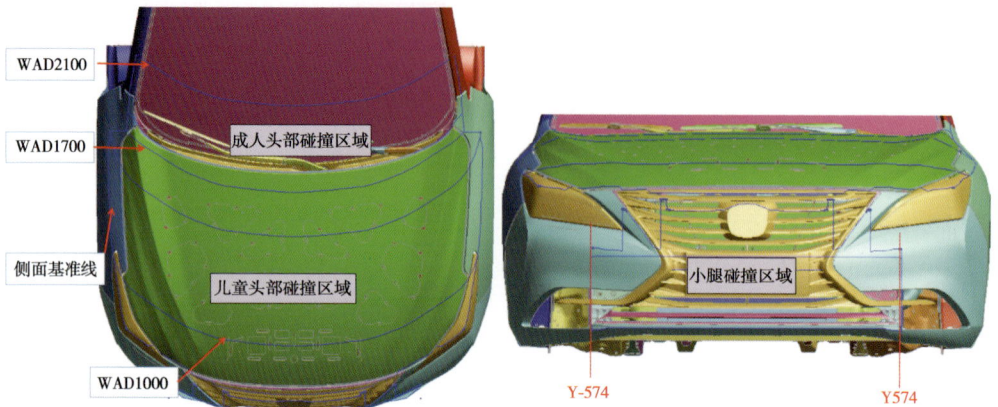

图 4.2　CNCAP 要求碰撞区域位置

3)发动机罩侧面基准线、后缘基准线、包络线及保险杠角的定义方法

(1)侧面基准线

当长 700 mm 直尺平行于车辆横向垂直平面且向内倾斜 45°,并保持与车辆前部结构的侧面相接触时,直尺与车辆侧面最高接触点所形成的几何轨迹,后视镜在接触中被忽略,如果有混合或连续接触,最外接触应为侧面基准线,如图 4.3(a)所示。

(2)后缘基准线

发动机罩后缘基准线定义为直径 165 mm 的球与前风窗玻璃保持接触,在车辆前部结构上横向滚动时,球与车辆前部结构的最后接触点所形成的几何轨迹,如图 4.3(b)所示。

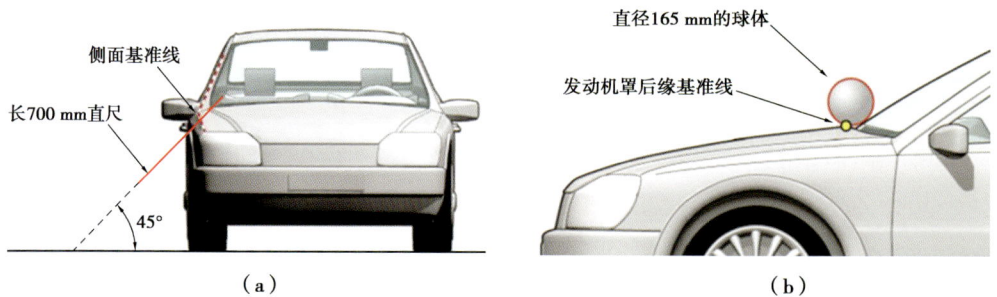

图 4.3　侧面基准线及发动机罩后缘基准线

(3)包络线

包络尺或线沿保险杠、发动机罩、挡风玻璃和顶棚确保在车辆 XZ 平面内一端始

终与地面接触,尺子应紧绷着操作,在发动机罩、挡风玻璃、A 柱和/或顶棚标记 WAD775,WAD930,WAD1000,WAD1500,WAD1700,WAD2100。连接发动机罩上标记点形成 WAD775,WAD930,WAD1000,WAD1500,WAD1700,WAD2100,如图 4.4(a)所示。WAD1000 和 WAD1500 之间用儿童头型评估,WAD1700 和 WAD2100 用成人头型评估。

（4）保险杠角

与车辆纵向垂直平面成 60°角的垂直平面内边长为 236 mm 的方板与保险杠外表面相切,方板前表面垂直中心线与保险杠表面的接触点,即为保险杠角,如图 4.4(b)所示。当发生多点接触时,将车辆 Y 向最外端接触点作为保险杠角。

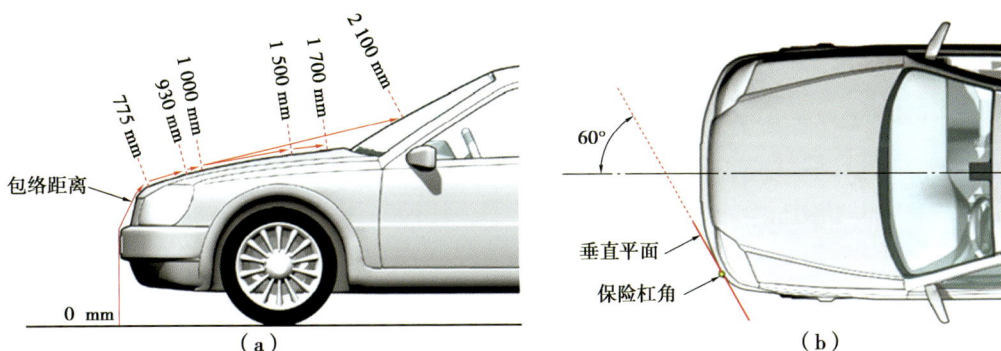

图 4.4　包络线及保险杠角

由以上区域位置可知,头部碰撞位置具体包括发动机罩、翼子板边缘、风挡玻璃下端及 A 柱等区域。而腿部区域则覆盖了大部分保险杠区域位置。因此,这些区域的造型及结构设计直接影响行人保护性能结果。

4.1.2　各工况伤害限值要求

行人保护标准及 CNCAP 试验工况可分为儿童头部撞击、成人头部撞击、小腿撞击及大腿撞击。在对结果的评价中,各国标准及 NCAP 不尽相同,本章重点介绍一下我国国家标准及 CNCAP 规程的伤害值评价方法。

1）国家标准 GB/T 24550—2009

2009 年,国内发布《汽车对行人的碰撞保护》（GB/T 24550—2009）,其内容采用全球统一汽车技术法规《关于机动车碰撞时对行人及弱势道路使用者加强保护和减轻严重伤害的认证统一规定》（GTR9）,试验结果的评价见表 4.1。

表 4.1　试验结果的评价

项目	儿童头型	成人头型	小腿冲击器	大腿冲击器
冲击器质量/kg	3.5	4.5	13.4	9.5
碰撞速度/(m·s⁻¹)	9.7	9.7	11.1	11.1
碰撞角度	50°	65°	水平	水平
评价指标	2/3 区域 HIC≤1 000 1/3 区域 HIC≤1 700	2/3 区域 HIC≤1 000 1/3 区域 HIC≤1 700	小腿加速度≤170g 膝部剪切位移≤6 mm 弯曲角度≤19°	最大冲击≤7.5 kN 最大弯矩≤510 N·m

2)CNCAP 规程

对于行人保护来说,头部碰撞结果是根据每个碰撞点试验结果的综合评价,腿部碰撞区别于国家标准,采用柔性小腿进行撞击,而大腿撞击车辆前部的试验工况。目前,在 CNCAP 中,暂不做评价,仅监测。头部伤害值得分评价方法如图 4.5 所示。其中,各颜色代表:绿色为 1 分;黄色为 0.75 分;橙色为 0.5 分;棕色为 0.25 分;红色为 0 分。

HIC15区间	颜色
HIC15<722.22	绿色 ■
590.91≤HIC15<1 111.11	黄色 ■
909.09≤HIC15<1 500	橙色 ■
1 227.27≤HIC15<1 888.89	棕色 ■
1 545.45≤HIC15	红色 ■

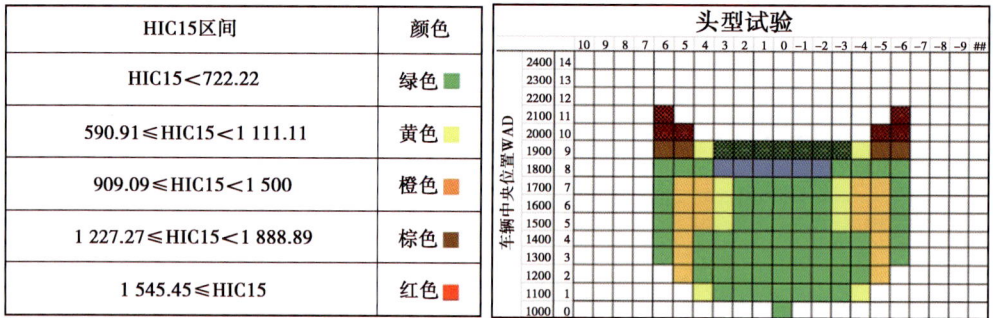

图 4.5　头部碰撞伤害值评价标准

柔性小腿碰撞保险杠的评价指标包括胫骨(Tibia)弯矩 T_1,T_2,T_3,T_4(大腿 Femur 弯矩目前仅为监测项)以及膝盖韧带伸长量 MCL(内侧副韧带)、ACL(前交叉韧带)、PCL(后交叉韧带)。根据评价规则,弯矩最高可得分 0.5,评分时取 4 个弯矩值中最差的一个;膝盖韧带伸长量可得分 0.5,在 ACL,PCL 均小于限值(10 mm)的前提下,根据 MCL 值进行评分。若 ACL 或 PCL 值大于或等于限值(10 mm),则膝部韧带伸长量得 0 分。

高性能限值:弯矩　　　　　　282 N·m

　　　　　MCL 伸长量　　　　19 mm

低性能限值:弯矩　　　　　　340 N·m

　　　　　MCL 伸长量　　　　22 mm

柔性小腿碰撞伤害值评价标准如图 4.6 所示。

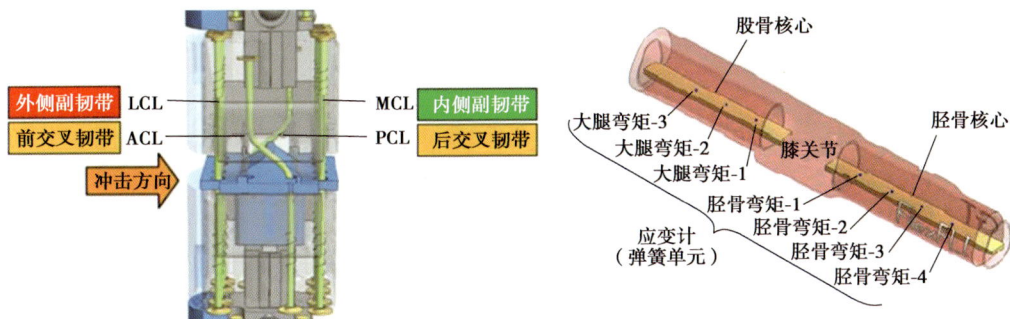

图 4.6　柔性小腿碰撞伤害值评价标准

以上就是头部碰撞及腿部碰撞伤害值的评价标准。对于法规开发来说,超标就是一点否决制,即只要有一个碰撞点超标,法规结果就是不通过;而对于 CNCAP 等星级评价而言,只有每个部分都得分优秀,整体得分才会很好。当然,后者相对前者也严格得多。

4.2　行人保护开发项目前期控制要素分析

在项目开发前期,对行人保护性能影响最大的两个因素是车辆外部造型设计和总布置。针对头部碰撞和腿部碰撞问题,从造型上进行前期管控可提前规避开发风险,避免后期产生较大的设计变更;在总布置方面,预留充足的吸能空间,以降低碰撞中车辆对行人的伤害。

4.2.1　造型

通过合理地优化车辆前部造型,缩小行人保护碰撞试验区域,从而将对行人保护不利的碰撞硬点规避到试验区域之外,降低行人保护试验超标的风险。

按照不同行人保护开发目标要求,对车体外造型设计提出精确的设计方法,主要针对前部造型部件,包括前保险杠、前大灯、翼子板、前罩板、前罩装饰件等部件的外造型设计。

其提升途径如下:

1)头部区域造型

确定合理的车辆头部碰撞区域,主要针对法规开发。

以铰链硬点为例,通过发动机前罩造型特征线的设计,使发动机罩侧基准线画在罩板特征线上,从而将前罩铰链规避在头部碰撞区域之外,如图 4.7 所示。

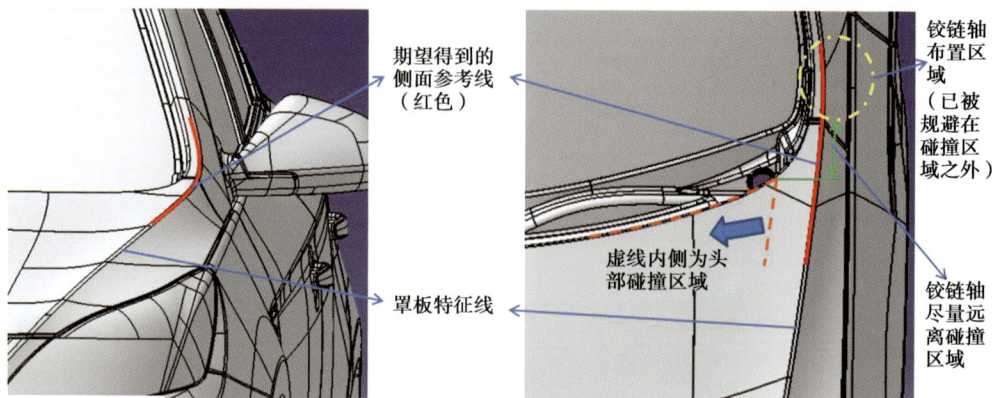

图 4.7　铰链硬点规避示意图

　　该控制要点的设计目的:通过控制侧面基准线的设计位置,结合发动机罩后缘基准线,使碰撞区域最后碰撞点距离发动机罩铰链轴保证有足够的碰撞安全距离,减小头部碰撞铰链轴的超标风险。

　　2)腿部造型区域

　　根据开发目标,通过优化车辆前部造型,在项目开发前期达到降低腿部开发风险的目的。

　　在项目开发初期,需要对保险杠外部造型进行优化设计,提出初步设计要求,为后期开发降低超标风险,如图 4.8 所示。

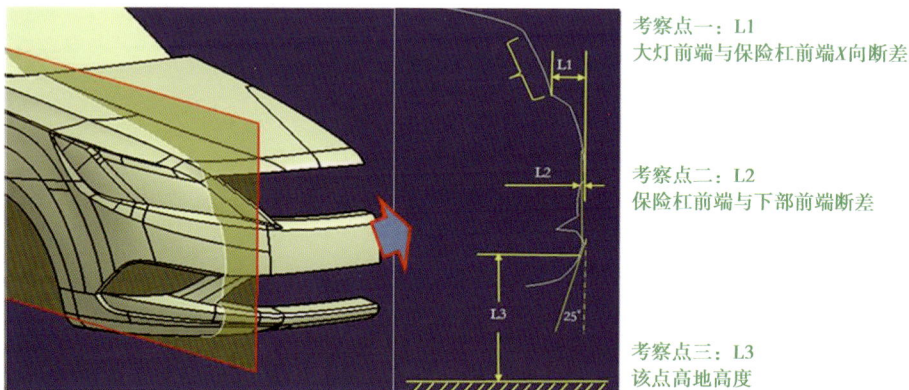

图 4.8　保险杠总成造型示意图

　　在不影响车型美观的前提下,对保险杠每个碰撞点的截面造型尺寸进行优化,重点关注以下 3 个因素:

　　①前大灯前部与保险杠最前端 X 向断差。

　　②保险杠最前端与保险杠下部造型之间的 X 向断差。

③保险杠下端离地高度。

以上 3 个影响因素,针对不同开发车型,如一般中高级轿车、中小型 SUV 及大型 SUV 等车型的要求都不能一概而论,而是需要根据具体造型具体分析。

总之,造型设计是影响行人保护性能的重要因素,但又是最不可能修改过大的地方,越是动感美观的造型,对行人保护性能来说,一般越是不利。在项目开发中,行人保护设计建议往往与造型美观设计方案的思路相悖。但行人保护不能成为影响车辆造型美观的阻力,它的修改需要在尽量保证美观的前提下,在造型设计能够接受的范围内,达到最大化降低行人保护开发风险的目的。

4.2.2　总布置

项目开发前期,行人保护开发人员需要与总布置进行密切对接,主要关注各开发工况碰撞区域内的碰撞硬点处是否预留有足够的吸能空间。在碰撞过程中,充足的吸能空间可有效降低行人伤害。

1)头部碰撞空间要求

对头部碰撞性能影响最大的就是发动机舱内部空间,发动机外板至发动机舱内部结构部件间预留足够的变形空间。对于头部撞击发动机罩试验来说,发动机罩距离发动机舱内硬点的距离越大,则可变形空间越大,针对不同的项目开发目标,发动机罩外板距离发动机舱内部结构件的距离也并不相同。

如图 4.9 所示,头部碰撞发动机罩区域的吸能空间预留,在前期需要对 D 值输入要求值,对应于不同硬点位置,如蓄电池上方、空滤器位置和发动机装饰盖板等,此 D 值也不相同。因此,需要与总布置部门说明清楚。

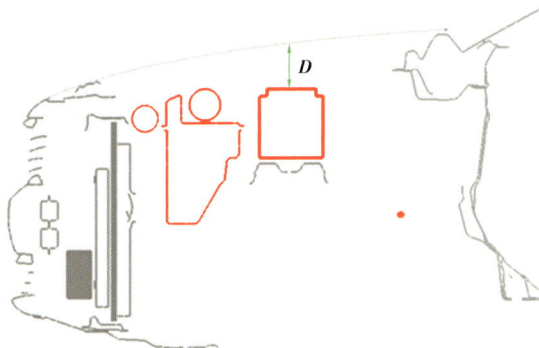

图 4.9　头部碰撞空间示意图

2）腿部碰撞空间要求

不同的腿型，如刚性小腿或柔性小腿，其保险杠内部空间的需求并不相同。通常，刚性小腿开发，为了降低胫骨加速度，吸能空间的要求相对要高，但随着各类法规小腿碰撞试验模块的更改，目前车型开发更侧重于柔性小腿性能的研究，如图 4.10 所示。

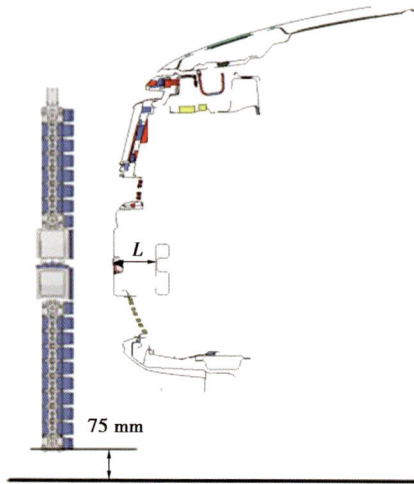

图 4.10　腿部空间示意图

与头部空间要求相比，腿部需求是在车辆宽度方向上，每一截面根据截面造型的断面形式不同，空间需求也不一样，L 值会有所调整。

总布置及相关专业，无法在车辆全部宽度上达到最大安全距离要求，在空间不足的情况下，需要通过概念分析，对风险进行预判，并给出具体建议。

4.2.3　结构设计

前期对开发因素的管控还包括相关关重件结构的提前介入及方案确定。具体包括前罩板、前罩装饰件、雨刮支架安装点及保险杠支撑等结构。

1）前罩板结构

在项目开发初期，根据开发车型定位，结合产品部门意见，初步给出前罩盖内板结构的设计思路，给出初步设计建议，如图 4.11 所示。

在后期仿真阶段给出详细的参数方案，如内外板尺寸、腔体大小、孔的大小尺寸及加强件的具体设计。

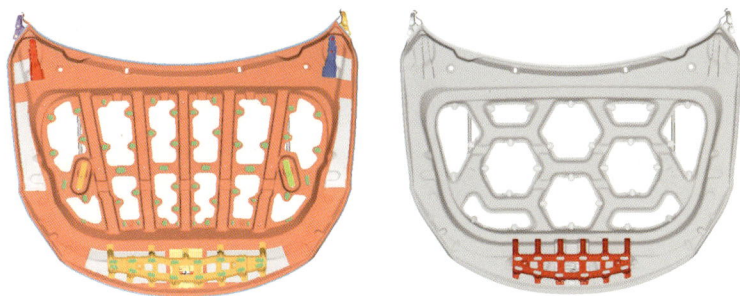

图 4.11　前罩板总成结构示意图

但初步的设计思路要在开发前期就与相关产品人员沟通到位,并保持开发过程中数据及方案的随时沟通,如图 4.12 所示。

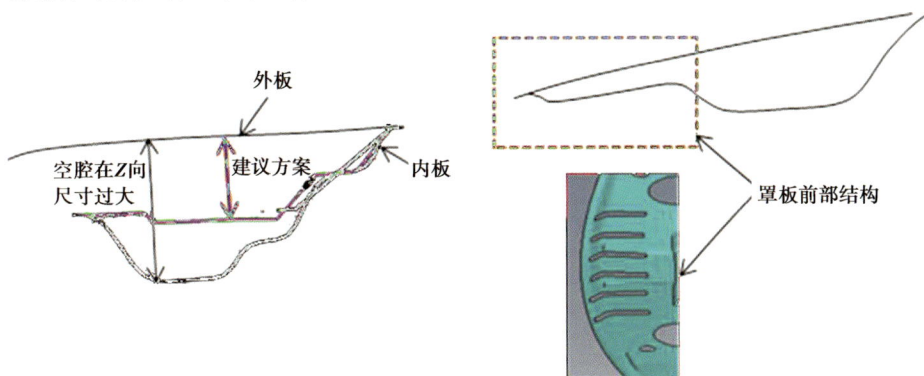

图 4.12　前罩结构设计前期输入示意图

罩板及加强板结构直接影响头部保护是否满足法规及 NCAP 得分的高低,是结构设计方面影响最大的因素,其设计优劣直接影响项目开发的成败。

2）前罩装饰件

前罩装饰件的结构直接影响罩板后沿、玻璃下端的头部碰撞结果。在总布置阶段,根据给出的设计断面,行人保护开发部门需要给出设计优化建议。

在结构设计上,前罩装饰件设计需避免凸台结构。如凸台与前罩内板在结构上贴合,导致头部撞击在 Z 向上支撑刚度较大,容易导致头部伤害值 HIC 超标。

例如,平面结构可充分预留头部吸能空间,或者将凸台部分采用单边开口设计。头部撞击时,通过单边压缩变形,从而有效降低头部伤害值,如图 4.13 所示。

为有效减小头部伤害,在前罩装饰件内壁上进行结构弱化是有效方案之一,如设计撕裂线。

图 4.13　前罩装饰件设计前期输入示意图

3）雨刮安装点支架

雨刮是头部碰撞的硬点，是影响头部的一个重要区域。如何通过前期总布置阶段来控制雨刮总成的布置位置，其结构形式会影响碰撞中行人头部的伤害值。

对雨刮布置的建议如图 4.14 所示。

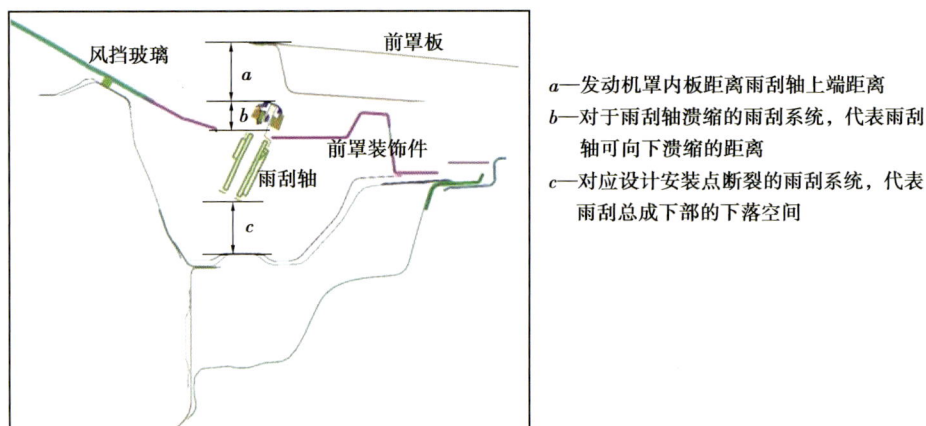

a—发动机罩内板距离雨刮轴上端距离

b—对于雨刮轴溃缩的雨刮系统，代表雨刮轴可向下溃缩的距离

c—对应设计安装点断裂的雨刮系统，代表雨刮总成下部的下落空间

图 4.14　雨刮总成布置示意图

目前，对雨刮总成的结构设计方案主要有以下两种：

①雨刮轴脱落。

②雨刮安装点断裂。

如果雨刮总成上部不能预留充足的吸能空间，则需要通过结构弱化安装结构，从而达到减小头部伤害的目的。

雨刮安装点在满足雨刮安装强度性能要求基础上，尽可能弱化安装点强度，以提高行人保护的头部得分。具体弱化结构可采用开孔槽，如图 4.15 所示。

在项目开发前期，从造型、总布置和结构设计 3 个方面进行初步设计要求输入，对后期项目开发目标的达成非常重要，可避免后期的重大开发风险。

图 4.15　雨刮安装点结构弱化示意图

4.3　行人保护有限元模型的建立及仿真分析

行人保护有限元分析是行人保护开发中至关重要的组成部分。其分析精度的高低直接影响车辆开发的设计方案。

有限元模型的建立及求解计算大多基于 LS-DYNA 软件。LS-DYNA 软件是当前最常用的显式有限元动力分析软件,能够求解各种二维、三维非线性结构的高速碰撞、爆炸及金属成型等非线性动力冲击问题,对几何非线性、材料非线性和接触非线性的求解具有较强的适用性。LS-DYNA 软件以 lagrange 算法为主,同时兼有 ALE 和 Euler 等算法;以显式有限元求解为主,同时兼有隐式求解的功能。

LS-DYNA 作为一个较通用的求解器,能兼容绝大部分的主流有限元前后处理工具,如 FEMB,HYPERWORKS,ANSA,PATRAN,ANSYS 等。具体的求解工作流程如图 4.16 所示。

图 4.16　LS-DYNA 有限元求解流

前后处理软件使用的是目前较为通用和主流的 Hyper works 软件。其前后处理工具分别为 Hyper mesh 和 Hyper view。Hyper works 与 CAD 软件及 Ls-dyna 等求解器都具有很好的兼容性,可处理 UG,CATIA 等 CAD 软件建立的各种格式的 CAD 数模,并进行基于 Ls-dyna 有限元计算的网格处理,得到 Ls-dyna 关键字的计算文件。除此之外,OASYS ANSA 等软件也运用得越来越多。针对 Ls-dyna 计算得到的结果,通过后处理软件进行处理,得到分析所需要的数据,并对模型的精度和质量进行评估。以某车型为例,整车模型的建立包含了车辆的各个系统,如动力总成、车身系统、闭合件系统及内外饰总成等。模型的建立还需对各个部件的材料和厚度进行属性赋予,每一环节的模拟必须做到精确,它们都直接影响到分析结果是否可信。

首先需要将整车模型优化成行人保护的分析状态,只保留 A 柱之前的模型,A柱之后的模型对行人保护的分析结果基本没有影响,可以不予保留,如图 4.17 所示。

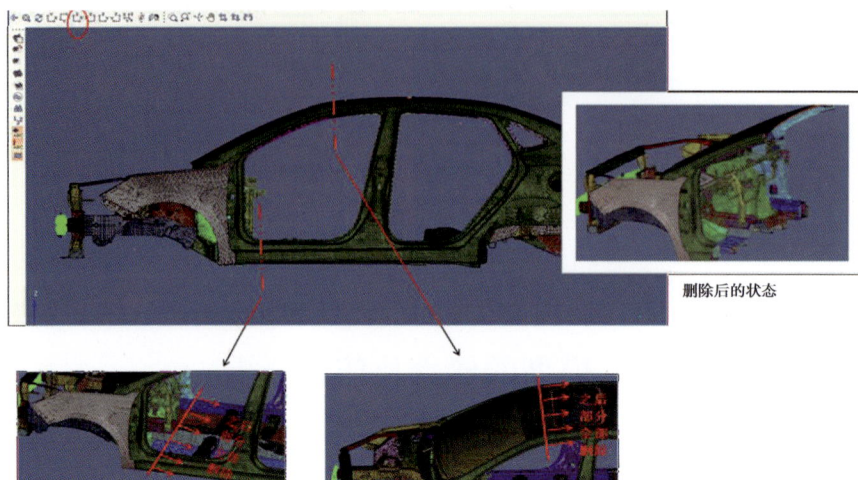

图 4.17　车体模型截取方式示意图

然后将罩板等总成文件导入前处理软件中,组成完整的整车分析模型,用于头部碰撞分析和腿部碰撞分析,如图 4.18 所示。

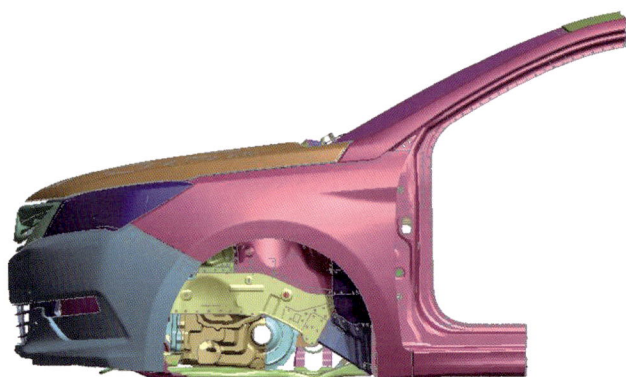

图 4.18　分析用车体模型示意图

为了保证模型便于控制,通过关键字 ∗INCLUDE 对行人保护模型按照各个分总成进行拆解。利用该建模方式可将复杂的行人保护模型简单化,在操作过程中便于调试。通过 ∗INCLUDE 卡片控制的模型整体结构较清晰,如图 4.19 所示。

如图 4.20 所示为模型的爆炸示意图。

车体模型的建立需要做到模型完整、模拟准确、材料准确及连接准确这 4 个条件。只有做到这 4 个方面,才能保证分析结果准确,如图 4.21 所示。

仿真模型建立的精度在很大程度上影响分析结果的精度。因此,建立一个适用于行人保护分析的具有较高可信度和精度的有限元模型是整个分析工作的基础。

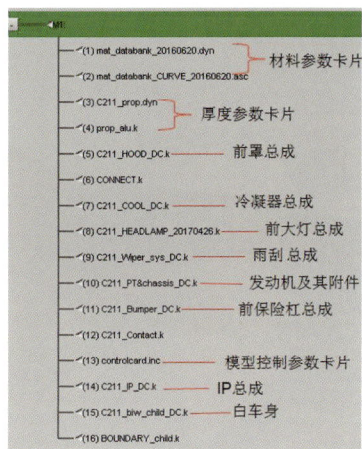

图 4.19　Include 卡片总成控制示意图

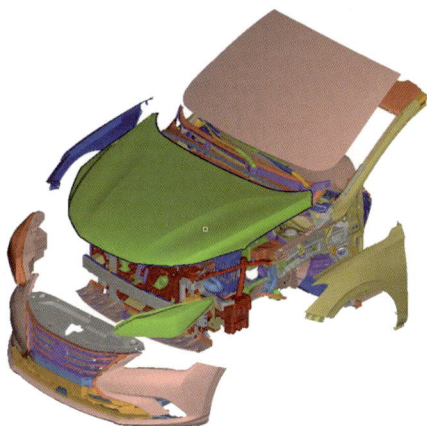

图 4.20　有限元模型爆炸示意图

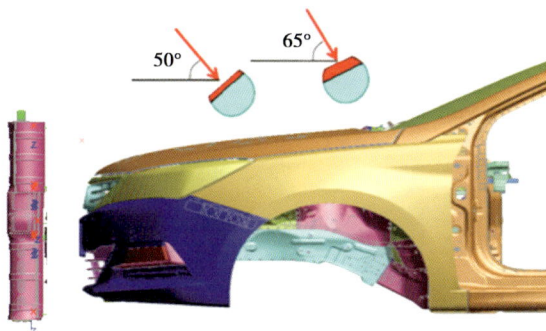

图 4.21　分析模型示意图

4.4　头部保护性能开发

对于项目开发而言,无论开发目标是法规还是各类 NCAP 星级,头部碰撞保护大多包含儿童头部碰撞和成人头部碰撞两个部分。

4.4.1　头部冲击模型

头部分析模型分为儿童头部模型和成人头部模型,分别为 3.5 kg 和 4.5 kg。内部结构均由 4 大部分组成,即底座、内核、传感器及外部皮肤组织,如图 4.22 所示。

该球体凹处安装一个 3 个单轴的加速度传感器,通过合成三向加速度,计算头部伤害值。

根据儿童头型和成人头型撞击位置的不同,每个撞击区域面对的开发难点也不一样,如图 4.23 所示。

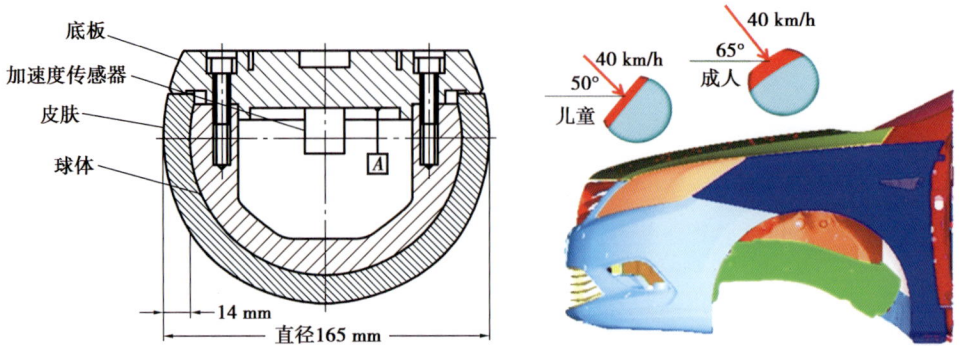

图 4.22　头部有限元模型组成

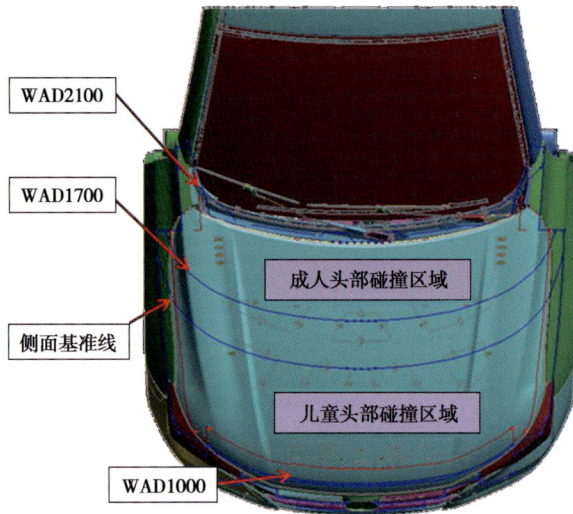

图 4.23　头部碰撞区域图示

4.4.2　儿童头部伤害影响因素分析

根据儿童头部碰撞位置及结构分析,在靠近发动机罩板边缘区域,主要是因头部缓冲吸能空间有限,故容易导致头部伤害值超标。例如,在发动机罩锁附近,因轿车造型的原因,前部车头下压较低,该区域吸能空间有限,同时在罩锁附近有发动机罩加强件、罩锁锁销以及锁销加强件等影响,故往往容易造成较高的头部伤害。在发动机罩板两侧,一般是翼子板搭接区域,该区域因为是发动机罩板与翼子板搭接的地方,刚度比较集中,虽然可以增大吸能空间,但还需要翼子板安装支架来配合。往往可通过弱化翼子板安装支架来降低对行人头部的伤害。发动机罩铰链处的头部伤害很容易超标,当头部撞击铰链处时,因为吸能空间不足,导致头部与发动机罩铰链以及铰链下方的结构发生二次接触,造成二次伤害。而在发动机罩中间区域,可在总布置设计阶段预留足够的空间,故在这个区域影响头部伤害的主要因素就是发动机罩总成结构的缓冲吸能效果。

综合以上的分析结果可知,为了提高车型对儿童行人头部的保护效果,主要应从以下 3 方面采取措施:

①提高头部的缓冲吸能空间,重点针对发动机罩板中间区域。增大吸能空间之后,可有效防止头部撞击过程中机舱内的硬点对头部造成二次伤害。

②在发动机罩板边缘及两侧,在保证其安装特性的基础上,弱化相关的安装结构,如翼子板安装支架、发动机罩锁加强件和发动机罩装饰件等。

③提高发动机罩总成的缓冲吸能特性。需要在保证发动机罩总成的其他性能前提下,有效提高其缓冲吸能特性。

4.4.3　儿童头部开发难点分析

(1)发动机罩锁加强板

发动机罩锁加强板的优化前后结构对比如图 4.24 所示。从前后结构对比可知,优化之后的结构在平面上开了较大的孔,同时其两侧的焊接支脚在 Y 向宽度上进行了减小。但在 Y0 处增加了两个安装支脚,保证头部撞击该区域时不会变形过大直接与下面的锁销等硬点过早接触。

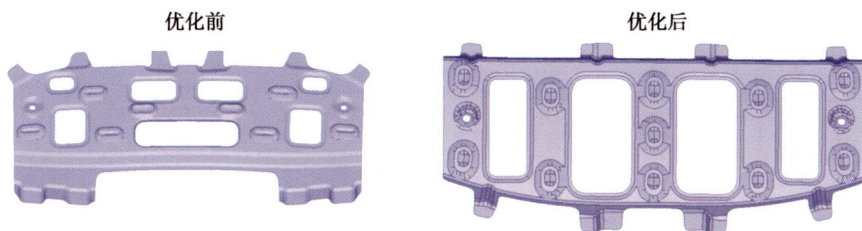

优化前　　　　　　　　　优化后

图 4.24　发动机罩锁加强板优化示意图

通过对碰撞点的仿真试验结果来比较两种结构对行人头部的保护,其伤害值见表 4.2。头部加速度合成曲线如图 4.25 所示。通过加速度曲线的对比可知,优化后的结构后面的加速度明显比优化前要低,最终头部伤害值 HIC 降到了 1 048。

表 4.2　头部伤害优化前后对比

测试项目	优化前	优化后
HIC	1 356	1 048

(2)翼子板安装支架

基础车型采用了 3 个翼子板安装支架,其断面呈"几"字形,其结构较强,能很好地满足安装工艺的要求。但是,对于行人头部保护而言,当头型撞击该区域时,原本该区域的缓冲吸能空间有限,同时因为支架结构较强无法变形吸能,最终导致头部伤害值 HIC 超标。为了降低其对头部的伤害,将翼子板安装支架改为"L"形结构(如优化后),同时为了保证翼子板的安装工艺,将位置最靠前的支架仍保留"几"字形结构。优化后的结构如图 4.26 所示。对比结构优化前后的头部合成加速度曲线可知(见图 4.27),头部伤害值 HIC 从 1 011 降低到 709,说明该优化措施是有效的。

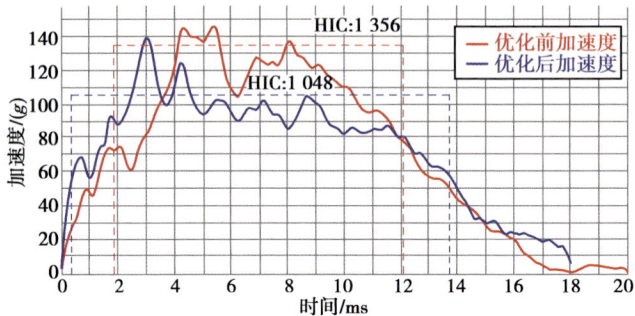

图 4.25　优化前后头部合成加速度曲线

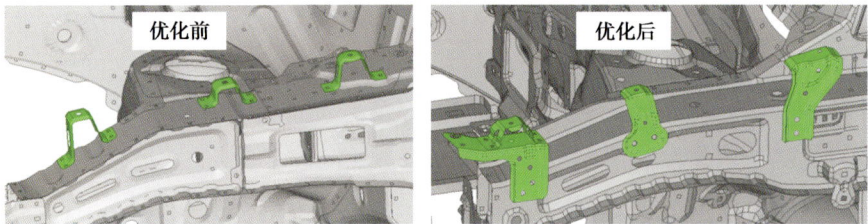

图 4.26　翼子板支架优化前后结构对比

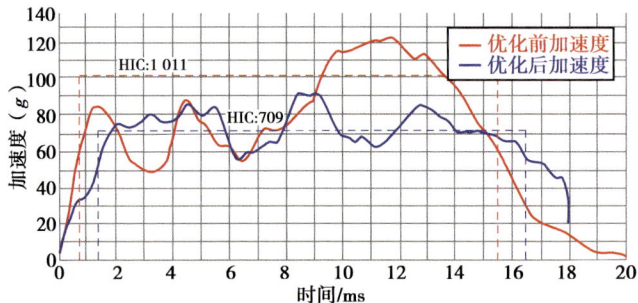

图 4.27　优化前后头部合成加速度曲线

(3)铰链加强板

前罩是需要经常开启的总成部件,因此,在其铰链安装地方需要保证足够的强度,而铰链加强板则是控制其安装点刚强度最重要的部件。但铰链加强板区域行人头部伤害值往往又较高,从行人保护的角度而言,需要这个区域的结构减弱。如何在两者之间取得平衡,在实际车型开发中需要重点关注。

在车型的开发过程中,铰链加强板的结构需要进行多轮的仿真试验优化,最终得到的结构满足了工艺的安装要求,同时降低了该区域行人头部伤害值。优化前后的铰链加强板的优化结构对比如图4.28所示。通过仿真试验结果对比,头部合成加速度峰值在6 ms之前优化前后基本一致,因为该撞击阶段还主要是头型与前罩外板之间的接触。主要差别是在 6 ms 之后,优化之前头部加速度峰值出现了更高的峰值,而优化之后头部加速度峰值基本维持在 80g 的水平,具体如图 4.29 所示。在该阶段主要就是铰链加强板的影响,最终头部伤害值 HIC 从 1 398 降低到了 789,达到了预期效果。

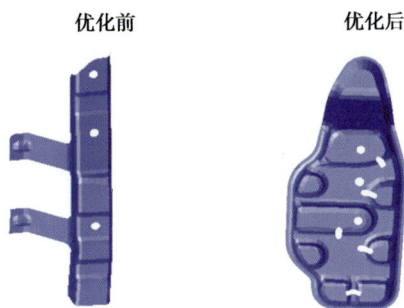

图 4.28　铰链加强板优化前后结构对比

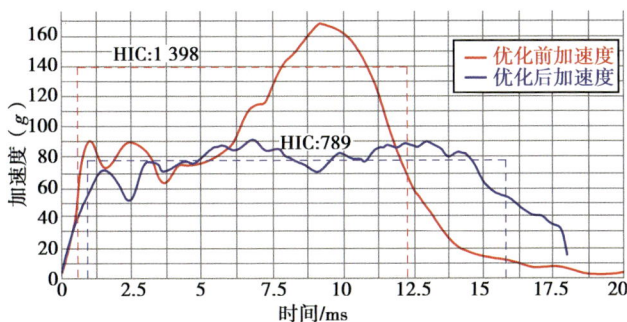

图 4.29　优化前后头部合成加速度曲线

对于儿童头部碰撞来说,以上属于法规超标难点区域,对得分影响最大的区域仍是前罩板内外结构设计,尤其是内板结构设计。

对下面 6 类罩板类型进行头部碰撞分析,同时关注罩板总成弯扭刚度变化,分析结果如图 4.30 所示。

根据上述分析结果可知,III 形内板在传统型内板中行人保护性能最优,但根据计算,扭转刚度不满足目标值要求;新型内板结构中蜂窝型内板的行人保护性能优于 O 形。

这些结构分析对比,前提是同一车型、同一罩板造型的基础上,这在设计思路上给不同车型的内板结构提供一定的横向参考,但针对不同车型的具体布置方式及尺寸,结构形式对得分影响的趋势可能并不一样,需要具体问题具体分析。

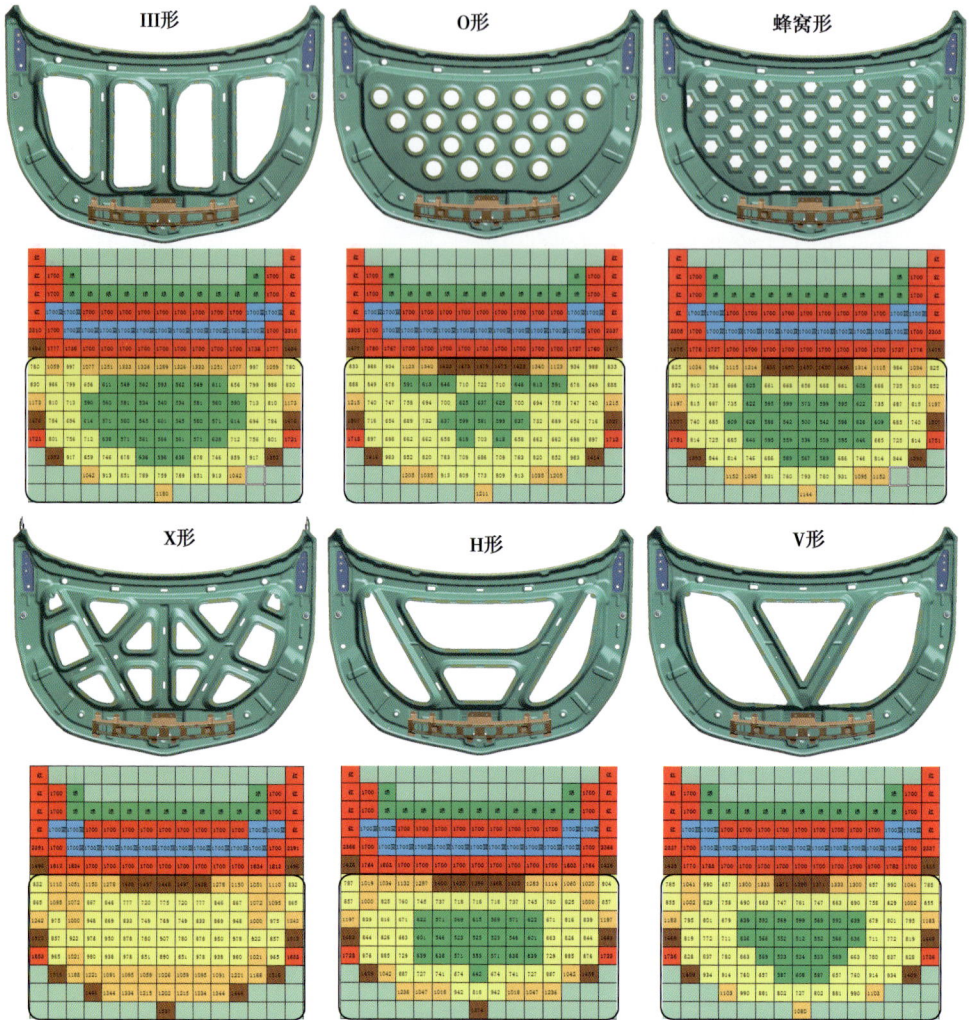

图 4.30 不同的罩板设计对结果的影响

4.4.4 成人头部伤害影响因素分析

　　根据成人头部的仿真试验结果以及成人头部碰撞区域的断面结构,可将该碰撞区域大致划分为 3 个部分,如图 4.31 所示。

　　区域一内主要影响头部伤害的部件有发动机罩板后缘、前罩装饰件和雨刮臂;区域二内影响头部伤害的主要部件有前罩装饰件、雨刮臂、玻璃下端加强件、前挡风玻璃及仪表板;区域三内行人头部伤害则主要受到仪表板和前挡风玻璃的影响。这 3 个区域如果从刚度的强弱来排序,则为:区域二>区域一>区域三。因为区域二部件太集中,刚度较大,对行人头部伤害往往较高,同时因为影响因素较多,单纯地通过仿真分析的手段较难预测。

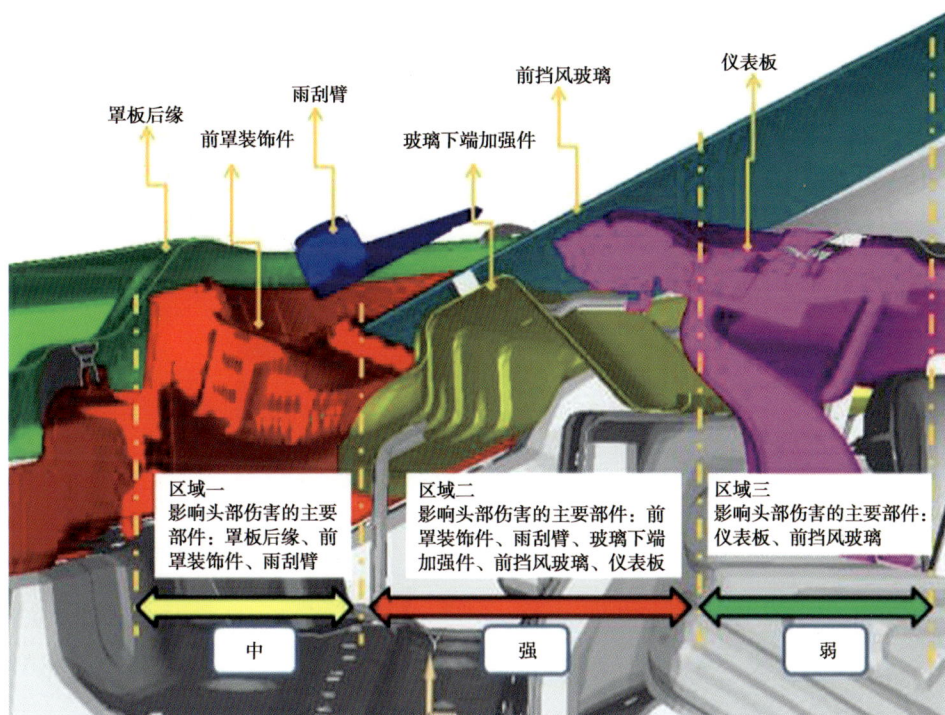

图 4.31　前挡风玻璃下端断面结构

4.4.5　成人头部开发难点分析

1) 风挡玻璃下端结构优化

仪表板在前挡风玻璃下面,在车型的开发过程中,成人头部将会与仪表板发生间接接触。因此,仪表板的内部结构将会影响成人头部碰撞响应。因为主要影响成人头部伤害的区域集中在前挡风玻璃下方的出风口区域,重点对该区域进行结构优化。如图 4.32 所示为某车型的出风口内部结构示意图。它主要由出风管和出风口盖板组成,有的车型为了保证该区域的强度增加了盖板加强件。

在某车型开发中,因为未充分考虑该区域的行人保护,该部分结构设计得较强,详细结构如图 4.32 所示。在出风口盖板下方是出风口盖板加强板,但为了控制零件数量,该加强板还结合了上出风口的功能,出风口盖板加强板厚度为 2.5 mm,注塑材料,下方的出风管路厚度为 1.5 mm,吹塑材料(注:吹塑材料部件厚度可做得较薄,而注塑材料部件的厚度一般比吹塑材料厚)。从 A—A 断面可知,出风口盖板加强板在该区域形成了一个腔体结构,结构较强,导致成人头部撞击该区域时,头部伤害值偏高,不利于行人保护。优化前后的结构如图 4.33 所示。出风口盖板加强板做成了类似平面结构,出风管路整体采用吹塑材料,厚度为 1.5 mm,同时为了保证出风口附近的整体刚度,在其内部增加了一些加强筋。将 A'—A' 断面与基础车型的 A—A 断面对比可知,整体结构减弱,更利于行人头部保护。

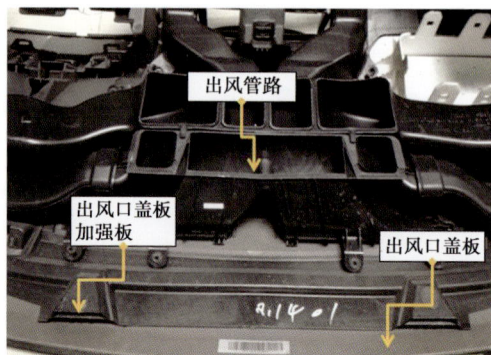

图 4.32　某车型仪表板结构

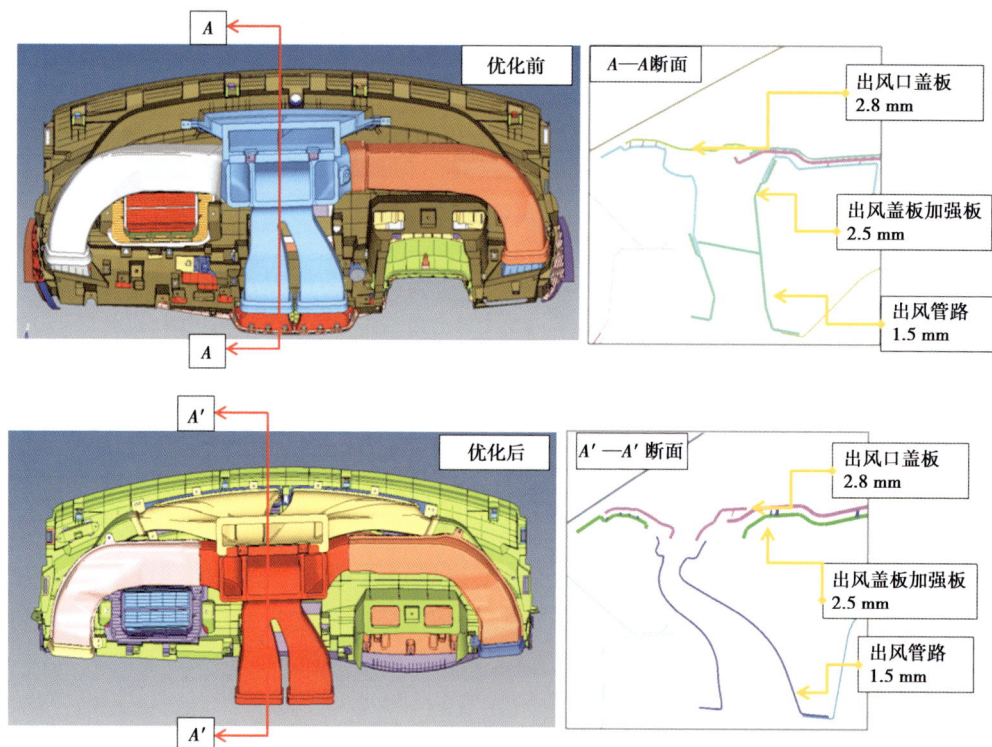

图 4.33　仪表板优化后内部结构

以玻璃下端碰撞位置为研究对象来对比其优化前后头部伤害值。优化前后头部加速度曲线如图 4.34 所示。头部伤害值 HIC 从 1 561 降低到 899,对头部的伤害改善显著。

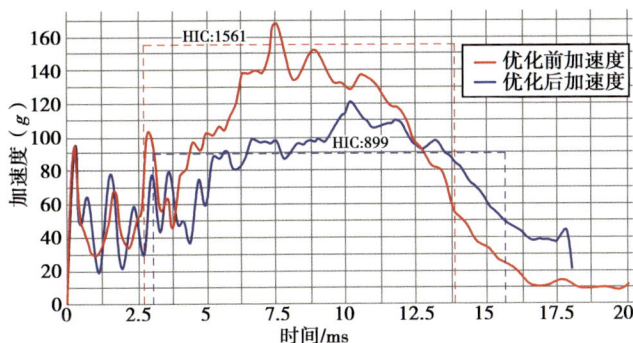

图 4.34　优化前后头部合成加速度曲线

2）铰链区域

在项目开发过程中,造型设计导致碰撞点位于 A 柱上,无优化空间。问题描述:行人头部碰撞区域后边界由发动机罩后面基准线偏移线和侧面基准线偏移线组成。法规超标风险点位置处于头部碰撞区域后边界,处于 A 柱区域,如 C_1,C_2 位置,如图 4.35 和图 4.36 所示。

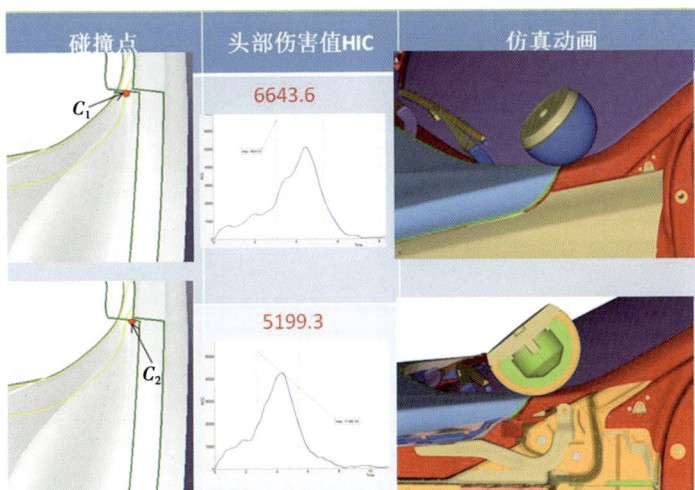

图 4.35　铰链处碰撞点位置示意图

超标原因分析:由于前罩和翼子板造型原因,该车型行人保护头部碰撞区域未能规避 A 柱区域,C_1,C_2 两个超标点均处于 A 柱上,而 A 柱为满足整车结构安全通常刚度很大。对于行人保护来说,A 柱区域碰撞点几乎无法通过结构优化满足法规要求,只能通过造型规避 A 柱区域来满足法规要求。

解决方案:通过造型修改,规避两个危险点,如图 4.37 所示。

通过仿真分析,碰撞点在 X200 上时,行人头部刚好撞击不到 A 柱,则在 X200 处截取断面。

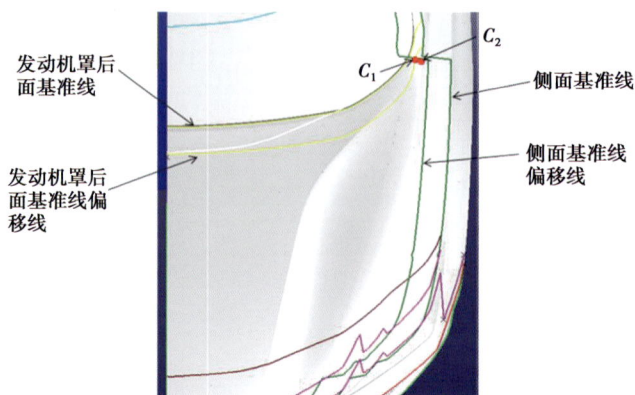

图 4.36 头部碰撞结果 HIC 分析示意图

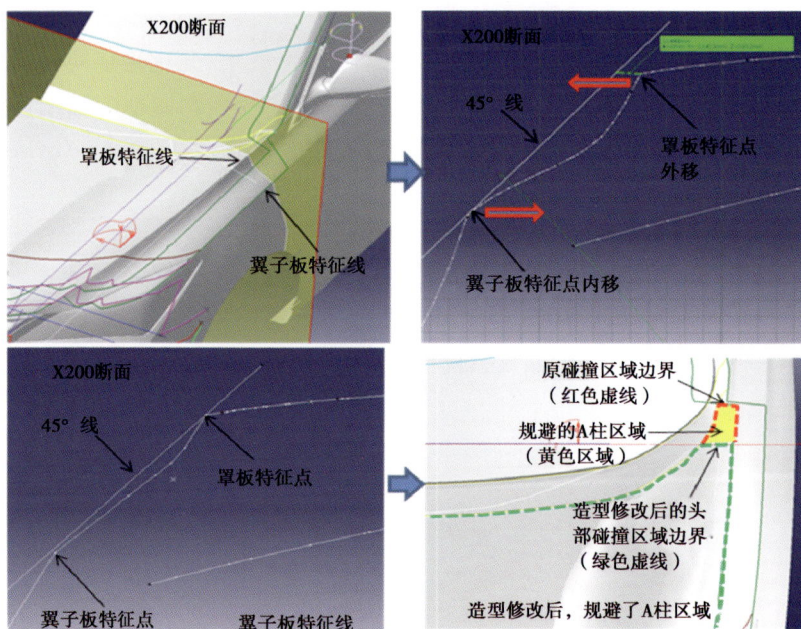

图 4.37 铰链处造型优化示意图

从 X200 断面可知,在此断面上侧面基准线落在了翼子板特征线上(45°线先接触到翼子板特征线),不能规避 A 柱区域。建议罩板特征点外移,翼子板特征线内移,并且内移量+外移量>13.5 mm,使侧面基准线落在前罩特征线上。

前罩铰链处超标原因分析如下:

①该区域零部件较多,刚度集中,不容易变形。

②前罩装饰件紧贴着前罩内板,无足够的吸能空间。

③前罩装饰件的立边高度达到 60 mm,在撞击过程中无法变形。

优化思路如下(见图 4.38):

①降低前罩装饰件立边的高度。

②弱化前罩装饰件,对其厚度进行减薄。

③对前罩铰链加强板局部弱化。

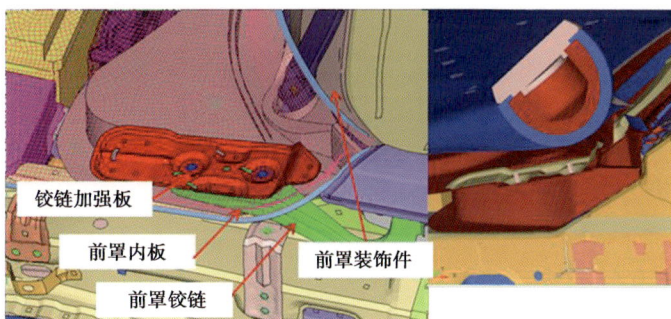

铰链加强板

前罩内板

前罩铰链

前罩装饰件

图 4.38　铰链处结构设计难点示意图

对于头部开发性能来说,大致可从造型、总布置和结构设计 3 个方面去优化。碰撞硬点既要考虑法规开发超标的风险,又要兼顾对 NCAP 星级得分的影响。每个方案都需要与相关工程师进行反复讨论、多方案优化分析,最后再得出最优措施,进而进行推进实施。

4.5　小腿保护性能开发

根据现有法规和 NCAP 要求,小腿碰撞中用到的试验模块有两种:刚性小腿和柔性小腿,如图 4.39 所示。

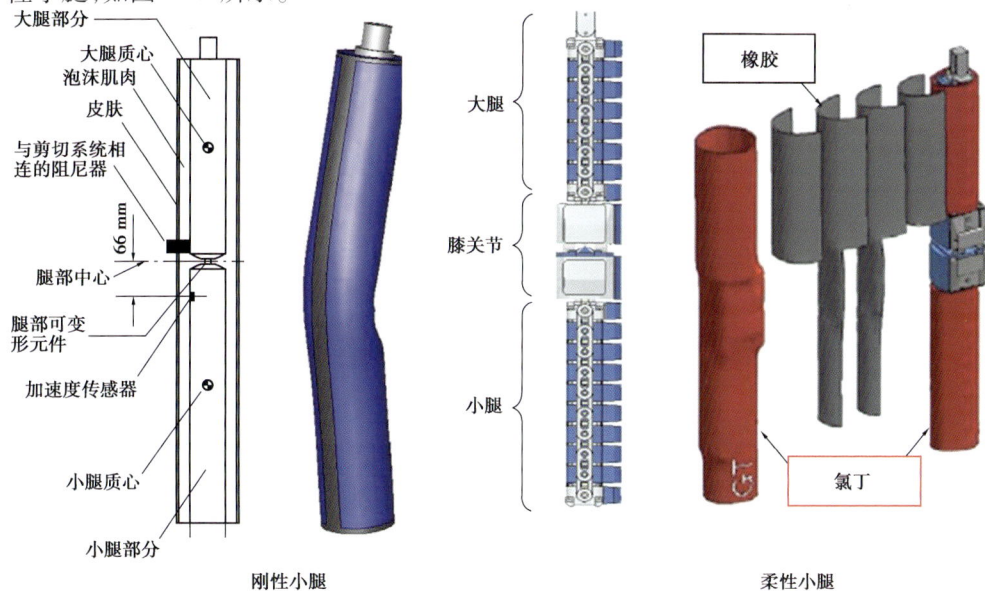

大腿部分

大腿质心

泡沫肌肉

皮肤

与剪切系统相连的阻尼器

66 mm

腿部中心

腿部可变形元件

加速度传感器

小腿质心

小腿部分

刚性小腿

大腿

膝关节

小腿

橡胶

氯丁

柔性小腿

图 4.39　小腿保护模块图示

4.5.1　刚性小腿保护研究

通过优化吸能材料结构,合理设计防撞横梁和小腿支撑件等方案,行人腿部的3个伤害评价往往受到防撞横梁前部吸能材料和小腿支撑件的综合影响。因此,着重研究各种吸能材料和小腿支撑件的均衡匹配性具有重要的实用意义。

腿部碰撞块的撞击方向与水平面平行,腿部碰撞块的运动速度为 40 km/h,水平冲击车辆前部腿部碰撞区域,其考察指标包括胫骨加速度、膝部弯曲角度和膝盖剪切位移,如图 4.40 所示。

图 4.40　刚性小腿试验工况及考察参数

某车型行人保护腿部碰撞区域如图 4.41 所示。它是通过保险杠拐点并向内平移 66 mm 的两个纵向垂面内部的保险杠的前表面。

腿部碰撞块的撞击方向与水平面平行,腿部碰撞块的运动速度为 40 km/h,离地高度为 25 mm,车体模型在边界处约束 123456 自由度,如图 4.41 所示。

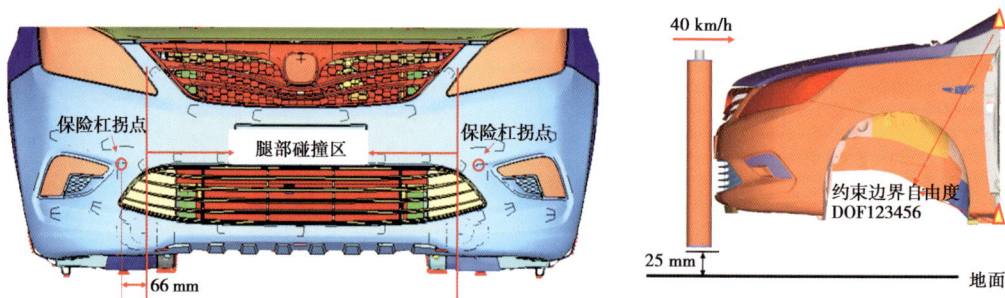

图 4.41　小腿保护撞击图示

对于刚性小腿保护来说,胫骨加速度等考察因素决定了车辆前部设计要充分考虑的吸能问题,车辆前部在预留空间的情况下,通常考虑泡沫和塑料两种吸能材料。吸能材料中的泡沫件、塑料件以及腿部支撑件中的泡沫件、塑料件和金属件如图 4.42 所示。

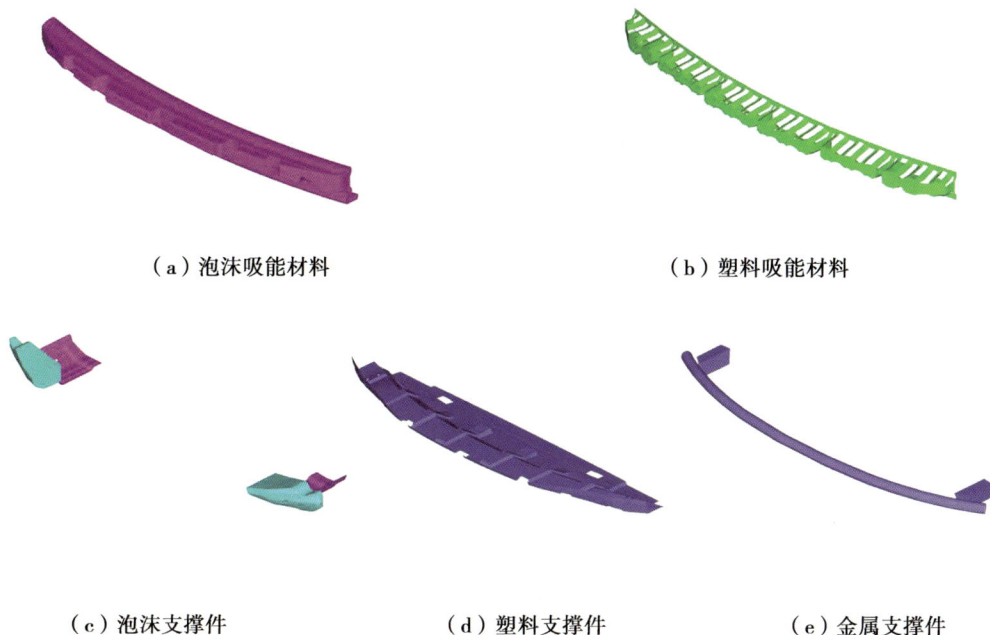

（a）泡沫吸能材料　　　　　　　　　　　　（b）塑料吸能材料

（c）泡沫支撑件　　　　　（d）塑料支撑件　　　　　（e）金属支撑件

图 4.42　吸能件与支撑件示意图

以上只是一般吸能及支撑材料方案，根据车型具体空间及附近结构的设计形式，才能真正确定实际的开发方案，可以确定的是：

①腿部吸能件主要影响胫骨加速度，腿部支撑件主要影响膝部弯曲角。在设计腿部吸能件和支撑件时，应平衡好这两者的关系，使胫骨加速度和膝部弯曲角同时满足法规要求。

②腿部吸能效果较优的是塑料件，支撑效果较优的是塑料件和金属件。腿部吸能件和支撑件均采用塑料件的前部车体结构的行人保护性能较优。

由于各车型造型和布置情况的不同，在选择腿部吸能材料和支撑材料时，应综合前脸造型和腿部吸能空间各方面因素来进行考虑。

4.5.2　柔性小腿保护研究

目前，各类行人保护法规陆续将腿部保护试验用模块从刚性小腿变更为 FLEX 柔性小腿，考察参数也完全不同。

1）撞击工况设置

柔性小腿在离地高度 75 mm 的情况下，以 40 km/h 的速度撞向车辆，冲击方向平行于车辆 X 向中心面，如图 4.43 所示。

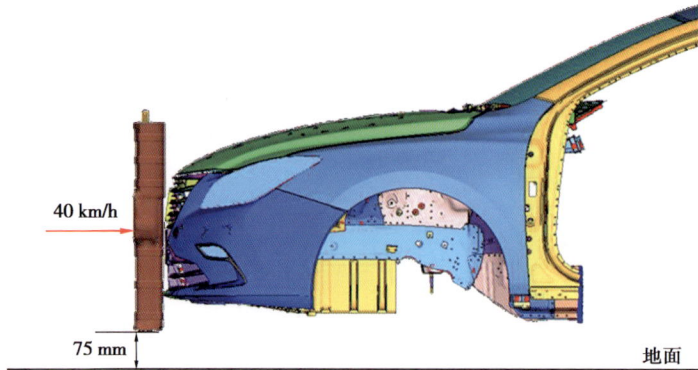

图 4.43 柔性小腿撞击工况示意图

2）柔性小腿开发难点分析

柔性小腿碰撞性能的影响因素较多。它不仅与车辆的前部结构形式、前保系统的材料和厚度有关,还与腿型与车辆的相对位置关系有着密切联系。

图 4.44 展示了腿部碰撞块与高低保险杠车型之间的相对位置关系,标注了腿部碰撞块的各部位的质心坐标。从该图示的位置关系可知,低保险杠车型相对于膝关节质心要偏下,高保险杠车型相对于膝关节中心要偏上,由此导致对腿部中心韧带拉伸量和胫骨加速度的影响也不同,在设计上下支撑等结构时,其设计方法也会有所不同。

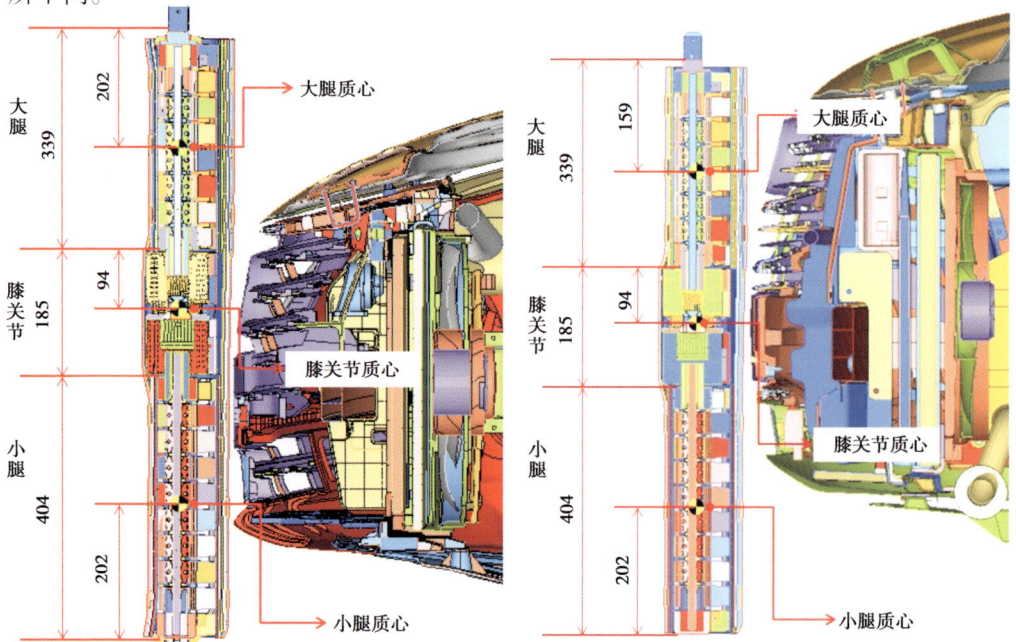

图 4.44 腿型与车辆碰撞相对位置示意图

对于腿部保护来说,前保险杠的内部结构以及各部件的材料、厚度都对腿部的碰撞响应产生影响。以某车型的前保总成的各部件为例,前保总成里面大部分为塑料材料,而塑料材料相对钣金材料的力学性能更加复杂,并且其性能也受到外部温度、湿度等环境因素影响,即使同一种材料牌号的塑料材料,不同供应商提供的原材料也将导致其性能存在一定的差别,如图 4.45 所示。

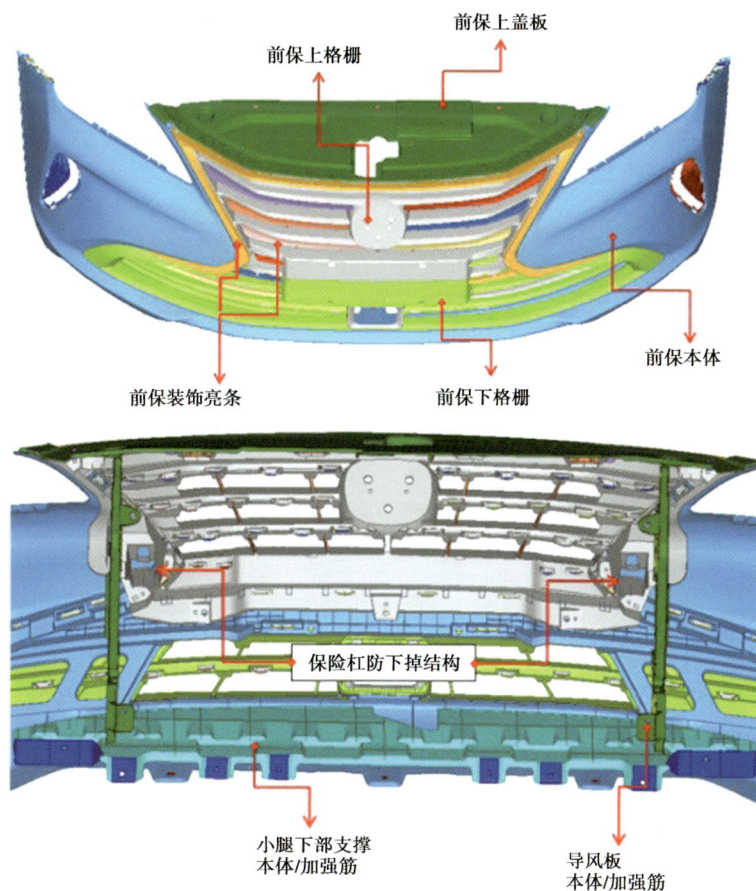

图 4.45　前保总成内部结构

为了有效降低行人腿部的伤害,在结构和材料基本确立的基础上,需要通过合理匹配前保险杠前部的刚度来提升对行人腿部的保护,而料厚是影响刚度的最关键因素,在前保总成上中下部位分别选取对刚度影响较大的部件,选取的部件分别为前保上格栅、前保下格栅、前保本体及小腿下部支撑结构,如图 4.46 所示。

以某车型为例,为了得到有利于行人腿部的刚度匹配方案,结合工程经验和分析结果,上格栅厚度选取范围为 2.0~2.5 mm,下格栅厚度选取范围为 2.5~3.0 mm,本体厚度选取范围为 2.6~3.0 mm,小腿下部支撑厚度选取范围为 2.0~3.0 mm。

通过分析及试验验证,腿部保护既满足法规的要求,又满足 NCAP 得分的要求,见表 4.3。

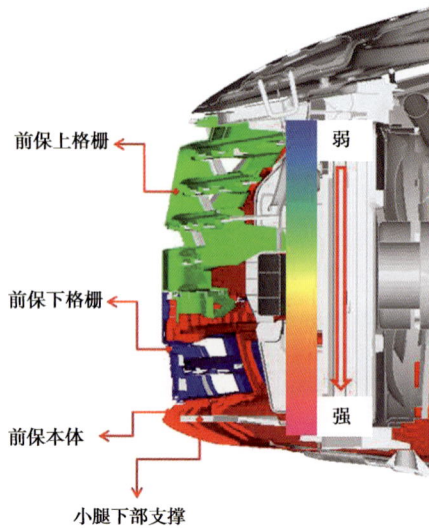

图 4.46　影响腿部碰撞响应的前保结构

表 4.3　腿部分析结果

	Upper	MID-UP	MID-LWR	Lower	PCL	ACL	MCL
Y0	115	222	215	135	2.55	3.36	4.16
Y-100	96	152	188	136	3.93	4.47	6.06
Y-200	170	136	123	127	3.05	3.55	8.41
Y-300	171	186	199	120	5.27	4.52	13.28
Y-400	161	218	221	173	3.69	6.12	11.56

在分析过程中,风险点的位置根据车型不同而有所不同。

以 ACC 安装位置分析结果为例,ACC 通常安装于前防撞横梁下方,在车辆轴线反方向上位于前防撞横梁,在腿部碰撞中,经常导致腿部弯矩超标,为解决这一技术难题,可在 ACC 支架结构前部进一步优化。以某一车型为例,ACC 支架位于防撞横梁下方,如图 4.47 所示。

分析结果表明,原 ACC 支架在腿部碰撞过程中不易变形,导致腿部弯矩超标,优化后的 ACC 支架为长悬臂开孔结构,在腿部碰撞过程中较容易变形,腿部弯矩满足要求。对于腿部碰撞来说,柔性小腿要求的是车辆前部从上到下的均衡支撑,故需要进行上、中、下支撑的设计,如图 4.48 所示。

综上所述,刚性小腿碰撞和柔性小腿碰撞从模块结构、试验工况设置到评价参数都不相同。在车型开发中,需要根据不同的开发目标,设置合理的目标参数,并按照车型开发特点设计造型、总布置及结构方案。

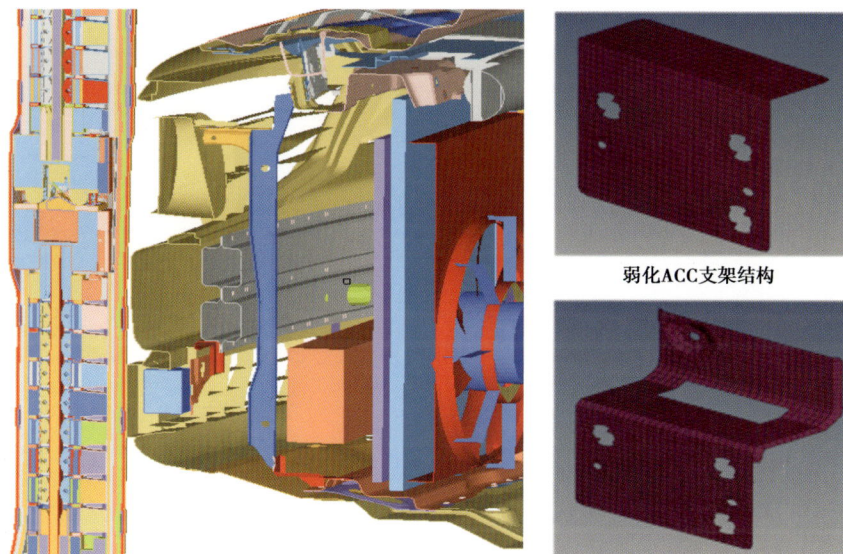

图 4.47　ACC 支架部分设计方案示意图

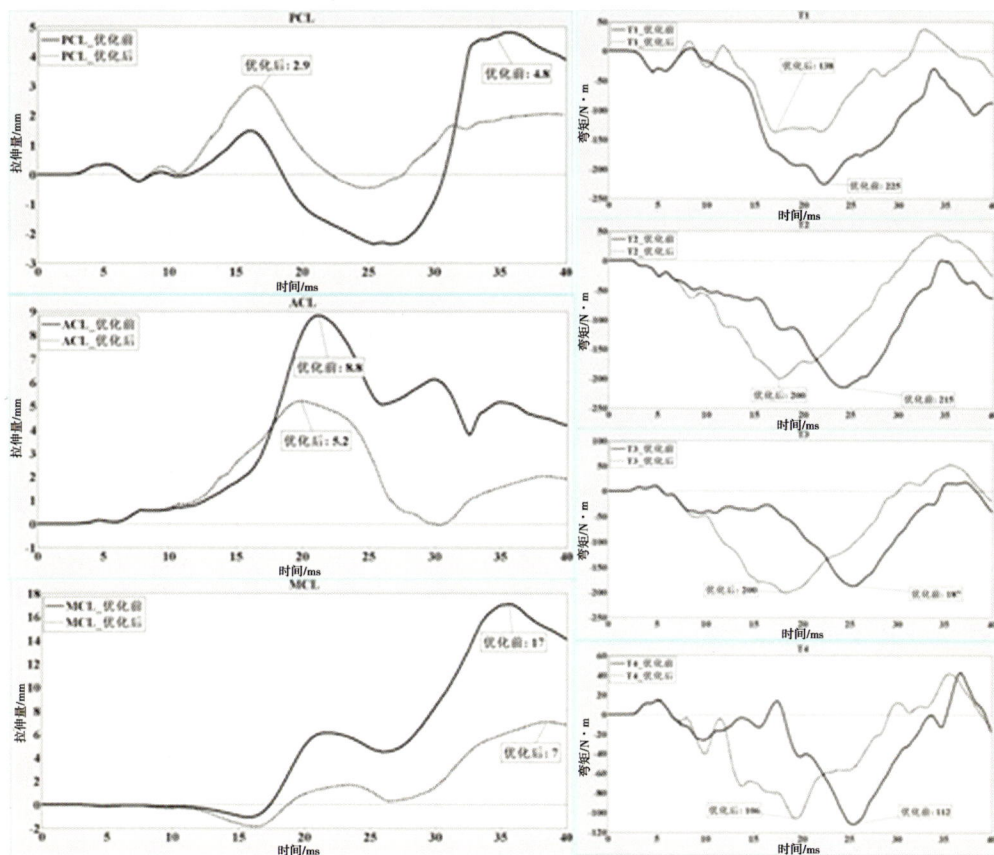

图 4.48　优化前后分析结果对比

4.6　大腿保护性能开发

4.6.1　大腿冲击试验模块

与头部碰撞和腿部碰撞不同的是,大腿碰撞属于导向冲击。根据开发目标的不同,其碰撞形式也不相同。

目前法规开发中,规定大腿保护,其撞击位置为车辆前端及保险杠部分。开发目标为 NCAP 星级时,撞击工况改为大腿模块撞击包络线 WAD775 位置。

大腿碰撞模块的结构如图 4.49 所示。

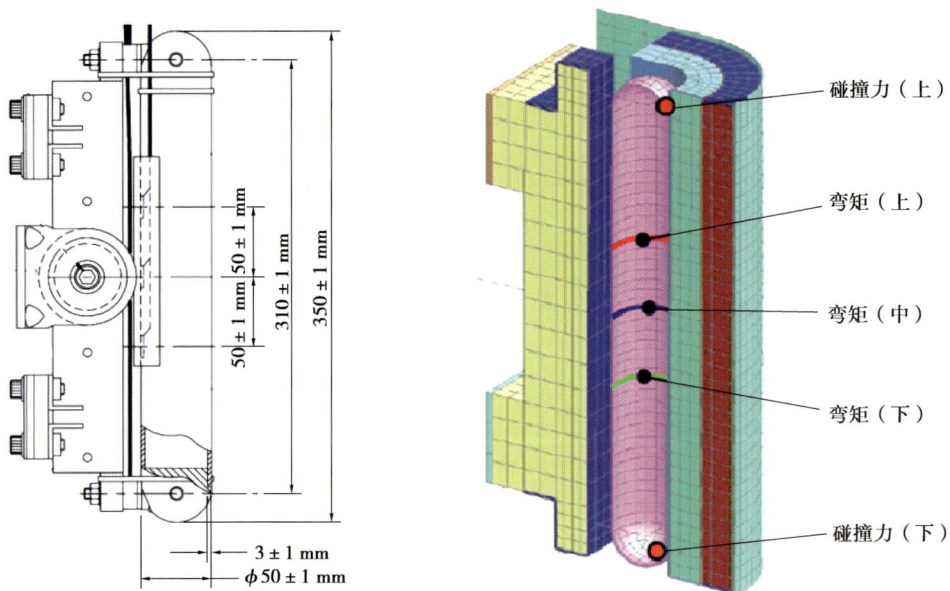

图 4.49　大腿冲击模块结构示意图

4.6.2　大腿冲击保险杠

在正常行驶姿态下,如果保险杠下基准线垂直方向超过地面 500 mm,碰撞试验将由大腿模块代替小腿冲击保险杠,大腿对保险杠试验位置点选取原则与小腿碰撞一致。大腿冲击为水平冲击,大腿中心点瞄准保险杠上下基准线中心。

上腿部碰撞器,包括驱动及导向部件的总质量为 9.5±0.1 kg,上腿部碰撞器的质量还可在这个值的基础上调整 ±1 kg,碰撞速度也可由其质量经验公式计算得到,即

$$v = \sqrt{\frac{1\,170}{M}}$$

式中　v——碰撞速度，m/s。

　　M——质量，kg，计算的精确度应大于±1%。

　　上腿型撞击保险杠速度应该为 11.1±0.2 m/s，碰撞方向必须在水平面内，并且平行于车辆的纵向垂直面。

　　接触时刻，腿碰撞器的轴线必须是垂直的，这些方向上的偏差不得超过±2°。

　　碰撞形式如图 4.50 所示。

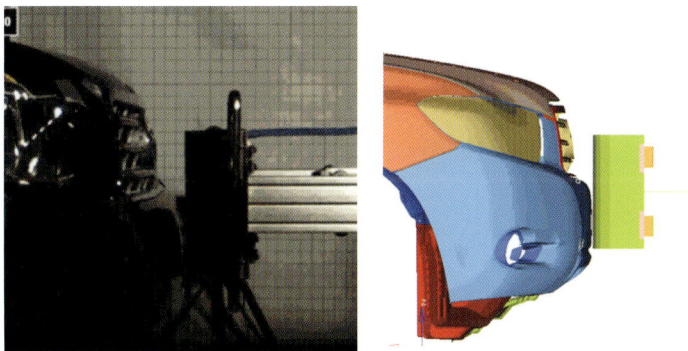

图 4.50　大腿冲击保险杠示意图

　　评价标准为：大腿冲击保险杠试验中，相对于任何时刻的瞬间冲击力综合不大于 7.5 kN，试验冲击器的弯矩不大于 510 N·m。其评价标准如图 4.51 所示。

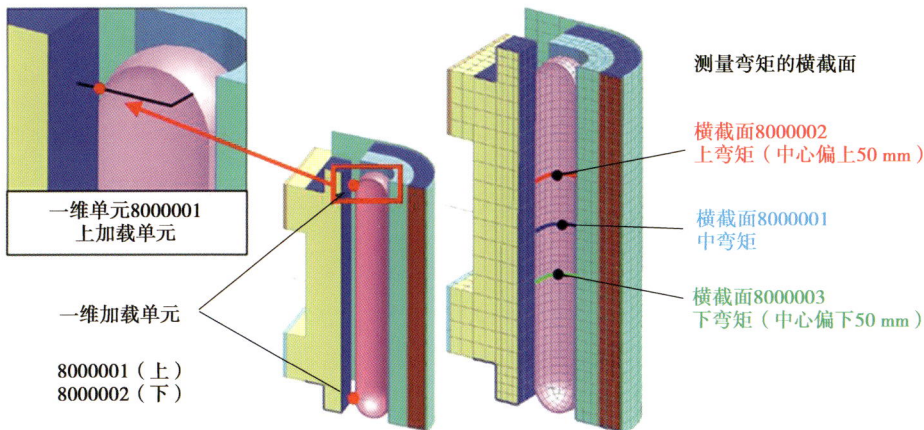

图 4.51　大腿冲击评价指标

　　对于大腿碰撞保险杠性能开发来说，根据大腿撞击位置结构，为了有效降低撞击过程中的冲击合力和最大弯矩，需从充足的吸能空间和吸能结构设计方面进行考虑。

4.6.3　大腿冲击 WAD775

该碰撞工况在目前的 CNCAP 评价规程中属于监测项，不计入最终得分。在此只简略介绍。

与头部撞击和小腿撞击不同，在各类 NCAP 星级评价中，大腿撞击 WAD775 的性能评价，对碰撞位置、碰撞速度、碰撞角度的设置都是由车辆前部造型确定的，而针对每一撞击位置，这 3 个参数的值都并不相同。

1）计算碰撞角度、碰撞能量和碰撞速度

每个格点的碰撞角度 α 为地面与内保险杠参考线与 WAD930 mm 之间连线的垂线的角度。它是测量并记录每个将试验点的角度，如图 4.52 所示。

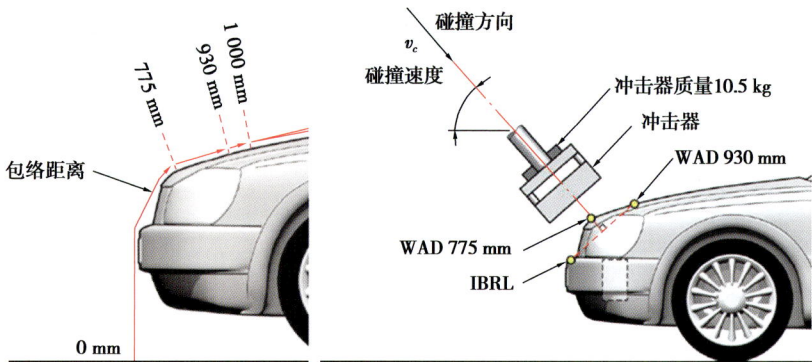

图 4.52　大腿冲击 WAD775 示意图

nominal 碰撞器能量可计算为

$$E_n = 0.5 \times m_n \times v_c^2$$

$$m_n = 7.4 \text{ kg}$$

$$v_c = v_0 \cos(1.2\alpha)$$

$$v_0 = 11.11 \text{ m/s}$$

试验速度 v_t 应调整为满足 nominal 能量计算公式，即

$$v_t = \sqrt{\frac{2E_n}{10.5 \text{ kg}}}$$

大腿撞击考察参数有碰撞合力及最大弯矩，具体得分规则见表 4.4。

表 4.4　大腿碰撞得分规则

考察参数	高限值	插值	低限值
弯矩	≤285 N·m	285 N·m <M<350 N·m	≥350 N·m
得分	满分	插值得分	零分
合力	≤5.0 kN	5.0 kN<F<6.0 kN	≥6.0 kN
得分	满分	插值得分	零分

如果想在大腿撞击 WAD775 试验中得到满分,则碰撞点合力需小于 5 kN,最大弯矩需小于 285 N·m。

在现有的车型开发中,需要根据每个撞击位置的对应结构和空间进行对应设计,最大限度地降低撞击过程中的撞击合力和最大弯矩。

以某车型大腿撞击开发为例,位于 Y0 部位通常为前罩锁布置区域,大腿撞击过程中,由于前部吸能空间不足,罩板前缘变形后撞击到前罩锁本体,导致碰撞合力及碰撞弯矩超标。目前,许多车辆将前罩锁后移,或通过其他结构形式移到碰撞区域之外,保证碰撞区域内部有足够的变形吸能空间,是减小大腿碰撞伤害比较有利的方法。下面用概念优化方案来对比吸能空间大小对碰撞结果的影响。其概念优化方案如图 4.53 所示。

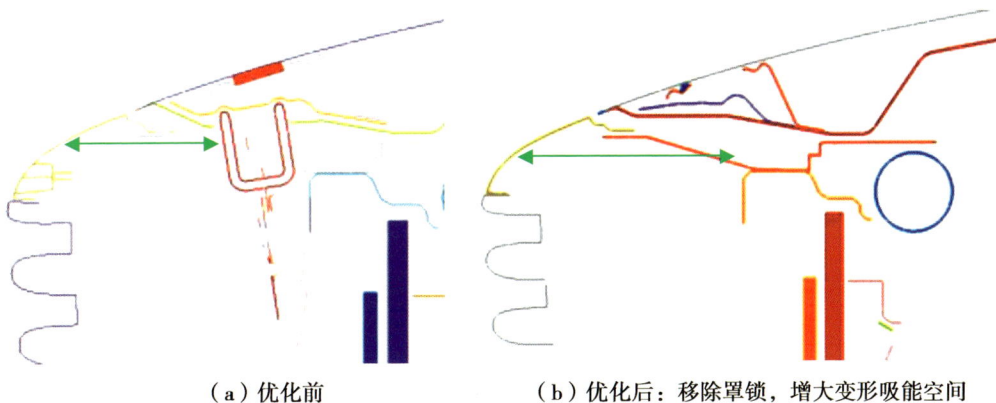

（a）优化前　　　　　　（b）优化后：移除罩锁,增大变形吸能空间

图 4.53　概念优化方案示意图

变形形式对比如图 4.54 所示。

碰撞合力及最大弯矩变化形式对比如图 4.55 所示。

由碰撞结果曲线对比可知,增大变形吸能空间以后,碰撞合力及碰撞弯矩均有较大幅度下降,说明吸能空间越大,碰撞伤害越小。但分析结果仍超出得分限值,即在吸能空间充足的基础上,需要对车辆前端结构进行优化。

0 ms   5 ms   10 ms   15 ms   20 ms

（a）优化前前部变形情况

0 ms   5 ms   10 ms   15 ms   20 ms

（b）优化后前部变形情况

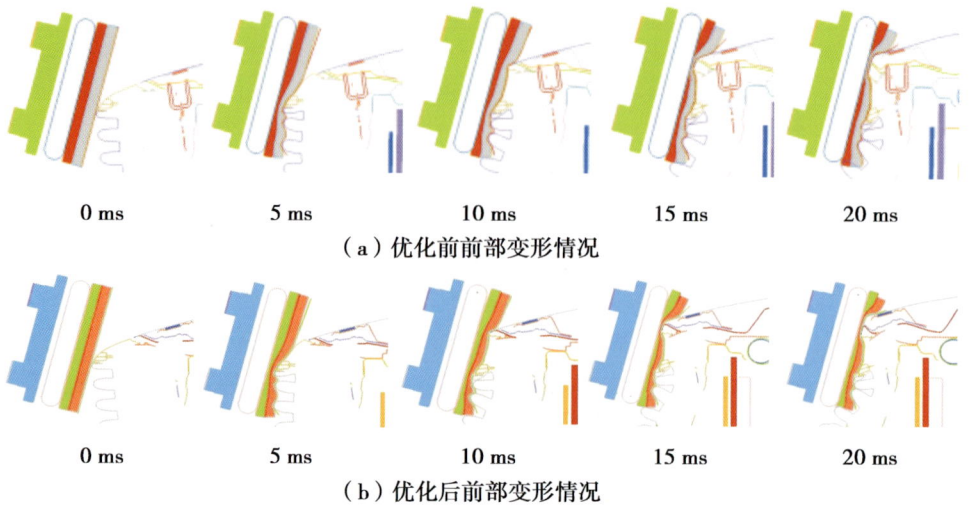

图 4.54　优化前后碰撞变形形式对比图

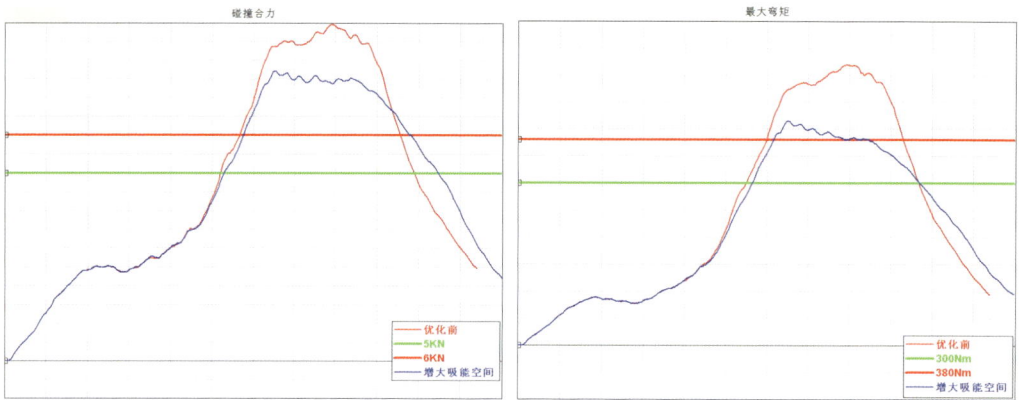

图 4.55　碰撞结果曲线对比

2）结构设计优化

车辆前端内部结构的设计形式对大腿碰撞性能有至关重要的影响。它主要包括保险杠上支撑点结构形式、前罩内外板的断面设计结构、机舱前部装饰盖板、前罩内外板加强件结构及前罩锁加强件结构等。

在保证充足变形空间的前提下，前罩内外板断面结构形式对大腿碰撞性能有着至关重要的影响。

此处仍以 Y0 碰撞位置为例，在优化方案的基础上，对前罩内板、前罩锁加强件进行结构优化，进一步弱化大腿碰撞方向上的支撑强度，减小内外板之间腔体大小，同时弱化内板前端结构，使罩板前端结构在碰撞过程中充分变形吸能。其优化方案如图 4.56 所示。

（a）优化前　　　　　　　　（b）前端结构优化

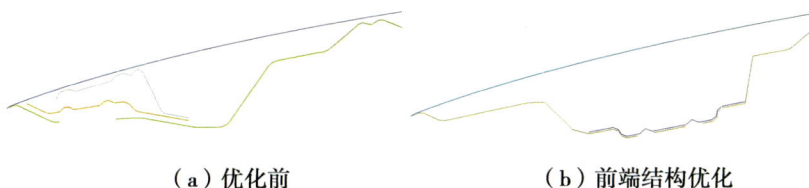

图 4.56　优化方案示意图

碰撞变形形式如图 4.57 所示,变化曲线对比如图 4.58 所示。

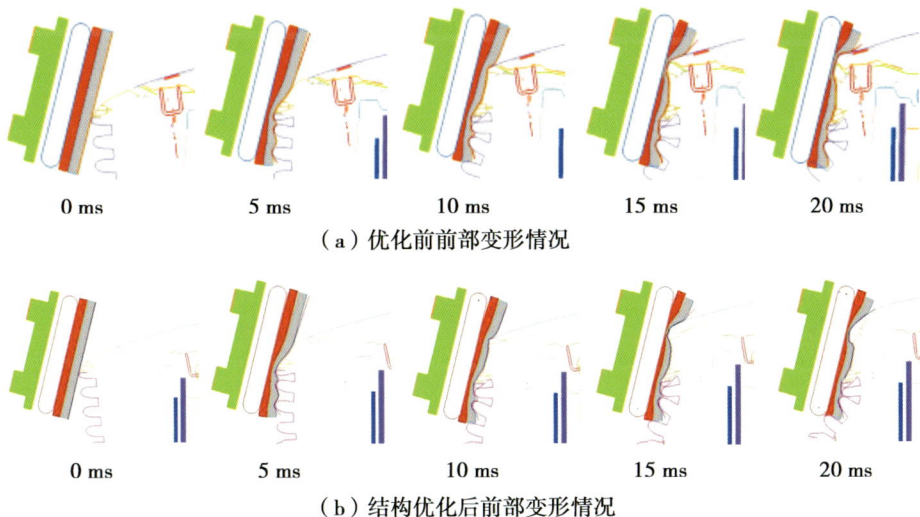

0 ms　　　　5 ms　　　　10 ms　　　　15 ms　　　　20 ms

（a）优化前前部变形情况

0 ms　　　　5 ms　　　　10 ms　　　　15 ms　　　　20 ms

（b）结构优化后前部变形情况

图 4.57　变形形式对比图

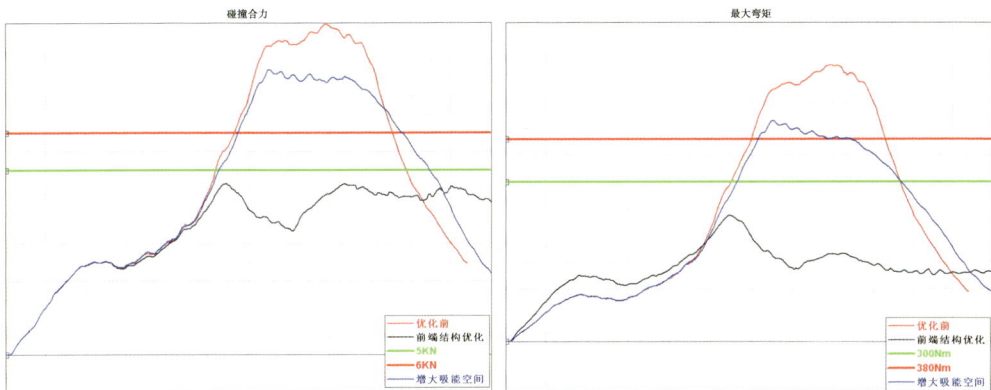

图 4.58　碰撞曲线对比图

　　由碰撞变形结果对比可知,经过对前罩内外板、前罩锁加强件等进行结构优化之后,碰撞过程中大腿碰撞合力及最大弯矩均大幅度降低,低于 NCAP 满分要求的最低限值。

　　到此阶段,该车型大腿撞击 WAD775 性能开发方案才最终确定,后期将在工装试验车上进行大腿撞击试验验证。

本章小结

行人保护是国内外汽车安全研究非常重要的组成部分。随着强制法规的不断推出及各国 NCAP 的不断发布,其重要性将越来越高。本章中对头部、大腿及小腿等部分开发方案的介绍并不全面,需要根据车辆开发的具体特点,如造型设计、总布置方案以及具体的结构设计具体的切实有效的方案,方案的制订过程中也应根据其他结构设计因素的变更而发生相应的变化。

车辆行人保护性能的提升,需要不断地努力和深入地学习与探讨。有效减小车辆碰撞中对行人的伤害,是每个行人保护开发人员的责任,是这项工作最大的意义所在。

练习题

1.项目开发前期,_____决定了车辆行人保护碰撞区域的位置。
2.Euro-NCAP 将大腿碰撞发动机罩前缘,变更为_____。
3.法规头部碰撞中,_____是风险最大的头部碰撞位置。

参考文献

[1] 全国汽车标准化技术委员会.汽车对行人的碰撞保护:GB/T 24550—2009[S].北京:中国标准出版社,2009.

[2] 中国汽车技术研究中心.C-NCAP 管理规则(2018 版)[EB/OL].[2018-06-13].

[3] The Commission of The European Communities. REGULATION(EC)No.78/2009[EB/OL].[2018-06-13].

[4] EUROPEAN NEW CAR ASSESSMENT PROGRAMME. Euro-NCAP Pedestrian Testing Protocol, Version 8.1, June 2015.[EB/OL].[2018-06-13].

第5章 碰撞仿真分析基础

近30年来,新车开发所需要的时间越来越短,其开发周期的变化如图5.1所示。新车开发的时间取决于原型车研制的时间。目前,汽车的结构越来越复杂,复杂化的设计呼唤高效、可靠的虚拟开发工具。而虚拟开发离不开准确、全面的材料数据库。只有在准确、全面的数据库支撑下,虚拟设计才能有效表征实物的试验结果。汽车是一个运动构件,虚拟开发过程必须进行动态的仿真。为模拟动态中的材料响应和疲劳响应,从而对零部件的性能、功能进行预测,同时有材料的疲劳数据和动态响应数据进行支撑。为了模拟汽车碰撞中对各项安全法规的适应性,就必须有各种应变速率下的材料本构模型,同时进行材料在高应变速率下的动态响应的测试,并建立材料应变速率下的本构方程,以满足汽车虚拟设计和计算机模拟的需要。

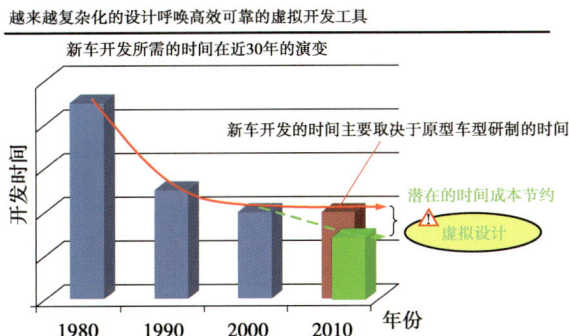

图 5.1 新车开发周期的变化

5.1 汽车和工业实践需要材料在高应变速率下的响应特性

在自然界和工业实践中发生的诸多现象,与静态设计和解析的情况相悖。例如,地震过程中的桥梁、房屋的倒塌;军事工业中的子弹对防护装置的枪击和穿透;汽车各种安全碰撞;工程爆破中的断裂现象;雨雪冰沙,各类飞鸟对飞行器的高速撞击;各类冲压时的零件变形和开裂的响应,这些材料在高应变速率下的力学响应、失效方式和在静态下是完全不同的。工程上的静态设计准则,以及解析、计算和验证,与这类情况完全不符,即目前材料静态下的响应特性无法满足对这些构件特殊受力状态下的变形模式和失效模式的模拟和预测。又如,汽车构件的冲压变形过程,使用常规的准静态的力学性能也难以准确模拟和预测冲压过程中的变形、开裂和起皱诸多缺陷形成的原因和预防措施。一般的冲压过程,材料的应变速率远大于准静态的应变速率。一系列的工业实践中出现的问题,对材料在高应变速率下的响应特性提出了需求。不同材料在不同的应变速率范围也有不同的应变速率响应特性。

5.1.1　动态载荷和应变速率

动态载荷大体可分为两种:一种为动态循环载荷,另一种为动态冲击载荷,如图5.2 所示。

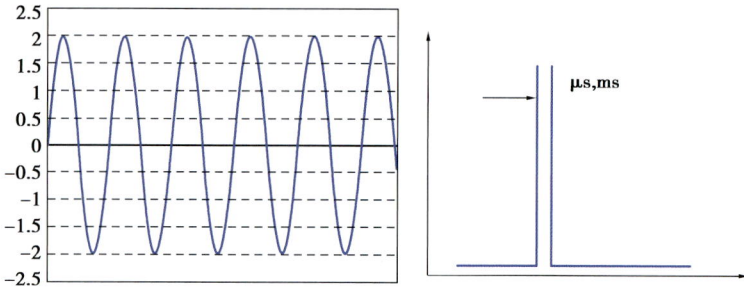

图 5.2　动态载荷示意图

应变速率可分为工程应变速率和真应力真应变速率。工程应变速率可表示为

$$\dot{e} = \frac{\mathrm{d}e}{\mathrm{d}t} = \frac{1}{L_0} \cdot \frac{\mathrm{d}L}{\mathrm{d}t} = \frac{V}{L_0} \tag{5.1}$$

式中　e ——工程应变;

　　　t ——时间;

　　　L_0 ——拉伸试样的初始标距;

　　　L ——瞬间的长度;

　　　V ——拉伸速度。

真应变速率可表示为

$$\dot{\varepsilon} = \frac{\mathrm{d}\varepsilon}{\mathrm{d}t} = \frac{\mathrm{d}\left(\ln\dfrac{L}{L_0}\right)}{\mathrm{d}t} = \frac{1}{2} \cdot \frac{\mathrm{d}L}{\mathrm{d}t} = \frac{V}{L} \tag{5.2}$$

或

$$\dot{\varepsilon} = \frac{\mathrm{d}\varepsilon}{\mathrm{d}t} = \frac{\mathrm{d}\left(2\ln\dfrac{D_0}{D_i}\right)}{\mathrm{d}t} = -\frac{2}{D_i} \cdot \frac{\mathrm{d}D_i}{\mathrm{d}t} \tag{5.3}$$

式中 ε——真应变；

  D_0——原始样品的直径；

  D_i——变形瞬间的直径；

  其他参量同前式。

  真应变速率和工程应变速率的关系可表示为

$$\dot{\varepsilon} = \frac{V}{L} = \frac{\dot{e}}{1+e} \qquad (5.4)$$

  应变速率敏感性是材料的固有特性，通常用应变速率敏感指数 m 来表示。一般材料的流变应力和流变速率之间的关系可表征为

$$\sigma = C\,(\dot{\varepsilon})^{\,m}\big|_{\varepsilon,T} \qquad (5.5)$$

式中 C——常数；

  m——应变速率敏感系数，m 值可用阶梯变速拉伸来测定，即

$$m = \frac{\partial \ln\sigma}{\partial \ln\dot{\varepsilon}}\bigg|_{\varepsilon,T} = \frac{\Delta\ln\sigma}{\Delta\ln\dot{\varepsilon}}\bigg|_{\varepsilon,T} = \frac{\ln\dfrac{\sigma_2}{\sigma_1}}{\ln\dfrac{\dot{\varepsilon}_2}{\dot{\varepsilon}_1}} \qquad (5.6)$$

  在外力作用下，拉伸试样的宏观变形是微观上位错运动的结果，应变速率与可动位错的平均运动速度 v 的关系为

$$\dot{\varepsilon} = ab\rho v \qquad (5.7)$$

式中 ρ——可动位错密度；

  a——比例常数；

  b——布氏矢量。

  方程(5.7)清楚地表明了应变速率的物理本质，同时也表明应变速率随可动位错的密度变化而变化，随可动位错的平均运动速度变化而变化。

5.1.2 尺寸高应变速率下材料力学性能的测试技术

  早期材料应变速率敏感性的测试，始于对轨道钢的动态断裂强度测试，同时由托马斯·杨(Thomas Young)提出了描述动态断裂强度弹性波理论。1872 年，约翰·霍普金森(J. Hopkinson)完成了第一个动态演示试验，实现了金属丝的动态加载。1897 年杜恩(Dunn)设计了第一台高应变率力学性能测试试验机。随后，伯伦特·霍普金森(B. Hopkinson)在其父亲约翰·霍普金森的研究基础上，加长了铁丝的长度，并给出了波在传播中的分析表达式，该试验为后续的霍普金森(Hopkinson)杆试验装置的研制提供了理论支撑。1914 年完成了霍普金森杆试验装置的研制，并利用霍普金森压杆测定了子弹撞击和爆炸的脉冲波形。1940 年，开始在动态拉伸试验中

使用应变片技术。1945 年,一种分离式霍普金森压杆发明问世。随后,一些学者开始尝试利用霍普金森压杆技术研究材料在高温下的动态力学性能。20 世纪 70 年代,Zwick 等公司开始高速拉伸试验机的研制和生产。20 世纪 80 年代初,计算机开始用于霍普金森压杆试验中。各应变速率区域划分如图 5.3 所示,相应的各类测试系统如图 5.4 所示。其中,包括摆锤试验机、落锤试验机、飞轮试验机、推进式压缩试验机、液压拉伸试验机及霍普金森压杆。几类试验机的特点如下:

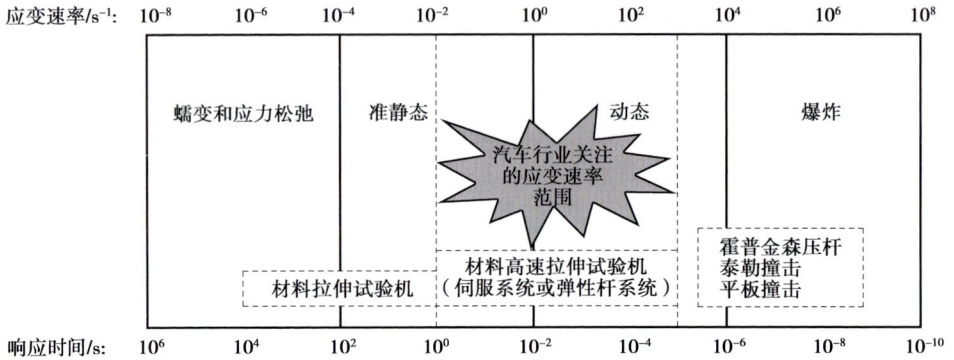

图 5.3 应变速率区域划分

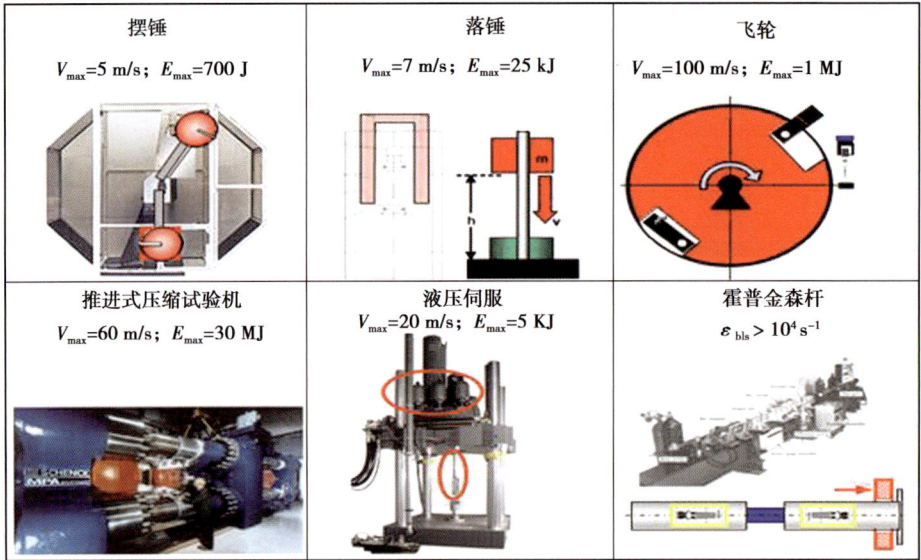

图 5.4 各类测试系统

1) 摆锤试验机

摆锤试验机是常用的一种冲击试验机。这类试验机目前已全数字化,可记录冲击试验过程中冲击试样的起裂功、裂纹扩展功和断裂总功,也可记录冲击时最大载荷点的载荷、相对应的位移和冲击功,断裂失稳点的载荷、位移和冲击功,失稳终止点的载荷、位移和冲击功,以及最大位移点的载荷、位移和冲击功。冲击时的试样形状受到限制。

2)落锤冲击

落锤试验装置主要是由一个落锤和一个大质量的基础组成的。它利用一个下落的重锤对试样施加压缩载荷。这种试验技术具有应变率为 $10^2/s$ 时产生高加载的能力,如最大冲击速度大于 20 m/s,最高应变速率大于 1 000 s^{-1},锤头质量可在 2~50 kg进行变化。它的一个突出缺点是:这种试验中既不能实现恒定载荷,也不能实现恒定应变速率。它可完成中等应变速率的压缩、拉伸、剪切及部件试验。

3)弹性杆系统

日本鹭工的弹性杆系统组成图如图5.5所示。它与目前大多数弹性杆相类似。这类系统的优点是可获得很高的应变速率。用这个系统做试验时,用压缩试样较方便,但该系统应变的测量、载荷测量较复杂。由于加载模式的限制,因此,该系统所测的最低应变速率大于500。国外用这一系统测量高应变速率下的材料响应特性时,通常与液压的试验系统进行对照,以相互验证。

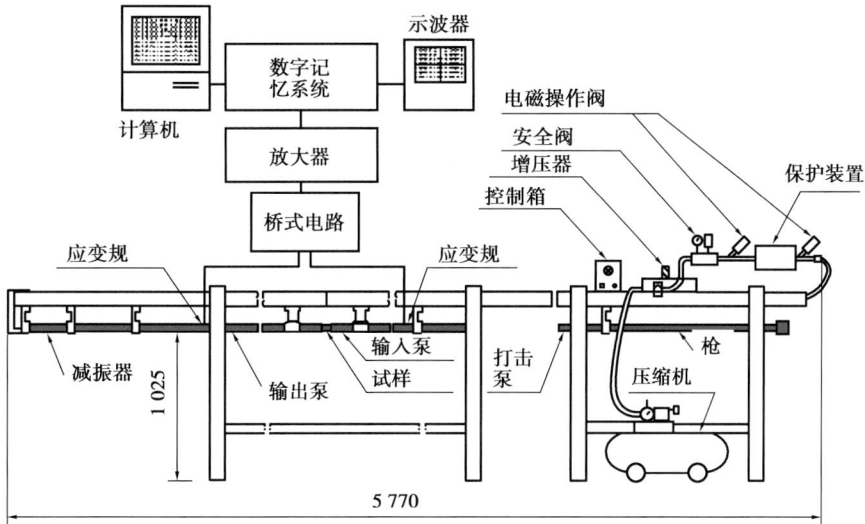

图 5.5 日本鹭工的弹性杆系统的组成图

4)电液伺服高速拉伸机

日本鹭宫、德国 Zwick 、英国 Instron 等公司先后都开发了电液伺服高速拉伸试验机。液压系统采用液压泵和多个储能器并行工作的加载方法,通常最大载荷 50~

65 kN。在加载中,当位移速率小于 1 m/s 时,采用闭环控制;加载速率大于 1 m/s 时,采用开环控制。载荷测量可用载荷包,或用夹具上贴应变片的力传感器,或在样品上贴应变片的力传感器进行测量。大部分液压伺服的加载框架可实现应变速率的上限值 $1.0 \sim 5.0 \times 10^2 \mathrm{s}^{-1}$,在这样的应变速率下的液压数据会被震荡所困扰,这些震荡就会叠加到载荷包的响应特性上。各液压设备的最大加载速度为 $4 \sim 20$ m/s,应变测量有激光引伸计、多普勒激光、位移传感器及应变片。应变速率测量范围从准静态到1 000 m/s。所需要得到的应变速率和应变量与试样标距的大小,设备的最大位移的速度、应变量,以及应变测量方式、材料特性等因素有关。例如,采用应变片测量,通常测量的应变范围应在 10% 以下,激光引伸计和动态光学引伸计不受应变范围的影响。应用光学应变计可进行全应变场的应变测量,这时应对试样喷涂散斑。典型的全应变场的应变测量示意图如图 5.6 所示。

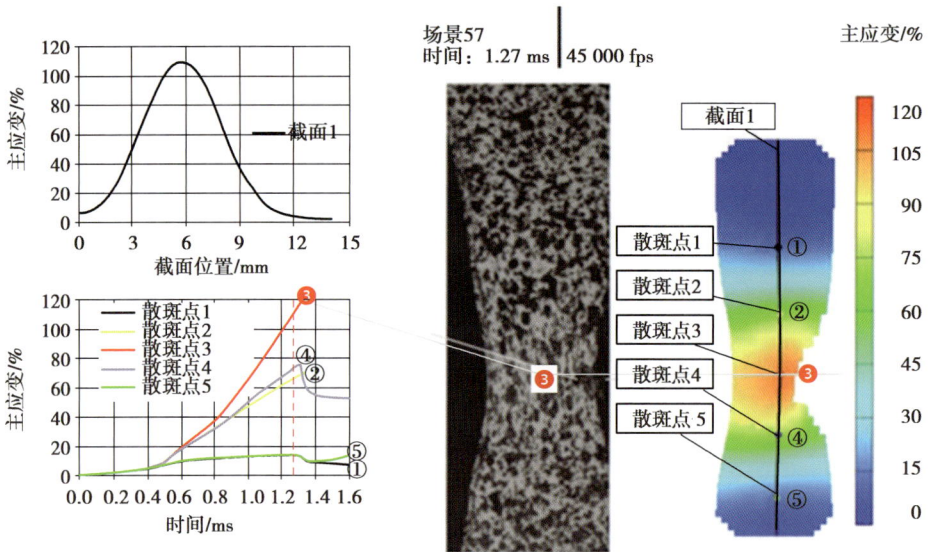

图 5.6　高速拉伸时全应变场的应变测量(光学引伸计)

5.1.3　高速拉伸试样的形状和尺寸

按照德国标准 SEP1230 和国际标准 ISO26203-2 对金属板材高速拉伸试样所规定的形状和尺寸如图 5.7 所示。

试样的标距长度与拉伸时位移速度、名义应变速率的关系如图 5.8 所示。在高速拉伸试验中,拉伸位移速度为 20 m/s 时,拉伸时间和线应变、标距长度之间的关系如图 5.9 所示(光学引伸计的测量结果)。由图 5.8 可知,随着标距的缩短,则拉伸位移速度增加,应变速率提升。图 5.9 表明,在同样的拉伸位移速度条件下,随着时间的增长,线应变增长,在达到一定拉伸变形时间之后,随标距的缩短,线应变增长。

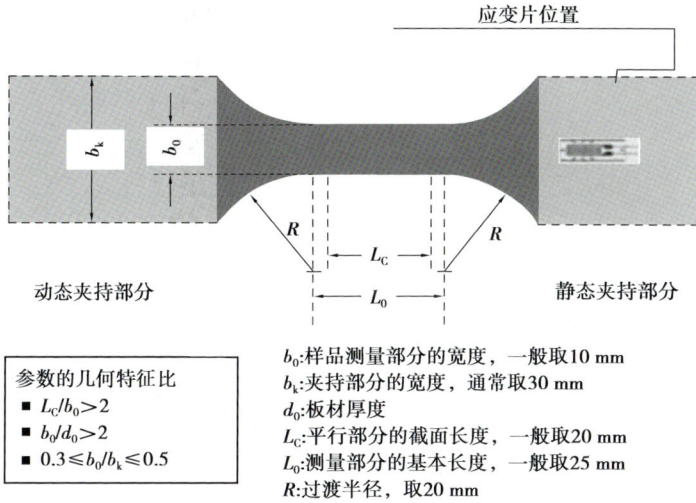

b_0:样品测量部分的宽度，一般取10 mm
b_k:夹持部分的宽度，通常取30 mm
d_0:板材厚度
L_C:平行部分的截面长度，一般取20 mm
L_0:测量部分的基本长度，一般取25 mm
R:过渡半径，取20 mm

参数的几何特征比
- $L_C/b_0 > 2$
- $b_0/d_0 > 2$
- $0.3 \leqslant b_0/b_k \leqslant 0.5$

图 5.7 试样尺寸

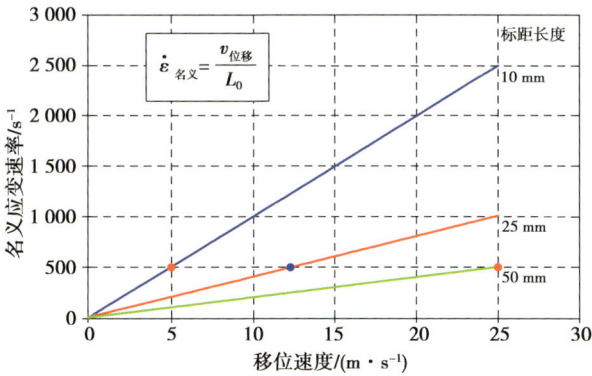

图 5.8 标距长度与拉伸时位移速度、名义应变速率的关系

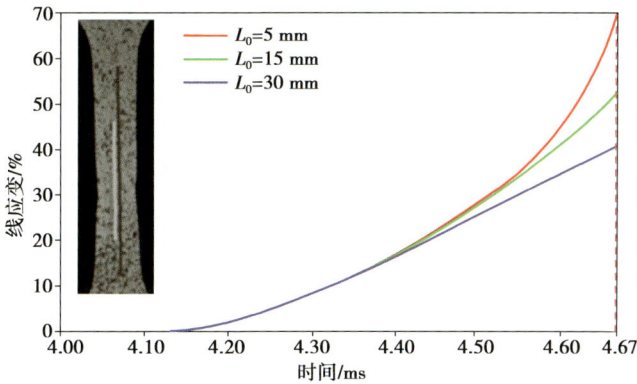

图 5.9 试样的标距长度与拉伸时位移速度、名义应变速率的关系

国际标准 ISO 26203-1 为弹性杆的高速拉伸试验标准，我国国家标准 GB/T

30069.1—2013 也规定了弹性杆的高速拉伸试验标准。考虑塑料复合材料的特殊性，对塑料复合材料高速拉伸制订了专用标准。

5.2　高速拉伸的数据处理

5.2.1　原始数据的处理

按照一维应力波理论，当利用弹性杆进行材料的高速性能试验时，可利用下述方程(5.8)—方程(5.10)进行应力-应变曲线的计算，即

$$\dot{e}(t) = \frac{C}{L_s}[\varepsilon_I(t) - \varepsilon_R(t) - \varepsilon_T(t)] \tag{5.8}$$

$$e(t) = \int_0^t \dot{e}(t)\,\mathrm{d}t = \frac{C}{L_s}\int_0^t[\varepsilon_I(t) - \varepsilon_R(t) - \varepsilon_T(t)] \tag{5.9}$$

$$\sigma(t) = \frac{E}{2}\frac{A_0}{A}[\varepsilon_I(t) + \varepsilon_R(t) + \varepsilon_T(t)] \tag{5.10}$$

式中　L_s ——样品的试验段长度；

$C = \sqrt{\dfrac{E}{\rho}}$ ——导杆的弹性波速；

$\dfrac{A_0}{A}$ ——导杆与样品的截面积之比；

ε_I ——入射应变；

ε_R ——反射应变；

ε_T ——透射应变。

利用上述方程，就可计算给定应变速率下的工程应力-应变曲线。

在高应变速率下所得到的应力-应变曲线是波动很大的，因此，对原始数据要进行处理。为了使原始数据更贴近材料的真实性能和真实的数据，需对原始数据的无效数据进行处理，过滤掉数据中的非正值的数据，即当 $\varepsilon_i \leqslant 0$ 或 $\sigma_i \leqslant 0$ 时，删除数据对 $(\varepsilon_i, \sigma_i)$。当应力较波动时，对应力的取值可采用同一应变下，各对应应力值的平均值法。

因此，当 $\varepsilon_i = \varepsilon_{i+1} = \cdots = \varepsilon_{i+n}$ 时，应力的取值为

$$\sigma_i = \frac{1}{n+1}\sum_{i=0}^n \sigma_i \tag{5.11}$$

对其他相关的数据对 $(\varepsilon_{i+1}, \sigma_{i+1}) - (\varepsilon_{i+n}, \sigma_{i+n})$ 进行删除。为保证应变单调递增，即当 $\varepsilon_{i+1} \leqslant \varepsilon_i$ 或 $\sigma_{i+1} \leqslant \sigma$ 时，将数据对 $(\varepsilon_{i+1}, \sigma_{i+1})$ 删除。将各种无效数据过滤

后,用下述方程(5.12)—方程(5.18)计算真应力-应变曲线的相关参量和其他力学参量。由此获得的无效数据过滤后的真应力-应变曲线如图 5.10 所示。

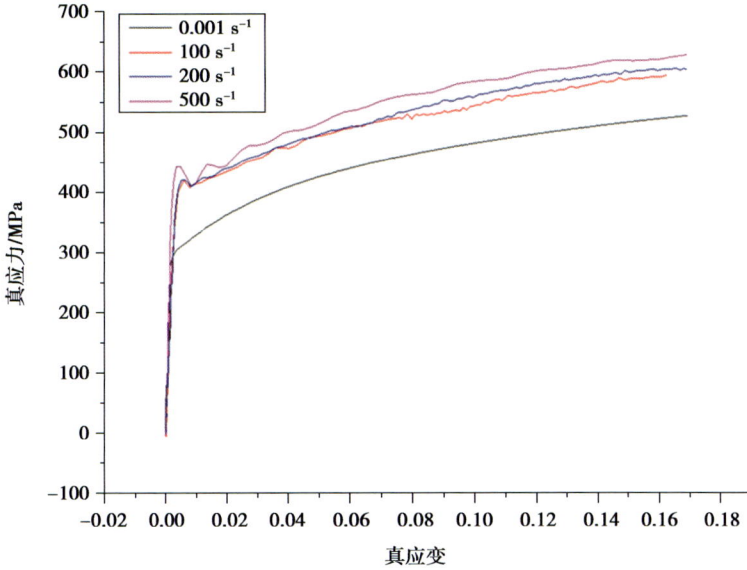

图 5.10　无效数据过滤后的真应力-应变曲线

真应力-应变曲线

$$\varepsilon_i = \ln(1 + e_m) \tag{5.12}$$

$$\sigma_i = \sigma_m(1 + e_m) \tag{5.13}$$

抗拉强度

$$\sigma_b = \max(\sigma_i) \tag{5.14}$$

弹性模量

$$E = \frac{\sum\limits_{i=1}^{n} \varepsilon_i \sigma_i - \dfrac{1}{n} \sum\limits_{i=1}^{n} \varepsilon_i \sigma_i}{\left(\sum\limits_{i=1}^{n} \varepsilon_i \right)^2 - \dfrac{1}{n} \sum\limits_{i=1}^{n} \varepsilon_i^2} \tag{5.15}$$

n 值(给定应变范围内的应变硬化指数的平均值)为

$$n = \frac{\sum\limits_{i=1}^{n} \lg \varepsilon_i \sum\limits_{i=1}^{n} \lg \sigma_i - n \sum\limits_{i=1}^{n} (\lg \varepsilon_i \lg \sigma_i)}{\left(\sum\limits_{i=1}^{n} \lg \varepsilon_i \right)^2 - n \sum\limits_{i=1}^{n} \lg \varepsilon_i^2} \tag{5.16}$$

屈服强度对应于 $\min\left(\mid E - \dfrac{\sigma_{si}}{\varepsilon_{si} - 0.002} \mid \right)$ 的 σ_{si} 为

$$\sigma_s = \sigma_{si} \tag{5.17}$$

均匀延伸率(即抗拉强度对应的延伸率)为

$$e_u = \frac{L_u}{L_0} \tag{5.18}$$

均匀真应变

$$\varepsilon_u = \ln(1 + e_u) \tag{5.19}$$

式中 ε_i ——真应变;

       e_m ——工程应变;

       σ_i ——真应力;

       σ_m ——工程应力;

       σ_b ——材料的最大失稳抗力,即抗拉强度;

       E ——弹性模量;

       n ——给定应变范围内的应变硬化指数的平均值;

       σ_s ——屈服强度;

       $\varepsilon_{si}, \sigma_{si}$ ——大于 0.002 的真应变和对应的真应力;

       e_u ——均匀延伸率;

       L_u ——均匀伸长;

       L_0 ——原始标距长度;

       ε_u ——均匀真应变。

5.2.2 应力-应变曲线的平滑

实测应力-应变曲线的平滑方法如下:

1)平均法

平均法即应力波动的上限值和下限值的平均法。该方法较直观,通常误差在可接受范围内,但是用在霍普金森杆的曲线上,屈服强度区域会有很大的波动,采用这一方法时,应用准静态测试的值作为参考,并将屈服后的各点的平滑曲线向屈服点延伸,以求出较合理的动态应变下的屈服强度。

2)Savitzky-Golay 法

Savitzky-Golay 法即多项式拟合法,通常用二阶或三阶多项式进行拟合,可得到较精确的拟合数据。多项式拟合所用的拟合方程为

$$\sigma(\varepsilon_p) = a_0 + a_1\varepsilon_p + a_2\varepsilon_p^2 + \cdots + a_n\varepsilon_p^n \tag{5.20}$$

$$\begin{bmatrix} \sum\limits_{i=1}^{m} 1 & \sum\limits_{i=1}^{m} \varepsilon_{\mathrm{p}} & \cdots & \sum\limits_{i=1}^{m} \varepsilon_{\mathrm{p}}^{n} \\ \sum\limits_{i=1}^{m} \varepsilon_{\mathrm{p}} & \sum\limits_{i=1}^{m} \varepsilon_{\mathrm{p}}^{2} & \cdots & \sum\limits_{i=1}^{m} \varepsilon_{\mathrm{p}}^{n+1} \\ \vdots & \vdots & & \vdots \\ \sum\limits_{i=1}^{m} \varepsilon_{\mathrm{p}}^{n} & \sum\limits_{i=1}^{m} \varepsilon_{\mathrm{p}}^{n+1} & \cdots & \sum\limits_{i=1}^{m} \varepsilon_{\mathrm{p}}^{2n} \end{bmatrix} \begin{bmatrix} a_0 \\ a_1 \\ \vdots \\ a_n \end{bmatrix} = \begin{bmatrix} \sum\limits_{i=1}^{m} \sigma \\ \sum\limits_{i=1}^{m} \varepsilon_{\mathrm{p}} \sigma \\ \vdots \\ \sum\limits_{i=1}^{m} \varepsilon_{\mathrm{p}}^{n} \sigma \end{bmatrix} \tag{5.21}$$

这一方程的拟合计算已有相关的计算机程序。在计算机的 Excel 表中即可找到,只要输入相关的试验数据,就可自动生成拟合结果。

3)傅里叶法

用傅里叶法也可对高应变速率下的材料的试验应力-应变曲线进行拟合。这一方法也有相关的计算机程序,但拟合的误差略高。

以上 3 个方法拟合的工程应力-应变曲线的对比如图 5.11 所示。

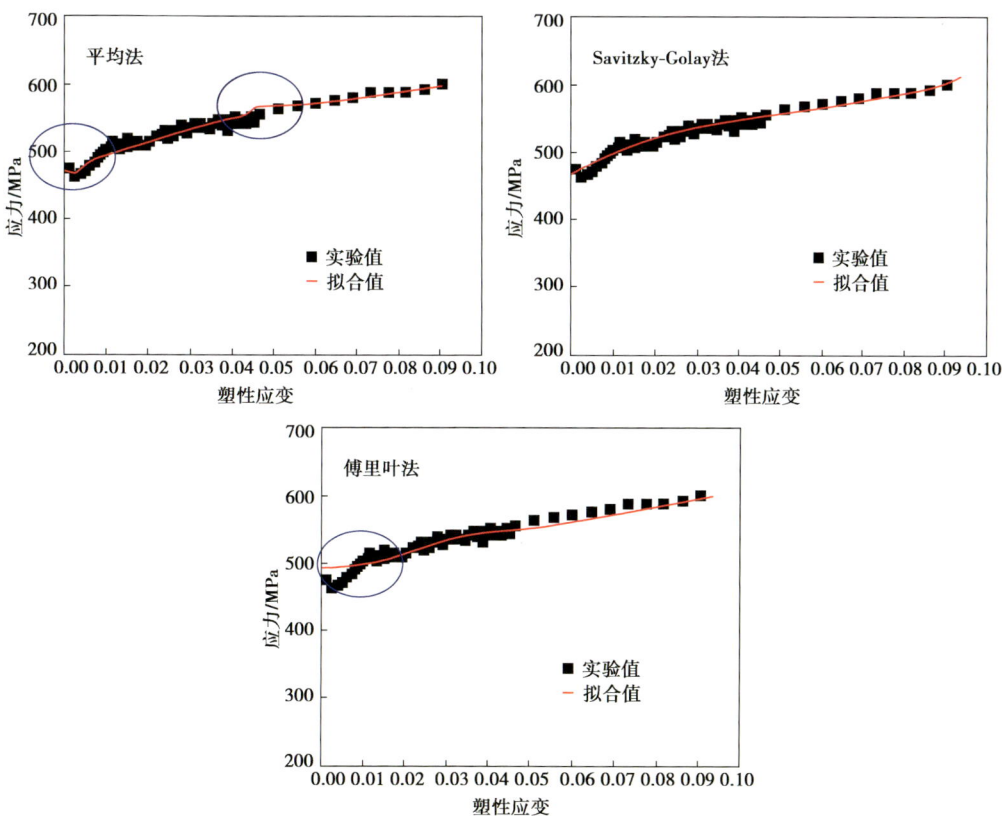

图 5.11 3 种方法的拟合曲线

4）信号振动的基本原理及测量技术前沿

除以上利用数学方法对力信号拉平的技术外，近年来国内外学者对高速拉伸中力信号振荡效应（System Ringing Effect）的基本物理原理也作了深入研究。

Li 等将应力波基本理论应用在高速拉伸机上，通过理论分析和基于 LS-DYNA 的应力波数值仿真，发现高速拉伸测试中，因为拉伸机动态加载的产生的应力波对传统的压电陶瓷力传感器造成非常强的振荡，频率在 6 kHz 左右；而对测试样品的振荡影响几乎可忽略不计，并且振动频率较高，接近 16 kHz，如图 5.12（a）所示。基于此结论，重新设计了样品尺寸，在原有的塑性形变区域外增加了弹性段，并通过高速图像相关技术，试验采集了动态拉伸测试中样品弹性段的弹性形变，再换算为样品力-时间曲线，如图 5.12（b）、（c）所示。为进一步验证此方法的准确性，通过改变弹性段长度，控制了应力波造成的振动频率，如图 5.12（d）所示。此工作的意义在于：试验验证了以上应力波仿真方法的准确性；如图 5.12（b）中红色力-时间曲线，找到了一种避免应力波干扰的动态拉伸力信号测量方法。

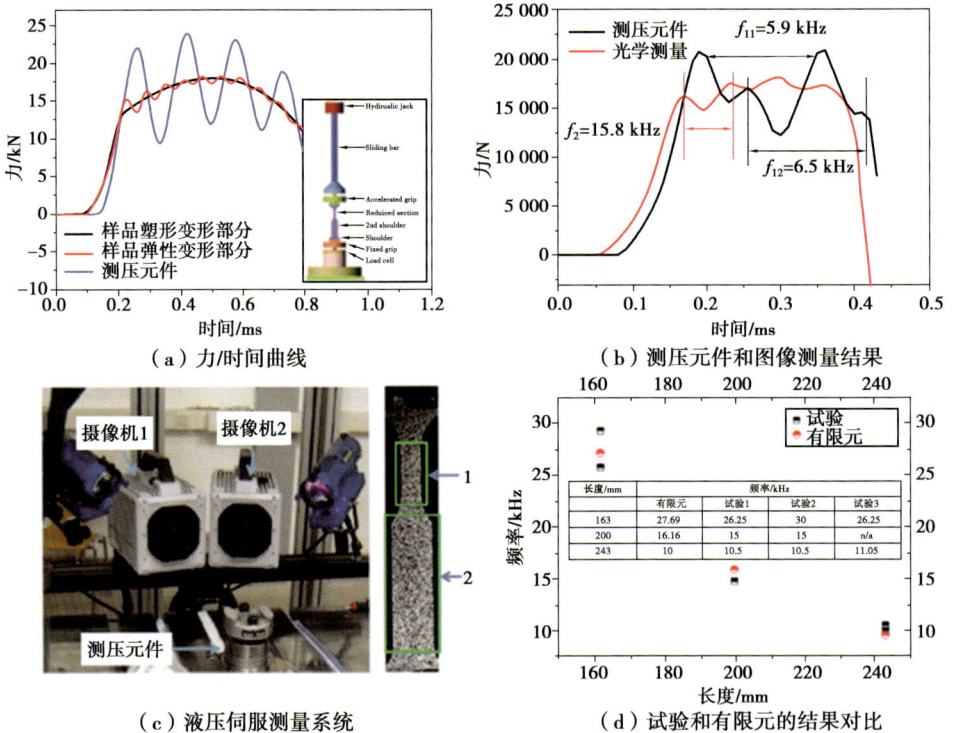

（a）力/时间曲线　　　　　　　（b）测压元件和图像测量结果

（c）液压伺服测量系统　　　　　（d）试验和有限元的结果对比

图 5.12　测量结果

图 5.12（a）基于 LS-DYNA 的拉伸机应力波仿真模型及仿真结果，注意蓝色曲线为压电陶瓷传感器上的应力波振动，红色为样品弹性段力-时间曲线；图 5.12（b）、（c）分别为通过 DIC 方法测试得到的力-时间试验曲线和试验装置图；图 5.12（d）为通过改变样件弹性段长度得到的振动频率-样品长度试验和仿真对比。

5）Hollomon 方程

如用高速拉伸的试验数据，计算出真应力-真应变数据，就可用 Hollomon 方程，则

$$\sigma = K\varepsilon_p^n \tag{5.22}$$

对试验曲线进行拟合和平滑。用该方程拟合时，也可从 Excel 表中的相关程序中进行操作。

5.3　高速拉伸数据的本构方程

汽车碰撞时，不同部位的不同构件或同一构件的不同部位都会承受不同的碰撞速度或不同的应变速率。例如，汽车前撞时，A,B,C 3 点的应变速率的实际测试结果示于图 5.13。高速拉伸试验时，试验的数量是有限的，计算机模拟时，将模拟出任意一点的应变速率和变形情况。为给计算机模拟提供各类应变速率下的材料的应力-应变数据库，必须建立高速拉伸的本构方程。目前，常用的本构方程如下：

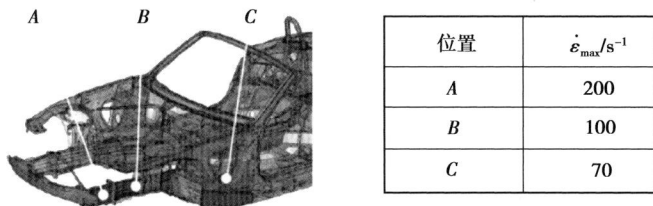

位置	$\dot{\varepsilon}_{max}/s^{-1}$
A	200
B	100
C	70

图 5.13　汽车前撞时典型部位的应变速率测试

1）Johnson-Cook 方程

Johnson-Cook 方程为

$$\sigma = (A + B\varepsilon^n)\left(1 + C\ln\frac{\dot{\varepsilon}}{\dot{\varepsilon}_0}\right)(1 - T^{*m}) \tag{5.23}$$

方程（5.23）中，A,B,C,m 都是材料常数。其中，A 为参照温度下的屈服应力；B 为硬化模量，C 为应变速率硬化指数；m 为热软化指数；T^{*m} 是一个温度比，又称当量温度，$T^{*m} = (T - T_{室温})/(T_{熔} - T_{室温})$，其中，$T$ 为试验温度，$T_{熔}$ 为材料的熔点，ε 为应变，$\dot{\varepsilon}$ 为应变速率；$\dot{\varepsilon}_0$ 为准静态的应变速率或参考应变速率；$\dfrac{\dot{\varepsilon}}{\dot{\varepsilon}_0}$ 为无量纲的塑性应变率。

当应变率为 10^{-3} s^{-1} 时，方程（5.23）可简化为

$$\sigma = A + B\varepsilon^n \tag{5.24}$$

在参考的应变速率下,方程(5.24)中,常数 A 即为准静态拉伸曲线的屈服强度,将方程(5.24)变化形式,并取对数为

$$\ln(\sigma - A) = \ln B + n \ln \varepsilon \tag{5.25}$$

将不同应变下的流变应力用 $\ln(\sigma - A)$ 对 $\ln \varepsilon$ 作图,其截距可求出 B,斜率可求出 n。将 JC 方程转变形式,可得

$$\frac{\sigma}{A + B\varepsilon^n} - 1 = C \ln \frac{\dot{\varepsilon}}{\dot{\varepsilon}_0} \tag{5.26}$$

首先将与 3 个应变速率相对应的一系列应变(如 4 个应变量)下的流变应力求出,并计算出 3 个应变速率下的 $\ln \frac{\dot{\varepsilon}}{\dot{\varepsilon}_0}$,然后用方程(5.26)的关系 $\frac{\sigma}{A + B\varepsilon^n} - 1$ 对 $\ln \frac{\dot{\varepsilon}}{\dot{\varepsilon}_0}$ 作图,求出不同应变速率段不同的 C 值,再进行相关处理,即求出 JC 方程中的常数 C。该方程与上述所求常数的方法曾用于经 T7451(T7451 处理工艺。通过固溶处理、冷却后进行拉伸变形,然后再进行时效并消除应力)处理的 7050 铝合金高速拉伸性能计算,用实测值所回归的 JC 方程中的常数见表 5.1,用表 5.1 的常数和 JC 方程计算的该合金的流变曲线和实测的流变曲线的对比如图 5.14 所示。可知,某些应变速率和某些应变区有一定的差异,总体趋势基本吻合。

表 5.1 Al 7050-T7451 初始 JC 模型的特征参量

参量	A/MPa	B/MPa	n	C
值	490.8	530.0	0.580 4	0.005 138

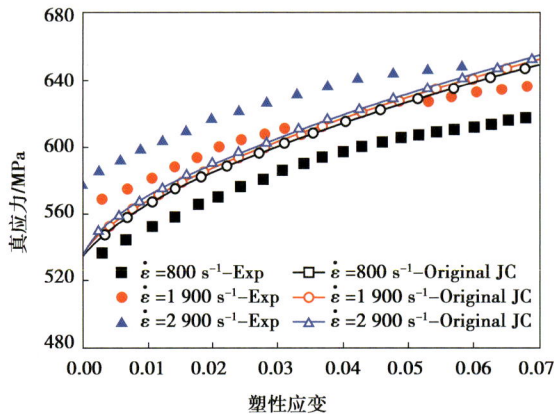

图 5.14 用初始 JC 模型的试验值和预测值的对比

实际上,不同的应变速率段或不同的应变区域,其方程中的 C 值是不同的,即该常数不是恒定的,它与应变区域和应变速率相关。显然,这是与初始的 JC 方程中的 C 值恒定和假定是不同的。如图 5.15 所示为在不同应变量、不同应变速率下 C 值的变化情况。

C 可表示为应变和应变速率的函数,即 $C = f\left(\varepsilon, \ln \frac{\dot{\varepsilon}}{\dot{\varepsilon}_0}\right)$,文献[29]根据 7050+

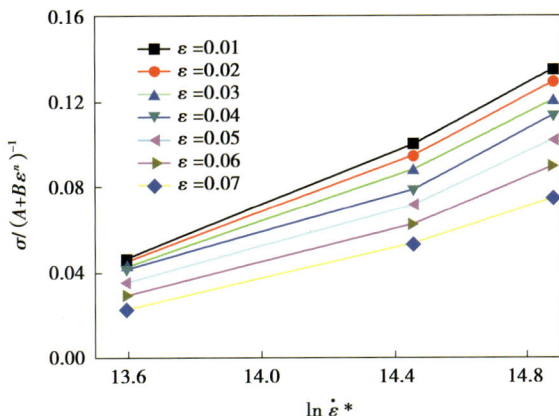

图 5.15　不同应变量与不同应变速率的 C 值

T7451 的试验结果,将这一函数表示为

$$C = C_0 + C_1\varepsilon + C_2\varepsilon^2 + C_3\ln\frac{\dot{\varepsilon}}{\dot{\varepsilon}_0} + C_4\left(\ln\frac{\dot{\varepsilon}}{\dot{\varepsilon}_0}\right)^2 + C_5\varepsilon\ln\frac{\dot{\varepsilon}}{\dot{\varepsilon}_0} \qquad (5.27)$$

应用 7050-T7451 铝合金的试验数据,所求得的 JC 方程的相关参量 (A, B, n) 和 C 函数方程中的回归参量见表 5.2。

表 5.2　7050-T7451 铝合金 JC 方程的相关参量 (A, B, n) 和 C 函数方程中的回归参量

参量	A/MPa	B/MPa	n	C_0	C_1
值	490.8	530.0	0.580 4	0.180 7	0.439 1
参量	C_2	C_3	C_4	C_5	
值	−0.477 1	−0.029 48	0.001 207	−0.031 39	

利用表 5.2 中所得的回归参数,所计算的真应力-真应变曲线和试验的比较示于图 5.16。可知,计算值和试验值有较好的一致性,说明 C 值修正的必要性。但目前对 JC 方程的处理中,很多人将 C 值作为常数来处理,导致了计算值和试验值的偏差。

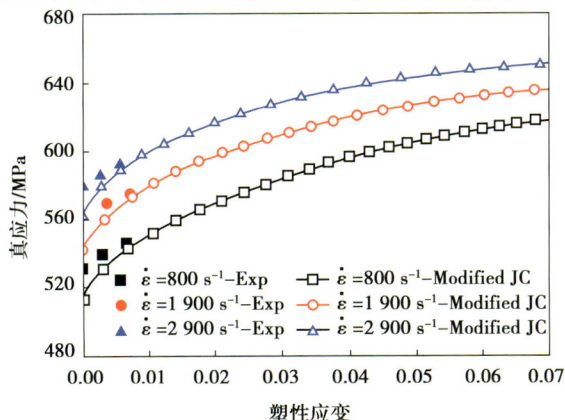

图 5.16　用表 5.2 参量和 JC 方程所计算的流变曲线与试验数据的比较

　　JC 模型是基于加工硬化和材料应变速率敏感性的、温度敏感性的数学方程。在数学上,它是这些因素的乘积,所计算的在不同应变速率下的应力-应变关系只可能是发散的。

　　文献[17]研究了某些高应变速率下的某些材料在大应变下流变应力表现出发散的特性,但文献[30]则得出在大应变下且流变应力饱和的情况下,应力-应变曲线表现出收敛的特性,这种应力收敛的特性可能与高应变速率下试验时绝热效应有关。在这种情况下,模型所预测的应力-应变曲线不能从本质上反映试验数据的真实趋势。用文献[30]所做的 DQSK 钢的 3 种应变速率室温下的数据拟合了 JC 方程的相关参量,利用拟合参数和 JC 方程,进行了应力-应变曲线的计算,与试验数据的比较如图 5.17 所示。可以看出试验值和预测值之间明显的差别,特别是在小应变范围内,试验值和计算值差异明显,因此,提出了修正的 JC 方程。

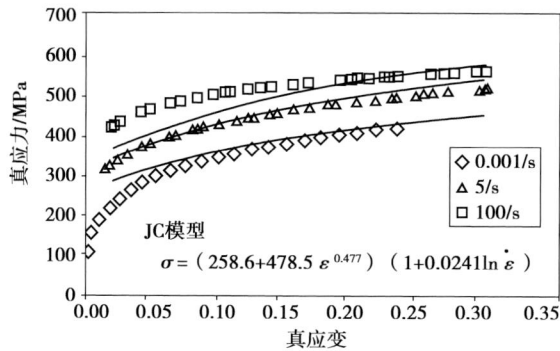

图 5.17　JC 模型所拟合的流变曲线

2)修正 Johnson-Cook 方程

　　修正的 JC 方程有两种:一种将应变硬化中原 Ludenrick 方程用 Holloman 方程代替,并在速率硬化项中增加幂指数硬化项,即

$$\sigma = B\varepsilon^n \left[1 + C\varepsilon^{n'} \ln \frac{\dot{\varepsilon}}{\dot{\varepsilon}_0} \right] \tag{5.28}$$

式中,B,C,n' 均为拟合常数。在汽车车身结构应用的材料中,温度的结果并不具有特别重要的意义,在修正的 JC 方程中,去掉了温度项。与传统的 JC 方程相比,该方程具有以下优势:

　　①在此模型中,当应变速率 $\dot{\varepsilon}$ 为准静态的应变速率时,模型就简化为幂指数模型,这时的 JC 方程就像广泛应用的 Hollomon 方程($\sigma = K\varepsilon^n$)描述材料的应变硬化行为,n 即通常的应变硬化指数。在原始的 JC 方程中,常数 A 或者定义为屈服应力,或者作为曲线的拟合参数,如果这一参数作为屈服应力,在 $A + B\varepsilon^n$ 中的 n 值就不对应于 Hollomon 方程中的 n 值。如果参数 A 是从严格的数学曲线拟合的常数,在 $A +$

$B\varepsilon^n$ 中的常数 A 就没有任何物理意义。在以上两种情况中，JC 模型中的 n 值都不是普通在拉伸试验中的测量值。

②试验项 $\varepsilon^{n'}$ 是与不同参数的应力-应变行为相对应的。$n + n' > 0$，就可描述发散形的流变曲线（见图 5.18(a)），$n + n' < 0$，就为收敛形的流变曲线（见图 5.18(b)）；$n + n' = 0$，为平行的流变曲线（见图 5.18(c)）。图 5.19 展示了修正的 JC 模型和 JC 模型的预测值与试验数据的比较。可知，修正的 JC 模型，拟合效果更好，修正的 JC 模型拟合参量为

$$C = 0.014, n = 0.264, n' = -0.436$$

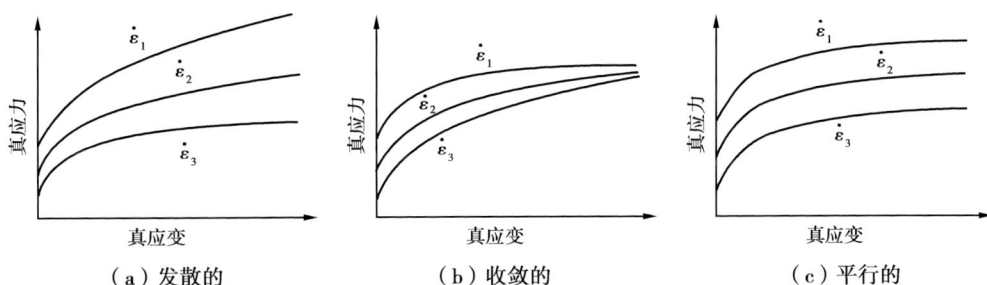

图 5.18　不同应变速率下的应力-应变关系的图解

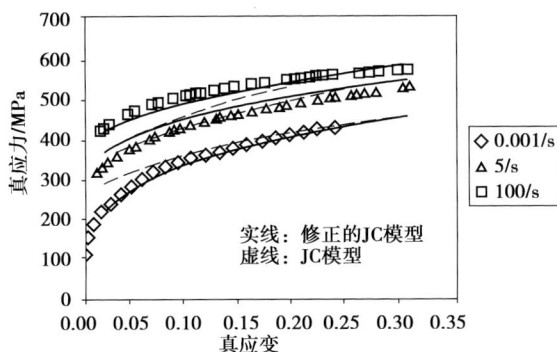

图 5.19　修正后的 JC 模型与 JC 模型的对比

因为 $n + n' < 0$，所以用修正 JC 模型拟合的数据是一个收敛形的曲线，比 JC 模型拟合得更好。为比较 JC 模型和修正的 JC 模型拟合的效果，在 1/100 应变间隔下，对各种应变速率下模型的预测值与实测值之间误差距的百分数进行了评估。这一误差公式可表示为

$$Error = \frac{\sum_{i=1}^{n} \sum_{j=1}^{m} \dfrac{|\sigma_{ij}^{p} - \sigma_{ij}^{e}|}{\sigma_{ij}^{p}}}{nm} \tag{5.29}$$

式中　σ^p, σ^e ——预测值和试验值；

　　　m ——数据点的数；

n ——应力-应变曲线的数。

以该方程进行计算,JC 方程的平均误差为 4.5%,修正的 JC 模型的平均误差为 2.7%,改进了 40%。

文献[31]用修正的 JC 方程对 7 个高强度钢类进行了拟合,这 7 类钢为 BH300, HSLA350,400W,HSS590,TRIP590,DP590,DP800,用修正的 JC 方程和 JC 方程拟合的参量和误差见表 5.3 和表 5.4。对 440W 的拟合曲线如图 5.20 所示。表中数据表明,修正的 JC 方程拟合效果优于 JC 方程,拟合误差均低于广泛应用的 JC 模型。仔细分析图 5.20 的曲线可知,在低应变区,特别是准静态应变速率下,应变速率≤ 0.005,修正的 JC 方程有明显的误差。修正的 JC 模型可描述高应变速率下的几个钢种的流变曲线。由表 5.3 可知,参量 C 除了 BH300,HSS500 和 TRIP590 之外,均随着抗拉强度的升高而降低,对这一参量和强度之间的关系用线性回归,就可得

$$C = -0.00003TS + 0.0402$$

表 5.3　修正的 JC 方程拟合参量

钢种	B	C	n	n'	误差率/%
BH300	676	0.021	0.19	−0.05	1.5
HSLA350	644	0.029	0.13	0.06	1.7
440W	739	0.027	0.18	0.10	1.5
HSS500	914	0.038	0.16	0.42	0.9
TRIP590	1043	0.017	0.20	0.14	1.0
DP600	1010	0.02	0.15	0.103	1.5
DP800	1230	0.012	0.13	0.07	1.1

表 5.4　JC 方程拟合的参量

钢种	A	B	C	n	误差率/%
BH300	363	701	0.02	0.725	2.0
HSLA350	403	500	0.021 4	0.593	2.1
440W	370	685	0.018 8	0.594	1.7
HSS500	455	1 007	0.014 6	0.663	1.5
TRIP590	478	742	0.014 1	0.399	1.1
DP600	472	1 025	0.011 9	0.676	1.5
DP800	583	900	0.009 5	0.357	1.6

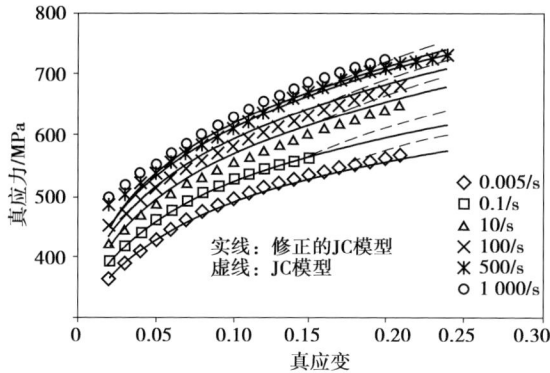

图 5.20　440W 的拟合曲线

这里 TS 为准静态的抗拉强度，n 为 -0.05 到 0.14，平均取 0.1，这样就可导出基于 7 个钢种的准静态的数据，计算高应变速率下的应力-应变关系，其经验方程为

$$\sigma = B\varepsilon^n \left[1 + (-0.000\,03TS + 0.040\,2)\varepsilon^{0.1}\ln\left(\frac{\dot{\varepsilon}}{\dot{\varepsilon}_0}\right) \right] \tag{5.30}$$

在该经验方程中，$B\varepsilon^n$ 值为幂指数在准静态应力-应变速率下拟合的曲的值。该经验方程表明，随着材料强度的增加，应变速率敏感性降低，这与试验结果一致。基于应变速率 $0.005\ \mathrm{s}^{-1}$ 的拉伸试验所得出的 B,n 和 TS 值与用该方程计算的应力-应变曲线的结果的误差列于表 5.5，典型曲线如图 5.21 所示。对其他钢种的拟合也令人满意，只是对 TRIP590 和 BH300 在一些中等速率下有较大误差。经验方程的获得和建立均比较简单，对大部分高强度钢有一定的实用性，但该方程普适性和物理意义均有待于深入探讨。在缺乏高速拉伸试验条件和数据的情况下，为扩大某些高强度钢的应用，用这类方程估算一些高应变速率下的数据，还是有一定参考价值。在具有高应变速率测试装备和条件下，建议进行试验数据的测试和本构方程的拟合，求出相关的本构方程，为实际应用中更准确地模拟提供条件。

表 5.5　B,n 和 TS 值

钢种	B	n	TS/MPa	误差率/%
BH300	692	0.19	419	2.0
HSLA350	655	0.129	443	2.0
440W	768	0.195	460	1.5
HSS500	993	0.197	592	2.2
TRIP590	1 048	0.216	629	2.7
DP600	1 050	0.156	660	2.1
DP800	1 237	0.13	827	1.4

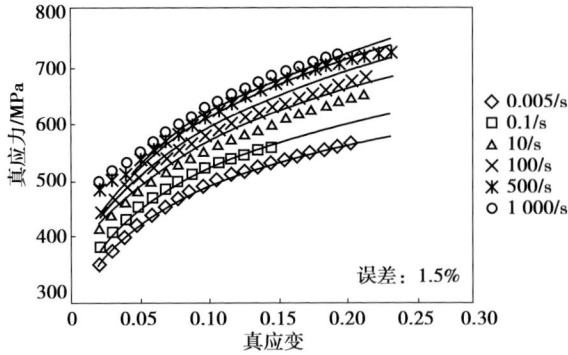

图 5.21　用经验方程所拟合的曲线与实测点的比较(440W)

另一种修正的 JC 方程为在应变硬化项中,用二阶多项式硬化代替原 Ludenrick 方程,即

$$\sigma = A(1 + E\varepsilon + F\varepsilon^2)(1 + C \ln \dot{\varepsilon}^*)(1 - T^{*m}) \tag{5.31}$$

式中,A,E,F,C 都是拟合常数。该方程中考虑了温度项,因此,更适合于在高应变速率下对材料温升敏感的试验数据的拟合。

3)Cowper-Symonds 方程

该方程为基于加工硬化和应变速率敏感性的数学方程,从数学上来说,也是幂指数方程,用该方程所计算的在不同应变速率下所计算的应力-应变值也是发散的。方程可写为

$$\varepsilon = D\left(\frac{\sigma}{\sigma_0} - 1\right)^q \tag{5.32}$$

式中　σ ——流变应力;

　　　σ_0 ——准静态的流变应力;

　　　D,q ——常数。

该方程还可写为

$$\sigma = \sigma_0\left[1 + \left(\frac{\dot{\varepsilon}}{D}\right)^{\frac{1}{q}}\right] \tag{5.33}$$

式中,σ_0 为准静态下的流变应力。对这一应力有两种处理方式:一种用 Holloman 方程(见方程 5.22)来描述,代入方程(5.33),即可得

$$\sigma = K\varepsilon_p^{\ n}\left[1 + \left(\frac{\dot{\varepsilon}}{D}\right)^{\frac{1}{q}}\right] \tag{5.34}$$

对高速压缩变形,如子弹打靶时的变形,则 C-S 方程可为

$$\sigma_f = (\sigma'_0 + \beta E_p\varepsilon_p^{e+f})\left[1 + \left(\frac{\dot{\varepsilon}}{D}\right)^{\frac{1}{q}}\right] \tag{5.35}$$

式中　σ_f——流变应力;

σ'_0——初始屈服应力;

β——硬化参数;

ε_p^{e+f}——有效塑性应变;

E_p——塑性硬化模量, $E_p = \dfrac{E_{\tan} \times E}{E - E_{\tan}}$, E 为弹性模量, $E_{\tan}$ 为正切模量;

D,q——应变率参数。

另一种处理方式为

$$\sigma_0 = \sigma_s + E_t\varepsilon \tag{5.36}$$

式中　σ_s——屈服强度;

E_t——正割模量,将它代入方程(5.33),就可得

$$\sigma = (\sigma_s + E_t\varepsilon)\left[1 + \left(\frac{\dot{\varepsilon}}{D}\right)^{\frac{1}{q}}\right] \tag{5.37}$$

4)ZA 方程

ZA 模型是以位错力学为基础的材料动力学计算的本构关系,Zerilli 和 Amstrong 提出了这种模型,考虑张量取向因子 m'、位错密度 ρ 及位错的平均运动速度,利用这些参量就可计算材料的剪应变速率,位错上限的运动速度接近于弹性剪切波的速度,考虑位错产生的速度与位错运动克服局部障碍的激活能,激活的面积以及单轴应力和剪应力的关系,与上述各参量与温度的关系,晶粒度初始流变特性(包括固溶原子的初始位错密度)等因素对位错运动、初始屈服和流变应力的影响,提出了体心立方金属的本构方程

$$\sigma = \Delta\sigma'_G + C_1\exp(-C_3T + C_4T\ln\dot{\varepsilon}^*) + C_5\varepsilon^n + nd^{-1/2} \tag{5.38}$$

除了独立的应变硬化因素之外,还考虑了来自速率硬化和热软化的因素,以及晶粒大小的依赖关系,对体心立方金属,这一关系比面心立方金属依赖性更强一些。

对面心立方金属

$$\sigma = \Delta\sigma'_G + C_2\varepsilon^{1/2}\exp(-C_3T + C_4T\ln\dot{\varepsilon}^*) + Kd^{-1/2} \tag{5.39}$$

式(5.39)主要考虑 σ 对温度的软化和应变速率硬化的依赖关系是随应变硬化增长而增大。

当合金成分和显微组织确定后,则 $\Delta\sigma'_G + kd^{-1/2}$ 为常数,方程(5.39)可改写为

$$\sigma = C_0 + C_1\exp(-C_3T + C_4T\ln\dot{\varepsilon}^*) + C_5\varepsilon^n \tag{5.40}$$

该方程中速率硬化项的影响和温度硬化项的影响是通过对数函数和温度的负值的加和,再以指数函数形式表现出来,以使其在高应变速率下强化影响效果。

当 $\dfrac{\dot{\varepsilon}}{\varepsilon^*} = 1$ 时,方程(5.40)可简化为

$$\sigma = (C_0 + C_5 \varepsilon^n) + C_1 \exp(C_3 T) \tag{5.41}$$

该方程为各因素的加和方程,用该方程所计算的不同应变速率下的应力-应变曲线只能是平行的。用试验和计算所做的不同应变速率下的应力-应变曲线在正常的情况下是发散的,随着应变速率和应变的增加,应变硬化现象是增加的。

5) 修正的 ZA 模型

为描述高温下材料的流变特性,文献[34]提出了修正的 ZA 模型,其方程可表示为

$$\sigma = (C_1 + C_2 \varepsilon^n) \exp\{-(C_3 + C_4 \varepsilon) T^* + (C_5 + C_6 T^*) \ln \dot{\varepsilon}^*\} \tag{5.42}$$

式中　　σ ——V.Misses 流变应力;

　　　　ε ——等效塑性应变;

　　　　$\dot{\varepsilon}^* = \dfrac{\dot{\varepsilon}}{\dot{\varepsilon}_0}$ ——无量纲的应变速率,被参考应变速率归一化的应变速率,$\dot{\varepsilon}_0$ 为参

　　　　　　考应变速率;

　　　　$T^* = T - T_{ref}$ ——温度影响因子,即实际温度-参考温度;

　　　　C_1, C_2, C_3, C_4, C_5, C_6, n——材料常数,利用相关试验数据,就可求出方程

　　　　　　　　(5.42)中相关材料常数,从而计算相关条件下

　　　　　　　　的流变曲线。

6) 双幂函数模型

同时考虑流变应力和应变速率影响的本构方程在许多情况下用双幂函数

$$\sigma_e = B_e \varepsilon^n \dot{e}^m \tag{5.43}$$

通用的写法为

$$\sigma_e = f_1(\varepsilon) f_2(\dot{\varepsilon}) \tag{5.44}$$

式中　　σ_e ——材料流动应力;

　　　　B_e ——拉伸或压缩时的塑性模量;

　　　　ε_e ——工程应变;

　　　　$\dot{\varepsilon}_e$ ——工程应变率;

如果应变速率和温度恒定时,则应变硬化指数 n 为

$$n = \frac{\lg \sigma_{e2} - \lg \sigma_{e1}}{\lg \varepsilon_{e2} - \lg \varepsilon_{e1}} \tag{5.45}$$

如果应变和温度恒定时,则应变速率敏感指数 m 为

$$m = \frac{\lg \sigma_{e2} - \lg \sigma_{e1}}{\lg \dot{\varepsilon}_{e2} - \lg \dot{\varepsilon}_{e1}} \tag{5.46}$$

式中,$(\sigma_{ei}, \varepsilon_{ei})$ 和 $(\sigma_{ei}, \dot{\varepsilon}_{ei})$ $(i = 1, 2)$ 分别是 $\lg \sigma_e$-$\lg \varepsilon_e$ 曲线和 $\lg \sigma_e$-$\lg \dot{\varepsilon}_e$ 曲线上的两点。

在恒定速度下，$f_1(e)$，$f_2(\dot{e})$ 可从方程(5.45)方程(5.46)的积分获得，其结果的表现形式即为方程(5.44)。式中，B_σ 为拉伸或压缩时的塑性模量，根据真应变 $\varepsilon = \ln(1+e)$，e 为工程应变，σ_f 为真应力，则可为

$$\sigma_f = B_\sigma \varepsilon^n \dot{e}^m \tag{5.47}$$

$\varepsilon = \varepsilon_e + \varepsilon_p$，$\varepsilon$ 为总应变，为弹性应变 ε_e 和塑性应变 ε_p 之和。当 ε_e 极小时，弹性应变区，这里不予讨论。

当 n 和 m 与应变、应变速率无关时，方程(5.47)微分可得

$$\frac{d\sigma}{\sigma} = n\frac{d\varepsilon}{\varepsilon} + m\frac{d\dot{\varepsilon}}{\dot{\varepsilon}} \tag{5.48}$$

当 m 值和 n 值对应变速率和应变硬化分别为独立相关时，则对方程全微分可得

$$\frac{\partial}{\partial\varepsilon}\left(m\frac{\sigma}{\dot{\varepsilon}}\right) = \frac{\partial}{\partial\dot{\varepsilon}}\left(n\frac{\sigma}{\varepsilon}\right) \tag{5.49}$$

m 值仅与应变速率相关，n 值仅与应变相关。显然，这只是在某些特定应变范围下是满足的。试验表明，n 值作为应变的函数，随应变增加而减少，m 值则随应变增加而增加。

当考虑温度影响时，方程(5.44)可变为

$$\sigma = f_1(\varepsilon)f_2(\dot{\varepsilon})f_3(T) \tag{5.50}$$

对在某一温度范围和应变速率范围内，方程(5.50)可变为

$$\sigma = \sigma_e \varepsilon^n \dot{\varepsilon}^m \exp(-bT) \tag{5.51}$$

在更大的温度范围内，可采用一般形式为

$$\sigma = \sigma_e \varepsilon^n \dot{\varepsilon}^m \sum_{i=1}^q a_i \exp(-b_iT) \tag{5.52}$$

该方程可在很宽的范围内(温度、应变速率、应变硬化等)来描述材料的流变特性。

7)高温下材料的流变应力、应变速率和温度之间关系的本构模型

在高温下进行塑性变形时，材料的加工硬化性能很弱，这时的流变应力和应变速率，温度与应变速率有较密切的关系。在低应力下，应变速率和流变应力之间的关系可用幂函数关系来描述；在高应力下，可用指数函数关系来描述；在整个应力范围内，可用双曲正弦函数，并考虑热激活项的 Arrhenius 方程。以上 3 种情况的本构方程分别为

$$\dot{\varepsilon} = A_1\sigma^{n_1},\ \alpha\sigma < 0.8 \tag{5.53}$$

$$\dot{\varepsilon} = A_2\exp(\beta\sigma),\ \alpha\sigma > 1.2 \tag{5.54}$$

$$\dot{\varepsilon} = A[\sinh(\alpha\sigma)]^n\exp\left(-\frac{Q}{RT}\right) \tag{5.55}$$

式中 A_1,A_2,n_1,β——常数，且满足 $\alpha = \dfrac{\beta}{n_1}$。

考虑 Zener 和 Hollomon 建立了流变应力 σ、应变速率 ε 和温度 T 的关系，即

$$Z = \dot{\varepsilon}\exp\left(\frac{Q}{RT}\right) \tag{5.56}$$

利用方程(5.55)，即可得

$$Z = \dot{\varepsilon}\exp\left(\frac{Q}{RT}\right) = A\,[\sinh(\alpha\sigma)]^{\,n} \tag{5.57}$$

式中 Z——Zener-Hollomon 参数，即温度补偿的应变速率因子，s^{-1}；

    Q——变形激活能，J/mol，其值反映了材料热变形的难易程度；

    R——摩尔气体常数，J/(mol · K)；

    A——结构因子，s^{-1}；

    n——应力指数；

    α——应力水平参数，MPa^{-1}。

由此根据试验数据就可求出上述方程中的各参量。在描述材料应变硬化、应变速率硬化和温度影响的本构方程还有 MTS 模型、Steinberg-Guinan-Lund(SGL)模型等，但应用比较多的还是经验方程 JC 方程、修正的 JC 方程、Cowper-Symonds 方程以及考虑温度、应变激活能的 Zener-Hollomon 参数的 Arrhenius 方程。

5.4 影响高速拉伸试验数据可靠性和分散性的因素

影响高速拉伸试验数据分散性的因素有以下 6 种：

1)试验设备

目前的试验设备不统一，有液压的，有霍普金森杆、落锤、电液伺服。这些设备在短时间内求得统一的试验载荷、加载速度以及相关参量的测量精度还有难度。因此，在高速拉伸的试验标准中，在目前没有统一试验装备的条件下，尽可能规范相关设备的测试参量的试验误差是十分必要的。

2)高速拉伸的试验试样标距尺寸的影响

在同样的位移速度下，不同的标距长，其应变速率是不同的。一些高速拉伸试样取自构件，有时受材料的限制，试样尺寸很难统一；不同的试验设备和应变测量装置，试样尺寸也不相同，故在分析试验误差时，必须考虑这些因素，同时在进行试验时，不同材料的试样切取尽可能一致，尽可能靠近相关标准。如取非标试样，应使试样测量段产生均匀的应力状态，并在此区域内发生断裂，以增加试验数据的可比性。

3）应变测量方法

目前,应变测量方法有多种。应变片、激光引伸计以及非接触测量的光学引伸计,它们的测量误差、测量方法、数据的采集和分析方法都不统一,这也必然会带来数据的分散性。因此,规范和统一应变的测量方法也是提高数据一致性、降低数据的分散性的方法。当进行一些要求较高的高速拉伸试验时,如能采用几种应变测量方法进行校验,可能会得出可比性更强的数据。

4）试验数据的采集和试验曲线的平滑

进行高速拉伸时,应尽可能多地采集数据,以利于数据分析时应用;数据采集的步长尽可能小,应力和应变的对应性尽可能好,试验中尽可能采取措施使应力的震荡尽可能小。对试验数据曲线进行平滑时,可采用多种方法进行比较,以求得误差较小的平滑曲线。目前,规定数据平滑方法和误差值尚有难度。一般来说,应用多项式平滑会取得较好效果。

5）高应变速率下的本构方程的拟合

根据试验数据,求得试验材料在各应变速率下的本构方程和相关参量是使试验结果普适化和推广应用的重要的一步,但对本构方程的选择,对不同的材料还很难提出确切的建议。就目前的试验结果,大多数人采用 Johnson-Cook 方程或修正的 Johnson-Cook 方程。对不同的材料可能会有不同的适用的本构方程,但选择本构方程时必须对各个试验数据进行拟合,并分析各个拟合方程的误差,由此选择出拟合数据与试验数据误差最小的本构方程。显然,要完成这项工作的好方法是通过计算机程序化、模拟、分析和比较。

6）试验夹具的设计与试验环境

试验材料以及与之相匹配的试验夹具、刚度和试验环境都会影响高速拉伸的试验结果,试验夹具的设计和刚度,都会影响试验载荷的震荡;对低熔点的材料,如铝合金、塑料复合材料,试验环境也会影响其效果,特别是试验时的绝热效应,也会影响试验结果。在分析对比试验结果时,应考虑这方面的影响。

本章小结

简要介绍了材料在高应变率下材料力学性能测试技术的发展,并描述了几类材料高速拉伸试验机的特点;介绍了金属板材高速拉伸试样所规定的形状和尺寸及工程应力-应变转换为真实应力-应变的试验数据处理方法;根据材料高速拉伸的试验数据,建立材料的本构方程,以表征材料在不同应变率下的材料力学性能;简要介绍影响高速拉伸试验数据可靠性和分散性的因素。

练习题

1.材料在不同应变速率下所测得的应力-应变曲线如何转换为真实应力-应变曲线?

2.为给计算机仿真计算提供各类应变速率下的材料的应力-应变数据库,必须建立高速拉伸的本构方程,目前常用的本构方程有哪些?

3.影响高速拉伸试验数据可靠性和分散性的因素有哪些?

参考文献

[1] 马鸣图,吴宝榕.双相钢:物理和力学冶金[M].2版.北京:冶金工业出版社,2009:100-101.

[2] Hatt W K, Marburg E. Preliminary report on the present state of knowledge concerning impact tests [M]. Ohio, USA: Proc. Amer. soc. Testing Meterials. 1899, 1:27-50.

[3] Young T. A course of lectures on natural philosophy and the mechanical arts. By Thomas Young.[M]//A course of lectures on natural philosophy and the mechanical arts. Printed for J.Johnson, 1807.

[4] Hopkinson J. Further experiments on the rupture of iron wire [J]. Proc. Manchest. Liter. Philos. Soc.1872,11:119-121.

[5] Hopkinson J. On the rupture of an iron wire by a blow [J]. Proc. Manchest. Liter. Philos.Soc.1872,11:40-45.

[6] Dunn B W. A photographic impact testing machine for measuring the varying intensity of an impulsive force[J]. J. Franklin Inst, 1897,144:321-348.

[7] Hopkinson B. The effects of momentary stresses in metals[J]. Proc. R. Sco. Lond. 1905,74:498-506.

[8] Hopkinson B. A method of measuring the pressure products in the detonation of high explosives or by the impact of bullets [J]. Phil.Trans. R. Soc. Lond. 1914, A 213: 437-456.

[9] Fehr O, Parker E R. and DeMichael, D.J. Measurement of dynamic stress and strain in tensile test specimens [J].Trans.ASME(J.Appl.Mech.11), 1944,66: A65-A71.

[10] Kolsky H. An investigation of the mechanical properties of materials at very high rate

of loading [J].Proc. Phys. Soc. Lond. 1949,B62: 676-700.

[11] Gilat A,Wu X.Elecated temperature testing with the torsional Hopkinson bar[J]. Experimental Mechanics,1994,34(2):166-170.

[12] Frantz C E,Follansbee P S,Hawley R H. New experimental techniques with the Hopkinson pressure bar[A].Berman I, Schroeder J W. High Energy Rate Forming [C].New York:ASEM,1984:229-236.

[13] Lennon A M,Ramesh K T.A technique measuring the dynamic behavior of materials at high temperatures [J]. International Journal of Plasticity, 1998, 14 (12): 1279-1292.

[14] 谢若泽,张方举,颜怡霞,等. 高温 SHPB 试验技术及其应用[J].爆炸与冲击, 2005,25(4):330-334.

[15] Schnellzerrei maschinen High-speed Tension Machines 1977.

[16] Signoret C,Pouyet J M, Latailade J L. Adaptation of a microcomputer system to a modified SHPB[J].J.phys.E:Sci Instrum.1980,13:1284-1286.

[17] Benda Yan, Ken Xu. High steain rate behavior of advanced high strength steels for automotive applications[C], 44th MWSP(metal working and steel processing) conference,2002, XL:493-507.

[18] SEP1230,The Determination of the Mechanical Properties of Sheet Metal at High Strain Rates in High-Speed Tensile Tests.

[19] ISO26203-2, Metallic materials—Tensile testing method at high strain rates—Part 2:Servo-hydraulic and other test systems.

[20] ISO26203-1, Metallic materials—Tensile testing method at high strain rates—Part 1: Elastic-bar-type system.

[21] 2013 金属材料高应变速率拉伸试验 第 1 部分:弹性杆系统.

[22] ISO18872:2007Plastics—Determination of tensile properties at high Strain Rate.

[23] SAE J2749—2008 High Strain Rate Tensile Testing of Polymers.

[24] Y Zhao,M T Ma,X M Wan,et.al. The development of data processing software for dynamic tension of materials[C]. Proceedings of The 2nd international conference on advanced high strength steel and press hardening , Changsha, 2015, Oct. 16-18, 126-133.

[25] Li J,Xiangfan Fang.Numerical stress wave analysis in LS-DYNA and force measurement at strain rates up to 1000 /s of a high speed tensile machine[J].Experimental Mechanics,2014,54(8):1497-1501.

[26] Aleksander Koprivc. Testing solutions for the automotive industry. 22th international forum for materials testing, key note speech:102-108.

[27] G R Johnson, W H Cook. A constitutive model and data for metals subjected to large strains, high strain rate and high temperatures, in proceedings of the seventh international symposium on ballistics, the Hague, The Netherlands, 1983: 541.

[28] Jin Qiang Tan, Mei Zhan, ShuaiLiu, et al. A modified Johnson-Cook modelfortensile flow behaviors of 7050-T7451 aluminum alloy at high strain rates. Materials Science & Engineering A, 631(2015): 214-219.

[29] C M Cady, et al. Report of Materials Provided by the Auto/steel Partnership. May 7, 1999.

[30] Xu K, C Wong, B Yan, et al. A high strain rate constitutive model for high strength steels[J].SAE SP 1735, advanced in light weight materials for automotive applications, 2003-01-0260.[R].Detroil: SAE, 2003.

[31] G R Cowper, P S Symonds, Strain hardening and strain rate effects in the impact loading of cantilever beams. Brown Univ. Applied Mathematics report, sept., 1958: 28.

[32] F J Zerilli, R W Amstrong. Dislocation mechanica−based constitutive relations for material dynamic calculations. J.Appl.Phys., 1987, Vli.61: 1861.

[33] Samantaray Dipti, Mandal Sumantra, Borah Utpal. Bhaduri, A K; Sivaprasad, P V. A thermo-viscoplastic constitutive model to predict elevated-temperature flow behaviour in a titanium-modified austenitic stainless steel. Materials Science and Engineering: A. 2009, 526(1): 1-6.

[34] J R Klepaczko. A Practical Stress-strain-strain-rate temperature constitutive relation of the powerform, Journal of Mechanical Working Technology, 15 (1987) 143-165.

[35] Jonas J, Sellars C, Tegart W, et al.Strength and structure under hot working condition [J].International Metal Reviews, 1969, 130(14): 1-4.

[36] Shi H, Mclaren A, Sellars C, et al.Constitutive equation for high temperature flow stress of aluminum alloys[J]. Materials Science and Engineering, 1997, 13(3): 210-216.

[37] 赵俊,湛利华,史博. 6061 铝合金高温拉伸流变行为[J].塑性工程学报,2014, 21(3): 111-115.

第6章 汽车结构耐撞性设计

汽车结构耐撞性设计是汽车安全性设计中的重要组成部分,更是乘员约束系统匹配集成的基础。结构耐撞性设计的目的主要是提高变形吸能区的吸能效率和保持乘员生存空间的完整性。本章主要从关键零部件结构设计、整车正面结构设计和整车侧面结构设计这3个部分来阐述汽车结构耐撞性设计。

6.1 关键零部件性能设计

6.1.1 前防撞横梁结构设计

前防撞横梁在低速碰撞过程中具有保护防撞横梁后部零件、降低维修成本的作用;在高速部分重叠碰撞中,能将碰撞侧的力传递至非碰撞侧,避免单侧出现过大的集中力,降低对车内乘员的伤害。

与前防撞横梁性能相关的参数主要包括横梁的弦高、宽度、外延长度、断面形状、断面高度及宽度等,如图 6.1 所示。

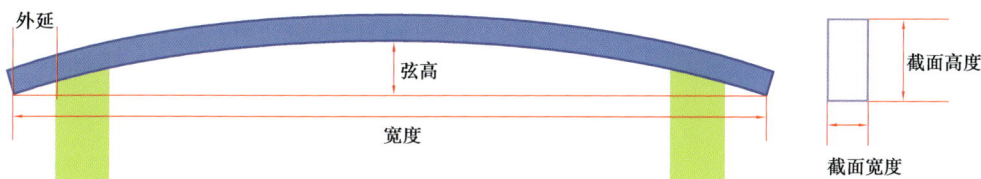

图 6.1 前防撞横梁结构参数示意图

前横梁弦高越小,横梁的抗弯性能越差,在车辆发生部分重叠碰撞情况下,横梁更易变形,产生横向拉力,导致车身纵梁折弯,降低纵梁的吸能效果。然而,过大的弦高又会导致吸能盒内侧和外侧的落差过大,内外两侧受力不均衡,影响吸能盒的压溃和纵梁折弯,如图 6.2 所示。

前横梁的外延长度主要是指防撞横梁最外侧到吸能盒最外侧的长度。该设计参数对偏置碰撞过程中纵梁的折弯有很大的影响。如图 6.3 所示,对前横梁外延长度 10,20,30,40,50,60 mm 这 6 个方案进行了对比分析。由结果可知,前横梁外延长度越长,纵梁的压溃变形程度就越小,且呈轴向压溃趋势,纵梁轴向承载能力更强。造成该现象的原因主要是横梁的外延长度越长,接触力 F_2 越大,对吸能盒产生的外翻弯矩 M_2 也就越大,从而可减小内翻合力矩 M,降低吸能盒和纵梁抗折弯的设计难度和成本。

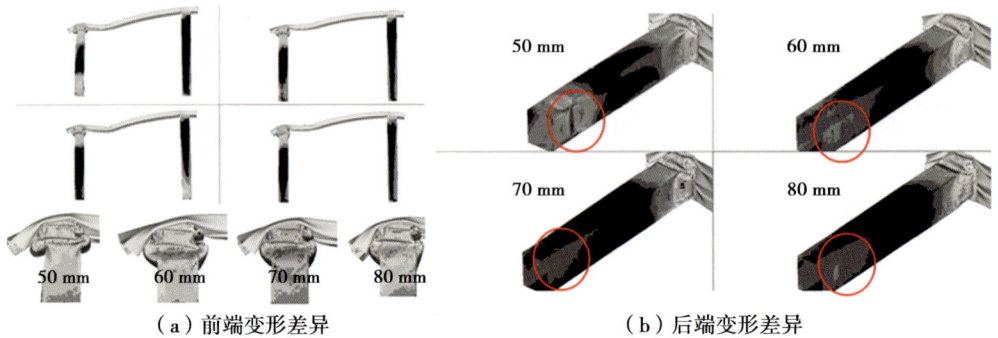

（a）前端变形差异   （b）后端变形差异

图 6.2   前防撞横梁弦高影响示意图

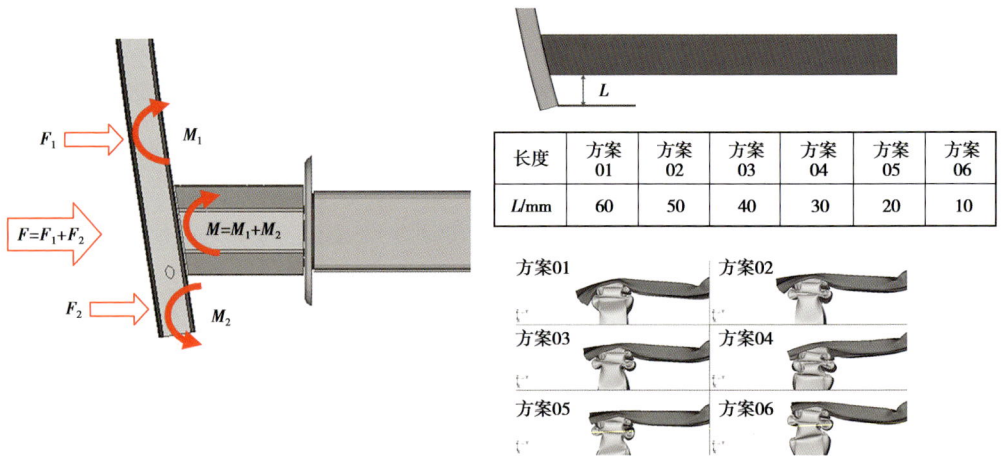

长度	方案01	方案02	方案03	方案04	方案05	方案06
L/mm	60	50	40	30	20	10

图 6.3   前防撞横梁外延长度影响示意图

根据不同的材料和工艺方法,前防撞横梁的断面结构设计会有所不同。通过冲压工艺生产的前防撞横梁,比较典型的断面结构有"C"字形和"口"字形。该类防撞横梁受到工艺的限制,所采用的材料强度水平较低。为了提高防撞横梁的抗凹强度,通常会通过提高板厚或在横梁内部添加加强件来实现,防撞横梁增重较多。辊压工艺生产的前防撞横梁,比较典型的断面结构有"B"字形。该工艺所采用的材料强度水平远远高于冲压工艺,并且断面结构也相对复杂。因此,在同等质量水平下,辊压工艺防撞横梁的抗凹能力远高于冲压工艺的前防撞横梁。随着整车轻量化的要求越来越高,铝合金防撞横梁已广泛应用在量产车型上。铝合金防撞横梁所采用的挤压工艺,能实现钢制防撞横梁所不能实现的断面结构,目前比较典型的结构有"日"字形和"目"字形,如图 6.4 所示。复杂的断面结构使铝合金防撞横梁能在较轻质量条件下获得高的抗凹强度。

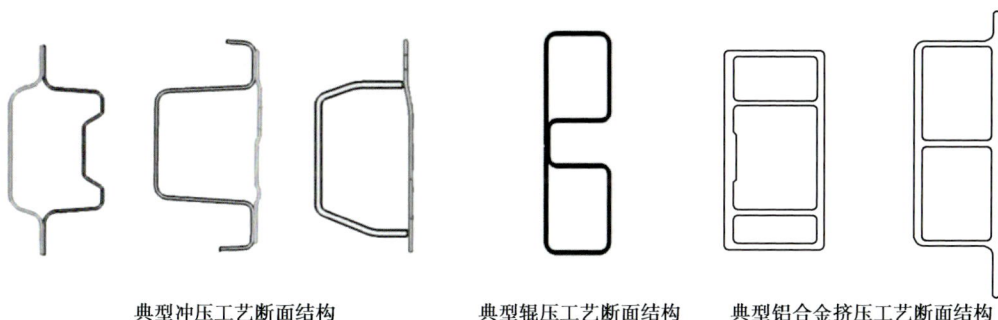

典型冲压工艺断面结构　　　　典型辊压工艺断面结构　　　典型铝合金挤压工艺断面结构

图 6.4　前防撞横梁断面结构示意图

前防撞横梁的断面高度和宽度对横梁的抗弯强度也有着不同程度的影响。以常见的矩形断面为例,各方向的截面抗弯系数如图 6.5 所示。考虑在实际碰撞过程中防撞横梁受到的弯矩通常都是绕 z 轴旋转的。因此,防撞横梁的截面抗弯系数为 W_z。

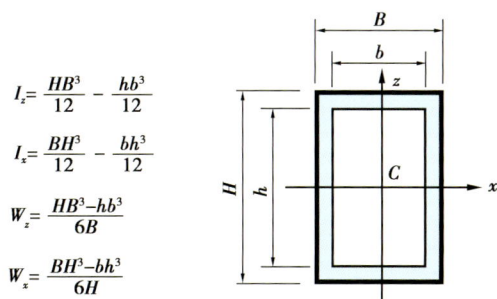

$$I_z = \frac{HB^3}{12} - \frac{hb^3}{12}$$

$$I_x = \frac{BH^3}{12} - \frac{bh^3}{12}$$

$$W_z = \frac{HB^3 - hb^3}{6B}$$

$$W_x = \frac{BH^3 - bh^3}{6H}$$

图 6.5　矩形截面抗弯系数公式

6.1.2　前防撞横梁布置设计

1)低速碰撞

在国标低速碰撞中,所采用的刚性冲击块如图 6.6 所示。该冲击块的第一接触点在其基准线区域,基准线的离地高度为 445 mm。因此,为了最大限度地提高防撞横梁与冲击块的碰撞重叠面积,前防撞横梁水平中面的理想离地高度为 445 mm。

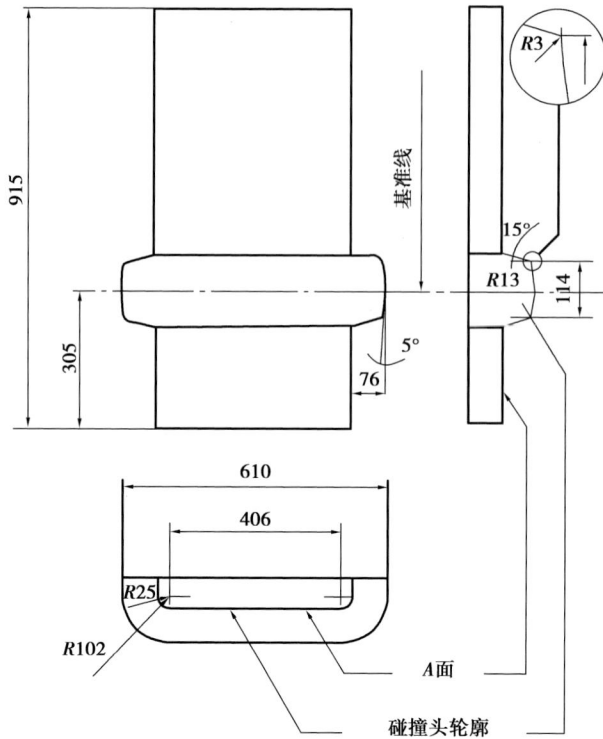

图 6.6　碰撞冲击块结构

2)高速偏置碰撞

在高速偏置碰撞中,模拟前防撞横梁的可变形壁障前端(bumper)结构的上表面离地高度为 550 mm。前 bumper 结构与主体 block 结构的强度差异较大。如果前防撞横梁的下表面高于壁障 bumper 的上表面,在碰撞初期,壁障的 bumper 结构未能参与碰撞变形,吸收碰撞能量,导致碰撞能量集中在碰撞后期吸收。根据动量定律,碰撞时间越短,碰撞力越大,导致车体的减速度越大。如果前防撞横梁的上表面高于壁障 bumper 的上表面,在碰撞初期,前防撞横梁与壁障 bumper 重叠区域的碰撞力和非重叠区域的碰撞力相差较大。吸能盒的下部结构较上部结构先变形,随着变形的加大,吸能盒的前端面呈斜面形,碰撞力在 Z 方向上产生分力,导致纵梁呈失稳趋势,如图 6.7 所示。

综上所述,前防撞横梁的水平面中面离地高度为 445 mm,横梁的上表面离地高度低于 550 mm。

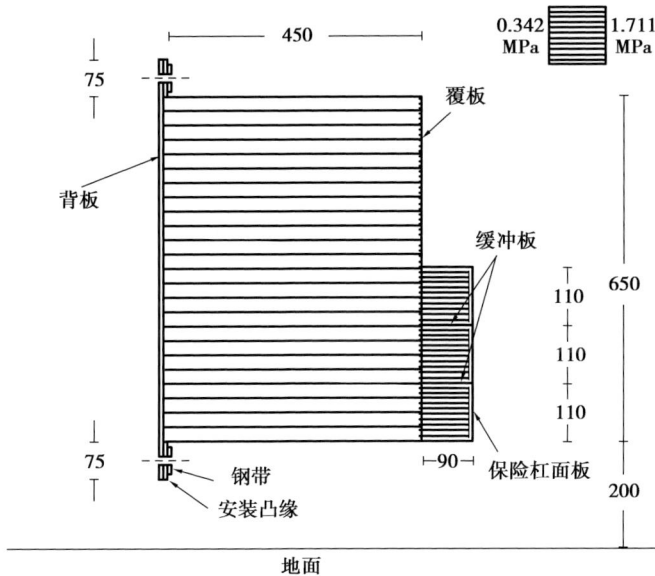

图 6.7　可变形壁障结构示意图

6.1.3　前纵梁结构设计

1）前纵梁承载力设计

根据前纵梁的空间位置可分为前段、中段和后段 3 个区间。

前纵梁的前段主要从纵梁的前端面到悬置安装点这一段区间。这一段纵梁在碰撞过程中主要是传递碰撞力并压溃吸收能量。以截面为矩形的单帽型薄壁梁结构为例，该截面的轴向压溃力理论公式为

$$P_{\mathrm{m}} = 32.32\sigma_0 t^2/4\left(\frac{L}{t}\right)^{\frac{1}{3}}$$

式中　P_{m}——平均压溃力；

σ_0——平均流变应力，$\sigma_0 = 0.9 \sim 0.95\sigma_{\mathrm{u}}$；

σ_{u}——材料抗拉强度；

t——材料厚度；

L——帽型薄壁梁的截面周长。

假设已知纵梁吸收能量 $E_{纵梁}$ 和压溃距离为 $S_{纵梁}$，根据能量公式，则

$$E = P_{\mathrm{m}} \times S$$

即可求得纵梁前段的平均承载力 P_{m}，进而再根据压溃力理论公式，对纵梁的材料、厚度和断面尺寸是否合理进行评估。

除平均承载力 P_m,纵梁另一个重要设计参数就是纵梁第一压溃力峰值 P_{max},如图 6.8 所示。该值如果设计过大,将导致纵梁后段结构设计过剩,车身整体设计过刚,车辆碰撞过程中减速度过高;该值如果设计过小,将导致吸能盒未充分压溃完成前,纵梁前端就会发生变形,结构稳定性较差。

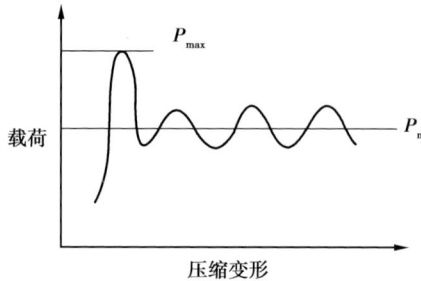

图 6.8　矩形薄壁梁轴向载荷-位移曲线

梁的最大强度和失效模式将由形状和材料特性决定

$$\sigma_{cr} = \frac{\pi^2}{9} E_s \left(\frac{t}{b}\right)^2 \left\{\left(\frac{1}{4} + \frac{3}{4}\frac{E_t}{E_s}\right)\left(\frac{mb}{l}\right)^2 + 2 + \left(\frac{l}{mb}\right)^2\right\}$$

$$\frac{\sigma_{max}}{\sigma_y} = \left(\frac{\sigma_{cr}}{\beta\sigma_y}\right)^n$$

$$1 \leqslant \beta \leqslant \frac{\sigma_{ult}}{\sigma_y}$$

式中　σ_{cr}——临界非弹性失稳强度;

　　　E_t, E_s——材料强化模量和弹性模量,对理想弹塑性材料,$E_t = 0$,对完全弹性材料;$E_t = E_s$,t, b, l, m 分别代表梁截面的厚度、宽度、长度和半波数。

根据试验结果,对低碳钢和高强度钢制成的方形截面薄壁梁,半波长约为 $0.8b$,由此可得,该截面的 $\sigma_{cr} = 4.6E_s(t/b)^2$。

方形截面梁 n 的试验值为 0.43,β 是 t/b 与材料强度的函数。对短梁,随着 t/b 增加,$\beta\sigma_y$ 将增加,并且将接近材料的极限强度 σ_{ult}。β 的值与 t/b 的关系如图 6.9 所示。

常见薄壁钢梁结构($E = 206$ MPa,$\nu = 0.3$)的最大强度为

$$\sigma_{max} = 1\ 709\left[\frac{k_p\left(\frac{t}{b}\right)^2}{\beta}\right]^{0.43} \sigma_y^{0.57}$$

其中,k_p 取决于截面长宽比,如图 6.10 所示。

2)前纵梁诱导槽设计

为了让纵梁前端能够实现稳定的压溃变形,在纵梁的前端通常会进行诱导槽结

构设计。20 世纪 60 年代，Wierzbicki 基于宏单元法，提出了 SE 理论。根据该理论，在轴向可将纵梁前段拆分成多个 SE 超折叠单元，每个 SE 单元的波长为 $2H$，如图 6.11 所示。

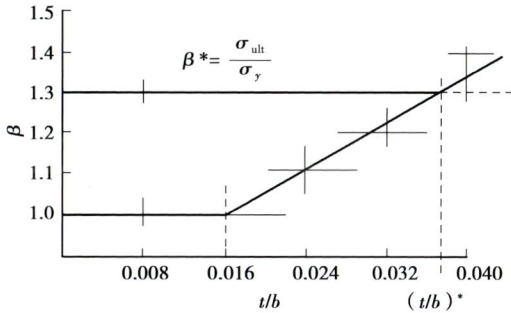

图 6.9　β 值与 t/b 关系

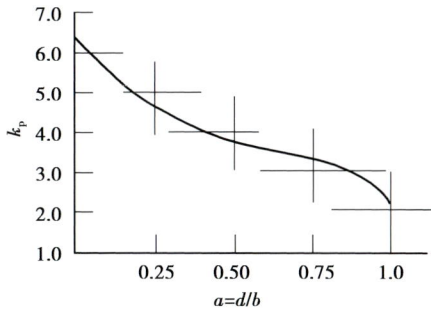

图 6.10　k_p 与截面高宽比关系

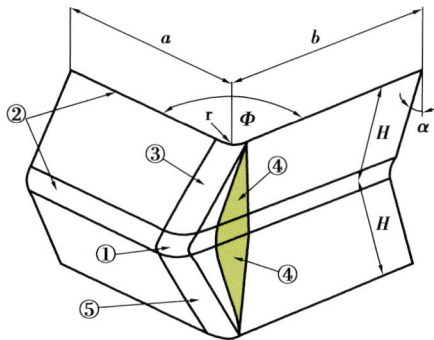

图 6.11　SE 超折叠单元

以帽型纵梁结构为例，可分为帽型单元和平板单元。帽型单元可分解为 4 个 SE 单元，如图 6.12 所示。

基于 Wierzbicki 等 SE 超折叠单元理论，SE 单元在折叠变形过程中吸收的能量为

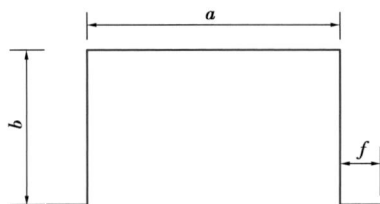

图 6.12　帽型单元

$$E_{\text{int}} = \frac{t^2}{4}\left(\sigma_0^{(1)} \cdot A_1 \cdot \frac{r}{t} + \sigma_0^{(2)} \cdot A_2 \cdot \frac{C}{H} + \sigma_0^{(3)} \cdot A_3 \cdot \frac{H}{r} + \sigma_0^{(4)} \cdot A_4 \cdot \frac{H}{t} + \right.$$

$$\left. \sigma_0^{(5)} \cdot A_5\right) \cdot 2H$$

式中　t——帽型零件板厚,mm;

　　　σ_0——不同变形区域等效流动应力,MPa;

　　　H——折叠过程中塑性半波长,mm;

　　　r——变形过程中的滚动半径,mm;

　　　C——超折叠单元两个这边的长度之和,mm;

　　　A——变形模式及几何参数有关的支配解。

当超折叠单元的夹角为 90° 时,$A_1 = 4.44$,$A_2 = \pi$,$A_3 = 2.296$,$A_4 = A_5 = 0$。因此,直角超折叠单元变形所吸收的能量为

$$E_{90°} = \frac{t^2}{4}\left(4.44 \cdot \sigma_0^{(1)} \cdot \frac{r}{t} + \pi \cdot \sigma_0^{(2)} \cdot \frac{C}{H} + 2.296 \cdot \sigma_0^{(3)} \cdot \frac{H}{r}\right) \cdot 2H$$

帽型单元吸收的能量为 $4E_{90°}$。

平板单元在压溃过程中产生弯曲变形,其折叠过程存在 3 条折叠铰合线,如图 6.13所示。

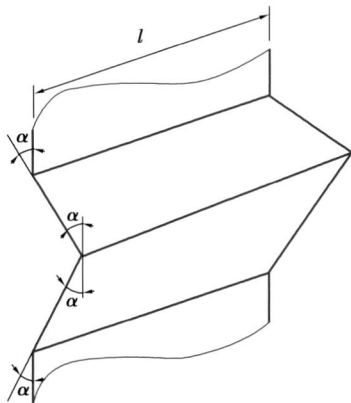

图 6.13　平板结构压溃示意图

假设平板单元与帽型单元的压溃量保持一致,均为 $2H$ 时,其吸能为

$$E_{plane} = 2\pi \cdot M_0 \cdot l$$

式中　　$M_0 = \dfrac{1}{4}\sigma_0 \cdot t^2$ ——完全塑性变形弯矩；

　　　　l ——平板结构的截面长度，mm。

根据以上单帽型单元和平板单元的能量公式，可得帽型纵梁结构的吸能为

$$E = E_{hat} + E_{plane}$$

$$= 4\left[\frac{t1^2}{4}\left(4.44 \cdot \sigma_0^{(1)} \cdot \frac{r}{t} + \pi \cdot \sigma_0^{(2)} \cdot \frac{C}{H} + 2.296 \cdot \sigma_0^{(3)} \cdot \frac{H}{r}\right) \cdot 2H\right] +$$

$$2\pi \cdot M_{02} \cdot l_2$$

式中

$$C = \frac{1}{4}(a + 2b + 2f)\ ; l_2 = a + 2f$$

对理想塑性材料，$\sigma_0^{(i)} = \sigma_0$，即为材料的屈服应力。

根据 Abramowicz 的研究表明，实际压溃半波长与理论半波长存在一定的差异，实际压溃半波长约为 0.73 倍理论半波长。根据能量守恒定律，薄壁梁的平均压溃力等于变形过程中的总吸能与有效压溃距离的比值，即

$$F_m = \frac{E}{\delta}$$

基于最小势能原理，对 F_m 取最小值，可得

$$r = 0.45 \cdot B^{\frac{1}{3}} \cdot \sigma_1^{\left(\frac{-1}{3}\right)}$$

$$H = 0.39 \cdot B^{\frac{2}{3}} \cdot \sigma_1^{\left(\frac{-2}{3}\right)} \cdot t_1^{-1}$$

$$F_m = 8.23 \cdot B^{\frac{1}{3}} \cdot \sigma_1^{2/3} \cdot t_1$$

式中　　$B = (\sigma_1 \cdot t_1^2 \cdot L_1 + \sigma_2 \cdot t_2^2 \cdot L_2)$；

　　　　L_1, L_2——基本帽型单元和平板单元的周长，mm。

诱导槽的理想宽度值应等于 $2H$，但在实际设计中可略小于 $2H$。而诱导槽的深度则可根据纵梁各承载区间的 P_{max} 来进行设计。以某车型为例，根据以上理论值，结合实际情况对某车型的吸能盒和纵梁前端诱导槽结构进行设计，如图 6.14 所示。该诱导槽结构在正面碰撞工况和偏置碰撞工况中，有效地实现了纵梁折叠压溃变形模式。

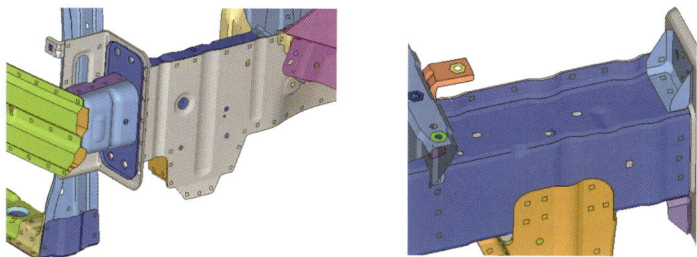

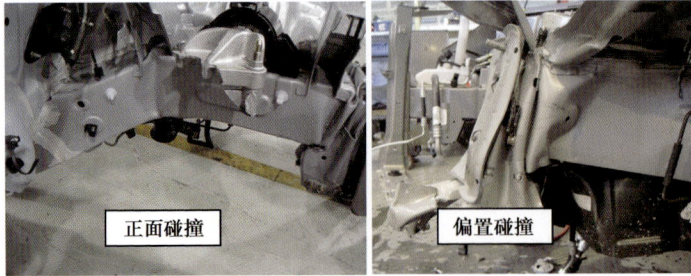

图 6.14 诱导槽实车碰撞结果

6.2 整车结构耐撞性设计

6.2.1 前碰撞结构耐撞性设计

发生正面碰撞事故(主要包含正面刚性碰撞、正面偏置碰撞两种类型)时,车辆通过变形吸收碰撞能量,降低乘员舱及乘员乘坐位置的碰撞冲击强度,同时乘员舱需要保证足够的完整性,保证乘员有充足的生存空间,这正是车辆结构耐撞性设计的两个方面。这两方面决定了车辆约束系统为乘员提供直接保护的效果。车体结构耐撞性是车辆被动安全性能的基础,优秀的结构耐撞性既是约束系统保护效果的保障,还能简化整车碰撞性能匹配难度和过程。

车体碰撞冲击强度通常用乘员区域车体的加速度来表征。如加速度越低则在相同条件下是越安全的设计。在设计过程中,车体碰撞加速度和乘员舱变形的需求往往会产生矛盾:整体结构强度设计较低,车体的碰撞加速度就会较低,这对安全性是有益的。但是这种情况下,机舱结构向乘员舱的侵入变形甚至是乘员舱本身都会产生较大的变形,对乘员舱空间牺牲较大;反之,如果整体结构强度设计较高,乘员舱空间的完整性会比较好,但是车体碰撞加速度会比较高,对安全性能设计也是不利的。好的设计需要在两者之间找到一个很好的平衡点。

影响结构耐撞性设计是一个比较复杂的系统工程,其参数有很多。其中,主要的影响因素有以下 3 个:

1)前部变形吸能区域的可用变形空间

发动机系统(常规汽油车)在前碰撞工况中变形很小,可近似为刚性体,发动机舱其余部分为可用可变形空间,该可用空间越大碰撞过程中前部吸能越充分,对碰撞加速度和乘员舱结构完整性都有益。

2）刚性结构的布置

发动机舱除了发动机系统以外,还有其他一些零部件在碰撞过程中几乎是不变形的,如风扇电机、ABS、发动机 ECU 等,这一类结构在空间上需要进行合理的布置,否则会影响车体的变形吸能。

3）车体主要梁结构的截面形式和布置

车身是主要的吸能部件,梁是车身主要的传力、变形吸能及乘员舱保持完好的支撑结构。其他因素还有如材料强度、车辆自重、焊点密度等。

6.2.2　前碰撞吸能空间

1）前碰撞空间定义

车辆发生正面碰撞时,车辆主要通过前部结构变形吸收碰撞能量而对后部乘坐空间起到缓冲作用。如图 6.15 所示为机舱简化结构。前部碰撞空间主要由 D0 前防撞横梁、D1 发动机前部空间、D2 发动机后部空间 3 部分组成。

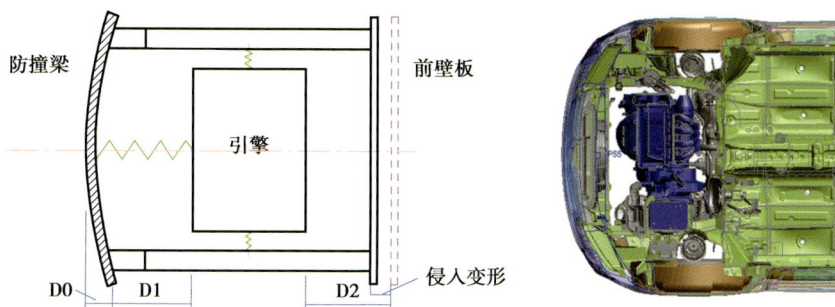

图 6.15　发动机舱布置示例

考虑车辆碰撞变形的稳健性（原因会在后续章节进行介绍）,在进行结构设计时,车体前部结构往往会设计成从前至后结构顺序增强的趋势。因此,正面碰撞工况中车体会从前部开始向后逐渐变形,同时由于发动机的布置位置（常规汽油车形式相近）及其自身质量的影响,车体会明显呈现两个阶段的变形:第一阶段,D0+D1发动机前部变形;第二阶段,D2 发动机后部变形。如图 6.16 所示为车辆前碰撞时的变形过程。

注意,在考虑发动机后部,可变形空间包含了防火墙向乘坐空间的侵入量,在不考虑其他参数变化的情况下,该侵入量越大,车体变形吸能效果越好。但是,侵入量大,则对乘员空间的保持不利。因此,防火墙过渡区域的强度设计和取舍是前碰撞设计需要着重考虑的问题。

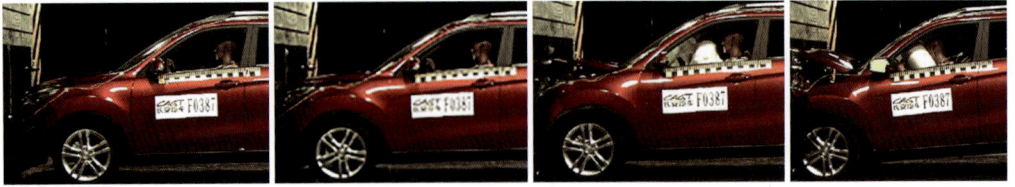

图 6.16　正面碰撞车体变形过程

在实际项目开发过程中,对空间是如何定义和需求的呢?本章节讨论的概念、目的和参数需求如不作特殊说明,则均针对正面高速碰撞。

D0——前防撞横梁变形空间。正碰碰撞过程中防撞横梁变形,其结构主要变形形式是弯折及少量的断面压溃变形,如图 6.17 所示。

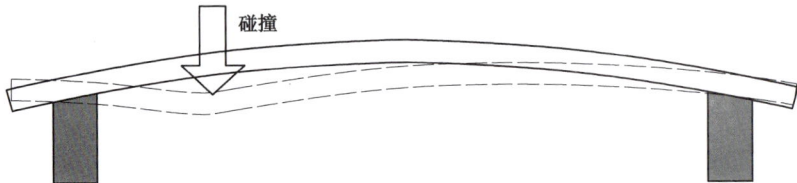

图 6.17　前防撞横梁变形形式

该变形段内变形零件少,主要发生防撞横梁折弯,对整车碰撞能量的吸收贡献不高,占整车的 5%~8%。影响防撞横梁吸能效率的参数主要有零件的材料厚度和牌号、整体弦高、断面尺寸等。

除了上述介绍的防撞横梁本身结构外,防撞横梁的材料一般选用高强度钢板辊压成型,或者选择高强度铝合金材料。其主要目的是通过选用高强度材料,提高结构的防撞能力。防撞横梁在正面刚性碰撞这类分布载荷的工况中弦高稍大,有利于结构变形吸能;而在正面偏置碰撞这类类似于集中载荷的工况中弦高太大,则在变形过程中发生结构失稳而快速变形的可能性较大。实际项目开发时,由于受到机舱零部件布置空间的限制,弦高的设计范围很小,现阶段的车型弦高选在 70~100 mm 这个区间吸能效率较优。另外,有两个与可变形壁障类碰撞相关的参数:一个是防撞横梁的外延尺寸,外延尺寸越大,D0 空间的吸能效率越高;另一个是防撞横梁的离地高度,防撞横梁离地高度需要能够覆盖模拟被撞车辆的可变形壁障的保险杠区域,如图 6.18 所示。

D1——发动机前部空间。正面碰撞工况重要的吸能区域,主要吸能结构是发动机舱边梁前端、冷凝器、散热器、发动机罩板、副车架纵梁等。其中,舱边梁和副车架纵梁吸收能量占该区域总吸能的 60%~70%。某些车型选择没有副车架纵梁的蝶形副车架,对车辆轻量化有一定的贡献,但对车辆正面碰撞性能设计不利(后续章节详细介绍)。

该变形段内零部件结构差异大,对车体吸能的贡献也不同,故设计阶段各个零部件考虑的方式不同。可以概括为 3 类:第一类是影响空间变形的零部件,设计时主要考虑的是空间布置的合理性,减少对吸能效果的破坏;第二类是主要参与吸能的零部件,设计时主要考虑在有效的空间里尽可能地提高结构的吸能效果;第三类是贡献比例较小的零部件,这类结构一般在设计时不做特别的碰撞设计。

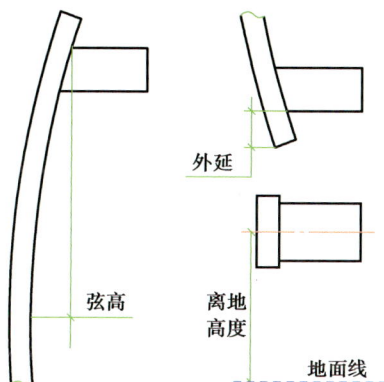

图 6.18　防撞横梁布置参数

　　第一类结构设计,发动机前部可能影响正面碰撞车体吸能效率的零部件主要有风扇电机、启动电池(有车型没有布置在 D1 区间)、发动机进(或排)气歧管等(见图 6.19)。该类结构在整车正面碰撞工况中变形较小,设计时可忽略它们的吸能,而将结构作为刚体处理。

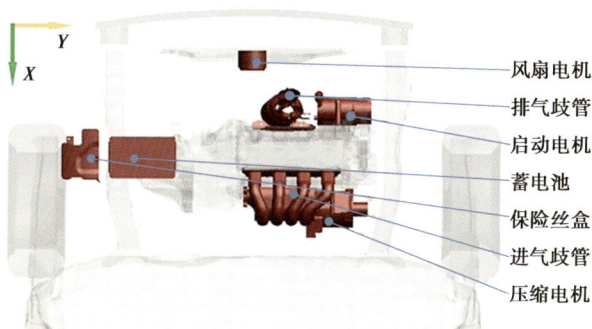

图 6.19　D1 空间刚性结构示意

　　在进行正面碰撞设计时,对这类结构主要考虑两个方面:减小结构本身对变形空间的浪费,由于单件本身不会变形,因此要尽量避免出现多个件在碰撞方向上发生重叠而导致变形空间的浪费;减少因本身的安装位置或安装支架引起关键吸能结构的变形。

　　第二类结构设计,主要参与变形吸能的结构件有吸能盒、机舱边梁、发动机罩板、冷凝与散热器等前部结构。整车碰撞过程中,该区域车体主要通过以下 3 类变形吸收碰撞能量:

　　①梁结构类压溃变形。吸能盒、机舱边梁等与车身轴向一致的梁类结构发生以

轴向连续弯折为主的压溃变形,如图 6.20 所示。

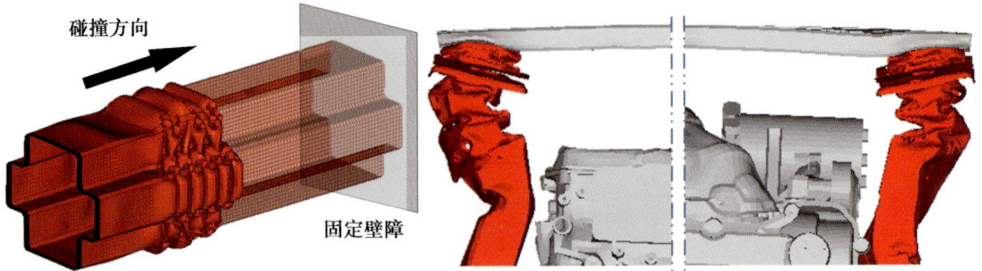

图 6.20 纵梁结构变形形式

这是该区域效率最高的吸能形式,吸收整车碰撞能量占总能量的 40%~60%。实车结构由于大量部件的布置需求,梁结构不能保持标准的结构形式,故变形也不能保持标准的压溃变形。

②发动机罩板、翼子板和副车架纵梁等结构的折弯变形。车辆发生正碰碰撞时,发动机罩板、翼子板两个覆盖件结构及副车架纵梁会发生折弯变形,如图 6.21 所示。

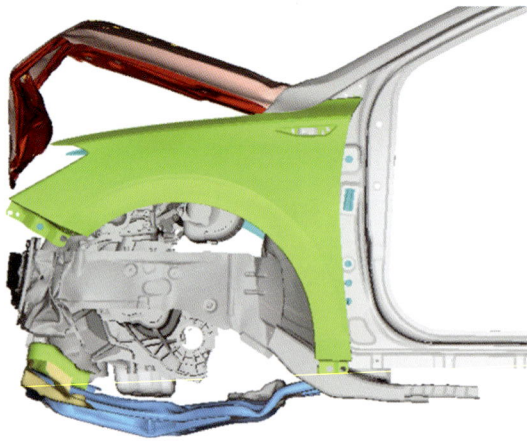

图 6.21 前碰撞整体变形形式

参与正面碰撞变形的覆盖件结构,由于其总体形状为板状所以在碰撞过程中主要变形形式为折弯变形,吸收能量的效率不高。设计时,发动机罩板主要设计内容并不是其对碰撞能量的吸收,而是其变形一致性及控制正面碰撞事故罩板可能向乘员舱的侵入。副车架梁虽然是梁结构,但是断面尺寸较小的细长杆并且其轴线不平直,碰撞过程中以折弯变形为主,副车架梁除了起到变形吸能的作用,还有一个重要作用是设计时用来对舱边梁变形进行辅助,使舱边梁变形能够充分且稳定。

③冷凝器、散热器、水壶等机舱结构件挤压变形,如图 6.22 所示。

上述零部件在性能设计时,一般不会对单个零部件进行结构设计,主要从总体考虑布置的均匀性和考虑不变形组件可能对碰撞空间的影响。

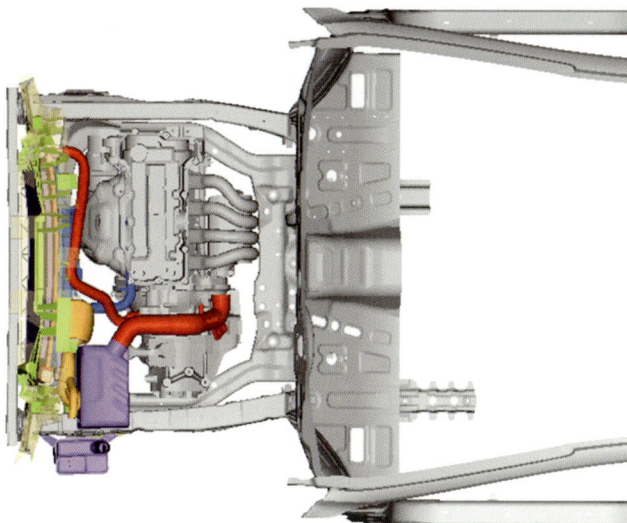

图 6.22　前碰撞主要吸能零部件

D2——发动机后部空间。正面碰撞工况重要的碰撞吸能区域,从总的碰撞能量吸收占比的角度,可以说是最重要的吸能区域。该区域主要的吸能结构是发动机舱边梁后段、机舱上边梁、发动机悬置及副车架梁等。

发动机后部空间的主要吸能梁类结构变形形式以折弯变形为主,舱边梁一般设计成以绕 Z 轴向外折弯。上边梁需要根据结构形式和空间布置选择折弯形式,大部分车型也设计成绕 Z 轴向外折弯。副车架梁根据布置情况,通常设计成绕 Y 轴向下折弯,如图 6.23 所示。

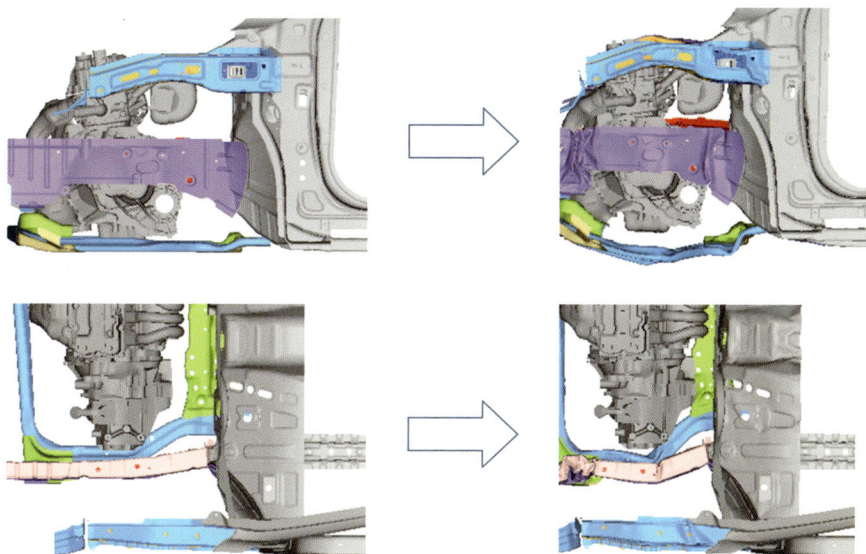

图 6.23　前碰撞变形过程

这样设计的原因是该区域既承担着吸收大量碰撞能量的任务,同时又需要保障变形区域侵入量小、保持乘员舱的完整性。这就要求结构需要承受足够的碰撞力,但是前端变形区域传递给乘员舱的力持续时间不能太长,如图 6.24 所示。

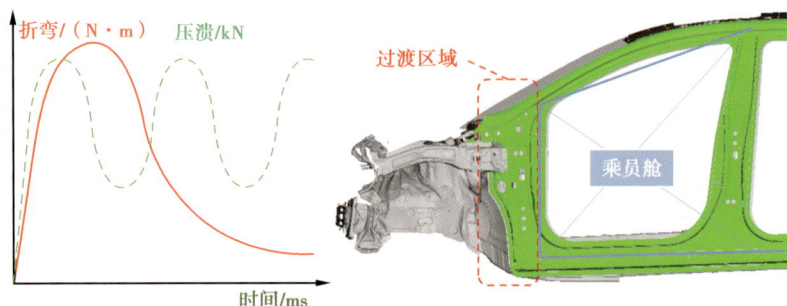

图 6.24　车体变形区域划分

发动机后部空间吸收的碰撞能量多,但是相对的可用变形空间小,因此,发动机后部空间的利用率对整车的耐撞性起到决定性的作用。D2 空间设计初期定义为发动机舱后部空间,实际表征为碰撞过程中发动机和车体后段相对静止时发动机总成的移动距离。影响发动机后部空间利用率的有正反两方面的结构类型:第一类是"刚性"结构,这类结构在碰撞过程中变形量较小,可以忽略。这类刚性结构主要有变速器、发动机托板、发动机悬置、转向器、制动助力泵及启动电池等。如果这些结构在碰撞变形方向上重叠布置,则对吸能空间的牺牲较大,并且这一类型的问题如果是在详细设计及之后发现,其优化的难度非常大,甚至无法优化,故在设计初期进行概念和空间布置时,就需要进行考虑和设计。第二类是"可断裂"结构,这类结构在正面碰撞过程中可能会发生断裂,通常这种断裂对整车碰撞是有益的。这类结构有发动机悬置、转向器转向节、联接螺栓、副车架连接孔等,如图 6.25 所示。如"可断裂"结构利用得好,则对整车耐撞性改善非常明显。

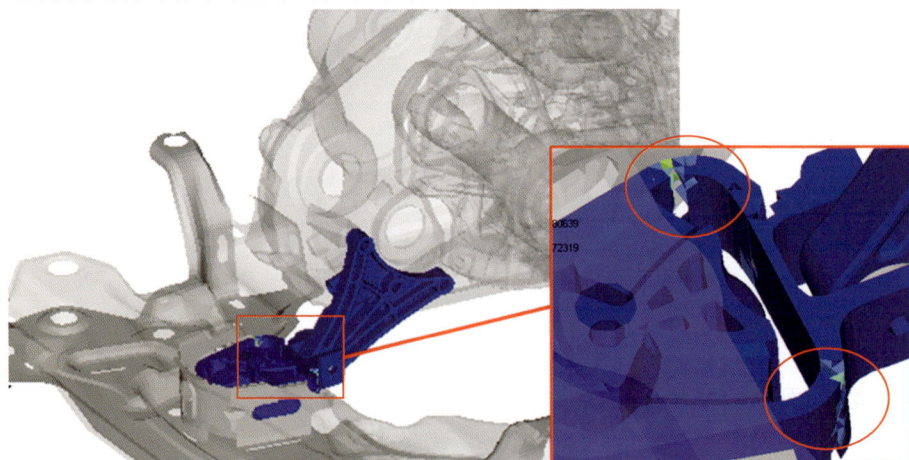

图 6.25　发动机悬置断裂示意

碰撞中"可断裂"结构失效的主要形式有铸造结构断裂失效、螺栓安装点脱落和焊点撕裂等。目前,有限元仿真水平对这类结构失效的仿真误差较大。因此,在进行仿真设计时,往往需要设计人员根据工程经验对计算结果进行分析和评估。

2)总布置设计与碰撞性能

在实际项目开发过程中,对碰撞空间都有相应的定义和需求。

防撞横梁变形空间前面已作了介绍,这里不再赘述。本节从车型设计时对发动机前端空间 D1 的要求进行介绍。D1 空间是正面碰撞工况最主要的可用吸能空间之一,这个区间内吸能盒(部分车型没有)和舱边梁前端是最重要的变形吸能结构。车型设计时,对 D1 空间的定义主要是从主要吸能结构可利用的空间进行考虑的,如图 6.26 所示。

图 6.26　机舱布置简图

前端起始位置一般选择吸能盒前端。如果车型无吸能盒结构,则选择舱边梁前端。这样,选择的意义在于用有效吸能的结构来定义吸能空间。例如,有些车型没有完整的吸能盒结构,前防撞横梁和纵梁通过强度较弱的支架进行联接,虽然实际测量的空间较大,但对整车碰撞有效的结构并不能完全利用这么大的空间,如图 6.27 所示。

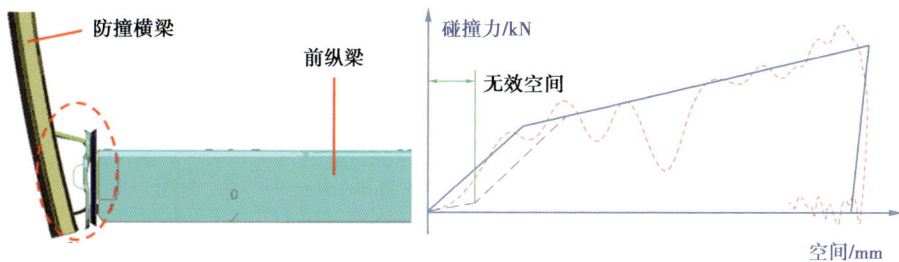

图 6.27　碰撞能量空间分布图

如图 6.28 所示的防撞横梁连接结构,在正面碰撞中,在受到很小的冲击力时就会发生变形,而这个过程对碰撞能量的吸收效果可以忽略。

为了达到较好的碰撞性能效果,究竟需要多大的 D1 空间? 图 6.28 提供了一些常见车型的测量值,可供参考。

	车型	D1/mm	碰撞星级	整备质量
MPV	佳乐	300	13年EURO-NCAP五星	1475
	宝骏730	270	12版C-NCAP五星	1420
轿车	名图	246	12版C-NCAP五星	1495
	朗动	230	12版C-NCAP五星	1233
	朗逸	280	12版C-NCAP五星	1285
	新福克斯	320	12版C-NCAP五星	1338
	翼博	240	12版C-NCAP五星	1295
SUV	RAV4	240	12版C-NCAP五星	1615
	奇骏	320	12版C-NCAP五星	1460
	IX35	265	09版C-NCAP五星	1423
	汉兰达	220	09版C-NCAP五星	1815

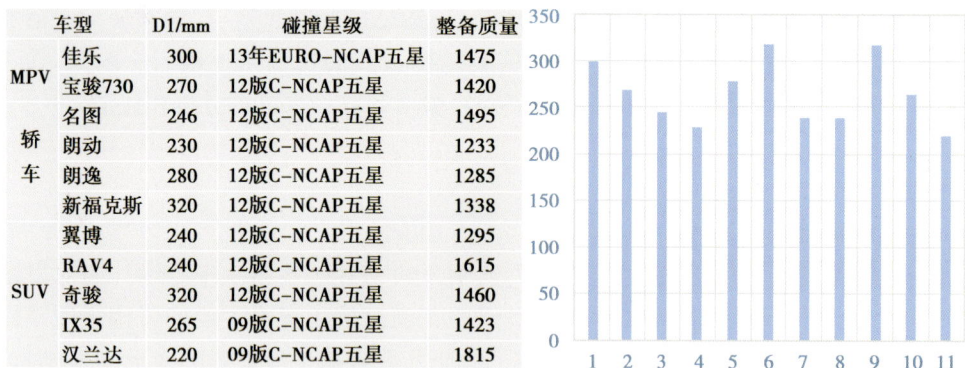

图 6.28　部分车型 D1 空间测量值

从图 6.28 列举的各评估价规程中的五星车型数据可知,安全性能表现较好车型 D1 空间的平均值约 260 mm,故车型设计时可选取该平均值作为设计参考。D1 值偏小,就要求设计中有吸能空间的利用率。当然,如 D1 值太小,在现有的技术条件下就没有办法达成很好的碰撞性能;理论上,D1 越大,则安全性越好。但是,D1 的限值受制于车辆本身及相关零部件的尺寸。

车型设计初期除了对 D1 空间尺寸有要求外,对空间的利用率也有要求。吸能部件本身的结构设计对吸能效率的影响在零部件部分有详细介绍。本节主要从布置的角度,介绍 D1 区域内影响吸能效率零部件位置对性能的影响和设计需求。

实车车辆在碰撞事故中,D1 空间不可能被完全利用。在之前的介绍中,提到该空间中有不少"刚性"零部件。这类结构在碰撞中本身变形很小,若布置位置不当,则会影响 D1 的利用率。其中,影响比较明显的结构有散热风扇电机、发动机电机、发动机轮系、空调压缩机、启动电池、发动机 ECU 及 ABS 等,如图 6.29 所示。对上述类型的结构,从碰撞的角度建议是:任意一对结构尽量不要在车身轴向上有重叠布置。如果确实受到机舱空间的约束,布置时不能够完全错开,则最好通过对安装支架的结构进行设计或者增加导向结构,使得有可能碰撞结构间可在碰撞过程中动态地避开。

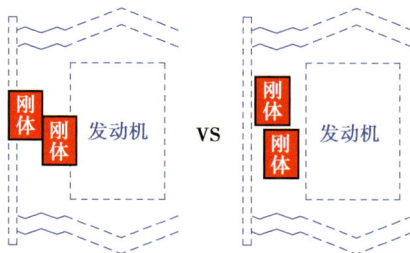

图 6.29　刚性结构布置示意

发动机后端碰撞空间 D2 是车辆前碰撞吸能最重要的区域。一是因为当 D2 空间开始变形吸能时,车身前端及发动机等结构已经碰撞完成停止运动。D2 空间的碰撞载荷几乎都作用在乘员舱这部分结构上,是乘员舱的碰撞加速度的主要贡献来源;另外,D2 区间变形吸能的过程与高速碰撞事故中乘员与约束系统(或车内结构)发生作用的时间段接近。因此,D2 的吸能效果直接决定车辆对乘员的保护效果。

相同的基础结构条件下,可利用的变形空间越大,则吸能效果越好。D2 空间最理想的状态是发动机最后端距防火墙距离加上防火墙的可接受侵入而全部被用作吸能空间且被利用,如图 6.30 所示。

图 6.30　转向机构布置示意

但是,由于实际车型发动机和防火墙之间布置有副车架、转向器、稳定杆等尺寸和强度都较大的零件,发动机在碰撞过程中的后移运动会遭遇上述类型的结构阻挠。需要通过优化 D2 区域的零部件空间布置,以提高该区域的碰撞利用率。

车型设计时,受到空间边界的限制,D2 区域内的零部件完全错开几乎是不可能的,尤其在动力系统向后最凸出的变速器区域。从实车开发经验总结可知,有两对可能的碰撞组合是该区域最难处理的空间布置难点:

①变速器与转向器(影响最大的转向节)。国内市场的左舵车的变速器一般布置在左侧,同时转向器的转向节也需要布置在这个区域,而且目前的车型基本很难把两者在 Y 向上完全错开。碰撞设计处理方法有两种:一种是尽量增大变速器和转向节在 X 向上的距离,整车碰撞是一个连续减速的过程,增大两者之间的距离能降低碰撞时的冲击强度,同时增加移动距离可提高 D2 区域的吸能效果;另一种方法是减小变速器和转向节在 Y 向的重叠,再通过控制前纵梁的变形带动动力系统发生偏转,使变速器的运动轨迹与转向节错开。

②变速器与副车架。如果车型 Z 向空间较大,可在 Z 向上把两者错开布置,但是这个方式绝大部分车型都没法实施;另外,在不影响结构强度的前提下,修改副车架与变速器重叠区域的结构形状,以增大两者之间的距离(见图 6.31)。

上述设计方法是在结构完整的基础上考虑的。目前,比较前沿的设计方法是考虑通过结构失效的方式,以增加有效的吸能空间。

比较成熟的方法是通过弱化副车架与车身的连接强度,在车辆发生正面碰撞事故过程中,当变速器与副车架碰撞力达到联接螺栓的设计强度时,螺栓联接失效变形,副车架可继续后移,为变速器让出变形空间(见图 6.32)。

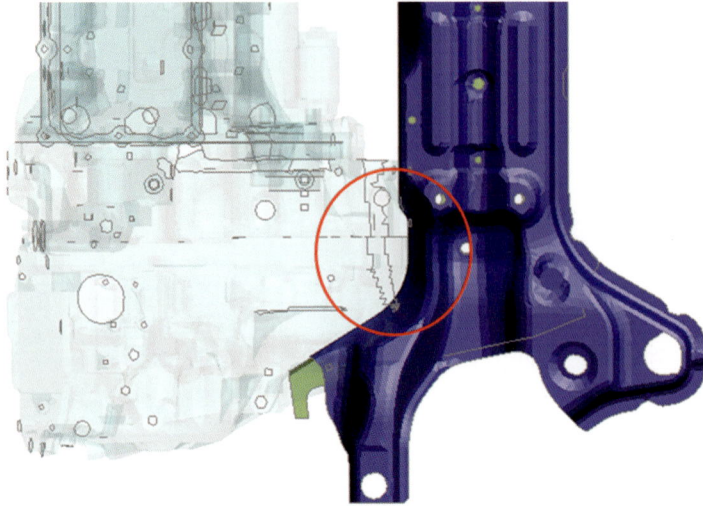

图 6.31　变速器后部空间应用示意

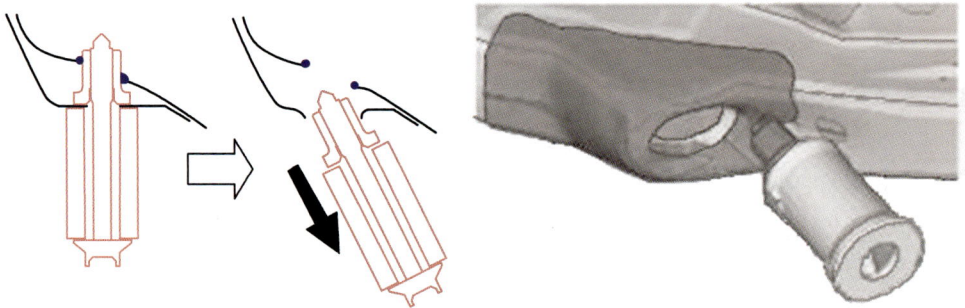

图 6.32　连接结构失效示例

6.2.3　载荷路径 & 框架设计

车辆通过车身在有限的空间里的结构变形实现对碰撞能量的吸收,吸能空间是车辆前碰撞工况碰撞能量吸收的基础。如何利用这有限的空间实现充分的能量吸收,以实现很好的乘员保护效果呢?

1)吸能区间载荷路径设计

可简单地描述这个碰撞能量吸收的过程,即

$$E = \int_0^M ma(x)\,\mathrm{d}x \tag{6.1}$$

式中　$a(x)$ ——未静止车体的近似加速度,其物理意义体现了变形过程中相应区域结构承载的碰撞力的水平。

从前面章节的介绍中可知,前碰工况中最主要的吸能结构是车身的防撞横梁、发动机舱边梁、上边梁及副车架纵梁等前端主要结构,如图 6.33 所示。

图 6.33　前碰撞车体结构传力

图 6.33 中,力传递的箭头标明了碰撞力在车体中的主要传递结构(路径),箭头的大小表示对应结构承载水平。可知,在前部吸能结构中,舱边梁是最主要的吸能结构,舱边梁的变形形式和吸能效果决定了车体的耐撞性水平。

在高度方向上,乘用车的主要传递碰撞载荷路径有 3 条。从上往下依次是发动机罩盖及机舱上边梁、机舱边梁、副车架纵梁。部分车型没有第三条传力路径。

第一条路径以发动机罩盖和机舱上边梁为主,罩盖和机舱上边梁都不是完整的梁型结构,故很难在碰撞过程中发生规则的压溃变形。项目设计时,往往通过引导特征控制它们发生比较一致的折弯变形,起到稳定的吸收部分碰撞能量的作用。机舱罩盖结构不可以设计得较强,除了碰撞过程中只可以发生相对低效的折弯变形外,由于罩盖通过铰链与车身相连,如果其本身结构过强,则在发生前碰撞时有整体侵入乘员舱的风险。

第二条路径以机舱边梁为主,是前碰撞工况的主要传力路径。前面已介绍,为了充分地利用吸能空间,同时又尽量减少前部构件向乘员舱的侵入,机舱边梁比较好的变形形式是前端轴向压溃、后端折弯变形(见图 6.34)。第三条路径以副车架纵梁为主,虽然副车架梁往往有比较明显的梁结构,但是由于车体下部空间限制副车架梁结构相对较弯,而且本身结构比较细长,很难发生沿轴向的压溃变形。通常,副车架梁在前碰撞中只会发生一次折弯变形。

第一、第三条传力路径本身的吸能效果相对较低,但这两条路径的变形会影响机舱边梁的变形,因此,如果这两条路径变形形式设计得好,则会对第二条吸能路径的变形稳定性有益。有些车型没有副车架梁,相对来说,不如有副车架梁的车型的结构耐撞性好设计。

从路径对碰撞能量吸收的功能来说,主要设计注意事项如下:

①分布充分合理,有些车型没有副车架梁,就安全性能设计角度来说,会在其他

路径上花费较多的设计成本,以达到相近的性能目标。

②传力路径,尤其是机舱边梁结构尽量平直。

③传力路径的主要结构梁结构强度需要连续,为提高梁结构在高速碰撞过程中变形形式的稳健性,建议采用结构强度从前往后(车体方向)递增的方式进行设计。

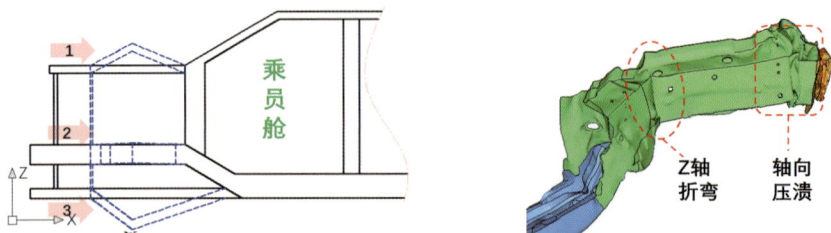

图 6.34　主要变形吸能结构

2)乘员空间框架设计

碰撞过程中,吸能路径承受前端传来的碰撞力,通过结构变形吸收碰撞能量,本身需要一定的结构强度。路径传递的碰撞力均会传递到乘员舱,而乘员舱在碰撞过程中需要尽量保持结构完好,以便给乘员提供充足的碰撞生存空间。因此,乘员空间的框架设计就相对简单,即需要有足够的强度对抗前端传递过来的碰撞力而不发生大变形。

当然,如果加上成本和轻量化两方面因素,则乘员舱设计就不能一味地加强了。

进行乘员舱空间设计时,可以忽略闭合件、排气管和传动轴(如果有)外部结构对其产生的加强作用。具体可分以下两步开展:

(1)特征断面设计

乘员舱主体结构是简单的框架结构,防火墙横梁、车身 A 立柱、A 柱延长段、门槛及地板横梁等梁结构组成(见图 6.35)。概念阶段需要根据相似车型的碰撞力经验值,对乘员舱的特征断面进行控制设计,尽可能提高每一个断面潜在折弯方向的惯性矩,为提高整体乘员舱抗变形能力提供基础。

图 6.35　乘员舱框架结构

(2)局部加强设计

前端碰撞传力结构端头,如果能够完全或部分与乘员舱结构梁(主要是门槛和 A

柱延长段)端头重合,则力垂直方向的梁结构受到的冲击力就会较小。但是,实际结构受到空间限制往往不能实现这种结构重合,因此,A 柱在前碰过程中会受到很大的切向力发生折弯变形,对乘员保护不利。

需要对 A 立柱进行局部加强,以提高其抗弯能力。另外,需要局部加强的地方是梁结构搭接的区域,该区域是力传递方向发生改变的地方,会受到较大的力矩作用。因此,为了控制力矩产生的框架变形,需要在搭接区域进行局部加强,如图 6.36 所示。有了上述两步的基础作为保证,即可开始进行进一步详细的结构仿真优化。

图 6.36　乘员舱结构设计

3) 车身材料分布

车身设计,除了进行科学、合理的结构设计外,结构件的材料和厚度设计也是结构耐撞性设计的重点之一。

车身选材主要依据其功能进行划分:前碰吸能区、乘员舱、后碰吸能区(见图 6.37)。前后吸能区域的选材原则是既要能充分变形以尽可能多地吸收碰撞能量,又不能太强而导致碰撞向乘员舱的侵入量太大。因此,在设计这部分区域车体时,会选择中等强度的高强度钢板。前后碰吸能区的防撞横梁结构这个原则不适用,因为防撞横梁要起到分散局部碰撞力的作用,如在撞柱状物事故中减少局部区域的碰撞变形,所以防撞横梁的选材设计原则是:在成本允许的情况下,尽可能选择高强度的高强钢板。目前,市场很多车型采用铝合金做防撞横梁,是基于结构轻量化的考虑。

图 6.37　碰撞区域划分

乘员舱区域的选材原则是尽可能地保证该区域的结构强度,保证碰撞过程中能为乘员提供足够的生存空间。因此,该区域车体设计时,在成本允许的情况下尽可能选择高强度的高强钢板。

如图 6.38 所示,从事故图片可知,经历了前碰撞事故和追尾碰撞事故的两辆车,变形吸能区域结构均已严重变形,而各自的乘员舱结构基本保持完好。这种情况下,如果驾乘人员正确佩戴安全带,则不发生严重伤害的概率就会很大。

图 6.38 碰撞事故案例

下面以本田飞度车型为例,直观介绍车身选材的方法。车身结构材料根据强度等级进行涂色区分,如图 6.39 所示。

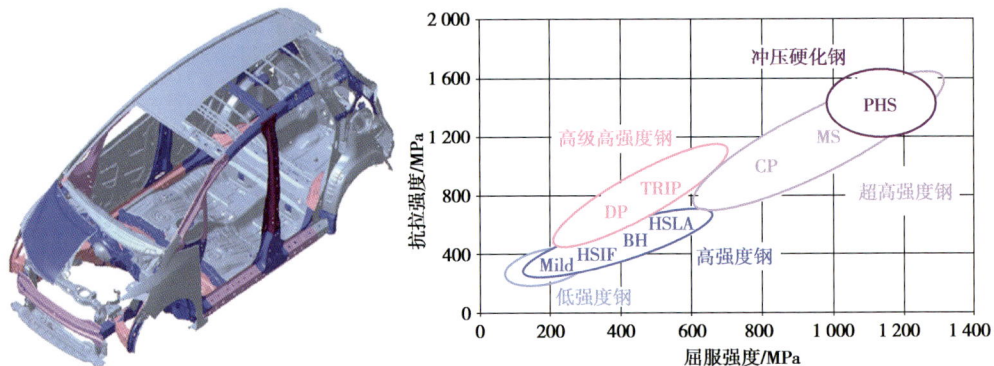

图 6.39 车体材料分布

图中代表普通强度材料的天空蓝标示的结构主要有覆盖件、地板等非框架结构;代表强度较低的高强材料的蓝色标示的结构主要有机舱边梁、发动机罩内板等碰撞可能发生变形吸能的区域;代表高强度材料的粉色、紫色和紫红色主要布置在乘员舱结构。各个车型具体的材料分布可能各不相同,但是,大致的选材原则都是相似的。

6.2.4 碰撞能量 & 车体设计

1)约束系统设计对结构耐撞性的需求

车体结构耐撞性是车辆碰撞安全性能设计的基础。它为约束系统作用提供了边界条件,为乘员提供了碰撞后的生存空间。耐撞性能指标中,车体碰撞加速度和乘员舱侵入量是约束系统设计最关注的两个指标。车体碰撞加速度越小,乘员保护

(约束系统)越好设计,乘员舱侵入量越小,乘员保护越好做。但是,如上一章节介绍,实际项目开发时碰撞加速度和侵入量并不能无止境地优化达到最小,它受到吸能空间、结构布置,甚至是选材成本和工艺水平等因素的影响。同时,碰撞加速度和侵入量两者之间会有矛盾和冲突,如牺牲较多的防火墙侵入量,可获取较好的碰撞加速度。

　　既然耐撞性设计是为约束系统设计服务的,那么,如何开展耐撞性设计? 什么样的性能结果才是满足约束系统需求的合格结果? 实际车型开发时,只要加速度和侵入量达到一定的平衡,加速度、侵入量等参数不超过某一个范围值,就是合格的耐撞性设计,并可在此基础上进行约束系统等后续设计。结构耐撞性可分解成一系列与约束系统工作相关的结构目标,见表 6.1。

表 6.1　前碰撞耐撞性结构目标分解

工况	评价指标		单位	目标值	备　注
前碰撞	B柱加速度峰值	左侧	g	40	表征车辆碰撞及乘员受到的冲击强度
		右侧	g	40	
	前壁板侵入量	前壁板	mm	150	表征乘员舱空间的完整性
		驾驶员侧搁脚区(左脚)	mm	80	
		乘员侧搁脚区	mm	80	
	油门踏板位移量	X方向	mm	60	踏板、管柱向乘员方向的碰撞变形与乘员伤害关系较密切
		Z方向	mm	60	
	其他踏板位移量	X方向	mm	80	
		Z方向	mm	80	
	转向管柱位移量	X方向	mm	60	
		Y方向	mm	60	
		Z方向	mm	60	
	门框变形量	门框上铰链	mm	20	评估碰撞后车门能否开启的重要参数
		门框下铰链	mm	20	

　　车辆的冲击强度和变形情况为约束系统设计提供数据和环境,如图 6.40 所示。约束系统设计团队根据项目的配置计划和企业约束系统的平均作用水平,对各分解参数制订相应的设计目标。结构设计团队根据约束系统的设计需求,对车体进行耐撞性设计,尤其是对表 6.1 所分解的参数着重控制。

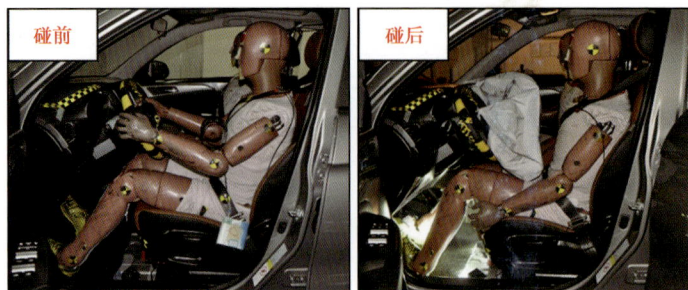

图 6.40 约束系统作用示意

2）结构设计

有了分析目标,便可开始进行车体耐撞性设计。由前面章节介绍可知,结构的耐撞性主要从碰撞能量的吸收和乘员空间的保持两个方面来考虑,即车体需要在可用的变形空间充分吸收碰撞能量,同时需要保证乘员空间保持足够的完整性。本书主要从碰撞能量吸收的角度,讲述车体结构耐撞性概念设计,不对具体参数详细控制和设计进行阐述。

前碰撞事故根据碰撞的重合类型分成两类:一类是完全正面碰撞,表示的是接触区域较大,如撞墙、撞击桥墩等大面积刚性结构事故;另一类是不完全正面碰撞,表示的是部分接触区域碰撞,如一侧追尾、对面会车碰撞等事故类型。为了便于进行有针对性的设计,全球范围内的车辆安全法规几乎是一致的。把这两类碰撞归纳为两种标准碰撞:100% 正面刚性碰撞(FRB)和 40% 正面偏置碰撞(ODB)(见图 6.41)。

图 6.41 标准碰撞工况

从碰撞能量的角度来看,两个前碰工况车体吸能形式差异较大:FRB 事故工况时,主要通过车体前端变形吸收碰撞能量,车体左右侧接近对称变形、吸能效果好,吸能过程可分为发动机前部和发动机后部两个区域;而 ODB 事故工况由壁障与车体的联合作用吸收碰撞能量,车体由接触侧主要变形(见图 6.42(a))。变形形式稳定性差,吸能过程可分为壁障变形和车体变形两个阶段(见图 6.42(b))。接下来介绍一种通过能量匹配的方式进行车体耐撞性设计的方法。

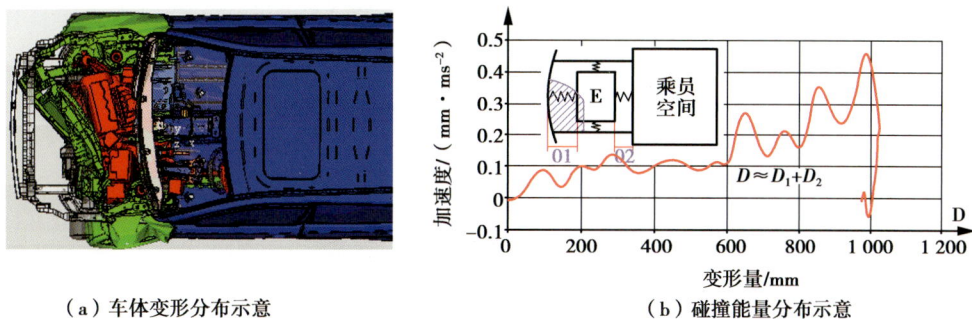

（a）车体变形分布示意　　　　　　　（b）碰撞能量分布示意

图 6.42　偏置碰撞车体变形与碰撞能量分布示意图

可从结构碰撞载荷和变形吸能空间两个角度来表征车辆碰撞能量。载荷等于加速度乘以车身质量，为了便于设计，而且物理测试更容易得到加速值，故一般采用加速度曲线来表征车辆碰撞能量。

本书以概念设计为主，加速度（能量）曲线以简化曲线作为参考。不管是哪种类型的碰撞，车体吸能的过程相似可分成两个阶段：发动机向前运动停止之前，该阶段主要以 D1 空间变形吸能为主；发动机停止之后，该阶段主要以 D2 空间变形吸能为主。行业内通用的处理方式是依据这个过程把碰撞加速度分解成等效"二阶方波"（简称 a_{eq}），见图 6.43 中绿色的等效加速度曲线。换个角度来说，在概念阶段可以以二阶方波作为目标对车体的碰撞加速度进行概念设计。

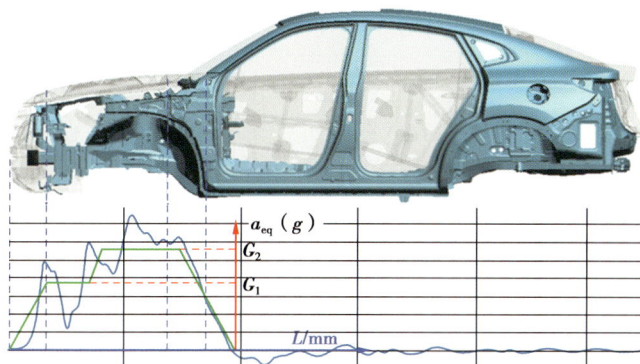

图 6.43　前碰撞能量简化

根据安全性能目标，初定车体结构耐撞性目标（G1，G2）。图 6.43 中，纵向虚线粗略标示了车身变形区域与对应加速度区间的关系。

根据能量匹配模型计算的车体性能目标（G1，G2），车型的可用碰撞吸能空间，可进行车体主要承载结构设计。在车辆发生 FRB 和 ODB 两种不同工况时，车体结构的所承担的载荷有很大的区别，如图 6.44 所示。当发生 FRB 时，车体前部结构同时承载受力比较均匀，当发生 ODB 时，车体前部主要由与壁障发生直接接触的左侧部分承载绝大部分碰撞力。根据车体主要载荷路径的传力分布规划（见图 6.45），进行车体主要结构的设计。设计满足两种工况要求的各主断面结构,搭建概念车体模型,用于整车概念碰撞结构耐撞性优化。

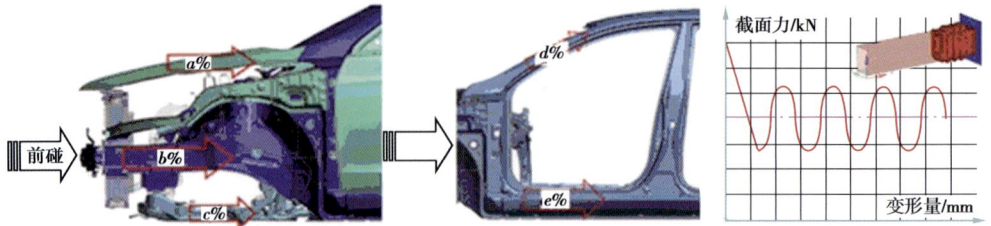

图 6.44　传力路径承载能力设计

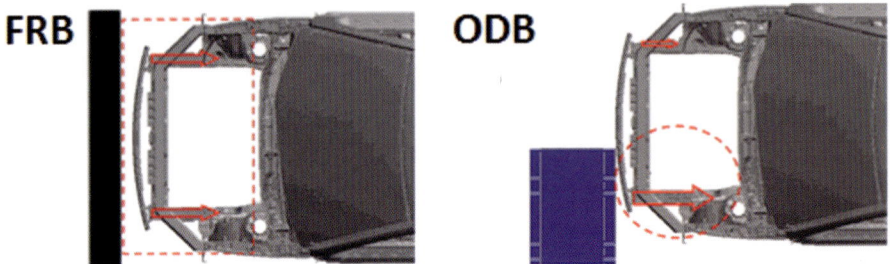

图 6.45　不同工况载荷分布对比

需要特别说明的是,两种类型的高速前碰撞工况由于车身受到的碰撞冲击力差异较大,所以车身变形差异大同时满足两种工况的车身设计难度较大。

上述根据载荷定义车身主体框架的方法,首先需要找到同时满足两种工况的载荷区间。通常,可选择某一工况作为基础设计对象进行设计,进行到一定阶段再对另一工况进行验证性设计。也可通过以下方法进行并行设计:在概念设计阶段从碰撞吸能空间的角度对两种碰撞能量进行规划,通过碰撞结构目标分解工具(CST)选取两个工况均满足条件的能量匹配区间,再根据能量方案制订同时满足两种工况需求的车身方案(见图 6.46)。

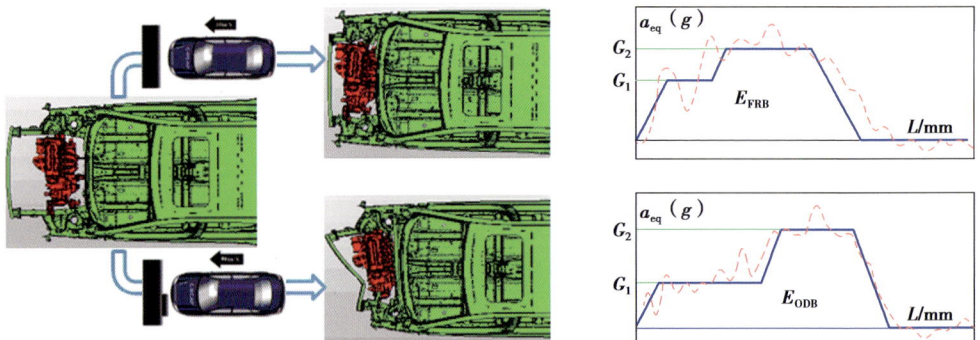

图 6.46　简化碰撞能量分布图

能量匹配方法根据上述区别,对两个前碰工况进行性能目标分解,通过碰撞结构目标分解工具(CST)确定两个工况的车体等效加速度目标区间,进而确定两种工况兼容的加速度目标。

结构目标分解工具(CST)通过定义前碰车辆和假人简化模型,如图 6.47 所示。根据各前碰撞工况碰撞能量规划车体加速度目标值,计算出假人受到的冲击加速度,以该加速度值来表征假人的受伤害程度,并根据性能目标对该加速度值进行限制,反推出性能目标对车体结构的耐撞性需求。

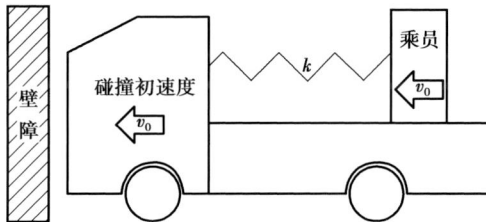

图 6.47　碰撞系统简化模型

CST 计算方法如下:

碰撞过程中,车辆通过可变形空间的车体变形来吸收碰撞能量,变形量可通过乘员舱的前向位移来表征,概念设计阶段车体加速度可用简化的等效加速度 a_{eq} 替代,过程的中车体的运动可表示为

$$S_v = v_0 - a_{eq}(\Delta t)^2 \tag{6.2}$$

碰撞过程中,车体的乘员舱通过安全约束系统产品(k)对假人的运动进行约束,主机厂的常用约束系统会有一个经验常量作为初始设计的参考值,假人的运动可表示为

$$S_{Di+1} = 2S_{Di} - S_{Di-1} - k(S_{Di} - S_v)(\Delta t)^2 \tag{6.3}$$

假人加速度可表示为

$$A_{Di} = \frac{(S_D - S_{Di-1})/\Delta t - (S_{Di+1} - S_{Di})/\Delta t}{\Delta t} \tag{6.4}$$

取假人加速度最大值 A_{CST},具体的碰撞工况有一个最大值要求 $A_{CST\text{-}Lim}$。其中,v_0 是该工况的碰撞初速度,即

$$A_{CTS} = \max\{A_D\} \tag{6.5}$$

$$A_{CTS\text{-}Lim} = a + b \cdot v_0 \tag{6.6}$$

其中,k,a,b 为设计经验值,判断假人加速度是否合理的标准为

$$A_{CST} \leqslant A_{CST\text{-}Lim}$$

当然在进行改款车型或平台车型设计时,由于这类车型车体框架结构基本固定,则不需要完全按照上述过程按部就班地进行。可行的设计方法是选取正面工况(或偏置工况)为结构基础设计工况,另一工况进行验证设计。

6.3 侧面碰撞结构耐撞性设计

基于第 2 章汽车安全法规标准,不难发现,侧面碰撞工况是各国法规标准中最常提及的碰撞工况之一,也是实际事故中最常见的一种事故工况。要想真正掌握侧面碰撞车体结构耐撞性仿真技术,需要从解析侧碰工况入手,并理解其物理本质,才能进行侧面碰撞结构耐撞性设计。

6.3.1 侧面碰撞工况物理本质

首先了解侧碰工况,下面以 2018 版 C-NCAP 侧碰工况为例进行相关介绍。

2018 版 C-NCAP 规程中所提及的侧面碰撞工况,如图 6.48 所示。试验按照 C-NCAP试验程序进行,在移动台车前端加装可变形蜂窝铝,移动壁障行驶方向与试验车辆垂直,移动壁障中心线对准试验车辆 R 点向后 250 mm 的位置(国家标准 GB 20071 中,通过的是碰撞侧前排座椅 R 点),试验速度不得低于 50 km/h。

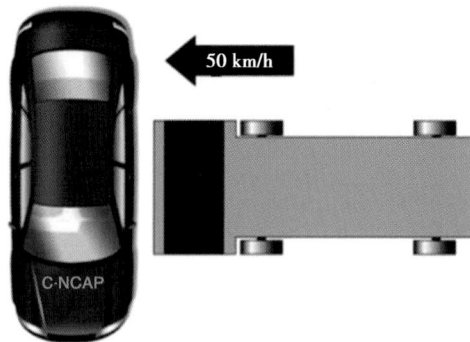

图 6.48 侧面碰撞工况示意

在驾驶员位置放置一个 WorldSID 50th 假人,在第二排座椅被撞击侧放置 SID-IIs(D 版)假人,以测量驾驶员及第二排人员受伤害情况(国家标准 GB 20071 中,只在驾驶员位置放置一个 ES-2 型假人)。

通过大量的整车试验和仿真分析,有利于理解侧面碰撞工况的物理现象。

在实际整车侧碰试验中,通过采用观察侧面碰撞整车试验录像的方式(见图 6.49),关注图中红线所示的假人位置。不难发现,从碰撞发生前,到侧面车体结构接触到假人之间的时间段中,相对地面,假人自身位置的确几乎没有改变。

通过整车碰撞试验中加速度传感器,采集试验数据,积分处理得到各部位的速度曲线(见图 6.50),进一步解析侧面碰撞的物理现象。在侧面碰撞发生后,壁障小车的速度开始下降,左侧车体结构(碰撞侧)开始变形,产生侵入速度,并通过车体结构向非碰撞侧传递碰撞载荷。接着，当碰撞载荷传递到非碰撞侧车体结构，整车开始运动，产生 Y 向的速度。但直到碰撞侧车体结构通过侧气囊和侧围内饰接触假人，假人才开始运动，说明在侧面碰撞发生后的一段时间内（约 15 ms），碰撞载荷无法通过安全带和座椅直接作用于假人，直到因为碰撞侧车体结构变形侵入，消耗掉假人与侧围内饰之间的生存空间，导致侧气囊和侧围内饰接触假人，才有碰撞载荷对假人的作用。

图 6.49　侧面碰撞整车试验正前方录像示意

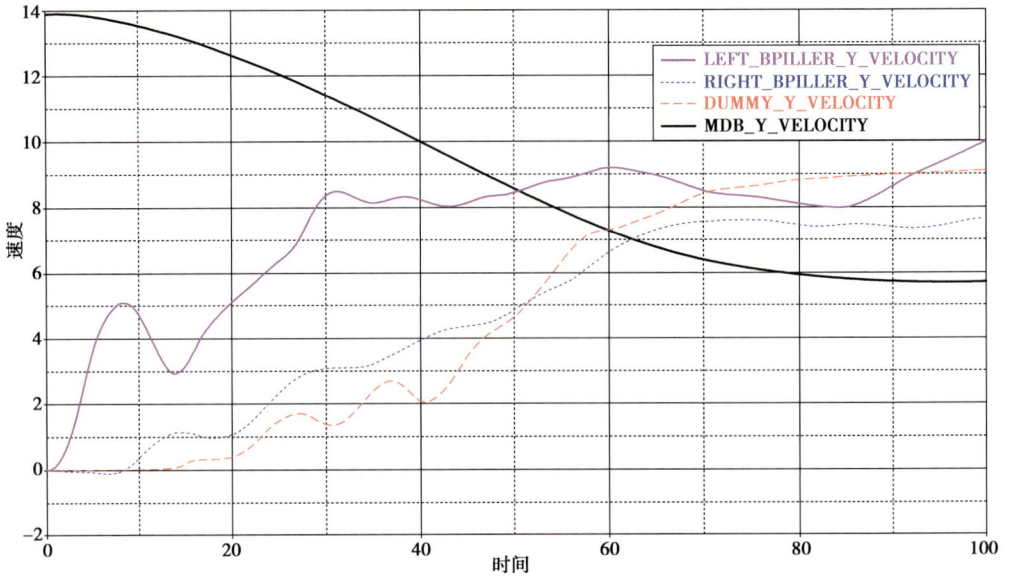

图 6.50 侧面碰撞整车试验速度曲线

验证了之前的猜想后,采用简化的物理模型来进行解释。如图 6.51 所示,安全带和座椅对假人产生的作用力,实际中安全带和座椅通过摩擦产生的作用力较小,可以忽略。K_1 和 K_2 分别代表侧气囊和侧围内饰对假人产生的作用力。相对于地面,在侧面碰撞前期,假人停留在初始位置,直到侧面车体结构变形后侵入,通过侧气囊、内饰等部件对假人产生力学作用为止。

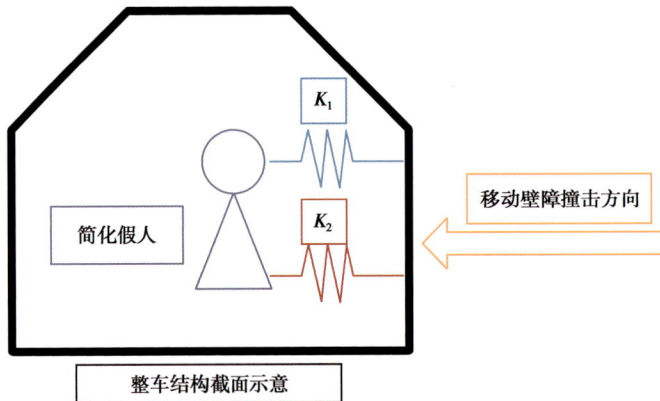

图 6.51 侧面碰撞物理现象简化示意

因此,得到以下两点结论,形成侧面碰撞位移伤害理论:

①侧面碰撞发生前期(内饰或者侧气囊接触假人之前),侧面车体结构的侵入不会直接造成假人伤害。但是,针对配置侧气囊的车型,会影响侧气囊展开效果。

②当假人伤害开始增加后,侧面车体结构侵入直接影响假人伤害变化。需要注

意的是,这里提及的侵入是相对于地面的绝对值。

6.3.2　侧面碰撞车体结构目标值体系

在理解侧面碰撞物理本质之后,不能发现,影响侧碰性能的关键因素是车体结构的侵入速度和位移变化。在此基础上,建立侧碰车体结构目标值体系。

首先,需要为方便说明,定义以下名词:

B 柱变形模式:以地面为参考对象,在某一特定时刻,B 立柱在 YZ 平面的投影情况,如图 6.52 所示。

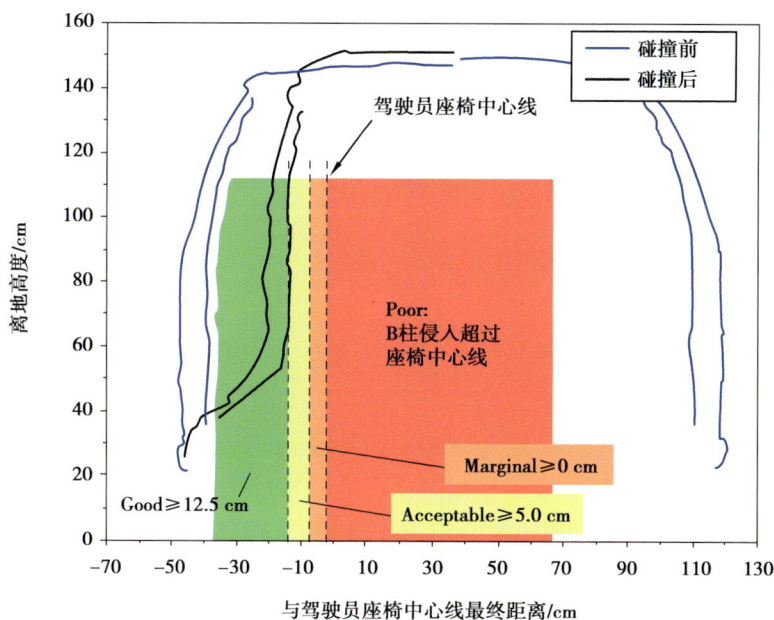

图 6.52　侧面碰撞 B 柱变形模式

侵入量:以地面为参考对象,在某一特定时间段内,侧面车体结构某一确定位置 (x,y,z),相对于初始状态,在碰撞方向上的位移量。

侵入速度:以地面为参考对象,在某一特定时刻,侧面车体结构某一确定位置 (x,y,z),在碰撞方向上的运动速率。

相对侵入量:以车辆非碰撞侧某个未变形的位置为参考对象,在某一特定时间段内,侧面车体结构某一确定位置 (x,y,z),相对于初始状态,在碰撞方向上的位移量。

接着,以 2018 版 C-NCAP 规程为例,侧面碰撞工况包括驾驶员假人(WORLDSID)和后排乘员假人(SID Ⅱ s),如图 6.53 所示。根据假人与车体结构的相对位置,可明确侧碰车体结构目标值体系中的各考察项,见表 6.2。通过对标试验数据和仿真结果,逐一锁定各个考察项的具体目标要求。

图 6.53　侧面碰撞假人布置示意

表 6.2　侧碰车体结构目标值体系

序号	考察项	考察方式	目标值
1	B 柱变形模式	60 ms 时刻 B 柱变形情况	B 柱最大侵入位于 H 点以下
2	B 柱及前车门侵入速度	对应肋骨区域的侵入速度	≤8mm/ms@ 0~60 ms
3	B 柱及前车门侵入情况	对应肋骨区域(B−A)	≤180mm@ 60 ms
4	后车门侵入速度	对应盆骨区域的侵入速度	≤8.5mm/ms@ 0~60 ms
5	车体变形情况	B 柱对应腹部及肋骨区域的相对位移动态最大值	≤160mm

6.3.3　侧面碰撞车体结构耐撞性评估

车型开发过程中,在发布车体结构工程化数据之前,需要通过车体结构的评估工作,进行侧面碰撞车体结构耐撞性的控制。

首先是评估对象的选择。

侧面碰撞工况中,碰撞能量来自可变形壁障移动台车的动能,以及试验车辆和移动台车之间的接触情况。因此,侧面碰撞工况中,碰撞载荷是通过碰撞侧的车体结构向非碰撞侧车体进行传递的。建立如图 6.54 所示的载荷传递路径示意图。侧面碰撞力首先通过 B 柱、车门防撞横梁、腰线板和门槛传递至侧围上边梁、A 立柱和座椅横梁等结构;接着顶盖横梁将侧围上边梁的碰撞力传递至右侧侧围上边梁和右侧 A 立柱等结构;同时,地板座椅横梁和转向支撑将 A 立柱和门槛的碰撞力传递至右侧 A 立柱和门槛等结构。

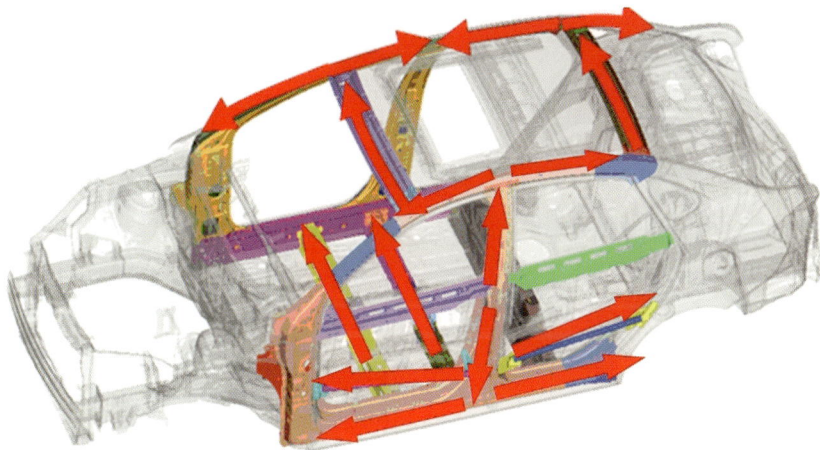

图 6.54　侧面碰撞载荷传递路径

清楚了载荷传递路径,接着针对路径所在区域进行车体结构评估。

载荷路径所在结构的变形形式主要有两类:一类是在侧面碰撞中发生弯曲变形,如 B 立柱、门槛梁、车门防撞横梁等;另一类是在侧面碰撞中受到轴向压力,发生压溃变形,如地板横梁、顶盖横梁。

为了保证侧面碰撞安全性能,需要提高载荷路径所在结构的弯曲强度及抗压强度。以 B 立柱为例,如图 6.55 所示截取某一位置。其主要断面形状如图 6.56 所示。根据弯曲强度的计算定义,增大抗弯截面模量 W_x 与截面形状 A 比值可提高 B 立柱的抗弯能力,而 W_x/A 与 Y 向尺寸成正比关系。因此,在 B 立柱主断面评估中增加 Y 向尺寸是重要的优化措施。

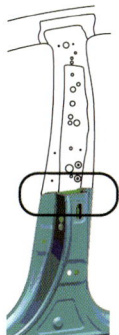

图 6.55　B 立柱主断面截取示意

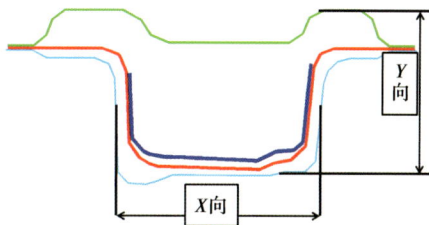

图 6.56　B 立柱主断面结构

在完成车体结构主断面评估后,还要针对碰撞载荷传递路径上的几处关键车体结构,提出结构特征方面的控制要求:

1)B 立柱

B 立柱有两层加强件,并且其中的 B 柱上铰链加强件尽量延伸到上边梁,如图

6.57所示。

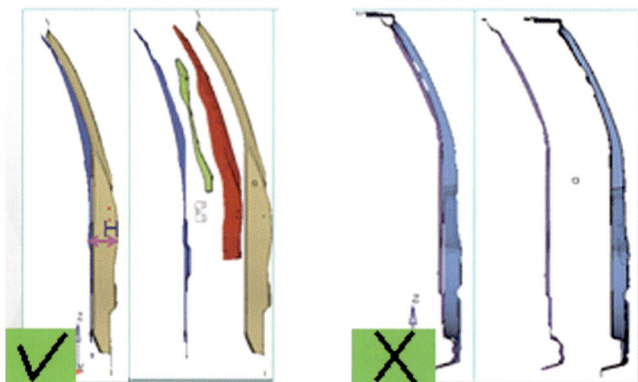

图 6.57　B 立柱结构示意

2）门槛梁

对应座椅前安装横梁、B 立柱以及前后地板搭建区域,内部必须有盒状结构(或者相似强度的撑板)传递载荷,如图 6.58 所示。

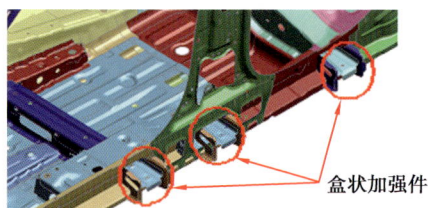

盒状加强件

图 6.58　门槛梁加强件结构示意

3）车门防撞杆

在 Y 向的投影与壁障前端蜂窝铝尽可能多地重叠,如图 6.59 所示。同时,车门防撞杆两端与 A 柱、B 柱或 C 柱搭接部位重叠长度为 10 mm 以上。

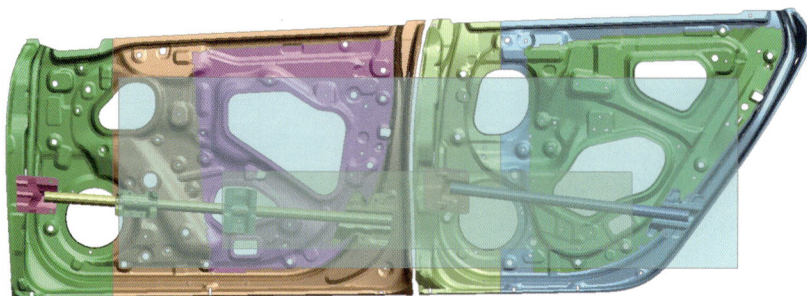

图 6.59　车门防撞杆布置示意

4）侧围上边梁

侧围上边梁加强板尽量延长与顶盖横梁搭建，延长到 C 柱位置处，如图 6.60 所示。

图 6.60　侧围上边梁结构示意

5）地板横梁

在不影响座椅 R 点坐标的情况下，尽量保证地板上横梁和地板边梁在 Z 向平齐，如图 6.61 所示的红色箭头所指位置，且在中坑道对应地板横梁位置尽量布置一个加强件，用于传递侧碰载荷。

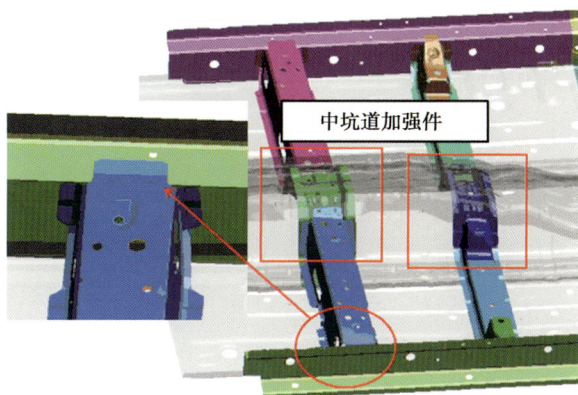

中坑道加强件

图 6.61　地板横梁结构示意

最后针对侧面碰撞载荷传递路径上的几处关键车体结构，提出材料屈服强度和厚度的控制要求，如图 6.62、图 6.63 所示。

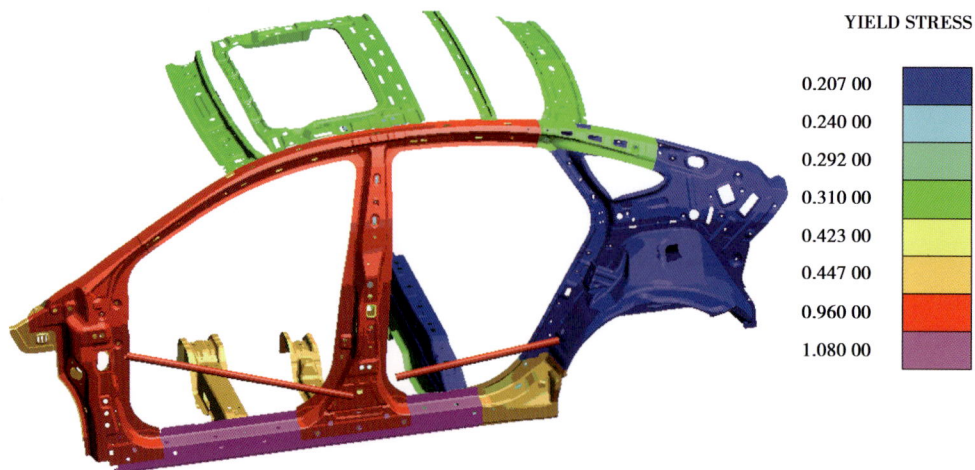

图 6.62　侧碰关键结构材料屈服强度示意(单位:GPa)

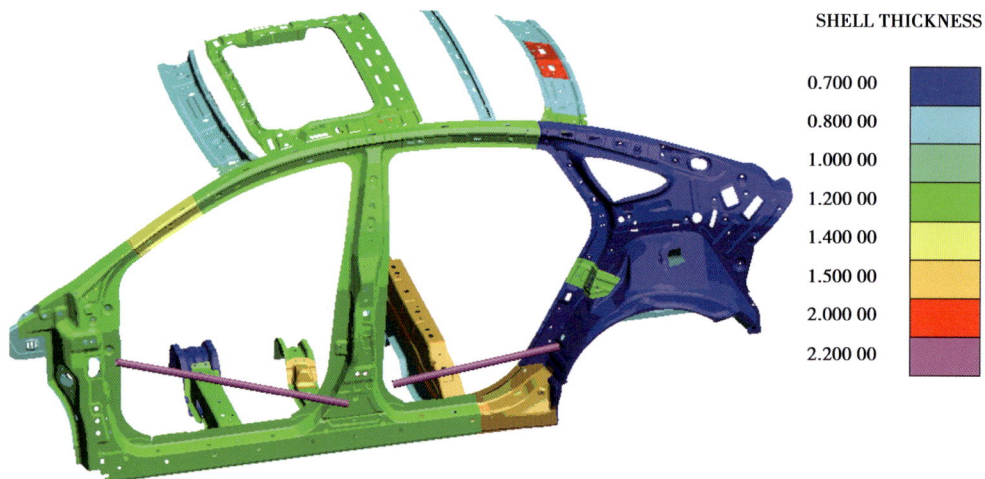

图 6.63　侧碰关键结构厚度示意(单位:mm)

6.3.4　侧面碰撞整车仿真分析

在车体结构工程化数据发布之后,进入详细分析阶段,进行侧面碰撞车体结构耐撞性仿真分析。下面详细说明侧面碰撞工况整车仿真中的模拟设置。

1)模拟准备工作

在完成整车有限元网格模型、定义相应的材料、定义单元的属性的基础上,准备整车模型装配所需的各部分总成,如图 6.64 所示(本书涉及的单位制采用 kg,mm,ms)。

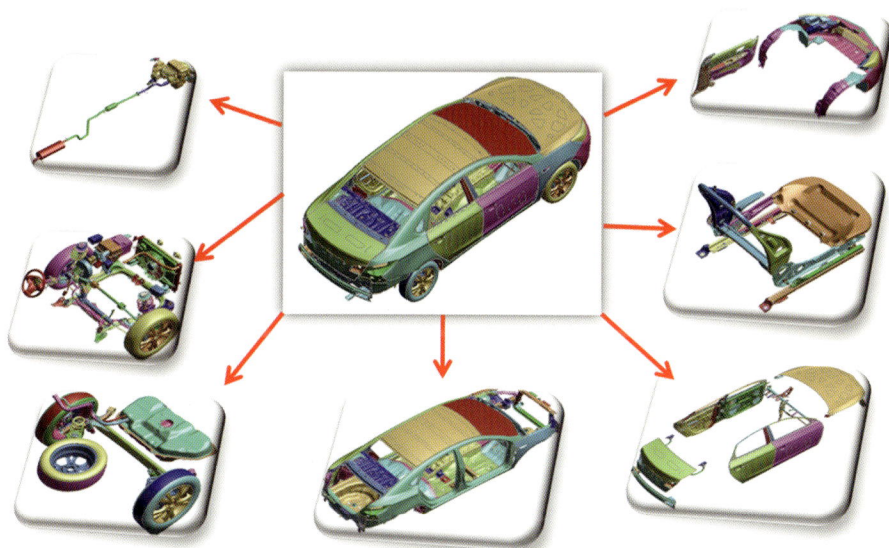

图 6.64　侧面碰撞整车模型装配

2）整车质心设置

根据整车零部件质量的 Boom 表,利用仿真软件的 mass 控件调试已确定的零部件(四门两盖、轮胎、前悬、后悬、座椅)的质量,保证有限元模型的质量符合实际设计质量;再利用 Assign ms 调配整车的整备质量,并保证有限元的整车的整备质量与设计整备质量相差不超过 10 kg,质心在各个方向不超过 10 mm(由于不能获取整车质心的 Z 坐标,本书提及的质心坐标特指 $X\backslash Y$ 坐标)。

3）侧碰假人定位

在定位假人之前,必须确认座椅有限元模型的状态,保证座椅滑轨处于 C-NCAP 规程规定的位置;根据座椅的设计靠背角调试假人;根据当前状态座椅的 H 点坐标调试 C-NCAP 规程中 WorldSID 假人和 SID-IIs 假人的 H 点(国家标准 GB 20071 中的 ES-2 假人 H_m 点),如图 6.65 所示。

4）移动壁障定位

移动变形壁障在车体坐标 X 向,使碰撞面的中心点正对车辆 R 点后 250 mm(国标 GB 20071 中正对 R 点);在车体坐标 Z 向,在车身设计姿态下,使台车与车辆相对位置与试验一致;在车体坐标 Y 向,使移动壁障前表面与车辆外板结构表面的间距为 0.5 mm,如图 6.66 所示。

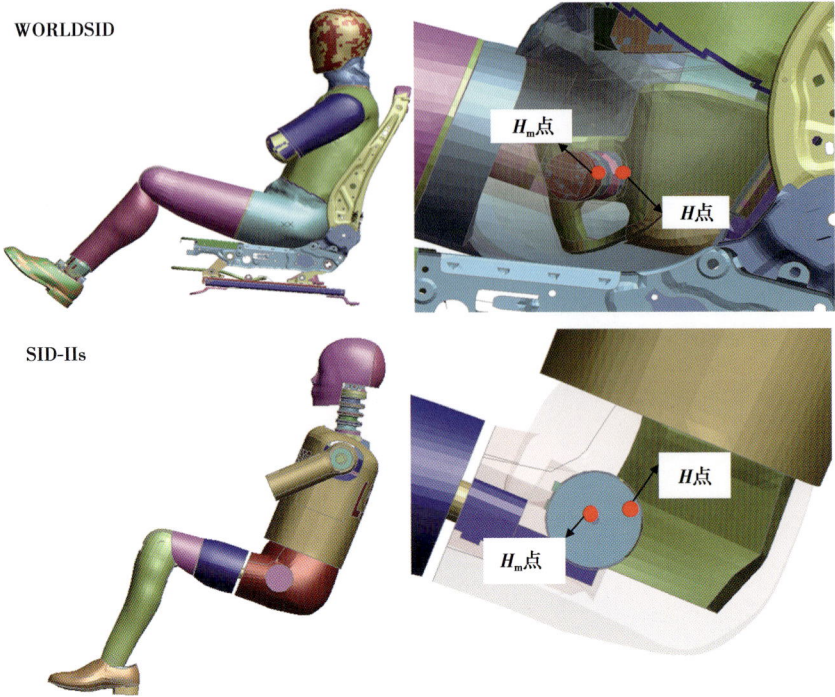

图 6.65　侧面碰撞假人定位示意

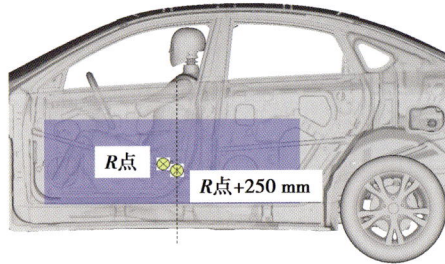

图 6.66　侧碰移动壁障定位

5) 定义模型接触

　　在整车侧面结构车体分析中,接触的设置主要包括整车自接触、假人和车体的接触、移动变形壁障和车体的接触、车体和地面的接触。整车自接触设置为单面自动接触,排除所有 Beam 单元的 part 和 Solid 单元的 part、各个子总成连接的刚性 part、假人的 part 和壁障的 part。假人和车体的接触设置为自动面面接触,如图 6.67 所示。其中,Slave part 为假人皮肤的壳单元;Master part 为座椅泡沫的壳单元、门内饰、B 柱内饰、安全气囊、前地板、转向盘、转向柱、顶盖等。移动变形壁障和车体的接触设置为自动面面接触。Slave part: 移动变形壁障的壳单元 part;Master part:将会与碰撞面接触的壳单元 part。

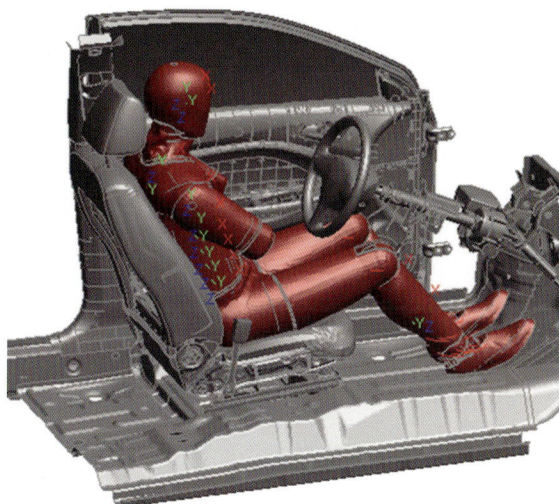

图 6.67　假人和车体的接触示意图

6）边界条件设置

在全局坐标系下，为整个整车模型施加一个重力作用，选择碰撞台车的所有节点，设置沿 Y 向的初速度大小 13.889 mm/ms。

具体分析流程如图 6.68 所示。

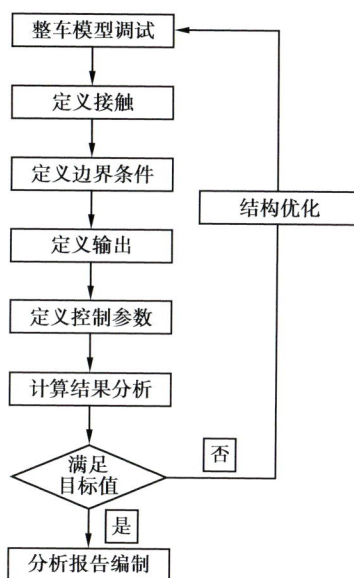

图 6.68　侧碰车体结构仿真分析流程

6.3.5　侧面碰撞仿真分析案例

以某车型侧面碰撞整车结构分析为例,通过 B 柱结构的优化(见图 6.69),使各项考察项满足要求,明显提高侧面碰撞安全性能。同时,在优化过程中发现,针对 B 柱结构的优化并不是一味地加强,平衡整个 B 柱上下的强度,即可达到最佳的 B 柱变形模式和侵入情况。

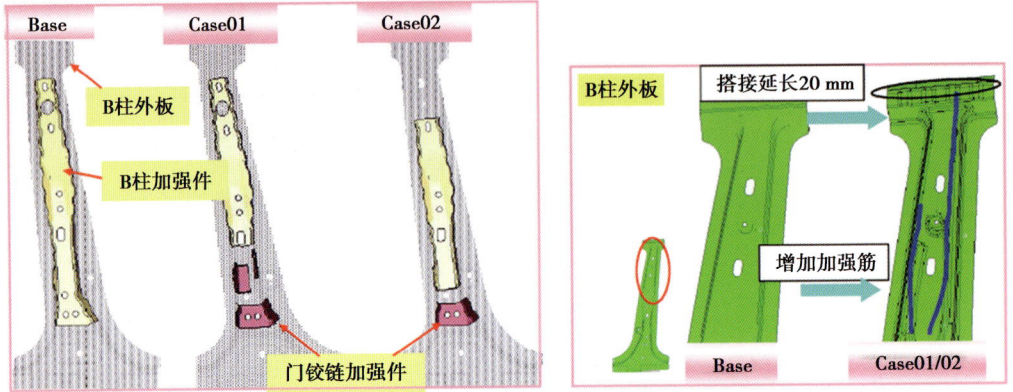

图 6.69　B 柱结构优化方案

通过门槛梁以及地板横梁的优化(见图 6.70),在保障门槛梁变形的同时,碰撞载荷能够快速地传递到非碰撞侧,推迟整车 Y 向运动,可有效地控制碰撞侧车体结构的侵入情况。

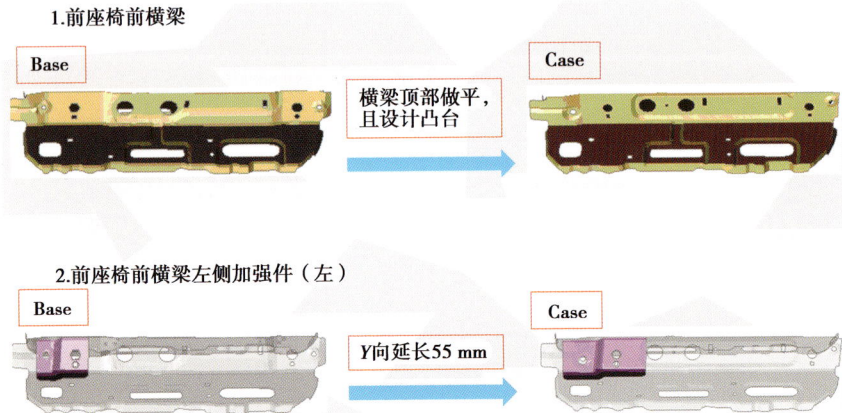

图 6.70　门槛梁及地板横梁优化方案

本章小结

本章介绍了碰撞关重件前防撞横梁系统、前纵梁在各个碰撞工况过程中起到的吸能形式和作用。根据结构在工况里的作用,从断面形式、变形引导等方面,详细介绍了上述零部件的设计方法。

从碰撞吸能空间及其影响因素、整车碰撞传力支承结构和整车碰撞载荷分布等几个方面进行整车奶装性设计介绍。

理解侧面碰撞位移伤害理论:第一,侧面碰撞发生前期(内饰或者侧气囊接触假人之前),侧面车体结构的侵入不会直接造成假人伤害,但是针对配置侧气囊的车型,会影响侧气囊展开效果。第二,当假人伤害开始增加后,侧面车体结构侵入直接影响假人伤害变化。需要注意的是,这里提及的侵入是相对于地面的绝对值。

建立侧碰车体结构目标值体系,影响侧碰性能的关键因素是车体结构的侵入速度和位移变化。

发布车体结构工程化数据之前,基于侧碰载荷传递路径,开展车体结构的评估工作,进行侧面碰撞车体结构耐撞性的控制。

发布车体结构工程化数据之后,按照侧碰车体结构仿真分析流程,开展侧碰车体结构仿真分析工作。

练习题

1.防撞横梁弦高对其耐撞性的影响是什么?

2.标示纵梁结构压溃吸能水平的主要参数是什么? 主要的影响因素有哪些?

3.前碰撞事故中,车辆变形吸能的主要利用空间是什么?

4.针对碰撞性能需求在 D1 空间内,零部件布置的主要注意事项是什么?

参考文献

[1] 高元明.单帽型与双帽型薄壁梁塑性变形特性的简化方法研究[D].长春:吉林大学,2011.

[2] 王大志. 基于乘员保护的汽车正面碰撞结构设计与变形控制研究[D].北京:清华大学,2001.

[3] H F Mahmood, A Paluszny. Design of Thin Walled Columns for Crash Energy Management—Their Strength and Mode of Collapse.SAE Paper 811302.1981.

[4] WIERZBICKI T, ABRAMOWICZ W.On the Crushing Mechanics of Thin—Walied

Structures[J].Journal of Applied Mechanics,1983,50(4a):727-734.

[5] WHITE M D,JONES N,ABRAMOWICZ W. Theoretical Analysis for the Quasi-Static Axial Crushing of Top-Hat and Double-HatThin-Walled Sections[J]. Proceedings of the Institution of Mechanical Engineers Part D Journal of Atuomobile Engineering, 199,213(4):307-325.

[6] TARIGOPULA V,LANGSETH M,HOPPERSTADO S,et al. Axial Crushing of Thin-Walled High-Strength Steel Sections[J].International Journal of Impact Engineering, 2006,32(5):847-882.

[7] 顾纪超,樊涛,段利斌,等.异材异厚帽型梁结构轴向压溃理论研究[J].汽车工程学报,2016,6(4):252-259.

[8] ABRAMOWICZ W.The Effective Crushing Distance in Axially Compressed Thin Walled Metal Columns[J]. International Journal of Impact Engineering,1983,1(3): 309-317.

第7章　汽车约束系统集成匹配技术

当车辆发生碰撞时,车内乘员的保护由车身和约束系统两个方面来提供。对于车身来说,最首要的是要保证乘员舱的完整性,以保证车内乘员的生存空间。在此基础上,通过变形吸能降低车体的减速度,以降低车内乘员的伤害。对于约束系统来说,在车体减速度的载荷下为车内乘员提供约束作用,使车内乘员与车辆的相对速度尽量平缓地降为零。总的来说,车体的减速度是乘员保护的基础,在较低的车体减速度载荷下,通过约束系统的集成匹配,可获得较好的乘员保护效果。如果没有车体结构的基础,约束系统再高的配置,再一流的供应商,也无用武之地。

7.1　前碰撞约束系统匹配

7.1.1　正面碰撞乘员保护原理

车辆碰撞过程中,车辆的速度曲线如图 7.1 所示。当没有约束系统时(见图 7.1),乘员在车内仍然保持匀速运动,直到撞击到车内刚性部件,乘员的速度急剧降为零,这时乘员受到的伤害最大。当有约束系统时(见图 7.2),乘员在约束系统的约束作用下,乘员的速度按照一定的减速度降为零,这时乘员受到的伤害相对较小。在有约束系统的基础上,如果车辆的减速度降低,相应的乘员的减速度也降低,这时乘员受到的伤害就会更小。因此,乘员所受到的伤害可用乘员速度曲线的斜率来表示。乘员速度曲线的斜率越小,则其受到的伤害也越小。

但是,车辆的速度曲线不是一条固定斜率的直线,而是一条变化的曲线。如何评价车辆的速度曲线的优劣呢? 目前,有一种方法称为乘员载荷准则 OLC(Occupant Load Criterion) ,可科学并量化地评估车辆减速度的优劣。

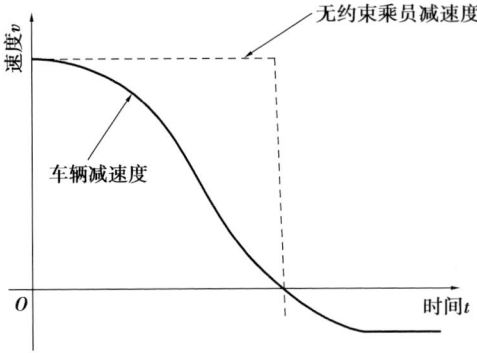

图 7.1　无约束乘员速度曲线　　　　图 7.2　有约束乘员速度曲线

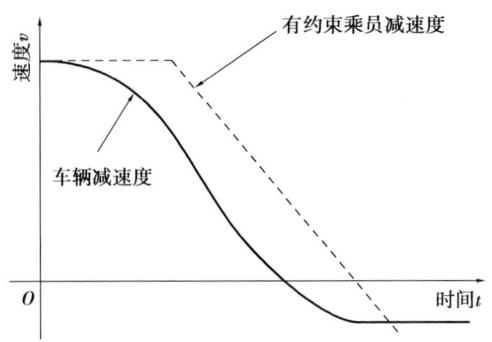

1）乘员载荷准则 OLC[1]

OLC 是一项评价车辆减速度的指标。它是在给定某车辆减速度波形的条件下，通过假定乘员作单纯的前向运动而求得的乘员平均减速度，用于评价车辆减速度对乘员作用载荷大小。其中，有以下 3 个假设：

①乘员在开始作匀速运动，当乘员运动的距离达到 65 mm 时，约束系统开始作用。

②约束系统开始作用后，乘员将一直作匀减速运动，即乘员的速度曲线为固定斜率的直线。

③乘员运动的总距离为乘员的空间（乘员胸部到转向盘的水平距离）。

如图 7.3 所示，面积 A：表示在约束系统作用前乘员与车体的相对位移；面积 B：表示在约束系统完全作用于乘员后至碰撞结束，乘员与车体的相对位移；面积 A+面积 B＝胸部空间；OLC：在约束系统完全作用于乘员后，乘员的平均减速度。

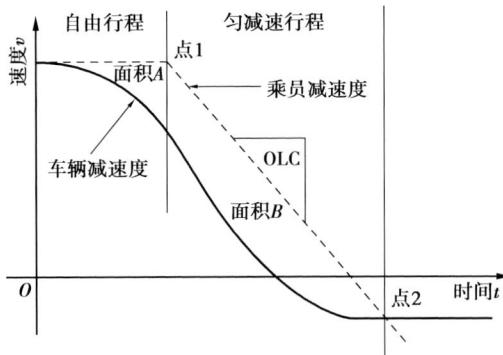

图 7.3　OLC 乘员载荷准则

在 OLC 的评价中，约束系统作用时乘员是作匀减速运动，实际中约束系统不可能提供使乘员匀减速的约束。对约束系统需要不同零部件的匹配，使乘员尽可能地作匀减速运动。如何对各个约束系统零部件进行匹配,则需要乘员减速度控制理论来指导零部件的性能设计。

2)乘员减速度控制理论

碰撞过程中,乘员的运动过程是乘员在车辆乘员舱生存空间内其速度从初速度降为零的过程。约束系统则是作用在乘员身上的力使乘员产生减速度,而乘员减速度的斜率则可代表乘员所受到的伤害。如何在有效的生存空间内使乘员能从碰撞初速度降为零,且受到的伤害最小,是约束系统集成匹配的原则。

从乘员减速度控制的理论模型(见图7.4)来看,约束系统涉及的零部件包括安全带、安全气囊、内饰、座椅、转向管柱、转向盘、地毯及仪表板等。其中,动态刚度为 $k_1,k_2,\cdots,k_n$,且各个零部件对乘员的作用时间也不同,表示为约束系统零部件起约束作用前的空行程,即 $d_1,d_2,\cdots,d_n$,乘员到车体的空间为乘员的生存空间 D ,乘员的减速度 a_O 可表示(其中, M_O 为乘员的质量)为

$$a_O = \frac{k_1(D - d_1) + k_2(D - d_2) + \cdots + k_n(D - d_n)}{M_O}$$

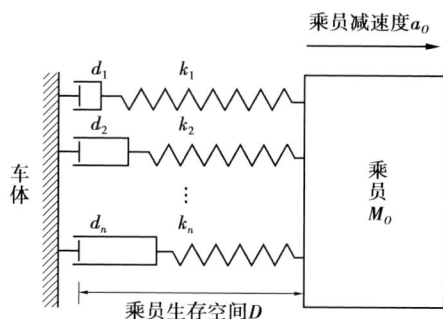

图 7.4　简化理论模型

要获得最小的乘员减速度 a_O ,通过乘员减速度控制理论,将各个约束系统零部件的刚度 k 和空行程 d 作为变量进行匹配,使乘员减速度平缓地下降到零,同时乘员伤害也就最低。同时,获得了各个约束系统零部件动态刚度及作业时间的目标值,用于指导各个约束系统零部件的性能设计。

3)正面碰撞工况中约束系统设计原则

正面碰撞工况是指由假人主要受车辆 X 方向的减速度载荷的碰撞工况,包括正面以100%重叠正面刚性壁障碰撞工况、40%重叠偏置可变形壁障碰撞工况、25%重叠偏置刚性壁障碰撞工况等。以 50 km/h 正面100%重叠刚性壁障碰撞工况为例,其假人速度曲线如图7.5所示。在不同阶段作用于假人的约束系统零部件各不相同。假人受力图如图7.6所示。

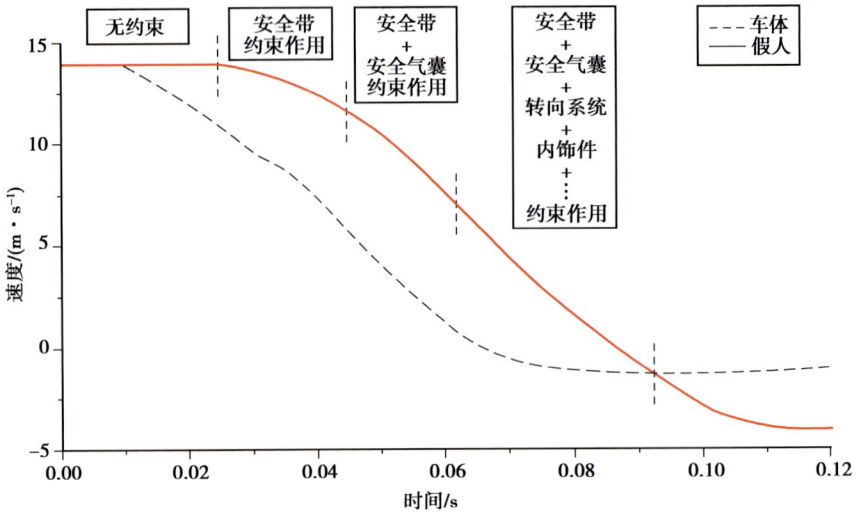

图 7.5　正面碰撞假人减速度

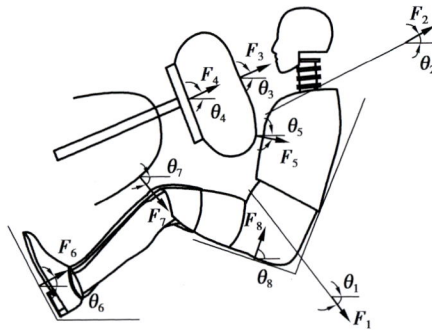

图 7.6　正面碰撞中驾驶员假人受力图

按照乘员减速度控制理论,正面碰撞工况中乘员减速度 a_O 的计算公式应为

$$a_O = \frac{F_1 \cos \theta_1 + F_2 \cos \theta_2 + \cdots + F_8 \cos \theta_8}{M_O}$$

其中

$$F_n = k_n(D - d_n)$$

要获得最小的乘员减速度 a_O,将正面安全气囊、安全带、座椅、转向系统及内饰件等约束系统零部件的刚度 k 和空行程 d 作为变量进行匹配,使乘员减速度平缓地下降到零,同时乘员伤害也就最低了。

以上都是理论层面将假人作为一个整体来看的,具体对正面工况的设计原则可将假人各部位进行分解。正碰假人各部位(见图 7.7)分别为头部、颈部、胸部、髋部、大腿及小腿。其中除了髋部外,其他部位都有相应的伤害值进行评价。胸部和小腿是在正面碰撞工况不容易达到满分的部位,也是约束系统设计时重点关注的部位。

总的设计原则是保持假人在碰撞过程中的运动姿态,只有合理的运动姿态才能保证更小的伤害。合理的运动姿态是尽量约束假人的髋部,使假人的上肢尽早地绕髋部进行旋转,并使假人的下肢不要过度地前移以及扭转。

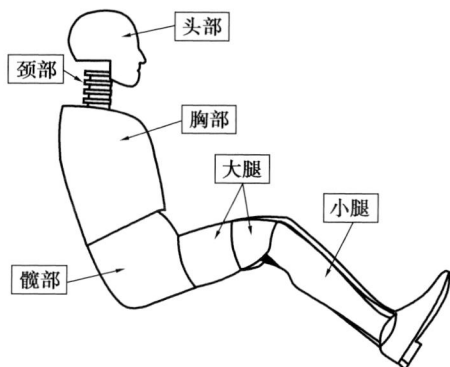

图 7.7　正碰假人部位

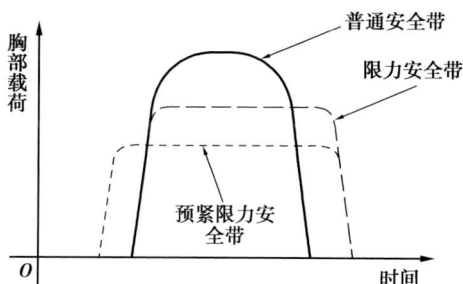

图 7.8　各类型安全带载荷

从各部位来说,假人髋部的约束主要来自座椅和安全带的腰带,同时大腿的受力也会对髋部有约束作用。安全带锚点、锁扣预紧和膝部气囊都是提升假人髋部约束的配置,可更早地约束假人的髋部,使假人的上肢更早地旋转,使假人胸部的伤害降低。

假人胸部的约束主要来自安全带肩带和安全气囊,对驾驶员还有转向系统(转向盘和转向管柱)的作用。在碰撞过程中,安全带的肩带是持续作用于假人胸部的,当安全带有限力功能时,能将假人胸部的载荷降低,同时有卷收器预紧时,能将安全带约束作用提前,进一步降低假人胸部的载荷,如图 7.8 所示。对驾驶员的胸部,安全气囊及转向系统对胸部的作用时在假人运动一定距离后才会产生,与安全带是一个叠加的作用。如要胸部伤害较低,应尽量维持胸部的载荷不变。如当安全气囊及转向系统作用胸部时,降低安全带对胸部的约束作用,可提升胸部的保护效果。或者通过气囊的包型设计,降低甚至消除气囊对胸部的作用,也可提升胸部的保护效果,如图 7.9 所示。

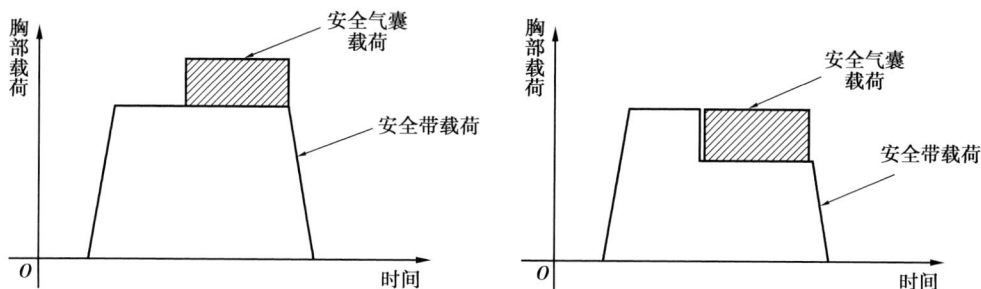

图 7.9　安全带和安全气囊载荷

假人头部的约束主要来自安全气囊,同样对驾驶员还有转向系统的作用。假人颈部没有直接与它作用的约束系统部件,对颈部的保护是作用于头部和胸部的载荷相对协调。如果不协调,则会造成颈部的伤害。

假人大腿的约束主要来自仪表板或者膝部气囊,并且大腿受力的耐受性较高。可通过仪表板内部的支撑结构或膝部气囊来提升大腿力,从而加强对髋部的约束。同时,还要考虑膝部滑移量,需要考虑仪表板造型使对大腿的作用力集中在膝部,避免作用于小腿上部。

假人小腿的约束来自地板、歇脚板和踏板等,并且影响小腿的因素较多。例如,车辆减速度、结构侵入、小腿的运动姿态及地板歇脚板踏板的刚度等。总的来说,小腿保护的原则是控制脚部的运动,并降低脚部的接触刚度。如图7.10所示,可增加约束脚部运动的发泡结构。

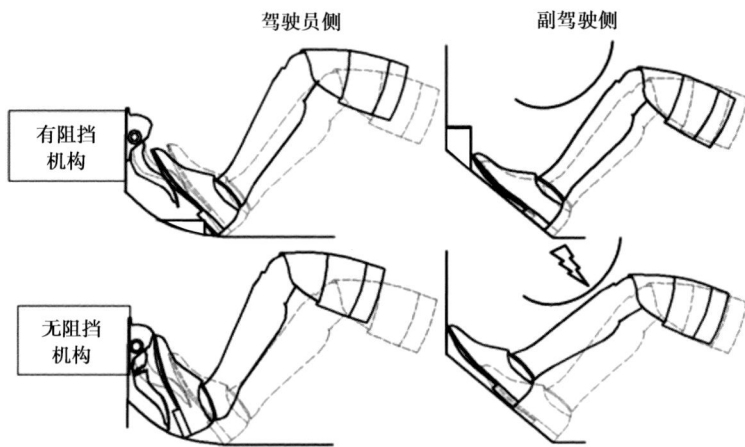

图 7.10　脚部运动约束

7.1.2　关键零部件性能设计

1)正面安全气囊

正面安全气囊包含驾驶员安全气囊(DAB)和副驾驶安全气囊(PAB)。它主要是为假人的头颈部提供保护。气囊的保护性能主要是由气体发生器和气袋两部分决定的。气体发生器的发气量大小决定气囊的体积,通常通过TANK试验获得的P-T曲线来确定气体发生器的性能。DAB一般采用2D的气袋,而PAB通常采用3D的气袋。其主要性能参数是气袋直径、泄气孔直径、拉带长度以及气袋织物的泄气性。

气囊的保护效果主要是靠气囊在碰撞过程中的刚度来体现的。气囊的刚度可理解为由气体发生器产生的气体减去从气囊的泄气孔以及织物的泄气性所排出去的气体。气囊刚度可通过跌落塔或水平冲击试验来获得。保护效果的另一体现是气囊的包型。气囊的包型设计得合理,可提高气囊的保护效果。拉带的设置可在一定程度上改变包型,但主要决定气囊包型的还是气袋的裁片形状。

　　另外,气囊的点爆时刻和折叠方式也会影响气囊的保护效果。气囊的点爆时刻由气囊控制器 ECU 来控制,在约束系统集成时会将点爆时刻作为一个优化参数。折叠方式会影响气囊展开时的性能,如展开过程及完全展开到位的时间等。

　　2)安全带

　　乘用车安全带都是采用的三点式安全带,安全带的固定点对安全带约束性能影响较大。在前期布置时,应对安全带固定点位置提出要求,当然是要在满足国标 GB 14166, GB 14167,以及佩戴舒适性要求的基础上。

　　(1)前排安全带

　　检查前排安全带 D 环布置位置,要求前排座椅(驾驶员及副驾驶)H 点(前后上下中间位置)与安全带 D 环(高调中间靠上位置)有效固定点的 Z 向距离应越大越好。检查前排安全带锚点布置位置,要求前排座椅(驾驶员及副驾驶)前后、上下中间位置的 H 点与安全带锚点安装点连线在 Y 平面投影与水平的夹角越小,其在 X 向的约束效果就越好。

　　(2)后排(第二排)安全带

　　检查安全带 D 环布置位置,要求后排座椅(第二排左侧)H 点(前后中间位置)与安全带 D 环有效固定点的 Z 向距离应越大越好;后排座椅(第二排左侧)H 点(前后中间位置)与安全带 D 环安装点的 Y 向距离应越小越好;检查安全带锚点布置位置,要求后排座椅(第二排左侧)H 点(前后中间位置)与安全带锚点有效固定点连线在 Y 平面投影与水平的夹角越小越好;后排座椅(第二排左侧)H 点(前后中间位置)与安全带锚点有效固定点的 Y 向距离越小越好。检查安全带锁扣布置位置,要求后排座椅(第二排左侧)H 点(前后中间位置)与安全带锁扣有效固定点的 X 向距离应越小越好。

　　安全带的配置可分为普通式安全带、限力式安全带和预紧限力式安全带。普通式安全带的性能参数只有安全带织带的延伸率,延伸率越小其约束性能越好,通常分为延伸率 6%~9% 和延伸率 11%~14% 两种。限力式安全带在普通式安全带基础上增加了限力功能,通过限力杆的扭转变形使得安全带的肩带力保持在一定力值,限力杆的限力等级是其性能参数。预紧限力式安全带在限力式安全带的基础上又增加了预紧功能,通过碰撞 ECU 的点火信号使预紧器点爆然后回拉织带,可提前实现安全带的约束作用,如图 7.11 所示。

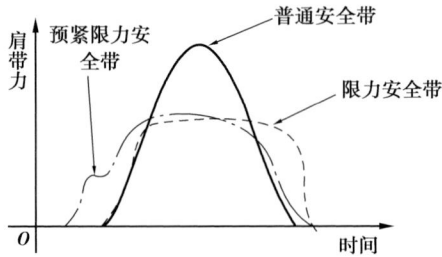

图 7.11　各类型安全带肩带力

3) 转向管柱

转向管柱分为可溃缩式和不可溃缩式。乘用车通常使用可溃缩式转向管柱。可溃缩区域又分为转向上轴和转向下轴。转向上轴可溃缩结构是用于碰撞时驾驶员与安全气囊和转向盘接触时,通过转向上轴的溃缩进行吸能,降低驾驶员的胸部及头部的伤害。对转向上轴溃缩性能的关键参数有溃缩力、维持力以及溃缩行程,如图 7.12 所示。同时,可通过 GB 11557 中转向系统动态冲击试验获得转向上轴的溃缩性能。转向下轴的溃缩结构是用于发生碰撞时防止车体结构侵入导致转向管柱向乘员舱侵入,对转向下轴的溃缩性能主要是溃缩行程的要求。

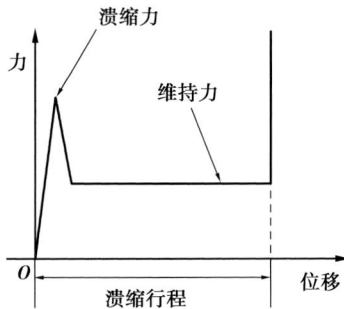

图 7.12　转向上轴溃缩力曲线

4) 座椅

座椅主要是承受驾乘人员 Z 向的载荷,需要较强的 Z 向支撑性。因此,在座椅的设计时要有防下潜结构,前排座椅或者独立式的座椅都是通过座椅骨架设计防下潜结构。对非独立式的座椅,可通过在车身上设计防下潜支架或者在座椅、坐垫内设计高发泡比的泡沫结构来实现防下潜的功能。防下潜结构的位置要求在假人 H 点的一定范围内,太靠近或者远离 H 点都将起不到防下潜的作用。

5) 仪表板

仪表板设计主要关注造型和刚度。仪表板的下部主要与前排驾乘人员的膝部和小腿接触,容易出现膝部滑移量失分。这需要在车型开发前期对仪表板下部的造型进行控制,要求膝部接触区域在 Y 方向尽量平直,让两膝接触点的落差越小越好;同时,要求在碰撞中尽量避免仪表板下部与小腿接触。另外,要求在膝部和小腿对应区域内部不能布置硬物。

7.1.3　正面约束系统仿真分析技术

车型开发中正面约束系统仿真分析过程,大致可分为 3 个阶段:零部件级仿真分析、约束系统子系统级仿真分析和整车碰撞级仿真分析,如图 7.13 所示。

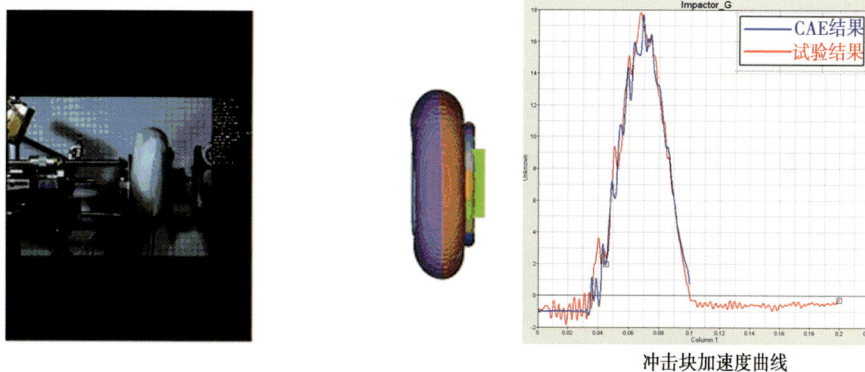

图 7.13　气囊刚度冲击对标

1)零部件级仿真分析

将零部件供应商提供的约束系统零部件(安全气囊、转向盘、转向管柱、座椅及安全带等)进行性能试验。该阶段的零部件性能试验有两个目的:一是性能检查,通过零部件性能试验检查零部件性能是否满足其性能目标;二是零部件模型模块对标,使每个零部件模型能真实反映零部件实物的碰撞安全性能,确保约束系统模型分析精度。

2)约束系统子系统级仿真分析

该阶段将有大量的 CAE 方案分析以及台车匹配试验,CAE 与台车试验相互支撑、相互验证。CAE 指导台车试验,优化试验矩阵、减少试验次数、降低开发成本和周期;台车试验验证 CAE,校准分析模型、验证分析结果。CAE 分析可进行大量多方案的优化分析,根据分析结果,确定结果较好的方案,在台车试验中进行验证。

3)整车碰撞级仿真分析

根据车体结构的仿真波形,在台车试验验证的 CAE 整车模型的基础上进行约束系统优化分析,最终优化得出约束系统最终参数,并通过整车试验对分析结果进行验证。

(1)零部件级仿真分析手段

①安全气囊动态冲击仿真

将安装驾驶员正面安全气囊的转向盘模块固定在刚性台上,并将转向盘轮缘进行支承固定。通过加载装置使得刚性冲击头以一定的速度冲击正好完全展开的气囊正面中心位置,在刚性冲击头上安装加速度传感器,测量冲击头的在冲击气囊过程中的加速度,并用高速摄像设备记录试验过程。通过建立仿真模型,对标试验中得到冲击块的加速度,从而验证气囊的刚度(见图7.13)。

不仅如此,由于零部件试验的边界条件对于气囊有影响,需要进行不同边界条件(冲击速度)下的气囊刚度验证(见图7.14)。

5.5 m/s试验验证(获得该条件下的可靠模型)

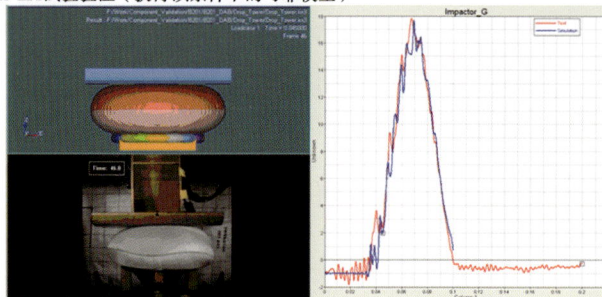

对6 m/s的响应进行预测并与试验对比

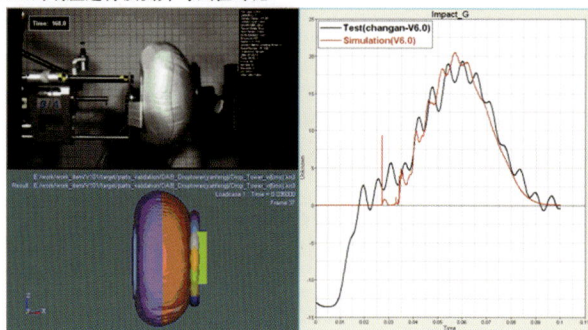

图7.14 不同速率下的气囊冲击对标

②安全气囊静态展开仿真

为了准确模拟安全气囊的静态展开,通过建立安全气囊模型对标安全气囊静态展开试验,从而验证模型气囊的展开特性,包括准确模拟气袋包形、充满气体的所需时间。

试验过程中安全气囊静态展开情况如图7.15所示。

仿真中安全气囊静态展开情况如图7.16所示。

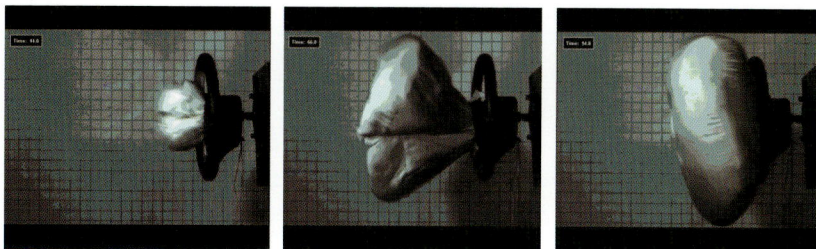

图 7.15　气囊试验中的展开情况

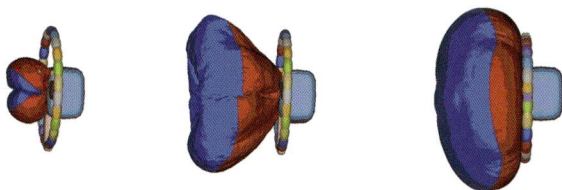

图 7.16　气囊仿真中的展开情况

③转向盘轮缘刚度仿真及其性能控制

根据转向盘下轮缘的冲击试验,得到冲击力-转向盘下轮缘变形位移曲线。在仿真中,建立相同的工况模拟转向盘下轮缘的刚度,将二者进行对标,使转向盘模型能准确地反映转向盘的刚度特性(见图 7.17)。

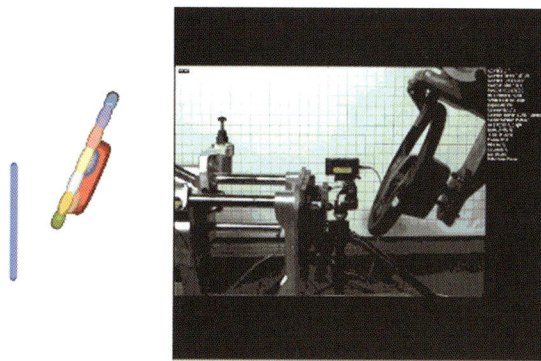

图 7.17　转向盘轮缘刚度仿真

同时,保证转向盘下轮缘刚度需控制在如图 7.18 所示的上下限值以内。

④座椅下压刚度仿真

座椅下压刚度试验中,刚性推头以 2 m/s 的速度下压座椅,下压距离为 80 ~ 100 mm,具体数值根据坐垫的海绵厚度确定。通过试验得出下压距离 S、推头受力 F 随时间变化关系。对座椅进行一定简化后,建立座椅模型(见图 7.19)。

通过模拟试验工况,将二者进行对标(见图 7.20),使得座椅模型能准确反映座椅的刚度特性。

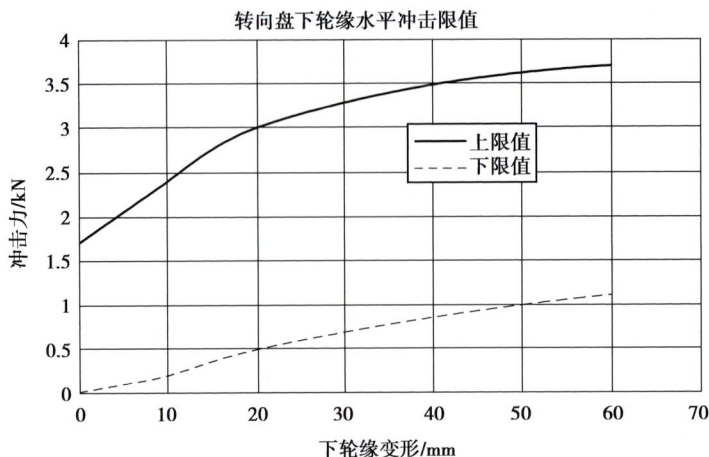

图 7.18 转向盘下轮缘水平冲击上下限值

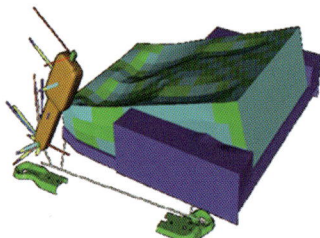

图 7.19 简化后的座椅模型

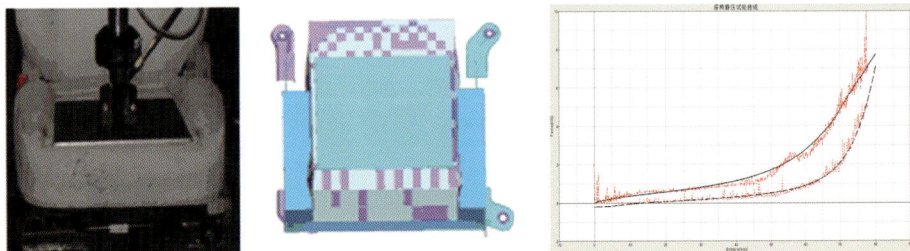

图 7.20 试验结果和仿真结果对比

⑤安全带动态性能仿真

根据台车的安全动态性能试验,建立相同工况的仿真模型,对标二者整个过程的安全带力,使安全带仿真模型能准确反映安全带实物的特性(见图 7.21)。

仿真结果和试验结果的对比可知,仿真结果与试验结果拟合较好,能较真实地模拟安全带的特性(见图 7.22)。

(2)约束系统子系统级仿真分析手段

①转向系统动态冲击仿真

转向系统性能是正面碰撞约束系统性能开发中的关键环节。一方面要求转向管柱能正常溃缩吸能,为假人在碰撞过程中留有足够的生存空间;另一方面还需要满足行驶性能等其他领域的性能要求。这样,受供应商技术能力以及性能方面的诸多限制,致使转向系统的开发成为开发过程中的一大难点。目前,基于碰撞试验能力的建立以及 CAE 分析手段的多样化,分析效率及精度得到大幅提升,实现了从转向盘、转向管柱等零部件到转向系统性能管控的全覆盖。

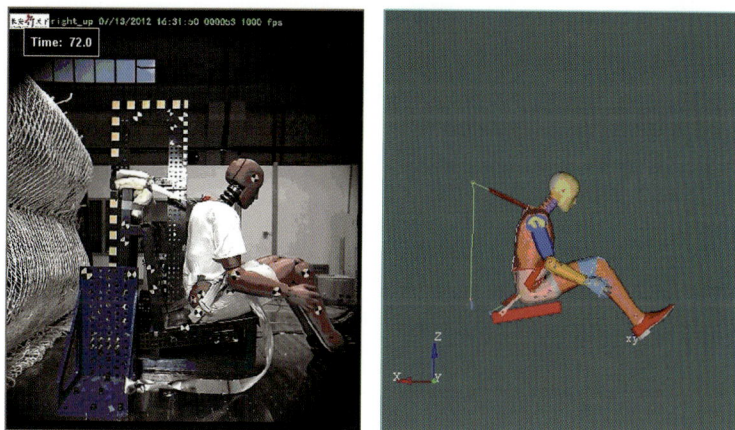

图 7.21　安全带动态性能对标

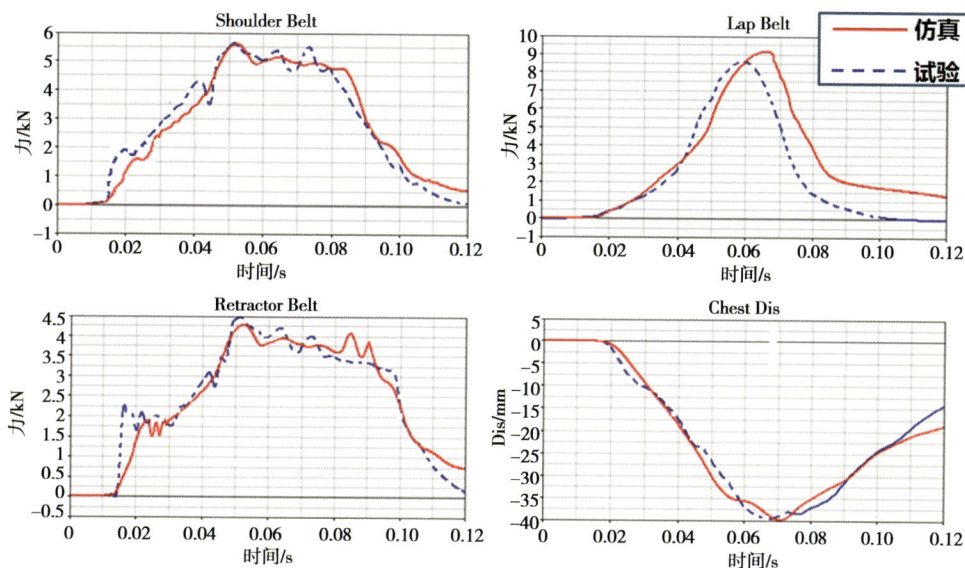

图 7.22　安全带动态性能对标曲线

　　根据转向系统动态冲击试验,建立分析对标模型,获得如图 7.23 所示的对标结果,进而获得转向管柱的溃缩行程、压溃力等关键参数。根据具体项目的性能开发要求,通过 CAE 优化分析获得最优结果。

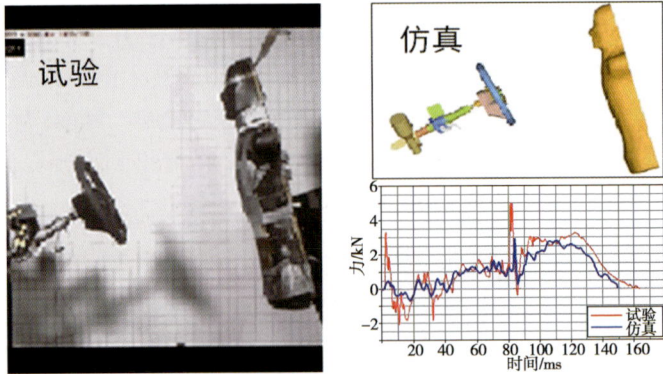

图 7.23　转向柱动态冲击试验对标

②座椅安全带子系统动态仿真

基于座椅下压刚度及安全带动态性能零部件仿真分析,建立座椅安全带子系统动态仿真模型,通过头部加速度、颈部轴向力、肩带力和卷收器力几个特征值在座椅子系统中的分析值与整车试验值的对比,更全面地考察部件级性能在子系统中的性能表现,如图 7.24 所示。目前,主机厂已逐步建立起座椅安全带子系统仿真分析能力,实现了正面碰撞性能开发精度的稳步提升。

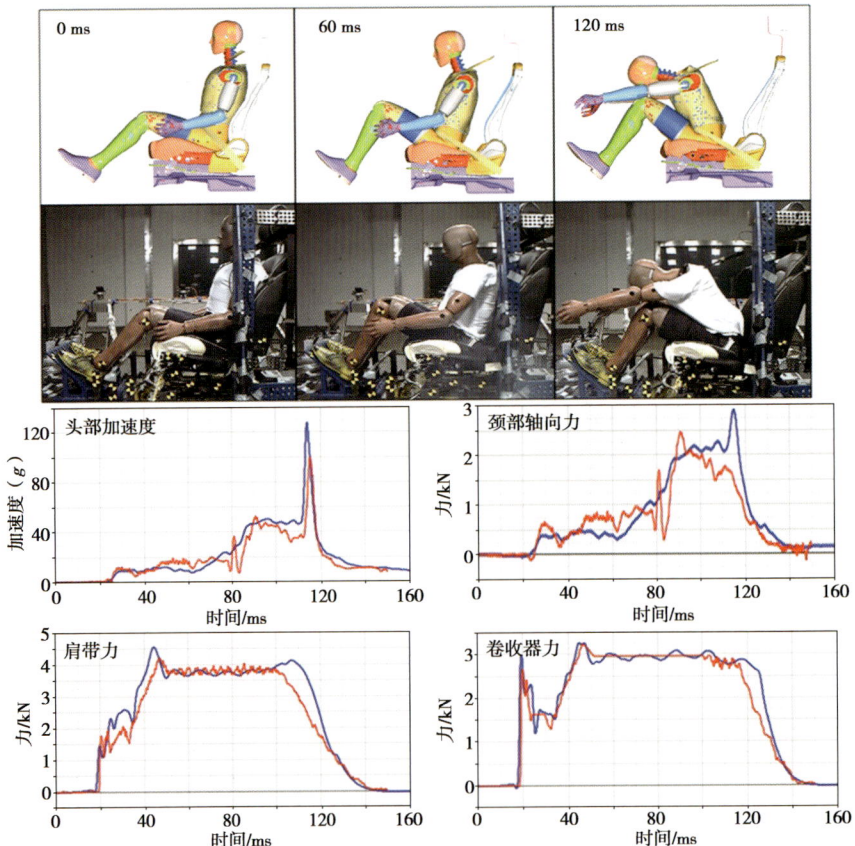

图 7.24　座椅安全带子系统台车试验对标

③偏置碰台车约束系统仿真

在台车试验中,模拟整车偏置工况,关键在于如何模拟整车碰撞工况中车辆撞击到壁障发生整车偏转运动,以及整车加速度波形 B 柱左侧和右侧有较大差异,但台车试验中只能施加一个加速度波形。解决的总体思路是:在台车试验中初始安装固定车身是使车身与台车加速方向保持一定夹角,通过这个夹角来模拟在整车偏转过程中假人相对车体的偏转运动姿态;同时,台车加速度波形采用将整车 B 柱左右侧加速度进行一定比例加权的方式,找出适合台车试验的加速度波形(见图7.25)。

图 7.25　偏置碰台车约束系统仿真分析

将偏置碰台车试验假人响应曲线与整车偏置碰撞试验的结果进行对比,曲线的拟合度能达到 80% 以上,证明目前的仿真分析方法在台车中得到了验证,并具有可行性。关键部位的曲线对比如图 7.26 所示。

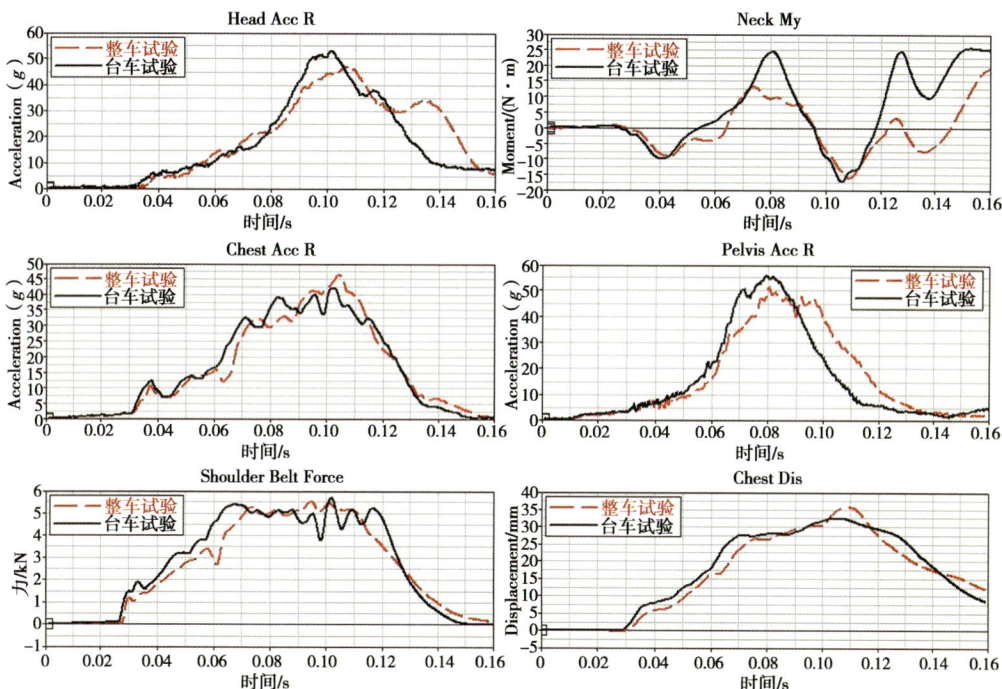

图 7.26　偏置碰台车约束系统对标情况

（3）整车级仿真分析手段

①整车正面碰撞约束系统仿真

根据最新 C-NCAP 的正面碰撞试验工况和车体结构的仿真波形,在台车试验验证的 CAE 整车模型的基础上进行整车正面碰撞约束系统优化分析,用 CAE 的手段确保乘员伤害降到最低,并优化得出所需的点火时刻和约束系统最终参数,最终通过整车试验对分析结果进行验证。

正面碰撞仿真如图 7.27 所示。

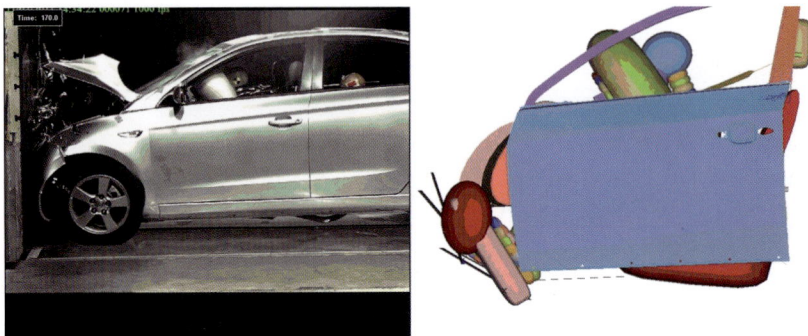

图 7.27　正面碰撞仿真

正面碰撞仿真和试验假人伤害及得分对比见表 7.1。

表 7.1　正面碰撞仿真和试验假人伤害及得分对比

得分对比		驾驶员		前排乘员	
假　人		试　验	对标模型	试　验	对标模型
头　部	HIC	226/5.0	337/5.0	438/5.0	454/4.0
	3 ms G	39.46 g/5.0	43.22 g/5.0	50.22 g/5.0	55.34 g/4.0
	得分	5	5	5	4
颈　部	My	22.9 N·m/2.0	13.76 N·m/2.0	13.46 N·m/2.0	35.80 N·m/2.0
	得分	2	2	2	2
胸　部	位移	39.59 mm/1.86	39.8 mm/1.83	33.3 mm/2.98	24.5 mm/4.56
	3 ms G	42.90 g/3.89	42.71 g/3.93	38.08 g/4.98	32.72 g/5
	得分	1.86	1.83	2.98	4.56
大　腿	膝位移	0.95 mm/2.0	3.3 mm/2.0	1.153 mm/2.0	1.5 mm/2.0
	得分	2	2	2	2
小　腿	TI	0.85/1.0	0.87/0.95	0.684/1.37	0.83/1.04
	Fz	2.091/1.97	2.81/1.73	3.211/1.60	2.32/1.89
	得分	1.00	0.95	1.37	1.04
假人得分(16 分)		11.86	11.78	13.35	14.60

②整车偏置碰撞约束系统仿真

根据最新 C-NCAP 的偏置碰撞试验工况和车体结构的仿真波形,在台车试验验证的 CAE 整车模型的基础上进行整车偏置碰撞约束系统优化分析,用 CAE 的手段确保乘员伤害降到最低,并优化得出所需的点火时刻和约束系统最终参数,最终通过整车试验对分析结果进行验证。

偏置碰撞仿真如图 7.28 所示。

图 7.28　偏置碰撞仿真

偏置碰撞仿真和试验假人伤害及得分对比见表 7.2。

表 7.2　偏置碰撞仿真和试验假人伤害及得分对比

得分对比		驾驶员		前排乘员	
假　　人		试　　验	对标模型	试　　验	对标模型
头　部	HIC	314/4.0	333/4.0	546/4.0	440/4.0
	3 ms G	46.78 g/4.0	44.67 g/4.0	57.09 g/4.0	50.86 g/4.0
	得分	4	4	4	4
颈　部	My	14.42 N·m/4.0	12.37 N·m/4.0	14.21 N·m/4.0	21.22 N·m/4.0
	得分	4	4	4	4
胸　部	位移	29.90 mm/2.87	29.8 mm/2.89	27.8 mm/3.17	24.1 mm/3.70
	3 ms G	43.56 g/2.89	39.27 g/3.77	41.28 g/3.40	30.90 g/4.0
	得分	2.87	2.89	3.17	3.70
大　腿	膝位移	0.12 mm/4.0	0.9 mm/4.0	2.452 mm/4.0	0.4 mm/4.0
	得分	4	4	4	4
小　腿	TI	0.50/3.55	0.57/3.26	0.493/3.59	0.72/2.57
	Fz	1.69/4.0	1.71/4.00	3.590/2.94	2.21/3.86
	得分	3.55	3.26	2.94	2.57
假人得分(16 分)		14.42	14.15	14.11	14.27

7.1.4 正面约束系统性能开发体系

1）总体性能设计与分解

总体性能设计与分解是对车型的碰撞安全开发目标进行分解,由一个总的开发目标分解为工程化语言的技术方案。例如,某车型开发目标是 C-NCAP 五星,那么,根据车型的基本参数和五星开发目标,可获得约束系统配置,约束系统核心零部件的初步性能要求,以及乘员空间及内造型要求等初步的技术方案。

2）正面约束系统开发流程

约束系统集成匹配可分为 3 个阶段:概念分析阶段、工程化分析阶段和试验验证阶段。具体流程图如图 7.29 所示。

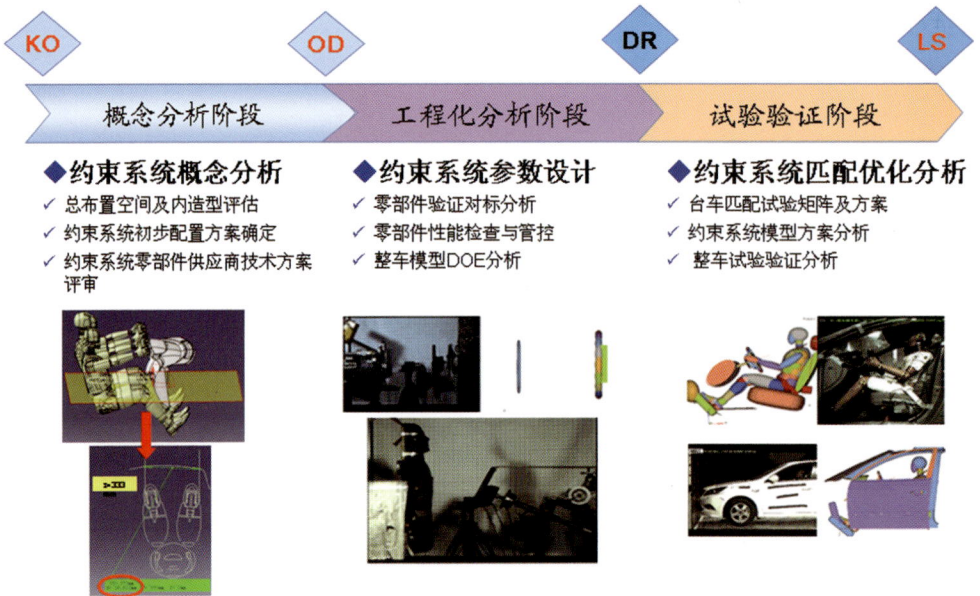

图 7.29 约束系统集成匹配流程图

（1）概念阶段

建立概念分析模型,并根据该车型的碰撞安全开发目标进行约束系统配置方案概念分析和车体结构目标波形概念分析。

约束系统配置方案概念分析主要是在项目初期根据碰撞安全开发目标,确定需要何种约束系统配置来达到。同时,结合成本和零部件性能达成的技术难度,选择成本低、技术成熟的最优化的约束系统配置。车体结构目标波形确定是在碰撞安全开发目标基础上,通过约束系统概念模型分析确定车体结构波形的二阶方波,设定车体结构目标,如图 7.30 所示。

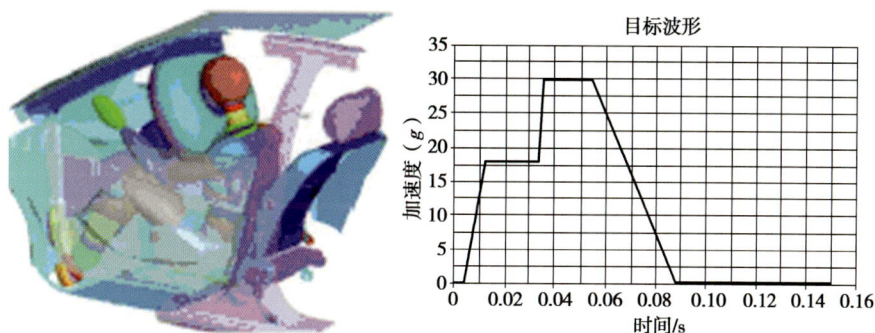

图 7.30 车体结构波形与约束系统

(2)工程化阶段

工程化阶段主要是将碰撞安全开发目标(如 C-NCAP 五星),通过大量 DOE 分析进行参数化设计和优化,获得约束系统参数最优化。

DOE 优化分析流程图如图 7.31 所示。

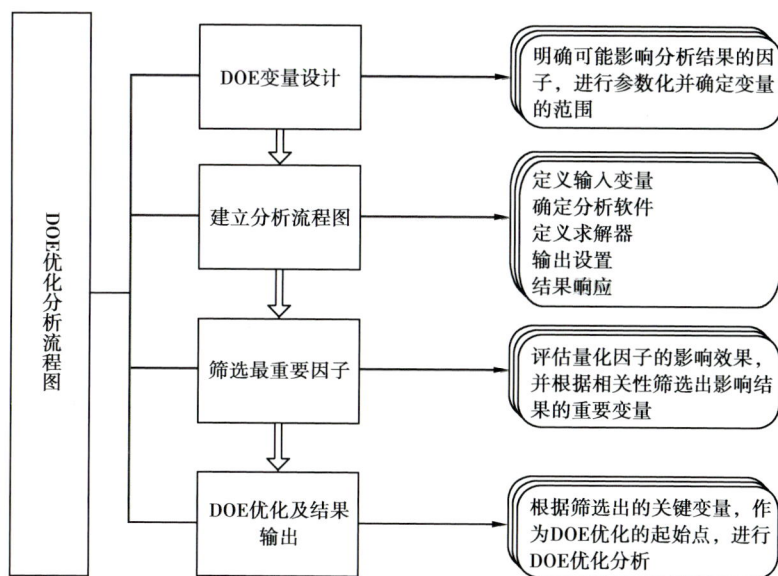

图 7.31 DOE 优化分析流程图

通过 DOE 参数化分析将五星目标分解到各个约束系统零部件,明确各个零部件需要达到的碰撞安全性能,并将其性能要求进行量化。使各个零部件供应商有明确的产品性能目标,并在这基础上建立零部件性能控制标准。

（3）试验验证阶段

试验验证阶段也是约束系统集成匹配最重要的阶段。从零部件试验验证到子系统台车试验验证再到整车碰撞试验验证，最终形成一个闭环式的约束系统集成匹配开发流程，如图 7.32 所示。

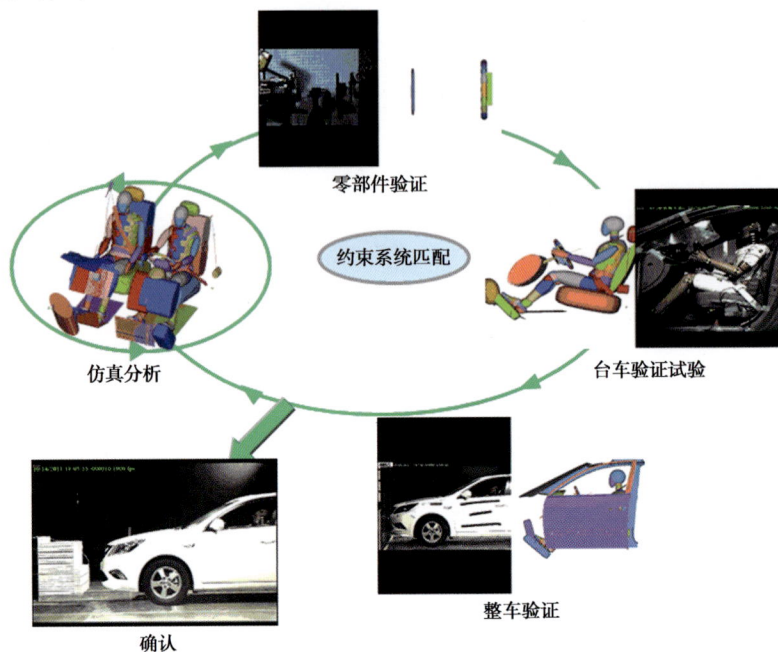

图 7.32　约束系统匹配开发

7.1.5　新型正面约束系统零部件

当前，社会对汽车安全的关注度和要求越来越高，一方面要求汽车的主动安全装备和能力要高，以达到提前发现危险和规避碰撞发生；另一方面对汽车的被动安全装备也有更高的要求，在发生不可避免的碰撞事故时，能最大限度地降低甚至避免车内乘员受到伤害。

1）后排前安全气囊

在被动安全方面，对后排乘员还是通过安全带进行保护，但目前的技术方案无法解决后排乘员头颈部保护缺失的问题。

后排前安全气囊是一种安装在前排座椅靠背上用于保护后排乘员头颈部的装置（见图 7.33），以提高对后排乘员整体的保护效果。后排前气囊包型根据保护要求进行全新设计。另外，后排前气囊采用双级气体发生器通过点火控制策略保护不同类型乘员的安全（见图 7.34）。

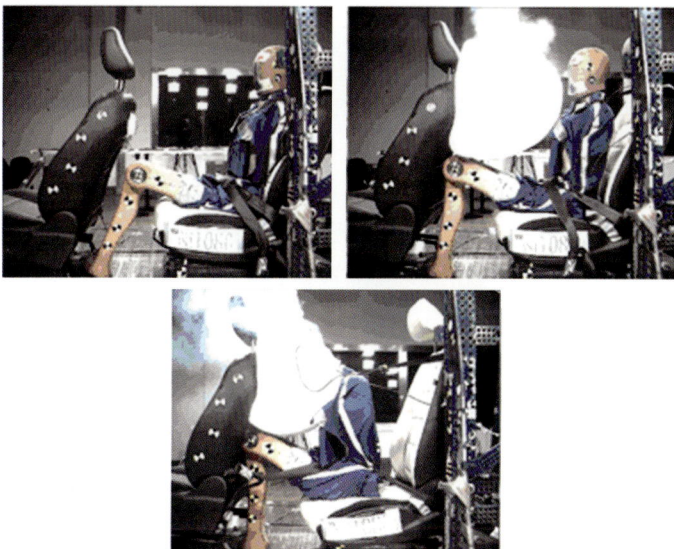

图 7.33　后排前安全气囊

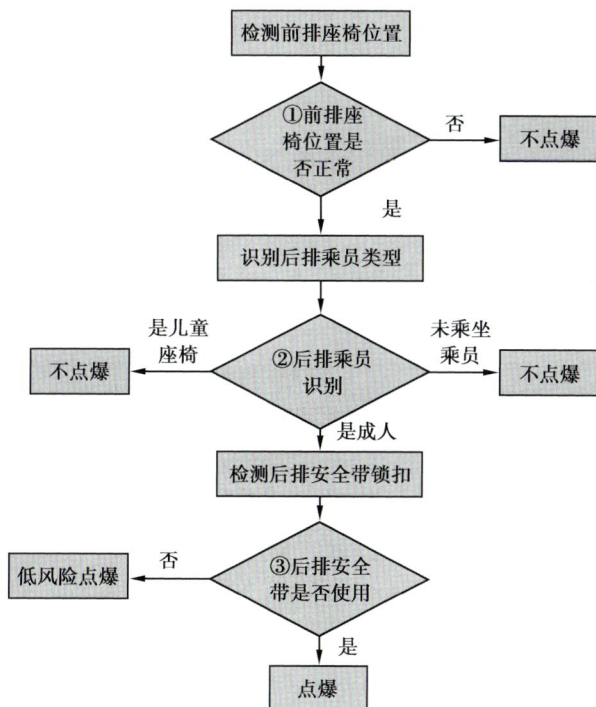

图 7.34　后排前安全气囊点火逻辑

　　控制策略实现方面,后排前安全气囊控制策略通过前排座椅位置、后排乘员类型以及后排安全带佩戴情况 3 个条件进行逻辑判断,对不同乘坐情况以及不同类型乘员提供不同的气囊点火策略,最终实现智能化的后排前气囊系统。

2）腰带气囊式安全带

腰带气囊式安全带通过一种集成在安全带腰带的气囊,在碰撞时对腰带气囊进行充气,使气囊获得较大的内部压力对假人髋部进行约束,从而起到代替膝部气囊和锚点预紧的作用,以提高前排乘员胸部以及下肢的保护效果。

腰带气囊式安全带采用双卷收器,在现有预紧限力安全带原锚点位置增加一个紧急锁止卷收器,管式气袋布置在腰带位置,气体发生器布置在前排座椅坐盆后方通过可充气式锁扣和锁舌对管式气袋进行充气,起到约束假人髋部运动的作用(见图 7.35、图 7.36)。

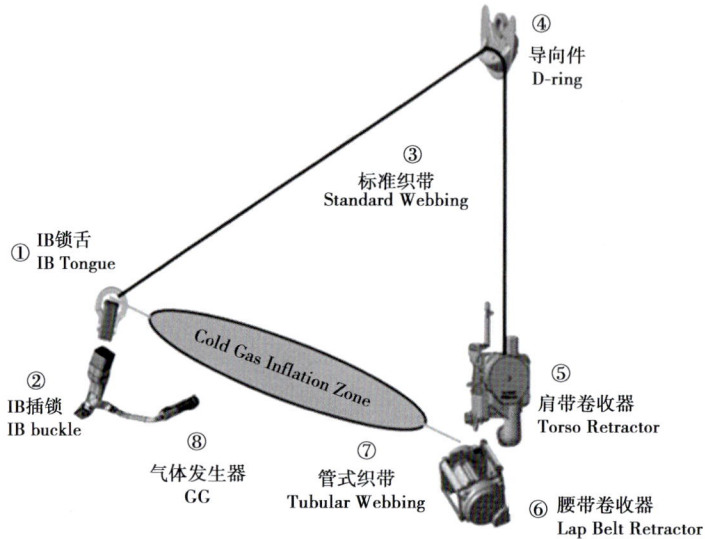

图 7.35　腰带气囊式安全带方案

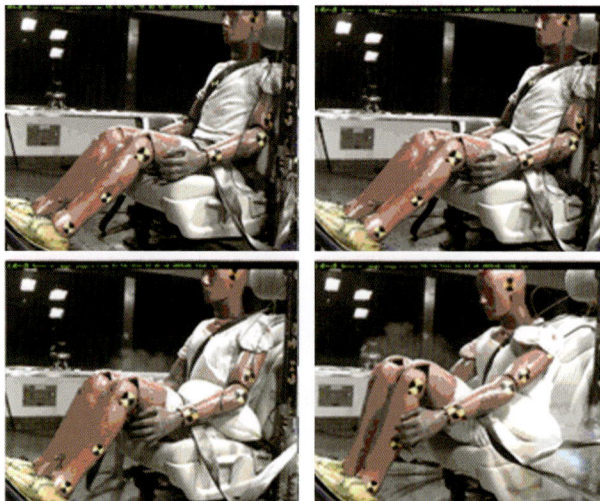

图 7.36　腰带气囊式安全带台车试验

7.2　侧面碰撞约束系统匹配

在完成侧面碰撞车体结构耐撞性设计之后,需要进行侧面碰撞约束系统匹配工作,以实现针对侧碰假人的伤害值控制,最终达成侧面碰撞性能目标。

7.2.1　侧面碰撞约束系统设计原理

首先回顾一下上一章节涉及的侧面碰撞位移伤害理论:

①侧面碰撞发生前期(内饰或者侧气囊接触假人之前),侧面车体结构的侵入不会直接造成假人伤害,但是针对配置侧气囊的车型,会影响侧气囊展开效果。

②当假人伤害开始增加后,侧面车体结构侵入直接影响假人伤害变化。需要注意的是,这里提及的侵入是相对于地面的绝对值。

在理解了侧面碰撞位移伤害理论的基础上,进一步确定侧碰约束系统设计原理。

①在车体结构优化的基础上,控制侧气囊和侧围内饰的刚度,即 K_1 和 K_2,可有效控制假人伤害值。

②基于侧气囊和侧围内饰刚度边界以及侧气囊点火充气过程,反过来针对车体结构提出相应的控制要求。

7.2.2　关键零部件性能设计

为了确保侧面碰撞性能目标的实现,需要了解侧面约束系统各零部件的性能以及在整个系统中的作用,因此,首先需要建立侧面约束系统关键零部件性能设计体系。

基于侧碰约束系统设计原理,关键零部件主要指的是侧气囊和侧围内饰。

1)侧气囊

侧气囊主要由气袋和气体发生器组成。其具体内容如下:

①通过气袋织物泄气性测试试验(见图7.37),测试织物泄气性能,保证整车系统中气袋织物泄气满足要求,校对气袋织物仿真曲线的泄气性能的精度。

②通过气袋织物力学特性测试试验(见图7.38),测量气袋织物力学特性,校对气袋织物仿真模型的力学特性精度。

③通过气体发生器 TANK 试验(见图7.39),测量气体发生器产生气体的压力,保证整车系统中侧气囊气囊刚度满足要求,校对侧气囊仿真模型的气囊刚度精度。

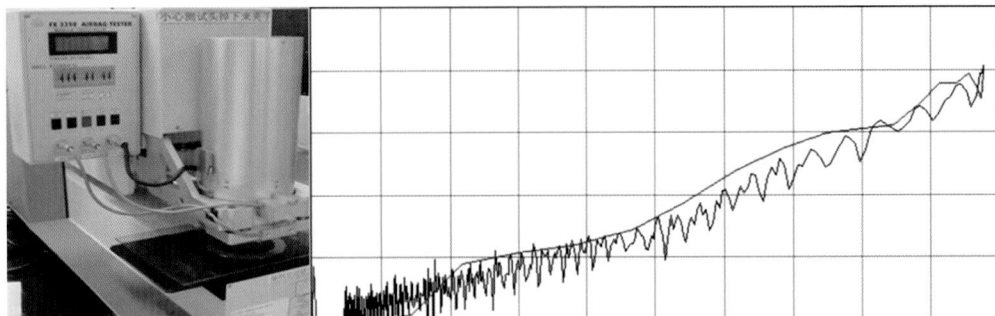

图 7.37　气袋织物泄气性测试试验

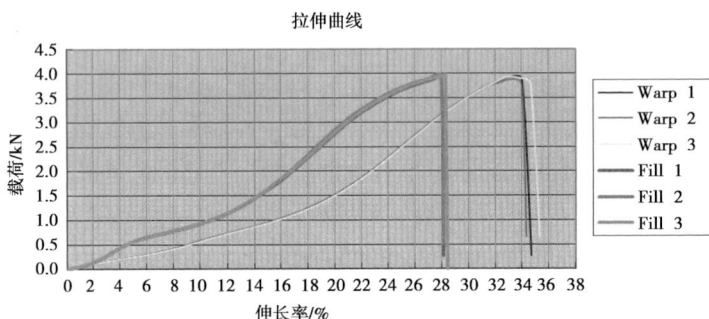

图 7.38　气袋织物力学特性测试结果

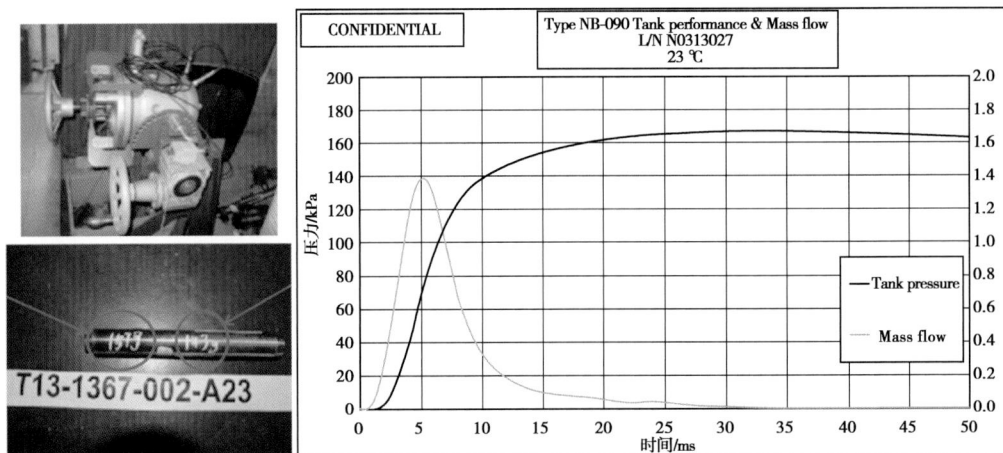

图 7.39　气体发生器 TANK 试验

④通过侧气囊静态点爆试验(见图 7.40),保证整车系统中侧气囊、侧气帘展开正常,校对侧气囊仿真模型展开情况。

⑤通过侧气囊动态冲击试验(见图 7.41),评价侧气囊性能,保证整车系统中侧气囊气囊刚度满足要求,校对侧气囊仿真模型的气囊刚度。

⑥由于侧气囊安装在座椅侧面,为保障侧气囊在点火充气后能有效保护假人(见图7.42),还需考虑在座椅侧面的安装情况(包括位置和倾角)以及从座椅侧面点爆冲出的情况。安装控制要求包括(见图7.42):

a.气囊模块未展开状态中心线角度与地面角度(A_1)。

b.气囊模块中心和R点位置关系(B_x,B_z)。

c.发生器出气口距离R点z向距离(D_z)。

⑦通过座椅系统静态点爆试验,保证整车系统中侧气囊能从座椅中正常展开,校对座椅系统仿真模型精度,如图7.43所示。

图7.40 侧气囊静态点爆试验

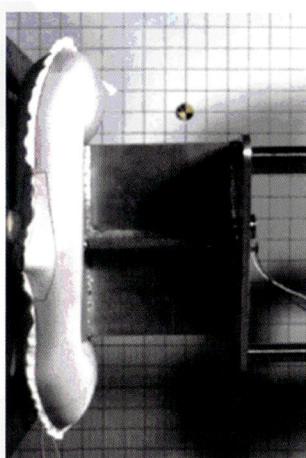

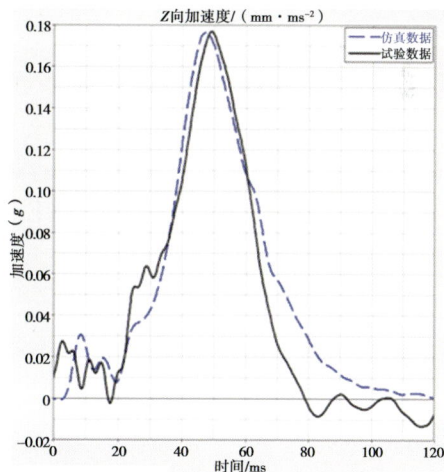

图7.41 侧气囊动态冲击试验

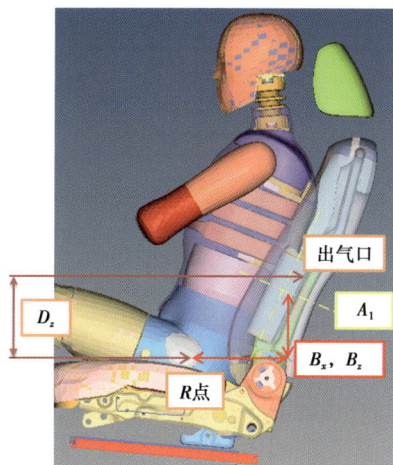

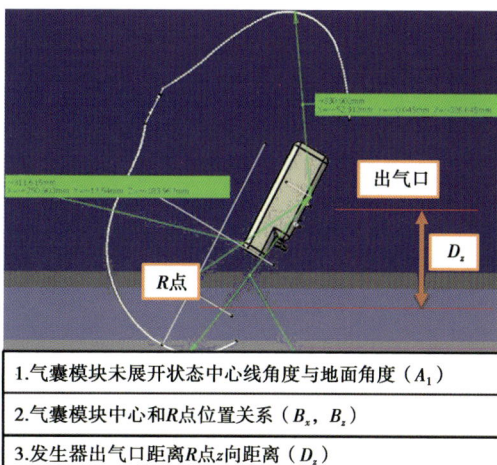

1.气囊模块未展开状态中心线角度与地面角度(A_1)

2.气囊模块中心和R点位置关系(B_x,B_z)

3.发生器出气口距离R点z向距离(D_z)

图7.42 侧气囊的安装控制要求

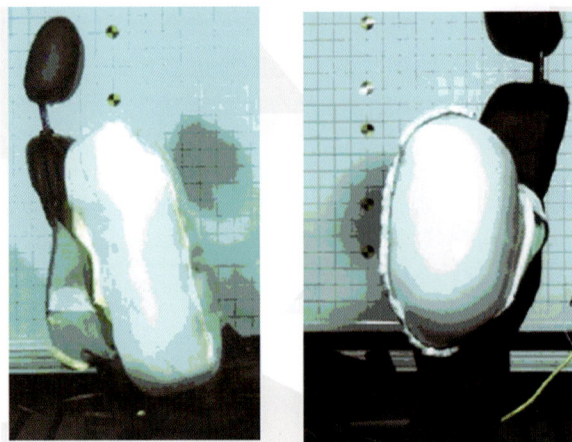

图 7.43　座椅系统静态点爆试验

2)侧围内饰

侧围内饰主要针对可能在碰撞中与假人发生作用的内饰区域,主要考察该区域的内饰 Y 向刚度以及造型落差。其具体内容如下:

①建立针对侧围内饰不同区域的刚度评价标准,如图 7.44 所示。

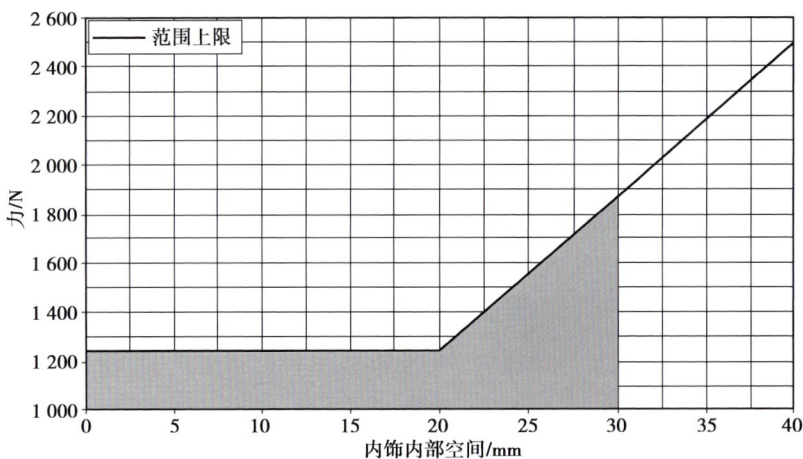

图 7.44　侧围内饰刚度评价标准

②通过侧面内饰刚度冲击试验,评价侧面内饰刚度是否满足要求,校对内饰仿真模型精度,如图 7.45 所示。

③侧围内饰造型评估,分别从车门内饰、B 立柱内饰以及 C 立柱内饰区域进行评估:

A.车门内饰

如图 7.46 所示,控制扶手相对 H 点突出情况 $c \leqslant 25$ mm;控制扶手 X 向对应 H 点

和 H 点后 100 mm 位置,在 Y 向落差大于 100 mm;吸能块应覆盖以 H 点为圆心的圆形区域;在侧面碰撞过程中,确保车门内钣金能有效推动吸能块,即吸能块不能穿过车门内钣金平面。

图 7.45　侧围内饰刚度冲击试验

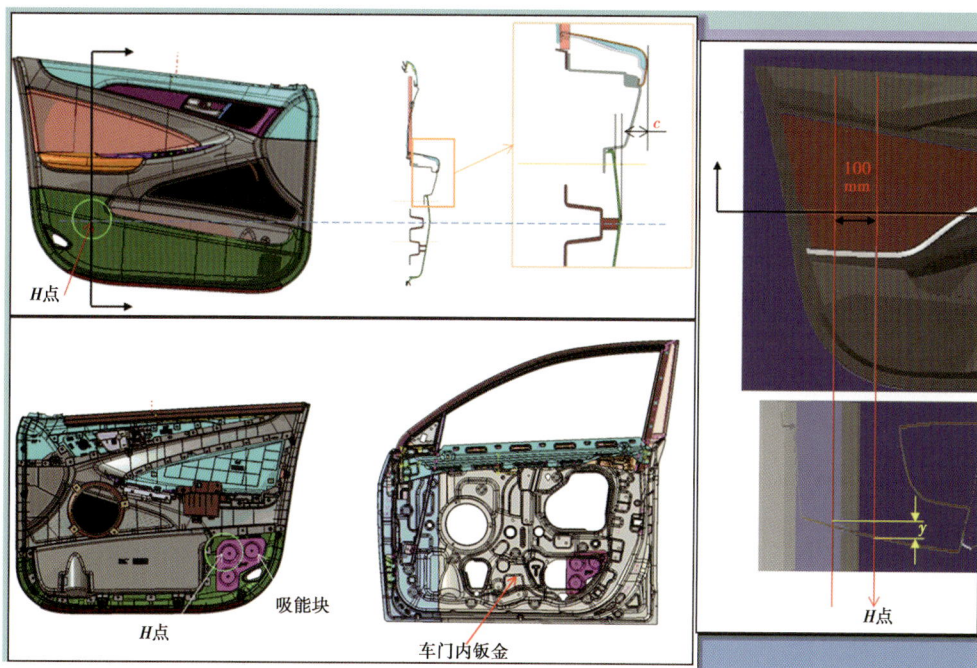

图 7.46　车门内饰造型评价要求

B.B 立柱内饰

B 立柱对应假人肋骨区域必须要开避让槽,并完全覆盖假人肋骨区域;对应肋骨区域,控制 B 立柱与前门内饰过渡区域,Y 向落差不大于 15 mm,如图 7.47 所示;B 立柱对应假人肋骨区域避让槽,避免有卡扣的安装基座以及加强筋结构。

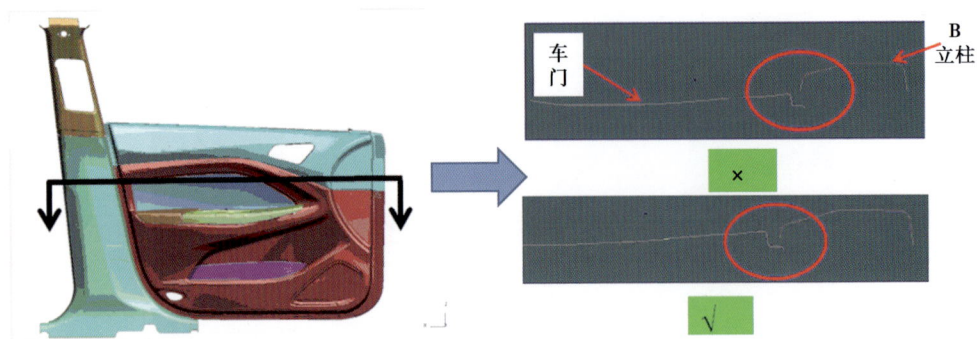

图 7.47　B 立柱内饰造型评价要求

C.C 立柱内饰

C 立柱内饰总成对应假人的区域造型要光滑连续,避免形成尖锐或者硬点。如图 7.48 所示为某款车型的 C 立柱内饰。

图 7.48　C 立柱内饰造型评价要求

7.2.3　侧面约束系统仿真匹配技术

在完成侧碰约束系统零部件性能设计之后,进行侧面约束系统仿真匹配。具体采用以下各项分析技术:

1）零部件级仿真分析技术

（1）侧气囊单体建模

CAD 数据转为 igs（曲面设计中复制到 part），横平竖直的网格（hy 或者 LS），区分折叠线和不同厚度、泄气孔，复制缝合，如图 7.49 所示。

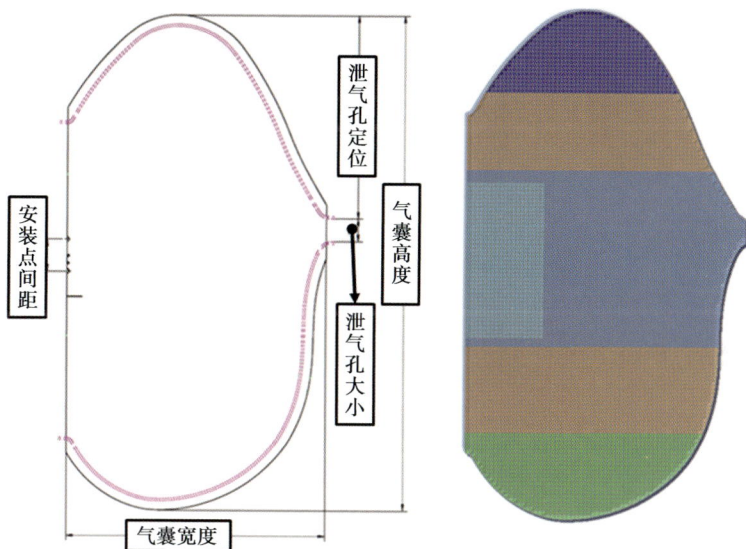

图 7.49　侧气囊单体建模

（2）气囊折叠

利用 primer 参考实物对气囊织物进行折叠，共折叠 18 次，达到实物大小，如图 7.50所示。

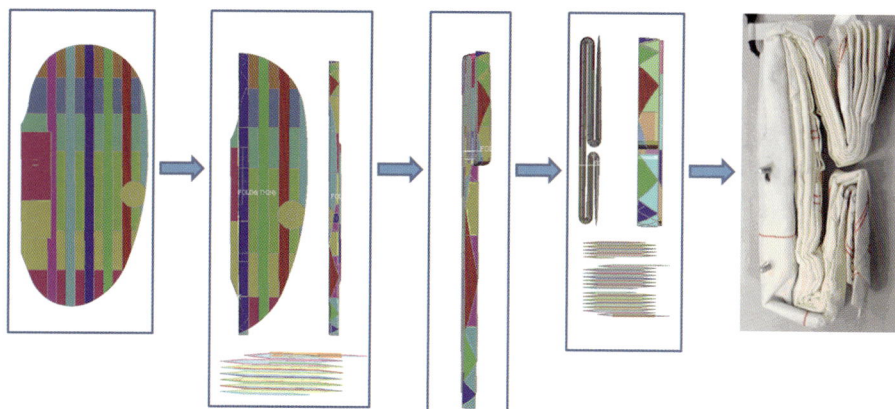

图 7.50　侧气囊折叠过程

（3）气体发生器

利用 dyna 计算，加入气体发生器，如图 7.51 所示。

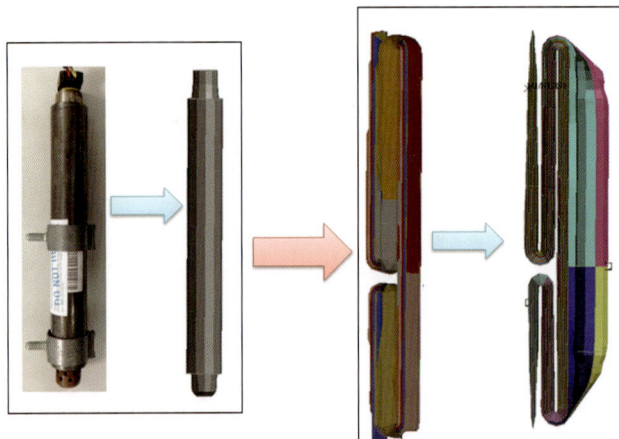

图 7.51　气体发生器模拟

基于气体发生器的 TANK 试验,建立气体热力学模型,如图 7.52 所示。

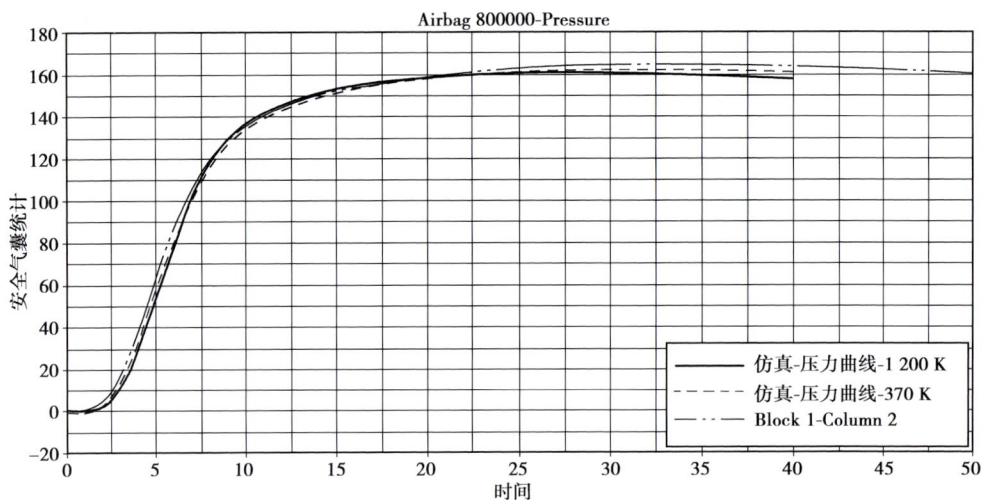

图 7.52　气体发生器质量流曲线

气袋织物模拟,采用 34 号织物材料卡片,如图 7.53 所示。其中:

①材料基本参数。

②泄气性曲线(压力 vs 泄气速度)。

③参考几何强制还原曲线。

④材料经纬方向定义。

⑤加载应力应变曲线,经纬方向,单轴加载。

⑥加载应力应变曲线,双轴加载。

⑦卸载应力应变曲线,经纬方向,单轴加载。

⑧卸载应力应变曲线,双轴加载。

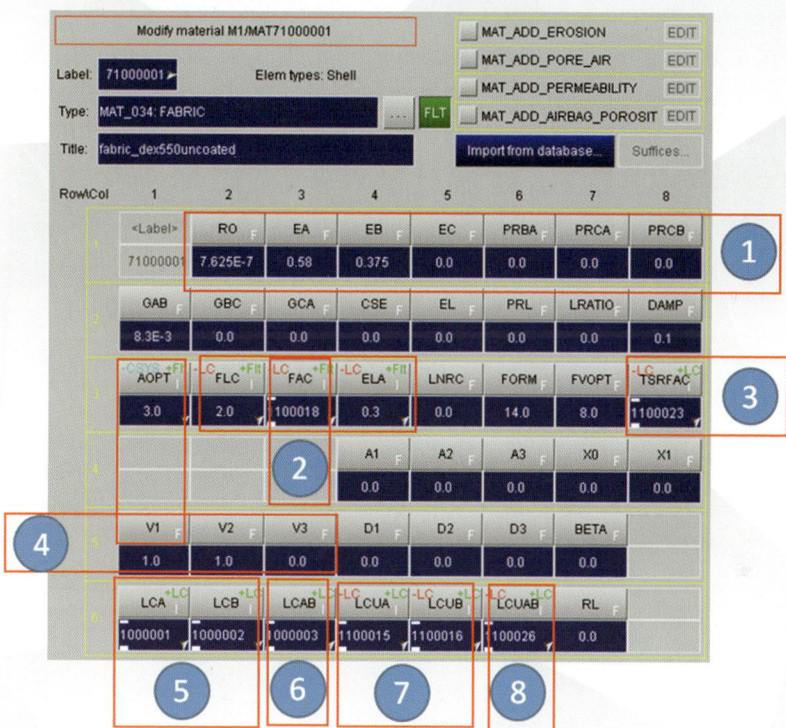

图 7.53　LS-DYNA34 号织物材料卡片

拟合织物透气性,设置侧气囊参数,展开侧气囊单体对标分析,如图 7.54 所示。

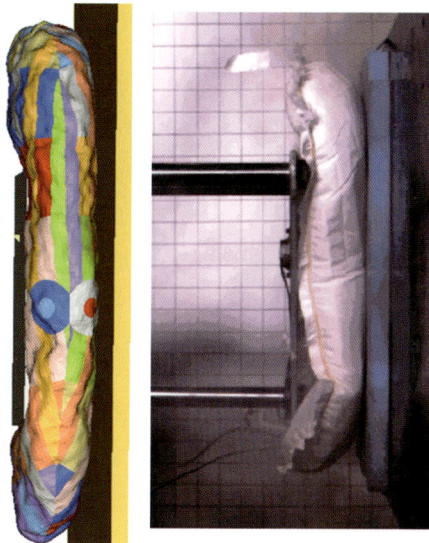

图 7.54　侧气囊动态冲击对标

车门内饰:根据几何数据建立车门内饰有限元模型,并基于车门内饰零部件试验条件,设置仿真分析边界(见图 7.55),进行对标分析,确定车门内饰仿真精度,并进行局部优化分析,控制车门内饰刚度。

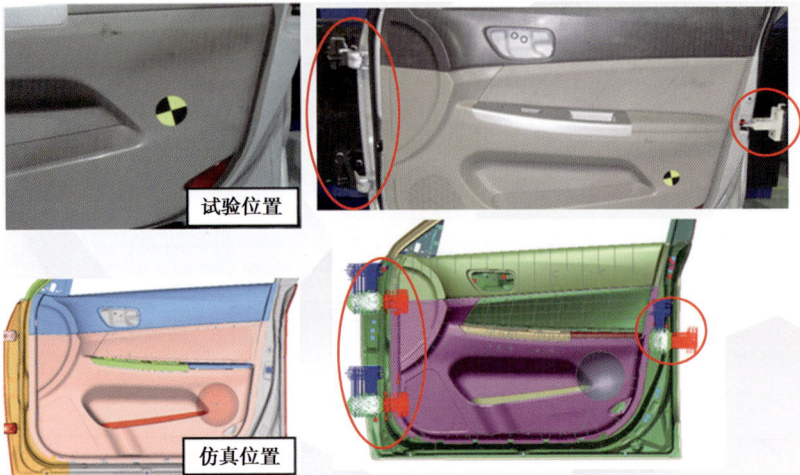

图 7.55　车门内饰动态冲击对标

2)子系统级仿真分析技术

基于侧面约束系统零部件试验体系输出的约束系统变量特征,建立侧面约束系统模型,如图 7.56 所示。

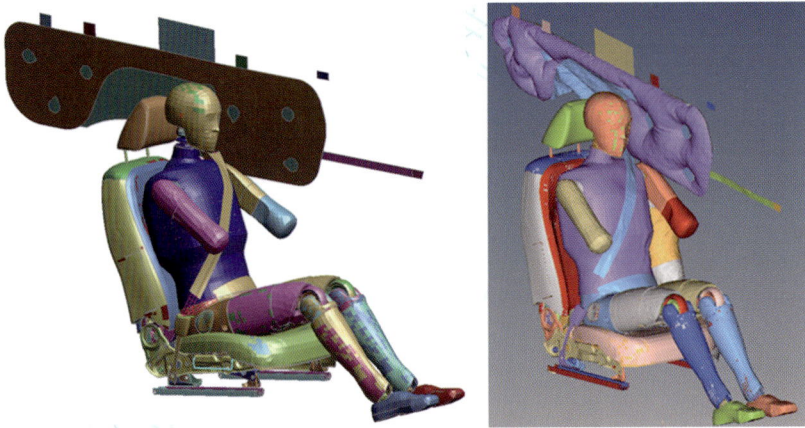

图 7.56　侧面约束系统有限元模型

应用 PSM 边界条件拟合技术,耦合整车车体结构的变形情况(见图 7.57),进行假人伤害值的仿真分析,并结合车体结构变形缩放手段,确定目标体系各考察内容的具体标准。

完成侧碰子模型对标分析,如图 7.58 所示。验证其精度后,可用于侧碰约束系统 DOE 仿真计算分析。

图 7.57　侧碰子模型系统

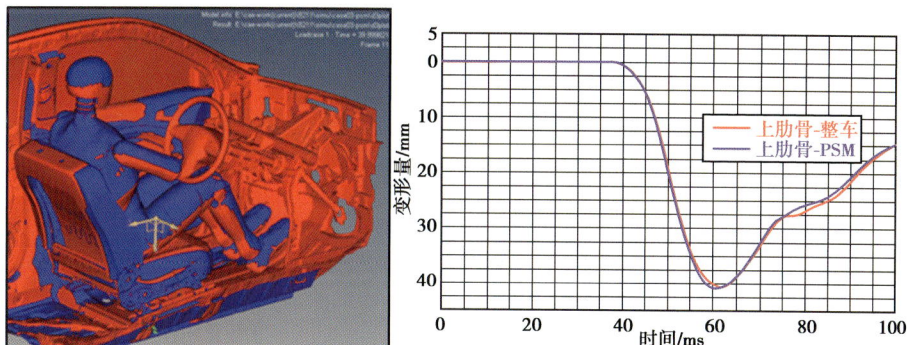

图 7.58　侧碰子模型对标

7.2.4　侧面约束系统性能开发体系

当前,大部分主机厂的侧碰约束系统研发工作一般是集中在项目开发的中后期进行仿真分析和试验验证。但是,这种模式存在明显缺陷:在项目开发的中后期,造型和总布置已锁定,车体结构和约束系统要付出更大代价(包括质量、成本和时间)才能满足侧碰性能目标。

因此,如何做到侧面碰撞开发工作贯穿项目开发始末,就尤为重要。

通过侧面约束系统性能开发体系,可在项目开发前期就针对造型和总布置提出要求,进行性能管控;可在项目开发中期结合车体结构目标体系,完成车体结构优化分析,并初定约束系统零部件参数;可在项目开发后期结合零部件试验体系、台车试验以及整车试验,验证侧面约束系统性能,并最终达成侧碰性能目标。如图 7.59 所示为侧面碰撞仿真集成分析流程。

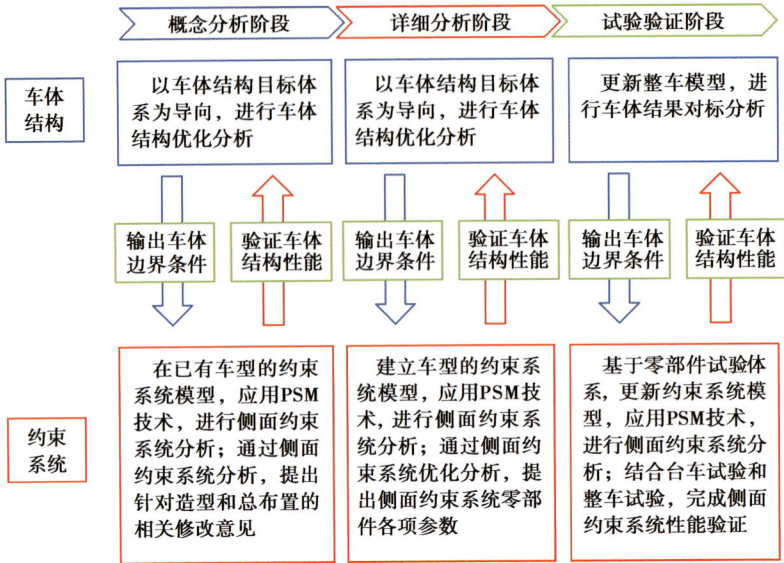

图 7.59　侧面碰撞仿真集成分析流程图

本章小结

本章从正面和侧面分别阐述了约束系统匹配的思路和方法。正面约束系统匹配主要有两个要点:宏观层面,以正面碰撞乘员保护原理介绍了乘员载荷准则 OLC 和乘员减速度控制理论,同时对正面碰撞工况中约束系统设计原则进行了详细讲解;微观层面,介绍了正面约束系统关键零部件性能的设计要点和性能要求,并简要介绍了正面约束系统仿真分析技术。侧面约束系统匹配则着重介绍:车体结构与约束系统的配合设计;由零部件及子系统开展仿真匹配;安全约束系统设计如何与开发成本与开发效率相结合。

练习题

1.无侧气囊的侧碰约束系统匹配。

案例背景:某车型的后排座椅没有配置侧气囊,基于 18 版 C-NCAP 规程,要求后排假人得分率达到性能目标要求(≥80%)。如图 7.60 所示为基础模型的分析结果。

请针对表 7.3 所列关键影响因素,制订优化策略。

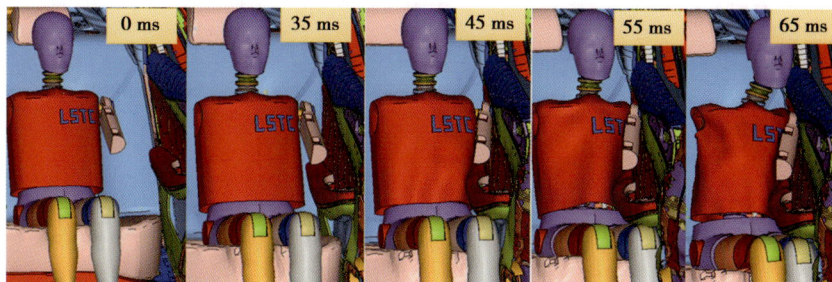

图 7.60　侧碰后排假人仿真动画

表 7.3　后排假人伤害影响因素及优化策略

后排假人伤害影响因素		优化策略
对应假人肩部的 车门内饰区域	造型面	向车内突出,加快接触假人肩部的时间
	刚度	刚度适中,既能支撑假人肩部,又不会导致肩部力超标
对应假人胸腹的 车门内饰区域	造型面	适当收缩,推迟接触假人胸腹的时间
	刚度	弱化扶手结构,降低该区域的刚度
对应假人盆骨的 车门内饰区域	造型面	向车内突出,加快接触假人盆骨的时间
	刚度	刚度适中,既能支撑假人盆骨,又不会导致盆骨力超标

　　2.某车型在 64 km/h 偏置整车碰撞试验中,驾驶员头部得分出现扣分,具体驾驶员头部 X 向加速度曲线如图 7.61 所示。问该车型有什么问题? 应如何解决这个问题? 请列举 3 种解决方案。

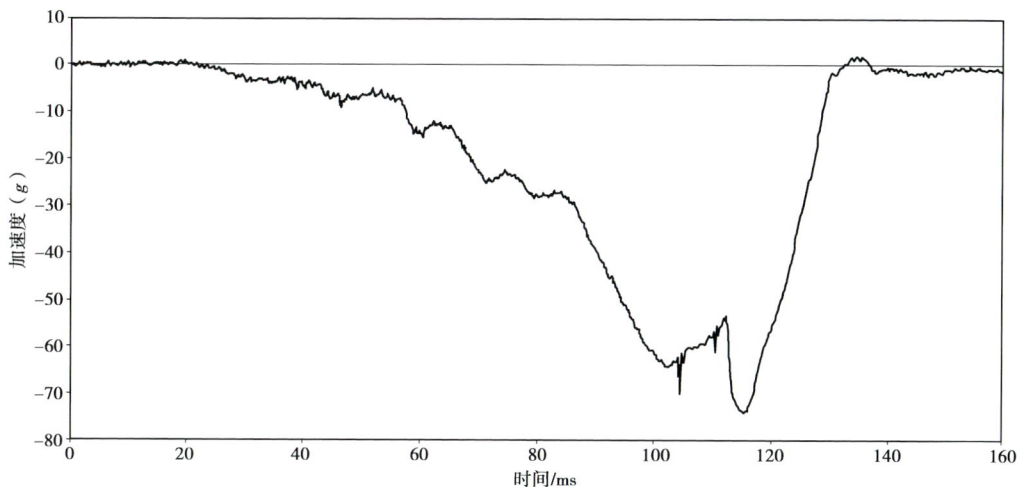

图 7.61　驾驶员头部 X 向加速度曲线

参考文献

［1］水野幸治.汽车碰撞安全［M］.韩勇,陈一唯,译.北京:人民交通出版社,2016.

第8章 汽车约束系统零部件设计

什么是约束系统？约束系统是指在车辆发生碰撞后,当乘员可能与车内部件发生二次碰撞并受到伤害时,约束乘员避免二次接触伤害,且会与乘员身体产生接触的零部件构成一个系统。该系统的目的是保护乘员免受或降低二次碰撞伤害。它由不同的零部件所组成,一般来说,最主要的零件就是安全带和安全气囊。但随着技术的发展,约束系统在灵敏度、可靠性、舒适性等方面均有了较大的提升,整个系统包含的零件种类越来越多,结构也越来越复杂。现代汽车的乘员约束系统主要包含以下方面:

1)安全带系统

安全带系统是指装备在车内的用于将乘员束缚在座椅上的带形装置,即我们在驾车、乘坐过程中最常见到的安全带。但是,安全带系统除了直观接触到的安全带,还包括锁扣、高度调节器、装饰件等,甚至还包括集成的电控部分等。无论是在正常使用车辆过程中,还是车辆发生紧急碰撞事故中,处于佩戴状态的安全带都能够随时提供对乘员的束缚保护作用。

2)安全气囊系统

安全气囊系统是指装备在车内的用于在发生碰撞事故时紧急爆开保护乘员的气囊形装置。该系统包含了不同部位的安全气囊、连接线束、装饰件等。在车内,如果某个部位带有"AIRBAG"或者"SRS AIRBAG"字样的标识时,即代表该处安装了安全气囊。安全气囊在车辆的正常使用过程是处于稳定不可见的状态,只有当车辆发生较为强烈的碰撞时才会起到保护作用。

3)控制传感系统

控制传感系统是指通过电控方式感知车辆碰撞信号,并对信号进行分析和判定,控制安全气囊和带有预紧功能的安全带工作的装置。该系统主要包括碰撞传感器和安全气囊控制器。传感器起到感知侦测信号的作用;控制器则起到分析信号、逻辑判断、点火控制的作用。基于电控优点,该系统能以毫秒级的快速完成控制工作,实现对乘员的保护。

图8.1展示了一个较为全面的乘员约束系统所包含的零部件。

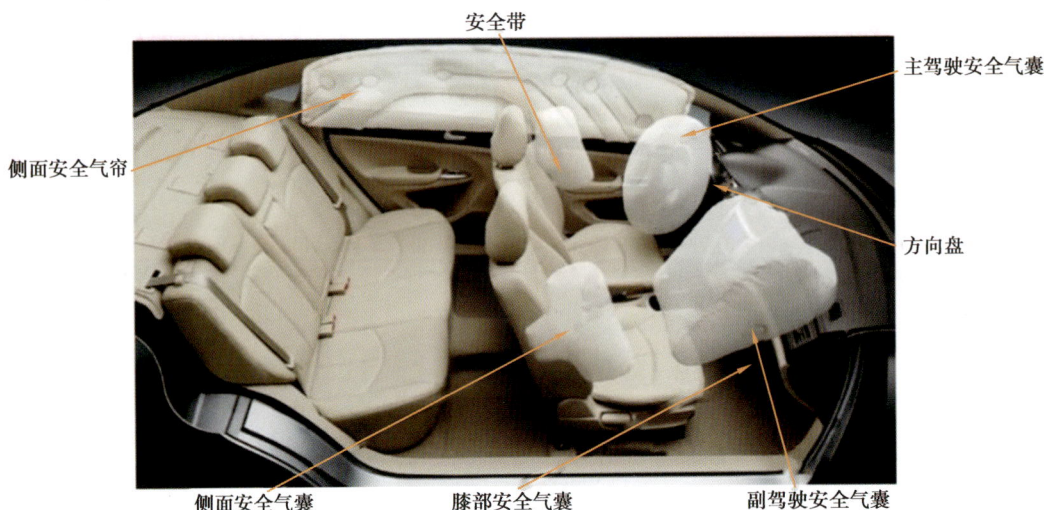

图 8.1　乘员约束系统零件组成及分布

随着我国对汽车被动安全的重视程度越来越高,以及一系列与汽车被动安全相关的强制性法规的颁布和实施,乘员约束系统零部件的开发和运用也越来越得到重视,各汽车生产厂和供应商对约束系统零部件的研究也越来越深入。从早期对安全带配备但不关注、安全气囊极少配备的窘境,逐步发展为将安全带、安全气囊作为必不可少的标准配置。同时,保护效果、零部件结构优化、性能集成匹配等工作也越来越成体系。

安全带和安全气囊的使用并非是各自独立的。在实际运用中,安全带作为主要的约束产品,在碰撞事故中特别是正面中、低速碰撞中,能有效地保护乘员降低或者免受伤害。而在致命性碰撞事故中,有研究表明,当安全带和安全气囊共同作用时,能够挽救约60%的生命;只有安全带作用时,该比例降低到43%;而只有安全气囊作用时,该比例则直接降低到18%。因此,当前市面上无论何种类型的车辆,全部配备有安全带,而几乎所有的乘用车都配备了正面安全气囊。在美国,法规甚至明确规定,新出厂的轿车必须装配前排安全气囊。

从安全带和安全气囊的发展来看,其基本的零件组成和功能原理基本相同,不同厂家的差异主要体现在采用何种方式实现功能。因此,对安全气囊产品的设计研究,主要针对外壳体的设计、气袋的设计和发生器的选型等方面。对安全带产品的设计研究,则主要针对布置形式、产品结构和内部性能组件设计等方面。通过对这些结构的设计研究,一方面可保证产品在车辆上的正确安装和使用;另一方面也可满足碰撞性能集成的要求,为乘员提供更优的保护效果。

8.1 安全气囊产品设计

安全气囊是汽车被动安全技术发展中出现的具备较高技术含量的产品之一。它的保护效果已在市场上通过众多的碰撞事故案例所证明。它的设计出发点：当车辆发生碰撞时，在乘员与可能接触的车内部件之间快速形成一个充满气的袋体，为乘员提供缓冲保护，吸收冲击能量，避免刚性接触带来的伤害。

安全气囊的工作原理：当车辆发生一定强度的碰撞时，通过装配在车体上的碰撞传感器或者安全气囊控制器内部自带的加速度传感器探测到碰撞时车身所产生的减速度。安全气囊控制器将该减速度信号与软件算法中预先标定好的碰撞阈值线进行对比。若碰撞曲线达到或超出预设阈值线，则安全气囊控制器会立即发出点火指令。点火指令触发安全气囊内部的气体发生器，气体发生器迅速产生大量的气体，并快速充满气袋，确保在乘员与车内结构件之间接触前形成柔性的缓冲气袋。其工作流程如图 8.2 所示。

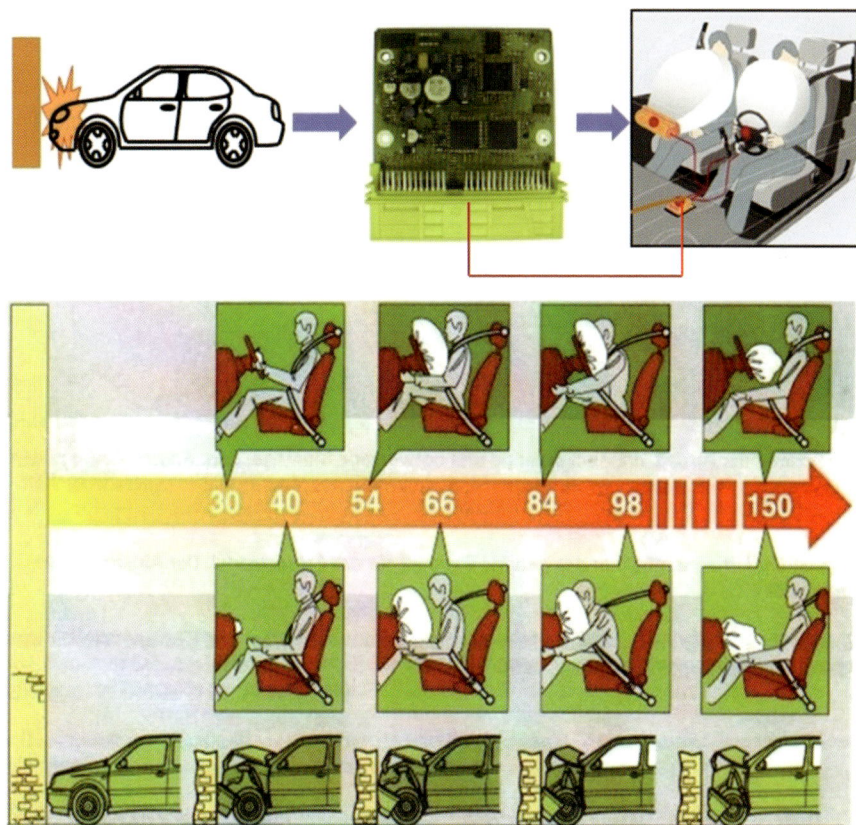

图 8.2 汽车正面碰撞中安全气囊工作流程

作为一种保护乘员的手段,安全气囊的效果和副作用都十分明显。一定程度的碰撞和合理的气囊充气时机能够带来最佳的保护效果;但如果气囊匹配不合理,如气囊展开时机不对或在非强烈工况下起爆,则不仅不能对乘员提供辅助保护,反而可能会对乘员形成反向冲击,严重的可能伤及乘员的头、颈部位。因此,安全气囊在开发中,必须根据实车的预设碰撞工况来进行匹配设计,包括利用 CAE 手段仿真分析和滑台试验进行系统级的参数调整。

8.1.1　安全气囊的发展历史

安全气囊是在 20 世纪中叶才发明出来的一种高效的乘员保护装置。气囊这个概念首次被应用到汽车上要追溯到 1941 年,直到 1951 年才有报道记载这一发明。当年一位名为 Walter Linderer 的德国工程师,首次设计了一款气囊装置。其原理是以一个压缩空气系统为基础,可以由驾驶者或者因车辆碰撞而完成开启。很可惜的是,由于当时的技术并不完善,他并没有立刻申请专利,等到他的专利申请获批时,已经比美国的发明者 John Hetrick 晚了大约 3 个月。相比之下,美国人 John Hetrick 的发明则引起了汽车厂商们的注意,这与他的亲身经历有很大关系。1952 年的春天,他开着一台 1948 年的克莱斯勒 Windsor 带着妻子和 7 岁的女儿一起去郊游,在刚刚转过山路的一处拐角,一块大石头出现在道路中央,由于车速较快已来不及躲闪,Hetrick 随即猛踩了刹车,绕过石头向右前方驶去,最终车子躲过了大树和木栅栏,一头扎进了路边的沟里。值得庆幸的是,一家人毫发无伤,而且沟里都是淤泥,车也并无大碍。不过,这次有惊无险的经历让 Hetrick 陷入了沉思:"为什么车内部不能有一个防止人们磕碰的装置呢?"因为当车辆开进沟里的那一瞬间,他跟妻子都拼命地伸出手臂挡住坐在副驾驶座上的女儿,避免她的头部磕到仪表板上。一回到家,Hetrick 便坐到厨房的桌子前开始画草图。Hetrick 结合了自己在海军服役期间修理鱼雷时所积累的经验和启发。当时的鱼雷表面会覆盖一层帆布袋,当其内部的压缩空气被释放,表面的帆布袋会瞬间被气体充满,并向上发射,这一幕被用到了他的设计中,持续涂涂改改了两周之后,最终一个与现在的安全气囊设计非常类似的装置在 1952 年 8 月 5 日被申请成了专利。

不过,安全气囊技术与汽车上的其他常规零部件不同,它的发展并不顺利。或者说,虽然想法很好,但实现起来却需要汽车设计师、工程师们经过多年测试研究才能完成。直到现在,我们也经常会听到车祸中安全气囊没有打开的情况,或者打开瞬间由于温度过高或者气体压缩问题,而引发的烫伤或炸伤事件。这也就是为什么 Hetrick 的发明直到 30 年之后才开始被汽车厂商所使用。

当 Hetrick 在 20 世纪 50 年代末申请了这项专利后,福特和通用汽车公司都对这项发明很感兴趣,同时也注意到了它的重要性。但很快两家公司就发现,当时的汽车技术根本无法逾越两道屏障：一是无法让汽车精准地判断气囊的打开时机；二是如何瞬间让气囊充满气体。因此，这项发明也随即被束之高阁。

在日本，1964 年一个名叫小堀保三郎的工程师也研制出了一款名叫"safety net"的安全气囊。但受限于汽车整体技术水平的发展，直到他 1975 年去世，也没有见到他设计的安全气囊在汽车中普及。

1967 年，安全气囊的发展道路上实现了一个重大的技术突破。美国人 Allen K. Breed 发明了可以感知事故发生的触发器，解决了安全气囊对事故快速侦测的问题。而在解决气囊快速膨胀方面，用一个小型爆炸装置替代了压缩空气系统。这样，安全气囊距离实用化的距离更近了。Breed 把发明专利卖给了克莱斯勒公司。不久之后，Eaton 公司也研制出了相似的安全气囊系统。在 20 世纪 70 年代初期，福特和通用汽车开始为汽车配备安全气囊，美国政府成为装备安全气囊汽车的第一个用户。1973 年，通用汽车公司的奥兹莫比尔 Toronado 成为第一款装备安全气囊的市售轿车。不过，安全气囊的推广经历了多番周折，1977 年时安全气囊从配置单中消失了，原因在于当时消费者的主流观念认为它多余。

虽然在 20 世纪 70 年代安全气囊就开始装备，但一个问题是当时消费者本来就不大喜欢系安全带，还有不少人认为有了安全气囊就更不需要安全带了。福特汽车公司在 1971 年建立了一个试验性的车队，这些车都配备了驾驶员安全气囊。1973 年，通用汽车公司也建立了类似的试验性车队。通用的试验车队发生了 7 起造成死亡的交通事故，其中一起死亡事故是由安全气囊造成的，工程师发现在不系安全带的情况下，当事故发生时安全气囊不仅不能提供有效的安全防护，甚至加重了车内乘员的伤害。

1981 年，奔驰 S 级轿车配置单中新增加了一个选装安全配置，这套被称为 SRS 的安全系统由安全气囊和安全带组合而成。当系统传感器探测到有事故发生时，会自动拉紧安全带，减少驾驶人和前排乘客的前冲，同时安全气囊迅速膨胀，最大限度地减少乘员和驾驶人所受到的伤害。这样，让人们明白安全气囊并不是安全带的替代品，安全气囊和安全带配合使用可以提供更好的安全性。这种设计也成为一个技术标准。《美国陆上综合运输效率法案》要求 1998 年 9 月 1 日之后生产的轿车和轻型卡车，为驾驶员和前排乘客配备安全气囊，这确认了安全气囊的作用，安全气囊开始成为车辆的标准配置。

进入 21 世纪后，安全气囊得到了极大的推广运用。目前，世界上各汽车厂商均把安全气囊作为车辆的标准配置，特别是对乘用车而言，安全气囊的配备数量甚至成为用户评价其安全性能的一个"非官方性"指标。随着新技术的运用和市场碰撞工况的多样化，安全气囊的种类也有了更多的扩展，如座椅侧面安全气囊、侧面安全气帘、膝部气囊、顶棚气囊等产品逐步被主机厂所运用。更有甚者，安全气囊从被动安全领域扩展到了行人保护领域，产生了类似行人保护气囊等产品。

8.1.2 安全气囊的类型

安全气囊作为一种在紧急情况下提供乘员保护的装置,其最主要的特点就是"快"。在事故发生瞬间,从车辆发生碰撞接触,到乘员受惯性移动,时间只有短短的数十毫秒。安全气囊要起到保护作用,必须确保在这数十毫秒内能够爆开,并迅速地充气形成保护气袋。因此,安全气囊的设计就是从快速反应这样一个角度来进行的。当然,任何的结构和原理都存在响应时间的问题。安全气囊在发展过程中也经历过两个不同的阶段:一个是机械式安全气囊阶段,另一个是电子式安全气囊阶段。

安全气囊除了快的特点,第二个突出的特点就是"强",即安全气囊起爆展开时,内部存在极强的压力,以保证气体能快速地充满气袋空间;外部也有极强的冲击力,以保证气袋在展开过程中能够冲开周边的约束和遮挡物,快速形成充气袋。而该特点对周边的零件影响非常大,在设计过程需要重点关注。

安全气囊的第三个特点是"响",由于安全气囊需要快速地充气形成气袋,在现有的技术条件下,最好的方法就是通过类似药剂燃爆和压缩气体瞬间释放的方式来实现。因此,安全气囊在起爆的瞬间,气体发生器内的药剂燃爆或压缩气体释放会产生非常明显的响声,同时伴随明显的烟雾。恶劣情况下,在密闭车内的乘员甚至可能会因为巨大的响声而引起耳鸣等不适。

也正是因为这些特点,安全气囊的使用工况、使用环境、使用可靠性和安全性受到严格的限制和管理。任何一款投放到市场的安全气囊零件,无一不是经过了各种极端恶劣工况和长周期的测试和检查,才能确保在正常使用中将非功能性影响降到最低。但即使在这样的情况下,仍然可能因为技术、工艺、制造等环节的原因出现产品缺陷,甚至引发恶劣的伤害事故。

1)机械式安全气囊

顾名思义,就是安全气囊的响应是依靠机械结构实现的。这种安全气囊在20世纪90年代和21世纪初得到了一定程度的运用。其核心原理就是当车辆发生碰撞时,根据其所受到的冲击所产生的减速度,设置在安全气囊内部的惯性结构会随之发生机械运动,从而触发气体发生器点燃并迅速充气。图8.3就是一个典型的机械式安全气囊和机械触发机构。

机械式安全气囊的原理:当严重的碰撞冲击产生,装配在气体发生器里的气囊传感器带动点火器点爆雷管,从而使发生器内部燃烧产生气体,并通过滤网和冷却器后,向外扩散充满到气袋中。

气囊传感器内部也采用了机械结构方式,依靠惯性原理来使配重球产生运动,并通过弹簧、触发轴、点火销等结构最终引爆外部的雷管。

气囊传感器

气囊

充气装置

冷却器

到气囊

滤网

雷管

点火器

气囊传感器

气体发生剂

到气囊
←：火焰传播方向
←：氮气流动方向

触发轴

配重球

缸筒

触发轴

点火销

点火弹簧

偏位弹簧

点火销

偏位销

锁定杆

雷管

偏位弹簧

← 减速

点火弹簧

偏位弹簧

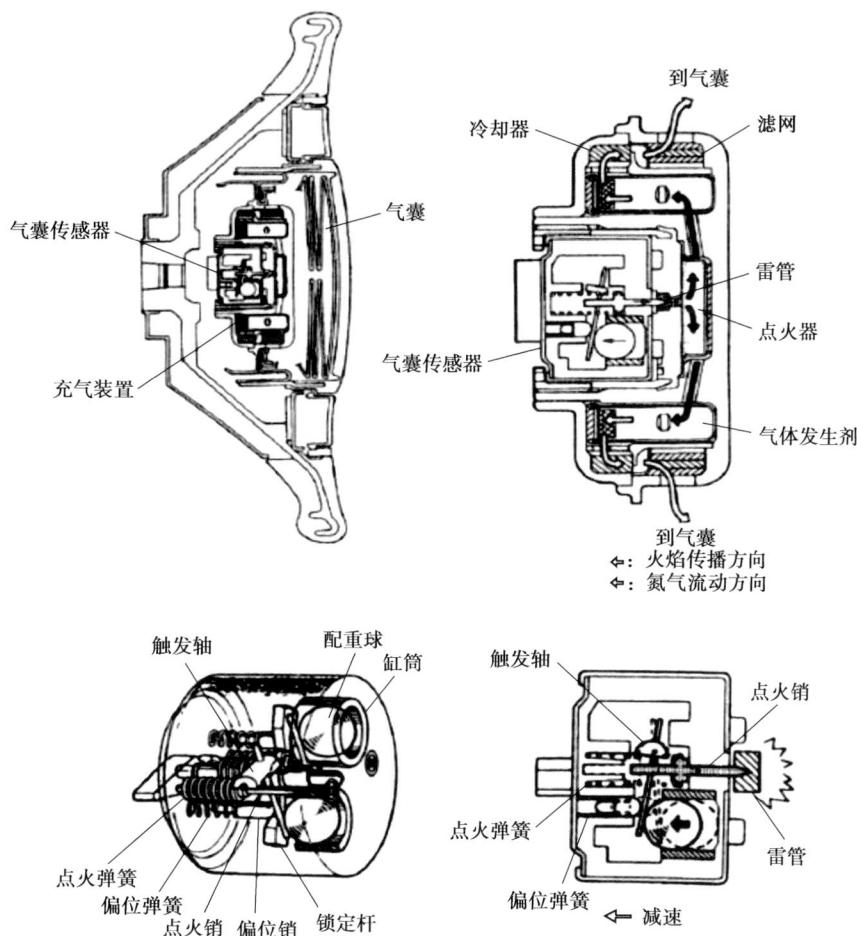

图 8.3　典型机械式安全气囊结构

　　这种机械式安全气囊能很好地解决车辆撞击强度与气囊点爆的关联性问题。例如,可通过气囊传感器内部的弹簧规格,即可决定气囊应该对哪种强度及以上的撞击才会触发展开。而雷管的快速燃爆性又能确保气囊的充气和展开迅速。

　　当然,惯性机构解决了对碰撞强度的关联性,但同时也有其固有的缺陷。首先,机械式安全气囊为了实现快速响应和机械触发雷管,其内部结构非常复杂,而且对各机械组件的制造精度要求也很高,特别是传感器内部的配重球、联动机构、弹簧等。这对当时的制造工艺、设备、操作等都带来了较大的挑战,并使机械式安全气囊的成本也较高。

　　另一个方面,机械式安全气囊的生产和使用还存在一个非常大的安全隐患,即当安全气囊处于非装配状态,在装配生产、搬运过程中,如果操作不当,产生了较大的冲击,很有可能达到了弹簧预设的冲击门槛值,从而引爆气囊。而在非实车装配状态下,这种气囊爆开是非常危险的,对人员的安全是一个非常大的威胁。因此,随着电子控制技术的发展,这种机械式安全气囊立即被市场所淘汰。

机械式安全气囊还有一个更为局限的地方,就是受工作原理的限制,气囊必须处于产生惯性的主要方向上。因此,机械式安全气囊在其存在的年代,只能用于正面安全气囊的制造。面对侧面碰撞、偏置碰撞等工况,其无论是响应能力还是感知探测能力,均无法满足需要。

2)电子式安全气囊

随着21世纪初,汽车电子技术的飞速发展,安全气囊的发展也得到了巨大的推动。针对机械式安全气囊的缺陷,工程师们从简化结构和电子控制两个方面开展了全新的设计,由此也产生了直到现在人们仍在使用的电子式安全气囊。

电子式安全气囊的结构比机械式大大地简化了,主要是针对传感器结构的取消和点火机构的简化,这也得益于电子控制器技术的帮助。对于机械式安全气囊来说,传感器的结构复杂且体积大,而电子式安全气囊则由于将传感器功能转移到其他地方,从而大大简化了产品结构。因为伴随电子式安全气囊的产生,另一个安全气囊系统的核心零件也随之产生,它就是安全气囊控制器。安全气囊控制器堪称整个安全气囊系统的"大脑"。发展到今天,安全气囊控制器也从单一的控制安全气囊变成了具备通信、诊断、存储、控制其他零件(如后文所讲的预紧安全带)的"多面手"。

整个电子式安全气囊并不像机械式安全气囊那样具备较强的独立性,电子式安全气囊的存在和工作必须依托于整个安全气囊系统。图8.4就是电子式安全气囊及其整个系统的结构组成。

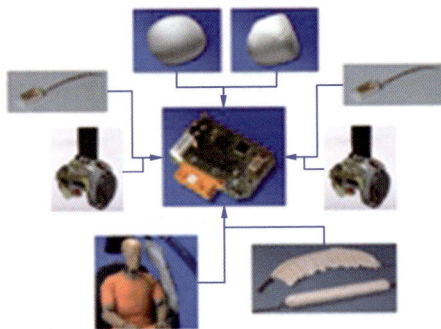

图8.4　电子式安全气囊系统的结构组成

由图8.4可知,电子式安全气囊、线束、安全气囊控制器构成了完整的安全气囊系统,当然一些车辆上还单独配备了外置的碰撞传感器、预紧安全带等零件。在系统中,安全气囊的"工作"非常简单,就是接收来自控制器的点火指令,然后在点火具的工作下燃爆产生气体并充满气袋。

正是由于取消了原来的传感器机构,转而使用更高效、更准确的芯片,安全气囊的内部结构就变得非常简单,即由气体发生器、气袋、外罩盖及支架等组成。图 8.5 是一个比较典型的电子式安全气囊的结构。从结构上可以看出,气体发生器、气袋成为气囊最核心的部件。因此,零件组成和设计难度都大大地降低了。

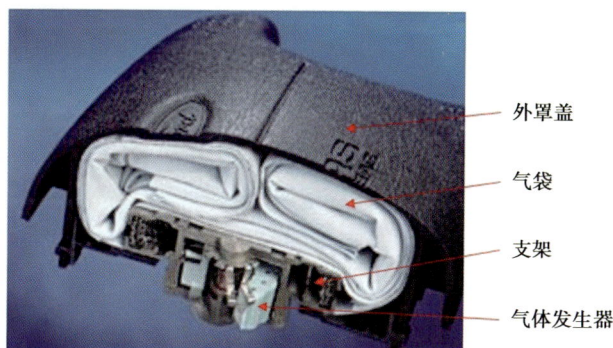

图 8.5　电子式驾驶员安全气囊组成结构

电子式安全气囊与机械式安全气囊的工作原理基本相同,即都是通过药剂的快速燃烧,形成大量的气体充满气袋来保护乘员。而在工作流程上,电子式安全气囊则比机械式安全气囊要快捷和简单。图 8.6 展示了电子式安全气囊的整个工作过程。

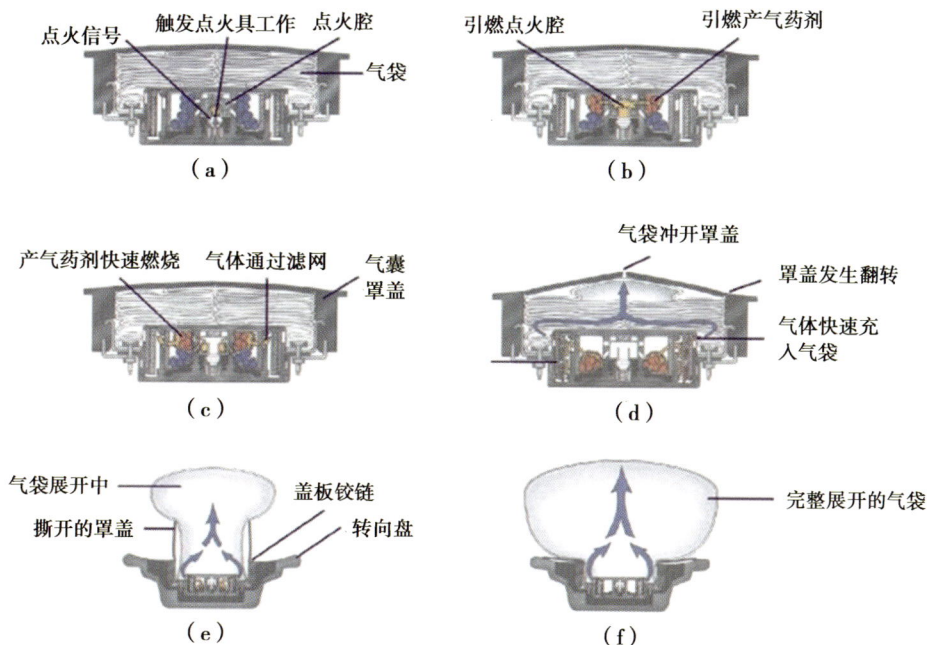

图 8.6　电子式安全气囊起爆工作过程

在图 8.6 中,可清晰地了解安全气囊起爆的整个过程:

图 8.6(a):点火信号点爆点火具,产生电火花。

图 8.6(b):电火花点燃燃烧剂,开始燃烧。

图 8.6(c):火花引燃产气药剂,开始产生气体。

图 8.6(d):气体大量产生,并通过发生器过滤层进入气袋,开始膨胀气袋。

图 8.6(e):膨胀的气袋对外罩盖产生冲击力,使外罩盖沿撕裂线张开。

图 8.6(f):折叠气袋持续充气,并通过撕开的外罩盖形成完整的气袋。

电点火信号在速度方面远远超过了惯性触发式机械结构,并且可靠性更优于机械结构。因此,电子式安全气囊取代机械式安全气囊是技术发展和市场需求的必然。

基于电子式安全气囊的这些特点,工程师们从全方位保护乘员的角度出发,开发出了多种适应于不同区域、不同人体部位的安全气囊,如正面的头部气囊、侧面的头胸臀气囊、膝部气囊、腿部气囊等,本书不一一描述。图 8.7 展示了全车不同部位的安全气囊。

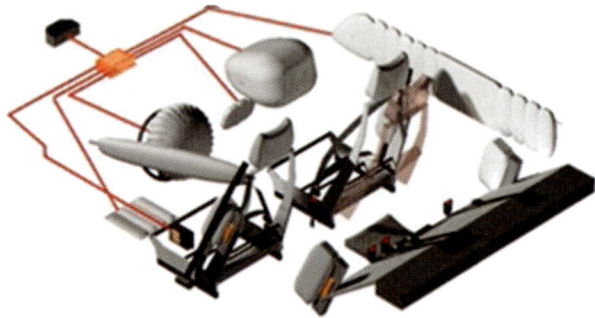

图 8.7　全车不同部位安全气囊

安全气囊根据布置位置,可分为以下 3 类:

①正面安全气囊。是指布置于车内乘员正面方向上的气囊,一般用于防护来自正面或正侧面碰撞的伤害。正面安全气囊包括驾驶员正面安全气囊、副驾驶员正面安全气囊、后排乘员正面安全气囊等。近年来,逐步推广运用的膝部气囊也属于正面安全气囊。

②侧面安全气囊。是指布置于车内乘员左右侧的气囊,一般用于防护来自侧面或正侧方的碰撞伤害。侧面安全气囊包括座椅侧面安全气囊、顶棚侧面安全气帘等。

③车外安全气囊。是指布置在车厢外的安全气囊。随着各国对交通事故中行人伤害保护要求的提高和关注,主机厂和供应商针对车辆撞击行人后,人体头部接触挡风玻璃而造成的严重伤害也提出了安全气囊保护的概念,即通过瞬间展开的安全气囊,在行人头部与挡风玻璃之间形成气袋,从而达到降低致命性伤害的目的。图 8.8 是国外某汽车厂商开发的挡风玻璃安全气囊。

如果从安全气囊的核心部件——气体发生器的结构和功能来分,可分为单级式安全气囊和双级式安全气囊。具体结构下文将作详细介绍。

图 8.8　挡风玻璃安全气囊

8.1.3　安全气囊的结构及设计

对于工程设计人员来说,安全气囊的设计其实就是针对气体发生器、气袋、外罩盖、支架这几大组件的设计。而在一些其他部位的气囊,如座椅侧面气囊、侧面气帘等,更是直接取消了外罩盖。下面分别针对这几个组件的设计进行介绍。

1)气体发生器

如果说安全气囊控制器是系统的核心,那么,气体发生器就是安全气囊的核心。气体发生器承担着产生气体并向气袋填充气体的功能。因此,气体发生器的关键就是充气量和充气速度。气体发生器的基本结构组成如图 8.9 所示。

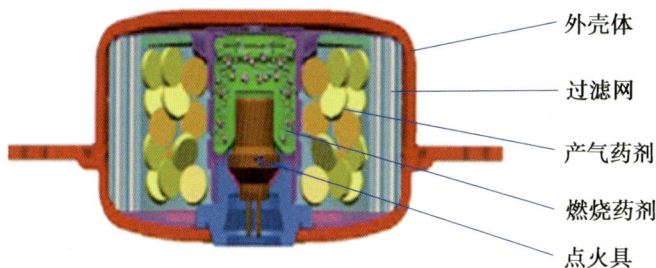

图 8.9　气体发生器剖面结构

安全气囊要获得足够的充气量和充气速度,必须依靠内部的产气药剂。产气药剂也是各大气体发生器厂商最为核心和关键的技术信息。产气药剂的成分、药片形状、单片质量等都是决定产气药剂的单位产气量和产气速度的关键因素。在 2000 年以前,行业内气体发生器的产气药剂采用较多的是叠氮化钠类材料。但 1999 年,叠氮化钠被法律明确定义为有毒物质,各企业只能寻求能够替代该材料的新材料。随着研究人员的发现,有两种材料成为替代叠氮化钠的选择:硝酸铵和硝酸胍。这两种材料毒性非常小,而且在燃烧后能快速释放气体,符合气体发生器的需求。在当时情况下,硝酸铵是最优选择,因为该材料具备以下 3 大优点:

①便宜。同等质量下,硝酸铵的单价大约只有硝酸胍的 1/6。

②体积小。在产生同样气体量的情况下,硝酸铵的质量和体积要比硝酸胍小许多。

③环保。硝酸铵燃烧反应后产生的是氮气、氧气和水,虽然硝酸胍也不会产生有毒气体,但会产生二氧化碳。

但是,硝酸铵又存在两个非常明显的缺点:一是随着温度上升,体积会膨胀;二是硝酸铵对水的溶解度高,易吸水。第一个缺点随着温度上升药片会出现膨胀碎裂。而药片的产气速度与药片受热的外表面积成正比。当药片碎裂后,外表面积增大,产气的速度会快速提高,从而加大对气体发生器的壳体冲击压力。第二个缺点药片会因为吸水膨胀而碎裂,同样提高产气速度。因此,在较高温度和湿度渗透的双重环境作用下,用硝酸铵作为产气药剂的发生器,产气速度和压力会远远高于硝酸胍。当产气速度和压力达到临界值,就可能会给气体发生器壳体带来极大的压力,严重情况下壳体可能会因无法承受冲击压力而碎裂,从而给乘员带来极大的伤害风险。例如,近年来在汽车行业内造成极大轰动的"日本高田安全气囊召回事件",就是因为日本高田公司在气体发生器中大量使用了含有硝酸铵材料的产气药剂,并且在售后市场频繁出现发生器爆炸碎裂伤人事件。

在北美市场,受法规对安全带佩戴限制不严的影响,往往驾乘人员并未将安全带作为必须佩带的要求。在较严重的碰撞事故中,若未佩戴安全带,正常起爆的安全气囊可能会对驾乘人员造成意外伤害。同时,驾乘人员可能是成年男性,也可能是小体格女性,他们在身高、距离转向盘远近等方面有差异。如果采用同一规格的气体发生器,无法准确适应不同的驾乘人员状态,保护效果可能并不理想。这种情况催生了一种新的气体发生器——双级式气体发生器。即气体发生器具备两级结构,在遇到类似情况时,安全气囊控制器会根据从各类传感器收集到的信息,判定以何种方式点爆发生器。不同的点爆工况,气囊展开的时间、气囊的刚度等均会不同,对不同驾乘人员的保护效果也会相应更好。图 8.10 是 3 种状态下双级气囊点爆的示意图。

工程人员在设计安全气囊时,对气体发生器主要是进行产品的选型,即根据需要选择哪种型号的气体发生器。选择的依据主要包括以下 4 个方面:

①设计的气袋体积大小,即需要充满的体积。

②气囊展开所需的时间,即发生器压力等级。

③气囊布置位置的空间大小,即发生器的外轮廓尺寸范围。

④气体发生器本身的充气能力、标准 TANK 下的 PT 曲线等。

其中,对于充气体积和外轮廓尺寸来说,主要由药剂的规格和壳体规格决定。

而对于气囊展开相关的发生器压力来说,常用发生器的时间-压力曲线(即 PT 曲线)来分析。而该曲线既是发生器的关键性能指标,同时也是碰撞约束系统性能集成工作中非常重要的仿真分析输入条件之一。该因素在本书的约束系统集成章节进行介绍。

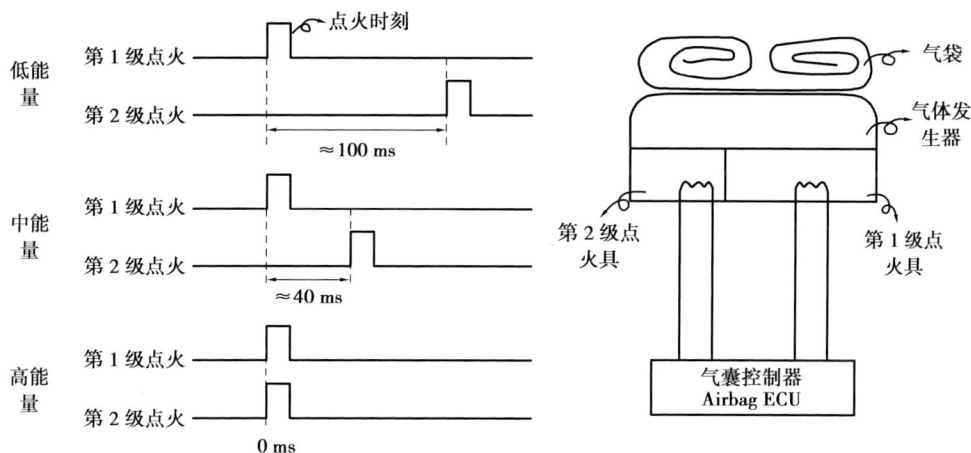

图 8.10 双级气囊不同能量示意

2)气袋

气袋与发生器直接配合,也是与乘员接触,并提供保护的直接组件。因此,气袋的设计对保护效果尤为重要。在气袋设计上,主要考虑以下方面:

①气袋的材料。

②气袋纱线的纤维度,即纱线表现出来的粗细程度,影响气袋的透气性和体积。

③气袋的形状,影响保护区域的覆盖。

④气袋的缝制,影响气袋在高温下的抗烧蚀和抗拉裂性能。

⑤气袋的折叠,影响气袋展开过程中的形状变化和展开的速度。

基于这样一些参数值的设计和定义,工程师才能够设计出既符合结构要求,又能满足保护性能的安全气囊。

由于气体发生器一般属于标准状态的系列化零件,而外罩盖等也是根据布置位置才配备,因此,安全气囊的设计很重要的一个工作之一就是对气袋进行设计。基于碰撞工况下对乘员头颈部保护效果要求的提升,气袋保护的精度也在同步提升。为了达到更加精准的保护,气袋设计的各因素均需要通过不同的方式进行设计考虑。

(1)材料和纤维度

当前,气袋的材料普遍使用聚酰胺 6(即 PA6)或者聚对苯二甲酸乙二酯(即 PET),这两种材料在满足气袋需求方面基本相同。但各有优缺点,PA6 的耐温性能要好于 PET,而 PET 的机械强度要优于 PA6。另一方面,两者在不同时期的原材料价格方面也有差异。因此,供应商在选择材料时一般对气袋的适用部位和当期原材料价格水平综合考虑。

而在纤维度方面,气袋是由纤维丝编织而成。纤维丝的编织密度关系气袋的透气性和面料粗糙度,这就会对最终的性能匹配环节带来直接影响。因此,在设计气袋时,性能匹配部门会对气袋面料的纤维度进行定义。气袋的纤维度单位为 dtex(分特),常用的气袋纤维度有 350 dtex,470 dtex,550 dtex 等。不同的等级对应的气袋透气性、厚度、质量有差异。在性能匹配中需要根据需求进行选择。

(2)气袋的形状

气袋的形状并非一成不变,需要根据不同的部位、充气体积等因素来综合确定。例如,驾驶员正面安全气囊的形状近似于圆饼状,而副驾驶员正面安全气囊由于所处位置的空间较大,并且周边限制区域原因,多数采用正面为方形的长桶状。而侧面安全气囊则采用扁平状的气垫形。图 8.11 展示了几处不同部位的安全气囊气袋充气形状。

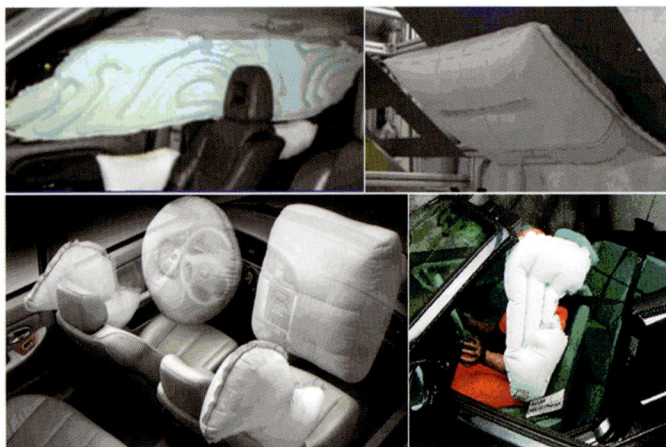

图 8.11 不同部位安全气囊气袋充气形状

在气袋形状设计时,要根据乘员的正常坐姿位置来调整气袋的体积。同时,由于气袋充气过程形状的不稳定性,为了保证气袋充气后的形状能与乘员头部稳定可靠接触,气袋内部还需要设置一定的拉带,以确保气袋的充气过程受控。因此,气袋拉带长度和拉带的位置也需要根据性能匹配来统一设计。

(3)气袋的缝制

气袋的缝制一般根据不同的气袋形状,有 2 片式、3 片式和多片式。驾驶员正面安全气囊、侧面安全气囊、侧面安全气帘及膝部气囊等常用 2 片式方式缝制;而副驾驶员正面安全气囊由于所需要填充的空间较大,且周边约束少,为了保证气袋形状的稳定可靠,常用 3 片式或者多片式缝制。随着技术的成熟,考虑成本的因素,最常用的是 3 片式缝制方式。图 8.12 是一个较为典型的 3 片式副驾驶员正面安全气囊的缝制示意图。

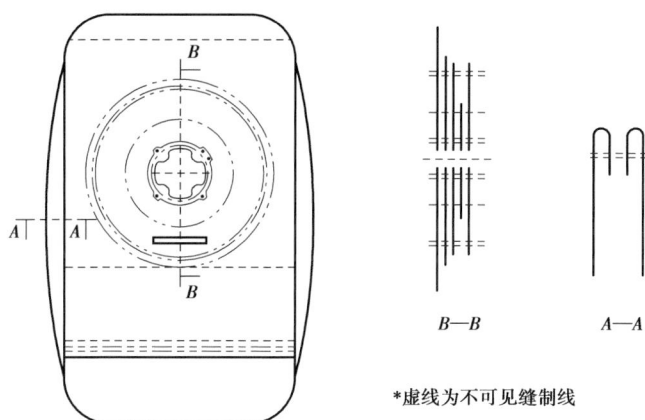

图 8.12　安全气囊气袋缝制图

图 8.12 中,虚线部位即为气袋面料缝制区域。3 片主要由面向乘员头部的主片和两侧的左右片组成。主片面向乘员,故面积最大,两侧的面料辅助构成气袋整体。

同时,由图 8.12 圆圈处可知,在气袋的局部,还有多层面料的缝制。此处并非增加了面料的使用,而是该处为气袋与气体发生器连接部位。由于气体发生器在工作时壳体温度急剧升高,为保证气袋与其连接部位不出现烧毁或破损,需要通过叠加多层环状的面料片,使局部厚度增加,提高抗热烧蚀能力。图 8.13 箭头所指部位就是一个因面料缝制位置和叠加不合理造成的烧蚀情况。而这种烧蚀在气袋充气展开过程中是非常危险的,可能会造成气袋充气成形不足,或者位置变化过大,从而降低保护效果。

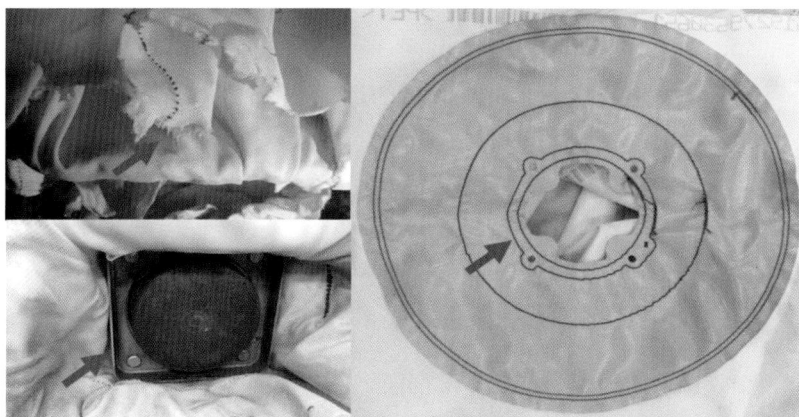

图 8.13　气体发生器损坏的气袋

缝制型气袋的一个显著特点是保气时间不长,即充气后,由于存在面料接口,气袋内的气体在一定时间后就会泄掉。当然,这种泄气也有利于气囊逐步释放人体冲击力。但是,随着特定工况下对人体的冲击的保护要求,特别是侧面工况下为了防止人体头部从侧窗钻出的情况,需要延长气囊的保气时间,尽可能长地保证气囊以充气状态提供保护。因此,在气袋面料材料相同的情况,供应商面料的透气性和缝制两个方向进行研究,开发除了一体成型式气袋,即OPW气袋(One Piece Woven)。这种气袋主要运用于侧面气帘这类需要既保护人体头部,而且需要较长时间充气的气囊。

OPW气袋面料的基础材料与常规气囊相同,均是采用尼龙66或涤纶长丝。同时,在面料表面增加了涂层,材料一般选用液体硅橡胶,目的是填充编织面料表面的孔。而在常规气囊的缝制边区域,则通过面料编制过程中直接将经线和纬线交错编制方式实现边缘的结合。图8.14展示了一个充气状态的OPW气袋和气袋各区域的经纬线交织切面。

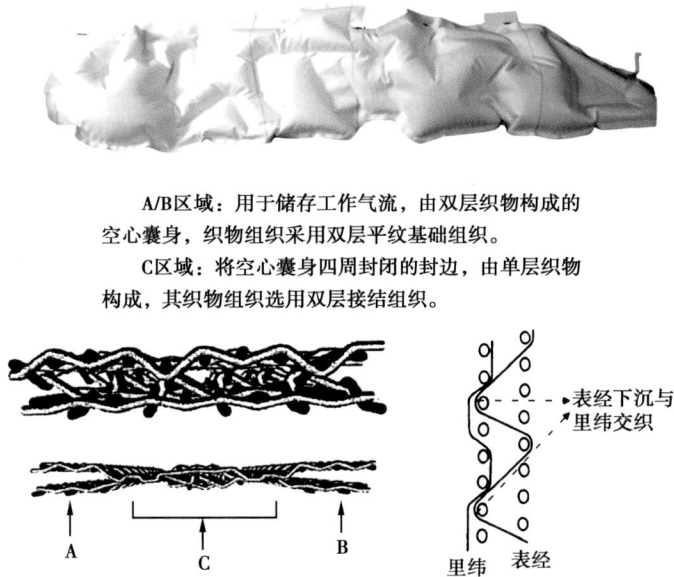

A/B区域:用于储存工作气流,由双层织物构成的空心囊身,织物组织采用双层平纹基础组织。

C区域:将空心囊身四周封闭的封边,由单层织物构成,其织物组织选用双层接结组织。

图8.14　OPW气袋的编织

通过将经线和纬线交错编制,再辅以硅胶涂层,就可以实现对气袋充气区域一定程度的保气能力,延长在碰撞中气囊起爆后的充气时间,提升对人体的保护效果。

当然,由于气袋的成型和制作工艺比常规气袋复杂,因此OPW气袋的成本也比普通气囊要高,但随着性能保护要求的不断提高,OPW气袋的运用越来越广,也有利于其成本的降低。

(4)气袋的折叠

常见的是气囊完全展开后的形状,而在气袋未展开前则是以折叠状态存储于气囊框体中。影响气袋折叠的因素主要有以下3个方面:

①空间体积的要求。气囊展开后的体积较大,如副驾驶员正面安全气囊体积在100 L左右,而在折叠状态,尺寸一般需要控制在200 mm×100 mm×70 mm的范围内。

因此,气囊需要通过一定的方式折叠才能实现非工作状态的装配存储。

②充气性能的要求。气袋从折叠状态到完全展开状态,在充气成形过程中,不同的折叠方式对充气的速度和过程中的形状有直接影响,需要根据需求调整折叠方式。

③零件布置的要求。不同车型内饰造型多种多样,导致安全气囊布置的角度和位置也会发生变化。不同布置角度下,需要调整气袋的折叠才能更好地保证气袋充气展开的效果。

基于以上的因素考虑,结合生产设备的发展,目前的气囊主要有 3 种折叠方式:规则折叠、揉缩折叠和预折叠。

①规则折叠。它对制造工艺要求最高,工艺较为复杂,需要有较多的折叠工装和设备,但气袋的形状较为规整。它适用于要求气囊的展开成形规整的部位,如侧面气囊、侧面气帘等(见图 8.15)。

图 8.15　规则折叠后的气袋

②揉缩折叠。它对制造工艺要求最低,工艺简单。它主要通过将平铺在设备上的气袋从气袋与发生器连接处抽芯吸收方式,实现由外向内的挤压成形(见图8.16)。该方式适用于对气袋展开成形无特殊要求的部位,如正面气囊。该方式的生产效率较高。

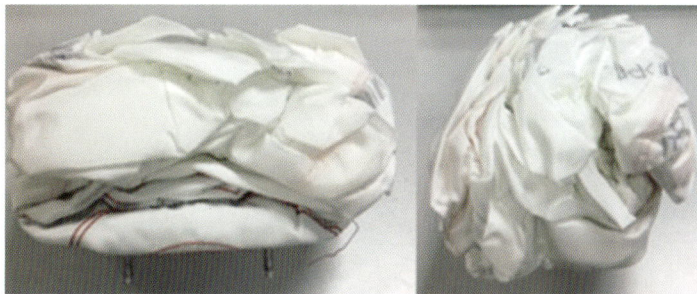

图 8.16　揉缩折叠后的气袋

③预折叠。该方式与揉缩折叠的工艺要求基本类似,但是由于对气囊展开的方向和形状有一定要求,因此需要在揉缩折叠中通过一定的工装对气袋形状进行预处

理,以达到展开成形引导的效果(见图8.17)。其工艺复杂程度和生产效率居于中间水平。

图 8.17　预折叠后的气袋

3)外罩盖

外罩盖并非是安全气囊的一个必备组件,如前文所述,在一些特殊部位的安全气囊不需要外罩盖。对于安全气囊来说,外罩盖主要体现在驾驶员安全气囊这个零件上。由于安全气囊的保护需要,驾驶员安全气囊一般布置在转向盘的中间。在这个位置,安全气囊既具备保护效果,同时又满足外观造型的需求。因此,外罩盖对驾驶员安全气囊是一个必需品。图8.18是一个较典型的外罩盖。

图 8.18　驾驶员安全气囊外罩盖

外罩盖的主要特点除了其具备的外观属性,还包括其为了应对气囊起爆而进行的特殊设计——撕裂线。图8.19箭头所示的位置即为撕裂线设计。气囊在起爆时,必须先撕开外罩盖,然后才能顺利展开。外罩盖的撕裂也并非是随机的,根据其外形和气袋的折叠,需要沿着特定的方向进行撕裂。一般来说,外罩盖的撕裂形状有"U"形和"H"形两大类。而这两大类撕裂线的布置也是根据气囊的布置位置不同,有不同的选择。

图 8.19　外罩盖背面撕裂线

对于驾驶员位置的安全气囊来说,由于外罩盖中间会设计主机厂的 LOGO,故在撕裂时必须要考虑避开 LOGO。因此,"H"形方式更普遍。而对于副驾驶员位置的安全气囊来说,由于其外罩盖尺寸更大,并且要考虑气囊展开时的方向,故"U"形和"H"形都有应用。因此,应根据实际匹配情况和该区域的尺寸、与挡风玻璃的距离等因素进行具体选择。图 8.20 展示了两种典型的撕裂线走向。

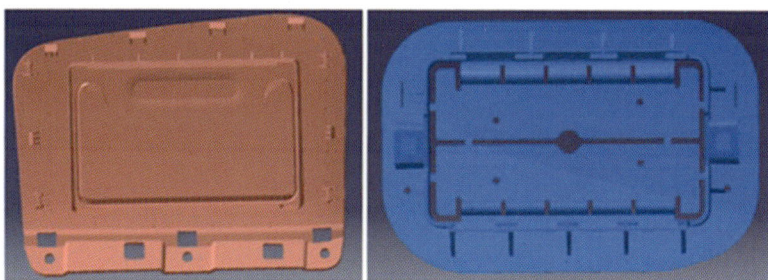

图 8.20　两种不同撕裂线布置

气囊的撕裂线在设计时除了走向需要考虑,其撕裂线的厚度也需要考虑。为了保证外罩盖的结构强度和外观轮廓,外罩盖的厚度一般为 3~3.5 mm。而气囊在起爆时,是无法撕开如此厚的面板的,即使能够撕开,其撕开方向也无法控制。因此,需要在撕裂线的走向上将盖板的厚度减薄。在减薄盖板厚度的同时,也需要考虑盖板外观效果。如果厚度过小,可能会造成盖板外观的

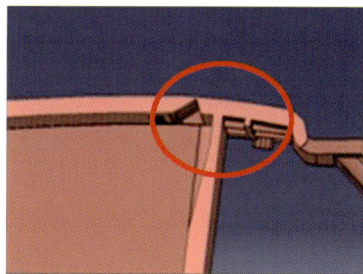

图 8.21　撕裂线断面形状

明显注塑缩痕甚至意外破损。因此,外罩盖的撕裂线厚度一般控制在 0.3~0.8 mm。图 8.21 圆圈处展示了一个较典型的撕裂线局部断面形状。

外罩盖的材料相比于整车其他零件也有特定的要求。由于气囊起爆的冲击力较大,在正常情况下,普通塑料件(如 PP、ABS 等)材料可能会产生较为明显的碎裂

和飞溅物,这对于车内乘员来说是非常大的威胁。因此,气囊外罩盖需选用韧性较好的材料。主流的气囊外罩盖材料一般选用烯烃类热塑性弹性体材料,如 TPE,TPO,TPV 等。这类材料具有高弹性、耐老化等特点,抗碎裂的韧性较好,在气囊起爆时不会出现异常的碎裂。

受造型和塑料生产工艺的影响,外罩盖在外观上也存在差异性,如常见的光泽度差异、注塑件的缩痕问题、色差问题等。为解决此类问题,气囊外罩盖在成型工艺上也经常采取注塑成型带喷漆和模内成色(MIC)两种方式。两种方式分别有各自不同的优缺点,见表8.1。

表 8.1 注塑成型带喷漆和模内成色(MIC)两种方式比较

类 型	优 点	缺 点
注塑成型带喷漆	外观效果较好,喷漆可有效解决缩痕、光泽度问题	工艺上增加了喷漆要求,成本相对较高
模内成色	工艺简单,成本较低	光泽度不如喷漆方式温和,盖板缩痕明显等问题

4)周边设计

对于全车的安全气囊来说,除了具备外罩盖的安全气囊,还有布置于隐藏不可见部位的其他气囊,如隐藏在副驾驶前方仪表板内部的气囊、隐藏在座椅靠背侧面的气囊、隐藏在顶棚两侧的气囊、隐藏在前排乘员小腿前方的气囊等。这些部位的气囊正常情况下处于不可见的部位,但当发生紧急情况时也能够快速爆开。考虑气囊爆开时的速度和冲击力,在气囊周边的零件配合设计就非常关键,同时也有相应的设计要求以确保气囊的正常展开和周边零件的结构在冲击下不会出现"负作用"。所谓"负作用",一般是指零件结构破损、断裂,甚至飞出物,或者零件形状不合理导致的气囊展开空间、路径等受到限制或干扰。

由于这些隐藏的气囊布置位置可能存在多个可能,并且周边的零件及其结构也存在多样性,本书难以针对每个部位进行一一详述。因此,仅针对这类隐藏式气囊的一些通用性设计原理进行简要的介绍。前文中提到了安全气囊的一个主要特点是"强",即压力强、冲击强。在对周边零件进行设计布置时,也就是围绕"强"的特点进行处理。

(1)空间要求

安全气囊布置位置不同,保护的乘员身体区域也有差异,因此不同位置的安全气囊体积也有差异。例如,布置在正面驾驶员位置的气囊,其充气后的体积为45~60 L;而副驾驶位置由于没有转向盘等零件,空间较大,其充气后的体积则为90~110 L。对于侧面的安全气囊来说,展开空间受到车体尺寸的限制,体积更小,只有8~16

L。因此,不同位置的安全气囊,在布置时,首先就要考虑该区域的预留空间是否能够保证气囊正常展开。

在确保气囊完全展开空间足够的同时,周边的零件还要为气囊展开瞬间预留一定的空间,以降低气囊起爆瞬间冲击力对周边零件的冲击损伤。如果周边零件距离气囊过小,则承受的冲击力会更大,带来对零件本身的损害;而如果距离过大,则可能出现气囊因起爆的压力损失导致对外部装饰物冲击撕裂能力降低,无法正常、快速地展开。以下列出不同部位气囊与周边零件设计的推荐距离:

①驾驶员气囊:气袋折叠后与气囊盖板的距离控制在 5~10 mm。

②副驾驶员气囊:气袋折叠后与仪表板距离应控制在 10~20 mm。

③座椅侧气囊:气袋折叠后与座椅面套表面距离在 5~10 mm。

④顶棚气帘:气袋折叠后与顶棚边缘距离在 10 mm 左右。

⑤膝部气囊:该结构与副驾驶员气囊的结构类似,但因为气囊体积较小,气袋折叠后与气囊盖板之间距离控制在 5~10 mm。

当然,不同部位的气囊与对应部位的盖板距离应根据实际情况进行调整。

另一方面,气囊起爆时在发生器部位会出现极高的温度和瞬时剧烈的振动,因此,除了气囊与对应盖板或遮挡零件的距离需要设计时考虑,气囊发生器周边的零件也需要预留距离。一般来说,气囊发生器周边的零件如塑料件、线束、棉毡等非金属物体特别需要注意,预留距离应控制在 10 mm 以上。若零件存在晃动或者有运动可能的如线束,则需要将距离适当扩大。

(2)结构要求

基于气囊起爆时强烈的冲击力,不仅气囊的安装结构需要有较强的抗冲击能力,气囊周边的零件也需要在结构上给予考虑。例如,气囊的安装结构一般采用金属钣金支架,并且在钣金厚度、加强筋等方面均需要考虑。当安装支架结构设计完成后,还需要进行多次气囊单体点爆试验,以验证支架是否能够承受气囊起爆过程中的冲击力而不发生变形。

前面提到气囊起爆过程中强烈的冲击力可能会损伤周边零件的结构,因此,周边零件的结构设计上需要做相应的加强。下面以副驾驶员正面安全气囊为例。图8.22 是某车型副驾驶员处仪表板区域的分解示意图。

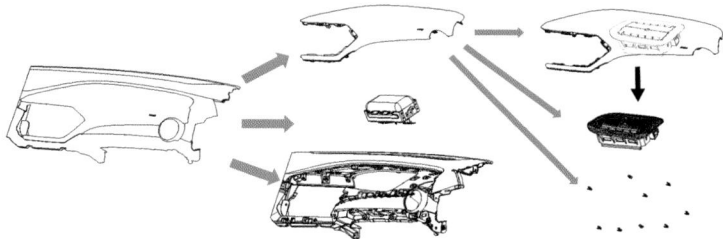

图 8.22　仪表板及气囊分解示意

由图 8.22 可知:

①对隐藏式的安全气囊,仪表板无论是表面的盖板还是内部的主体结构,与气囊本体之间都有连接结构,这是为了保证气囊能够与周边的零件连接成一个整体,从而确保气囊能够冲开盖板展开,同时又能够将冲击力分散,不至于对周边零件损伤过大。

②从仪表板外盖板内层的气囊框结构上可以看到,框体周边设置了非常多的加强筋,其目的就是对气囊起爆直接接触的零件,重点进行结构加强,避免出现零件碎裂的情况(见图 8.23)。原则上,加强结构的设计需要根据零件的具体结构,选择在连接、受力等位置进行设计。

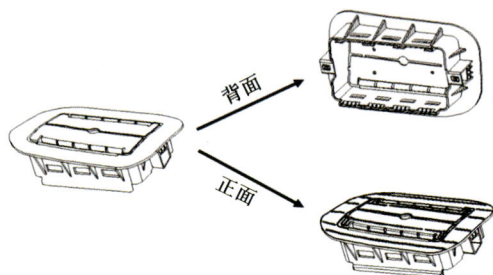

图 8.23 隐藏式气囊展开板示意

当然,并非所有安装有安全气囊的零件结构都必须采用上述方式,有些部位的零件非但不需要加强,反而需要在设计中适当地进行弱化。例如,顶棚气囊安装位置处的顶棚,就需要在气囊展开的区域进行适当弱化,以保障气囊在正常展开的同时尽可能地减小顶棚整体所受到的冲击力,如图 8.24 所示的箭头部位。

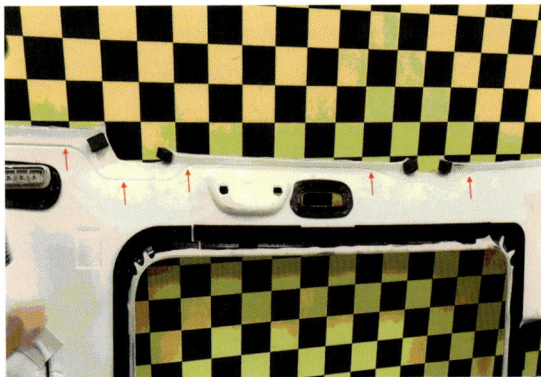

图 8.24 顶棚弱化线示意

因此,在进行安全气囊的设计开发过程中,应充分根据气囊结构、功能目的、装配方式等综合考虑,选择既利于气囊正常展开又最大限度减小周边零件开发需求的方案。

8.1.4　安全气囊的开发试验

由于安全气囊属于安全性能零件,因此,在开发设计方面需要采用较严苛的标准。但是,单有严苛的设计标准还不行,还需要通过一系列手段对产品进行检查验收,以确定其达到了符合法规、行业、使用的标准,即产品的开发试验。因此,在安全气囊的开发中,设计验收工作是周期最长、耗费最大的环节。

一般来说,安全气囊的开发试验分为以下 3 个层级:

①零部件级。针对零件单体的测试项。

②子系统级。将零件放到所处的周边装配环境下进行的测试项。

③整车系统级。在整车环境下的测试。

这里从 3 个不同的层级对安全气囊的开发试验作简要的介绍。

1)安全气囊的零部件级试验

安全气囊的零部件级试验是对零件单体进行最复杂、最全面的测试,以确保零件自身在结构、材料、制造工艺等方面符合最基础的法规或行业技术标准。其试验内容的最大特点就是长周期。表 8.2 展示了安全气囊零部件级的开发试验基本内容。

表 8.2　安全气囊零件试验项目

序号	试验项目	状态要求	合格标准	备　注
1	坠落试验			
2	抗机械冲击性能			
3	抗粉尘性能			
4	抗温度-振动性能			
5	抗湿热循环工况性能	总成零件	零件无异常损伤、无破裂和明显变形;最终状态可以正常点爆	
6	抗盐雾腐蚀性能			
7	光照试验			针对有独立外盖板的气囊
8	抗温度冲击性能			针对有独立外盖板的气囊
9	气囊总成单体静态展开性能			

续表

序号	试验项目	状态要求	合格标准	备 注
10	容器试验	发生器单体	发生器时间压力曲线变化符合设计要求	针对气体发生器
11	气囊起爆后冲击刚度试验	总成零件	符合主机厂设定的刚度性能	针对驾驶员和副驾驶员正面气囊
12	气囊试验	气袋单体	符合气袋织物的特性要求	针对气袋
13	腐蚀试验	总成零件	司标无异常变色和变形	针对驾驶员正面气囊上的司标
14	热循环试验			针对驾驶员正面气囊上的司标
15	电镀层厚度检测	司标单体	无异常剥落和破损	针对驾驶员正面气囊上的司标
16	光泽度检测	盖板单体	符合光泽度限值要求	带有塑料盖板的气囊总成适用
17	电器性能要求	总成零件	符合电气限值要求	
18	耐刮擦试验	盖板单体	刮伤程度符合要求	针对带有塑料盖板的气囊
19	热老化点爆试验	总成零件	气囊无异常表现	
20	模块疲劳试验		无异常破损和变形	针对驾驶员正面气囊
21	指压试验		撕裂线区域未出现破裂和异常变形	针对驾驶员正面气囊
22	极限工况点爆试验		气囊无异常表现	
23	电气检测		符合电气限值要求	
24	大气暴露老化试验		盖板无明显变色和变形	针对独立外盖板的气囊
25	禁用物质	子零件	符合国家标准 GB/T 30512	
26	多环芳烃	总成零件	符合国家法规要求	针对有盖板裸露且可能与人接触的气囊
27	阻燃性要求	子零件	符合国家标准 GB 8410 要求	针对气囊非金属部件

由表 8.2 可知,安全气囊的零件试验涉及从总成到构成子零件的全面测试,包括司标、气袋、发生器等关重核心部件。

另一方面,这些试验项目不仅数量大,而且很多试验需要按照顺序进行,即各试验是采取顺序进行的方式,而非可以并行。这样,就会将试验的时间延长。更需要注意的是,其中部分单项试验由于要考察零件额耐久和疲劳性能,会持续较长的周期,如表 8.2 中光照试验,一般需要进行 10~20 天,而热老化点爆试验也需要 700~1 000 h。

基于以上的原因,安全气囊产品的开发试验会占用整个开发过程的较长时间。一般一个完整的气囊零件级开发试验需要持续 10~12 周。

表 8.2 中也列出了各类试验后符合设计要求的考察标准。当然,根据各车型的目标市场差异、车型用途差异、法规适应性差异等,在检测验收标准上会有一定的差异。同时,各主机厂根据自身的技术能力、成本差异等因素,也会在验收标准上有所不同。本书不再具体陈述。

2)安全气囊的子系统级试验

安全气囊的子系统级试验主要目的是针对安全气囊与周边装配环境零件之间的匹配效果的检验和评估。毕竟安全气囊在整车环境内不可能单独存在,除了与其安装区域的结构有关联,还与周边与其接触、可能接触的零件有关联。例如,驾驶员正面安全气囊就会与转向盘有关联,既有连接结构上的关联,又有周边配合间隙的关联。其他区域的安全气囊与周边的关联性更为复杂。为了保证紧急情况下安全气囊能够正常起爆,必须在开发阶段就针对这些情况通过设计、试验等手段进行检验。

对于各部位的安全气囊来说,均有属于各自的子系统级试验:

①驾驶员正面安全气囊。与转向盘构成子系统,存在连接、配合的关联。

②副驾驶员正面安全气囊。与仪表板(IP)、转向支撑存在连接的关系;同时,与仪表板存在起爆过程中配合、盖板展开等关联。

③侧面安全气囊。与座椅骨架有连接的关系;与座椅泡沫、面料有配合、展开等关联。

④侧面安全气帘。与车体侧围、顶棚有连接的关系;与顶棚、立柱内饰板之间存在配合、展开等关联。

同理,其他部位的气囊也分别存在各自的关联特性,特别是安全气囊需要通过起爆展开才能工作。因此,这些关联特性中,最重要的就是保证两个方面:一是在气囊不工作时,整个装配环境外观需要保持正常、稳定;二是在气囊起爆的过程中,各周边关联零件不能影响气囊的展开时间、路径。

为了检验关联环境是否满足这两个要求,在开发中,就需要进行子系统试验。所有带气囊及周边装配环境零件的试验都可称为子系统试验。在常规开发中,有一些子系统试验由于配合复杂、关联性强,测试难度较大,且当出现问题后整改难度也较大。一般仪表板子系统试验、座椅子系统试验、侧气帘子系统试验这3类子系统试验较突出。

对子系统试验,其测试要求相对气囊零件单体测试要单一许多,一般只针对子系统进行气囊起爆的测试。该测试的环境与气囊单体试验中的静态展开试验条件类似,采取高温、低温、常温3种状态。根据行业内对气囊的要求,选用+85 ℃,−35 ℃,+23 ℃这个温度值作为3种状态的标准温度。通过大量的试验证明,在高温和低温环境下,子系统最容易出现问题,通常会出现以下问题:

①起爆压力过大造成气袋破裂。

②高温导致气袋表面烧蚀。

③冲击力过大导致周边零件碎裂飞溅。

④低温下压力不足造成气袋展开不充分。

⑤低温下塑料件脆断。

⑥低温下塑料件撕裂走向不符合设计弱化要求。

图8.25和图8.26展示了一个仪表板子系统的试验以及出现的问题。

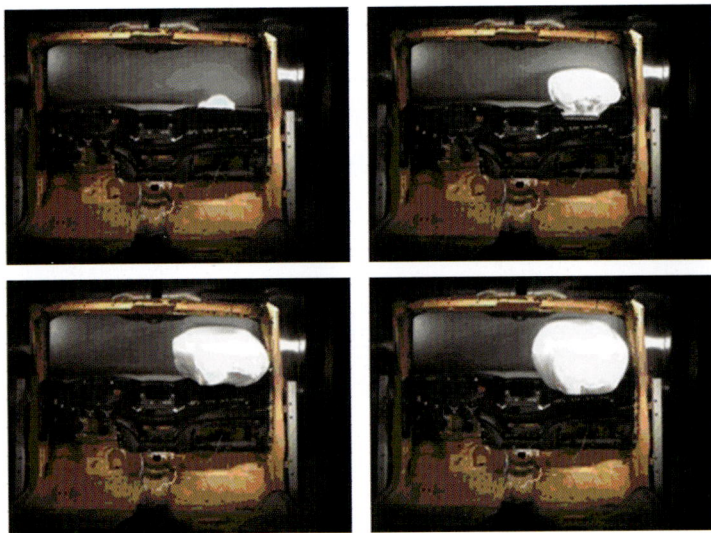

图8.25　仪表板子系统试验过程

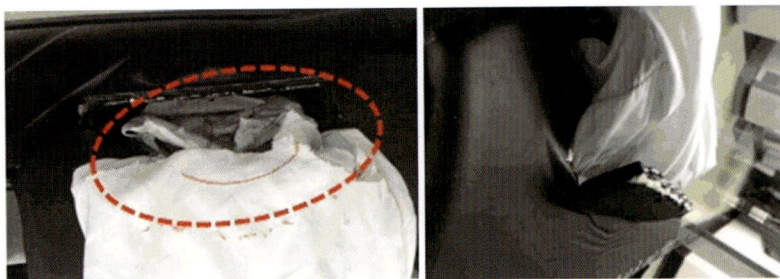

图8.26　子系统试验中气袋撕裂

因此,在安全气囊开发中,子系统试验的难度和风险最高,也是开发需要多部门协同投入最多的环节。

3) 安全气囊的整车系统级试验

安全气囊的整车系统级试验严格来说,应包含两个内容:一是在台车上进行的测试,二是在完整整车环境中的测试。当然,这两个内容对安全气囊的测试目的是一致的,即通过碰撞试验来检验安全气囊在整车环境下对乘员的保护效果。整车系统级试验的目的只有一个,就是通过整车级的试验确认安全气囊的保护效果和性能指标是否达到了设计的要求。这个环节在整个安全气囊的开发中处于最后的阶段。当完成整车级验证后,即可确认安全气囊的开发试验全部完成。关于整车系统级的安全气囊试验在其他章节有相应的介绍,本章不再具体阐述。

综合来说,安全气囊的开发试验 3 个环节,就是从最底层到最高层的逐步验证的过程。对这 3 个层级的测试,可理解为:零件级测试是验证"零件单体没问题";子系统级测试是验证"周边环境没问题";整车级测试是验证"保护效果没问题"。完成了这 3 个层级的测试,即可确保安全气囊的开发"没问题"。

8.2　安全带产品设计

安全带可以说是汽车装备中最被人熟知的安全保护产品。当车辆紧急制动或者发生碰撞事故情况下,正确佩戴的安全带能够提供足够的约束保护,以避免驾乘人员受到不必要的伤害。因此,在任何时候,安全带都是车内人员最应该了解并使用的保护设施。

正因为安全带的这一作用,全球各行业机构、各主机厂均将安全带作为汽车约束保护产品最关键、最核心的零部件。在汽车标准法规、汽车开发设计到零部件制造等环节,安全带无论是法规符合性、设计难度、性能指标等均要求必须严格执行并满足。这也造成了全球能够做安全带的厂家很多,但是真正能够做好的并不多见。

作为在紧急情况下乘员最可依赖的汽车设施,安全带的开发设计被赋予了非常多的限制要求,小到用于紧固的螺栓螺母,大到安全带布置区域、强度要求等。零部件供应商和汽车主机厂在开发安全带时,往往会针对安全带的相关因素反复设计、测试,以期达到最佳安全保护效果。与此同时,安全带作为随时与车内乘员发生接触的零件,其品质感、舒适性也会被乘员直接感受到。因此,安全带的主观性能也是直接影响其设计难度的一个重要方面。

本节将从安全带的发展历史、基本功能、组成结构及设计要素等方面进行简要介绍,希望能够通过这些介绍,为从事汽车被动安全关联行业的人员提供较全面、清晰的指导。

8.2.1　安全带的发展历史

安全带作为汽车发生碰撞过程中保护驾乘人员的基本防护装置,它的诞生其实早于汽车。早在1885年,安全带就由一位英国工程师发明并应用在马车上。发明之初的目的就是用来防止乘客在颠簸的路面上从马车上摔出去(见图8.27)。

图8.27　早期安全带

要知道,世界上最早的汽车才发明于1885年10月,发明这辆三轮汽车的卡尔·本茨在第二年的1月29日获得帝国专利证书,这才正式标志着汽车的诞生。

安全带最早应用于汽车,是1902年在纽约举行的一场汽车竞赛上,一名赛车手为防止在高速中被甩出赛车,用几根皮带将自己和同伴拴在座位上(见图8.28)。比赛时,他们驾驶的汽车因意外冲入观众群,造成两人丧生,数十人受伤,而这几名赛车手借助皮带幸运地逃生。这几根皮带也就成为汽车安全带的雏形,被认为汽车应用安全带的最早记录。

图8.28　早期竞速赛车

安全带真正应用于民用汽车的历史则可追溯至 20 世纪 50 年代,福特汽车将类似装置应用于自家车型上,但使用效果并不理想,并且没有被消费者认可。而后,瑞典沃尔沃汽车公司工程师尼尔斯·博林(Nils Bohlin)于 1959 年发明了汽车三点式安全带(见图 8.29),沃尔沃公司在 1963 年也在旗下全系车型上标配安全带,这标志着汽车安全带作为一种标准配置大规模应用于汽车之上。

图 8.29　尼尔斯·博林

因此,沃尔沃公司在推动汽车安全带使用上,为汽车工业安全保护方面的发展做出了巨大的贡献。即便是现在,在很多沃尔沃车型的安全带卡扣上,依然可看到为纪念三点式安全带诞生的字样"SINCE 1959"(见图 8.30)。

图 8.30　带有纪念标识的锁舌

此后,美国于 1968 年正式规定轿车前排座椅必须安装安全带,其他国家也陆续出台安装使用安全带的规定。至此,安全带成为汽车的标准化配置,其正确佩戴也被正式纳入各国的交通法规。后来,尼尔斯·博林设计的三点式安全带在 1985 年被德国专利发明注册处评选为跨世纪 8 大发明之一。由此可见,安全带的诞生可算是汽车保护划时代的发明。

8.2.2　安全带的分类

随着科技的发展,现代汽车装备的安全带也从单一的三点式机械结构朝着复合结构、电控结构等方面发展,既提高了安全带的保护效果,又更加贴近用户的使用感受,更加人性化,甚至近年还发展出了气囊式安全带等前沿科技的组合产品。同时,基于安全带对车内乘员保护的重要性,各国也针对安全带提出了明确的强制性法规要求。

在国家标准 GB 14166—2013 中,针对安全带的类型,基于主要的结构形式,做了明确的规定,包括:

①两点式安全带。一般来说,两点式安全带主要用于拥有较多乘客座位的客车上。在航空领域,日常的民用客机上每个座位也会配备两点式安全带。

②三点式安全带。三点式安全带是目前汽车领域运用最多最广的安全带形式。对于乘用车、商用车来说,只要是有乘员乘坐的位置,都要求配备三点式安全带。即使在大量配备两点式安全带的大型客车上,驾驶员位置也必然是使用的三点式安全带。

③S 形安全带。S 形安全带则是除了两点式和三点式安全带以外的安全带的统称。

④全背带式安全带。全背带式安全带也属于 S 形安全带,但是由于其使用领域和结构的特殊性,将其单列出来。全背带式安全带一般广泛运用于赛车领域,在剧烈驾驶状态下全背带式安全带能更好地将驾驶员束缚在位置上。

以上是从安全带的结构形式进行的分类。而汽车行业从事安全保护产品的专业人员,则更多地从安全带的功能角度对安全带进行划分。安全带从功能划分,一般有以下 6 个类别:

①普通式安全带。现代三点式安全带的主要使用类型,也是使用历史最长、用量最大的安全带类型,以纯粹的机械形式提供乘员的约束保护。

②限力式安全带。从普通式安全带形式上发展起来的一种机械形式安全带。相比于普通式安全带,在卷收器中增加了一个限力轴,并通过限力轴的抗扭转力矩限值,实现控制安全带施加在乘员胸部压力的目的。

③预紧式安全带。基于电控技术在安全带领域的延伸运用。通过电控方式,在安全带对乘员施加束缚力之前,提前将安全带回收并拉住乘员的一种安全带。其核心是在普通安全带的基础上增加了电控预紧装置。随着碰撞保护要求的提升,这种单纯预紧式的安全带在市场上已被预紧限力式安全带淘汰。

④预紧限力式安全带。集合了普通、限力和预紧 3 种功能的集成安全带产品,也是目前市场上对乘员保护性价比最高且用量最大的一种安全带。

⑤双预紧式安全带。在预紧限力式安全带基础上,在锁扣侧或者锚点侧再附加了预紧功能的安全带形式。其保护效果比预紧限力式更优,但是性价比则有所降低。

⑥主动式安全带(也称"预预紧式安全带")。21 世纪初,随着汽车电子技术的飞速发展,安全带的保护要求也从单纯的碰撞约束保护,向紧急状态的乘员约束、乘坐舒适性、行驶告警等方向发展。主动式安全带就是在传统的预紧限力式安全带基础上,集成了电控单元,在特定工况下对安全带的拉出回卷进行电动控制。这种安全带在乘员的保护效果、使用体验感等方面相比传统安全带均有较大的提升,而且保护效果也从单纯的被动式束缚保护,扩展到了事前的主动保护提醒。当然,在成本上也是所有类型安全带中最高的。目前,仅在高端品牌车型中有较大规模使用。随着用量的增加、技术的进步和材料价格的降低,此类安全带也逐步向中级车型市场开始普及。

当然,还有一些基于其他维度的方式进行的划分。例如,根据安全带外观效果,可分为常规安全带和个性化定制安全带(如增加厂家 LOGO)等,本书不再赘述。

8.2.3　安全带的结构

事实上,"安全带"是一个统称,它包含了组成安全带的多个零部件总成。一般来说,包括的模块有卷收器、织带、锁舌、导向环及锁扣。当然,还有一些附属零件作为安全带装配使用的辅助,如高度调节器、装饰盖等。下面将对这些结构进行简要介绍。

1)卷收器

卷收器是安全带系统的核心零件。顾名思义,其作用就是对安全带进行卷收,即当安全带不使用时将织带回卷收纳,而当使用时则释放出相应长度的织带。除了卷收织带,卷收器还有一个关键用途,也是实现安全带保护效果的最直接功能——锁止。当需要紧急锁止安全带以提供约束保护时,卷收器会通过内部的机械棘爪结构,将安全带的卷带筒锁住,实现安全带的锁止。卷收器的锁止包含了两个方面:一是基于车辆姿态和行驶状态的车感锁止;二是基于织带拉出速度变化的带感锁止。车感锁止主要用于探测车辆姿态和行驶状态发生的变化,而带感锁止则针对乘员身体在座椅上发生突然移动时对织带拉出的响应。

图 8.31 中的圆球及周边结构就是车感机构。它主要依靠圆球的质量和尺寸,在车身姿态发生变化时通过圆球触动旁边塑料结构进行锁止传动。而圆盘塑料件中间的联动机构则为带感机构。两个机构配合卷收器另一侧的金属棘爪可实现将卷收器中间卷带筒与框架上的棘齿啮合,从而进行锁止。

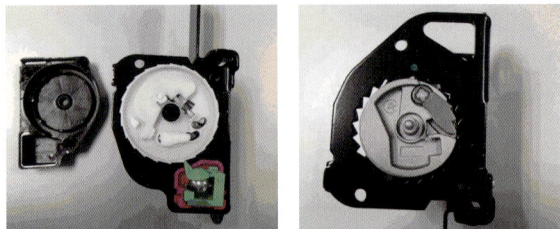

图 8.31　卷收器解析图

图 8.32 是锁止结构的简要展示。

图 8.32　卷收器锁止示意

图 8.33 是一个典型的安全带卷收器总成图和分解图。

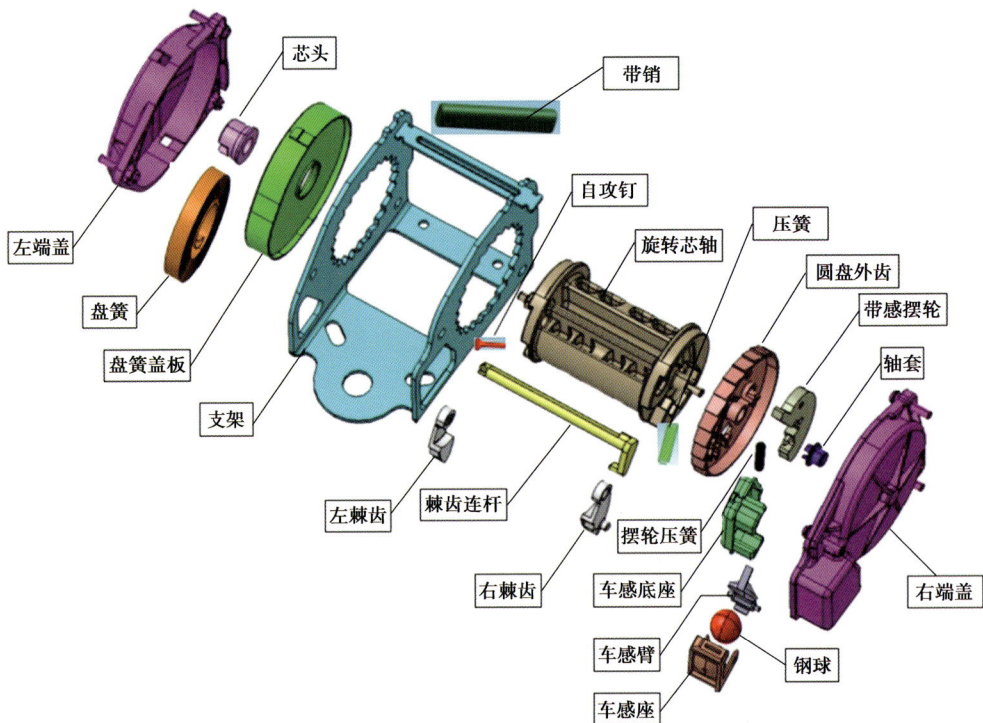

图 8.33　卷收器完全分解

由图 8.33 可知,安全带卷收器由数十个小零件组成。其中,织带卷收拉出功能主要由卷簧完成;织带的收纳则由卷带筒完成;而最重要的锁止则由敏感机构和锁止棘爪等部件组合实现。

以上是普通式卷收器的锁止方式。对于预紧式卷收器来说,除了具备普通式卷收器的锁止功能,在安全带拉出并锁止前,会通过预紧器,将安全带适当回拉一定的长度,以提前约束乘员的姿态,即除了具备普通卷收器的锁止结构,还需要有一个预紧回拉结构。图 8.34 是一种采用齿轮齿条啮合方式的回拉结构示意。

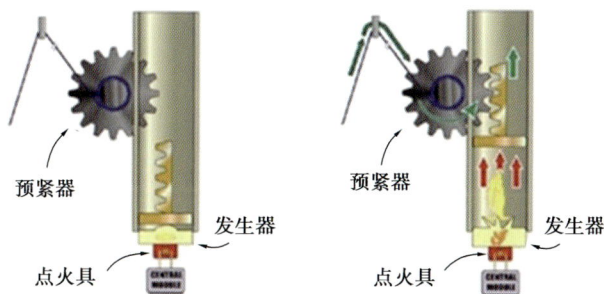

图 8.34　齿轮齿条式预紧示意

2) 织带

织带是整个安全带系统中直接作用于乘员的部件。它不但有安全功能要求,还必须具备感观和品质属性(见图 8.35)。因此,织带的好坏往往能直接影响乘员对安全带的直观评价。同时,安全带对乘员的约束保护也要求织带要具备足够的强度和抗拉裂性能。织带由于直接作用于人体,因此,织带还具备柔软和舒适的要求。基于这些因素,在国家标准 GB 14166—2013 中,针对织带有专门的规定和要求,本书不再赘述。

图 8.35　织带示意

织带一般由涤纶丝、丙纶和尼龙等材料编织而成,因为这类材料通过混纺后编织而成的织带既能具备较好的强度,又在韧性、耐久性等方面有不错的表现。同时,考虑安全带与车辆内饰颜色的搭配,还需要进行染色。同时,为了保证织带的美观大方,供应商在制作织带时还会根据不同的内饰风格需求,将织带编织成条纹状、细密状等不同的纹理状态,这样既能满足外观要求,又能从触摸上提升品质感。

另一方面,织带是由涤纶丝等材料编织而成的,并且在佩戴使用中会对乘员的胸部有一定的压迫力,因此,织带的柔韧度对碰撞安全中的约束保护有较大的影响。国际上,习惯用织带的延伸率来对织带的柔韧程度进行评估。不同国家、不同供应商、不同汽车主机厂对织带的延伸率往往有不同的要求,主要原因就在于对乘员保护的胸部受力要求有差异。我国国家标准中对织带的延伸率要求为 11%~13%,而欧洲标准的织带一般为 6%~8%。当然,一些汽车主机厂基于自身的保护性能要求和产品原材料的特点,还会有其他的延伸率要求。延伸率过大,则织带表现得越软,舒适性会好,但带来强度的降低;而延伸率过小,织带越硬,舒适性和手感变差,但强度会上升。因此,合理地选择织带的延伸率,是安全带性能匹配重要的内容之一。

3)锁舌

锁舌的目的是将安全带牵引并锁止在锁扣一侧,从而在乘员身体区域形成三点式的固定结构。根据其功能,锁舌一般在安全带出厂时即装配于安全带总成上。图8.36 是锁舌示意图。

图 8.36 锁舌示意图

近年来,基于碰撞保护要求更加精准和性能指标更加细化,通过仿真分析和试验测试,在碰撞瞬间人体移动会带动织带有一定的滑动,这会在一定程度上降低安全带对乘员腹部的约束。为了减小这种影响,有厂家研究出了一种"动态锁舌"。其在常规锁舌的基础上,对织带孔进行了调整,依靠一个偏心扭转机构对织带的滑动进行锁止。图8.37 和图8.38 是动态锁舌结构示意图。

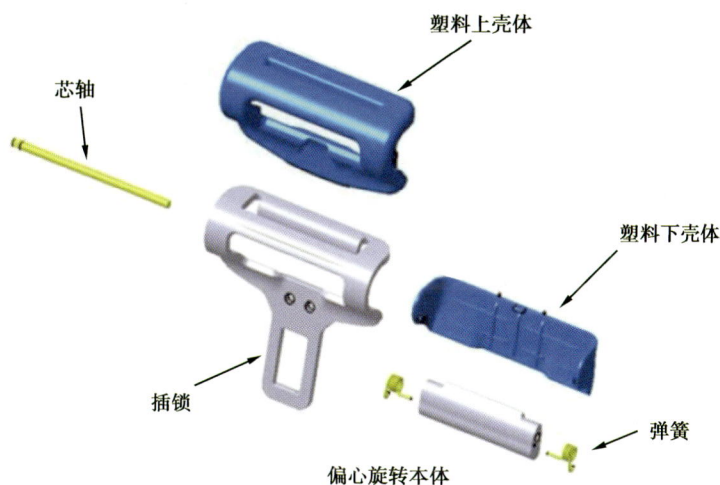

图 8.37　动态锁舌示意

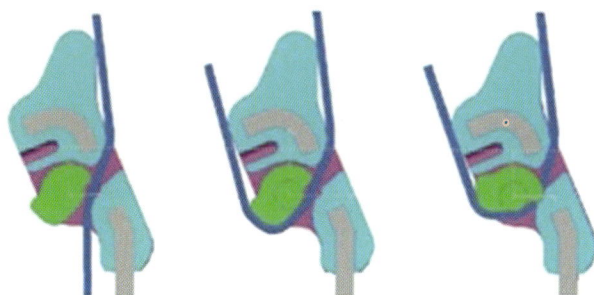

图 8.38　动态锁舌锁止示意

4）导向环

导向环的作用是将卷收器出来的织带从人体肩部侧方导向到人体的胸部方向，从而与卷收器、锁扣共同构成一个"三点式"的区域。导向环功能虽然单一，但导向环的结构特点直接会影响安全带使用的舒适性。织带通过导向环的织带槽，并与其产生接触摩擦。摩擦力的大小和摩擦感是安全带使用主观评价的一个重要指标之一。因此，基于安全带的舒适性考虑，汽车安全带导向环的结构也有多种形式。它主要有 3 类：塑包钢、嵌件式和全金属式。图 8.39 是 3 种较典型的导向环。

一般来说，从舒适性和使用品质感来说，全金属式最优，塑包钢略差，而从成本角度考虑则相反。嵌件式则居于两种之间。

图 8.39　3 种不同导向环

5）锁扣

锁扣是与锁舌配合使用的部件。其目的是通过与锁舌的配合锁止,将织带牢固地限制在乘员的髋部侧面。锁扣由于其位置关系,一般可安装在座椅骨架上(坐垫侧面),或者固定在座椅侧面的车身地板上。锁扣根据其连接段结构,可分为两类:直柄钢板式和软质钢索式。图 8.40 为两种锁扣结构示意图。

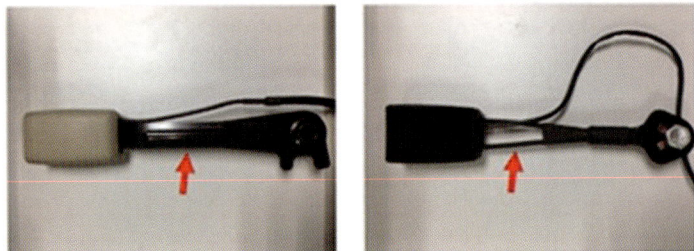

图 8.40　两种不同锁扣

从效果上看,直柄钢板式锁头的位置较为固定,整个锁扣只能绕固定点轴线旋转一定的角度范围;而软质钢索式则可使锁头根据人体不同的位置变化,不受固定点位置限制,对佩戴的舒适性效果更好。

面对严格的各种车辆安全评价规程,为了提高安全带在碰撞工况中对人体的约束能力和保护效果,除了依靠卷收器增加预紧器来实现早期约束,工程师在锁扣侧也增加了预紧器,可实现对人体腰部的早期约束,就是锁扣预紧装置。图 8.41 就是一个锁扣预紧装置的示意图。

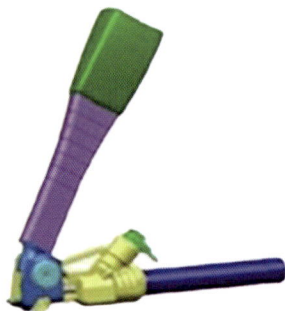

图 8.41　锁扣式预紧示意图

6）其他

整个安全带系统除了前述的主要部件，还有如高度调节器、装饰盖等辅助部件。当不同体形的乘员坐到车内，如果安全带的位置完全相同，可能会带来部分体形的乘员佩戴后出现不舒适的情况。例如，位于人体头部侧方的导向环，对高大和娇小两种不同的体形，佩戴安全带可能不舒适，甚至出现"割脖子"或"套手臂"等情况。在这种情况下，就需要通过一种调节机构调整导向环的位置，以调整织带与人体的接触部位，达到适应不同体形的目的。高度调节器就是这样一种辅助装置。图 8.42 为一种较为典型的高度调节器。

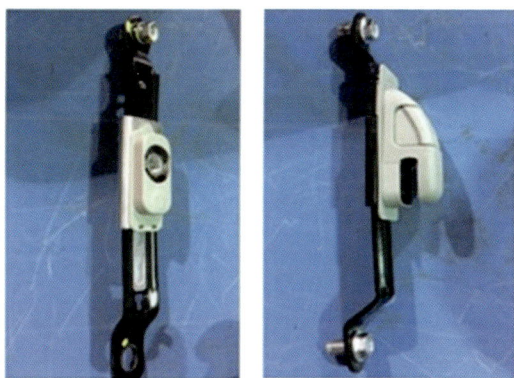

图 8.42　高度调节器

当然，随着市场用户对安全带的要求越来越高，主机厂和供应商在安全带的性能指标、产品结构、耐久可靠、使用体验等方面投入了更多精力进行优化提升，逐步催生了更多的安全带系统的小设计。例如，为了减少安全带锁舌对内饰板的撞击异响风险，将锁舌限位扣改为限位织带等。

另一方面，结合碰撞工况对人体腰腹和下肢部位的约束要求，除了衍生出来的锁扣预紧装置，还有锚点预紧装置，即在织带末端与车体连接的下固定点端片位置增加预紧装置，配合卷收器预紧装置一起，实现碰撞过程中对人体的"双预紧"约束，进一步降低伤害值，提升保护效果。图 8.43 为一个较为典型的锚点预紧装置示意图。

8.2.4　安全带的设计

安全气囊的设计主要围绕气体发生器、气袋、周边配合结构进行。由于其组成部件参数相对固定，所以安全气囊的设计只覆盖结构设计和性能参数定义两个方面。而对于安全带来说，基于其在乘员保护中的关键性作用，安全带的设计需要考虑更多的因素，主要体现在"标准严""范围窄""环节多"这 3 个方面。下面将分别

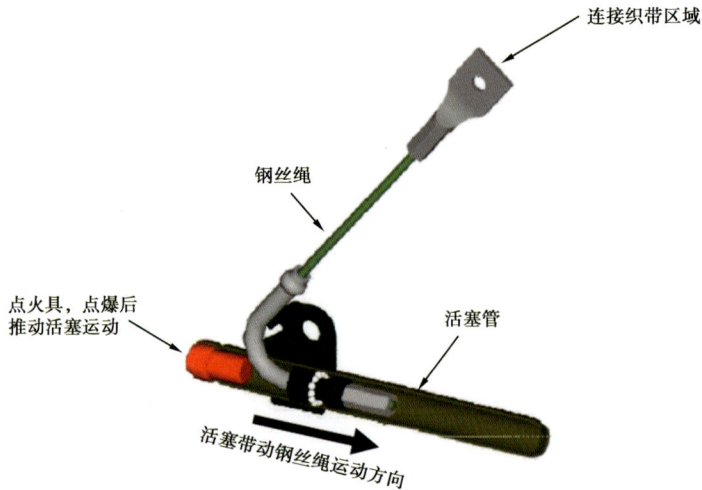

图 8.43　锚点预紧示意

进行介绍。

1) 设计标准

"标准严"主要体现在安全带的设计标准上几乎均为强制性的。自安全带被各国家机构确定为强制性汽车产品开始,其设计要求就从一个普通零件上升为法规管控件。众所周知,通过强制性法规明确规定的产品,就意味着政府管理机构赋予了该产品一个必须达到的基本技术门槛。对于安全带来说,国家强制性法规中,几乎所有与汽车安全保护相关的法规均涉及了对安全带的要求。大到整车层级的法规,如汽车安全技术要求"总纲"的《机动车运行安全技术条件》(GB 7258—2017)、基于整车碰撞的《汽车正面碰撞的乘员保护》(GB 11551—2014)等法规均对安全带提出了明确要求;小到零部件级安全带的专门性法规也是强制标准执行,如 GB 14166—2013,GB 14167—2013 等法规。甚至针对汽车警告标识要求的《汽车操纵件、指示器及信号装置的标志》(GB 4094—2016),都专门针对安全带的提示警告灯标识等做了强制性规定。接下来,将针对主要用于安全带自身设计的法规进行简要的介绍。

在安全带设计中,有两个强制性法规是设计需遵循的基本原则,即《机动车乘员用安全带、约束系统、儿童约束系统和 ISOFIX 儿童约束系统》(GB 14166—2013)和《汽车安全带安装固定点、ISOFIX 固定点系统及上拉带固定点》(GB 14167—2013)。

《机动车乘员用安全带、约束系统、儿童约束系统和 ISOFIX 儿童约束系统》(GB 14166—2013)针对安全带结构形式、单体性能要求等均作了详细的规定,目前也是各主机厂和供应商在开发安全带过程中首要遵循的技术基准指标和准则。

《汽车安全带安装固定点、ISOFIX 固定点系统及上拉带固定点》(GB 14167—2013)则是专门针对安全带固定点位置的强制性要求。受不同的车型规格、车身形状等影响,往往安全带在布置时,特别是上固定点(即导向环所在的区域)的位置需要随之作出较大的调整。如前文所述,安全带固定点的位置直接影响乘员使用的舒适性、便利性,甚至在极端情况下可能影响乘员的安全性。因此,该法规对安全带的固定点(有效固定点)区域进行了明确的限定。

通过以上两个法规,可实现对安全带基本结构的设计定义,同时能完成在整车环境下对安全带的区域性布置。

当然,还有其他相关标准也需要在安全带的设计过程中系统性遵循,包括各主机厂、供应商在进行安全带的布置设计时,出于自身企业产品的需求和特点,也会对安全带提出一些独有的设计要求。例如,对安全带动态强度方面,以国家强制性法规为基准,结合自身汽车品牌的需求,提高相应的要求。又如,供应商开发出新的安全带结构后,从使用便利性、生产开发的简化、成本控制等因素考虑,会对安全带的局部区域提出更复杂的要求。当然,这些企业标准均必须遵从国家强制标准这一上位标准,遵循"更严、更细、更全面"的原则,本书不再赘述。

2)设计范围

基于前述的诸多强制性法规要求,安全带系统的设计受到的限制条款众多,留给工程师发挥的空间非常小,设计范围窄。设计范围窄主要就体现在布置区域方面。

在 GB 14167—2013 中,对安全带的有效固定点区域有明确的规定,原因就在于综合考虑安全带保护效果和用户使用舒适性和便利性,构成三点式安全带的"三个点"位置必须符合相应的要求,才能达到较为理想的状态。其具体要求可参见GB14167—2013 中相应的区域要求示意。

对于汽车工程师来说,安全带布置区域中难度最大的一般是上有效固定点的位置,特别是在后排位置的安全带。由国家标准的要求可知,上有效固定点区域是依据于"R"点位置通过多个线段组合而成的一个开放性区域。尽管从区域范围看,有足够的空间可利用,但是,结合乘员座椅的位置、车身横向的乘坐空间、乘员佩戴安全带后的舒适性(如"割脖子")考虑,可用于布置安全带上有效固定点的区域就会变得非常紧张。另外,随着汽车内饰结构设计的多样化,车窗面积、内饰件搭接尺寸要求,安全带上固定点区域会受到更多的压缩。从前文介绍可以看出,上固定点主要通过导向环来支撑,而导向环的形状和运动特性决定了其需要一个足够宽的平面区域,而在实际布置中,中后排的导向环布置往往与内饰设计的限制要求存在着较为明显的冲突。如图 8.44 所示为一个较为两难的导向环布置状态。它一方面影响了外观,另一方面又不得不在法规的限制下牺牲一定的内饰设计。

3)开发环节

尽管安全带被各种法规标准限制,同时在设计布置上也"有章可循",但是其开发工作量和开发环节却并不因此而减少。安全带的开发环节甚至比安全气囊等零件还要多。

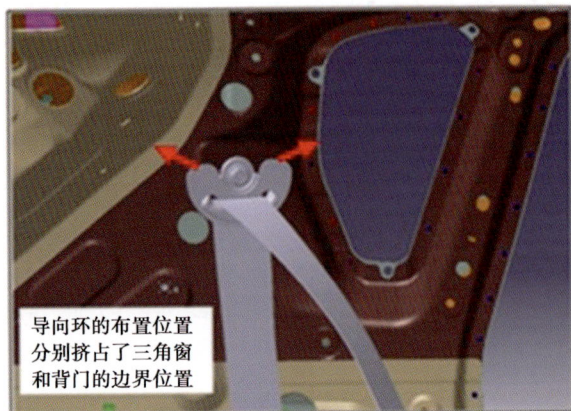

导向环的布置位置
分别挤占了三角窗
和背门的边界位置

图 8.44　较差的导向环布置

基于目前常规的车型开发流程,安全带的开发主要可分为 6 个部分:

(1)初步选型

在该阶段,工程师根据车型的总体定位以及初步的碰撞安全法规、碰撞安全性能目标等因素,初步选定安全带的类型。同时,在该阶段工程师还需要针对安全带的成本、质量、供货资源等内容进行初步的定义。

(2)早期数据布置及造型匹配

在该阶段内,工程师需要根据整车总布置的框架和造型对内饰风格、空间等的要求,进行安全带数据的布置设计和对造型相关的 A 面、尺寸等的定义。

(3)数据设计性能指标定义

在该阶段内,除了产品工程师需要根据布置内容进行产品数据结构细化设计外,性能集成工程师还需要根据整车的性能指标要求,分解制定安全带的性能指标,如预紧参数、限力值、织带延伸率及织带长度等内容。

(4)零件开模及制造

在该阶段,供应商将根据完成的安全带结构图纸进行部分模具的制作和生产。之所以只有部分模具,是因为在当前,安全带的基本结构形式均已固化并形成平台化产品。针对不同的车型开发需求,往往只针对部分接口结构进行修改,如连接支架、固定结构、车感机构等。

(5)产品试验及性能匹配

在该阶段,工程师一方面针对安全带单体进行功能型、可靠性、耐久性、结构强度等测试。同时,配合整车、台车等要求进行系统级的性能匹配。通过不断的匹配,选取最优的安全带性能参数。

（6）产品法规申报及质量整改

作为 3C 强制件和法规零件，安全带在完成了实物生产和测试后，需进行 3C 证书的认证和法规公告的申报检验。只有完成了这些工作，安全带才具备装配到商品车的资质。同时，根据在开发阶段不同批次的装车使用情况，安全带还需要对在装配使用中暴露出来的问题进行整改。

（7）量产准备

完成全部的设计、试验、公告法规资料申报之后，安全带就具备批量供货商品车的资格。而在此之前，供应商内部还要对安全带的生产工艺、物料准备、包装运输等环节进行全面的审查，并提交相应资料到主机厂进行生产批准。只有经过批准的安全带，才能进行批量生产并供货。供应商会根据主机厂的生产计划，从小批量的装车供货，逐步提升供货量。而要完成产品的生产物料拉动、物流调整、生产爬坡等工作，则需要在车型投产 1~3 个月后。

在整个安全带的开发工作中，安全带的设计贯穿整个车型开发的各环节。安全带作为最主要的乘员约束保护零部件，必须要通过众多的设计验证工作，才能确保零件在结构可靠性、一致性、性能稳定性等方面的最优。

当然，安全带的设计除了包含机械结构、布置空间和参数要求等方面内容，还有一个重要的部分就是对性能指标的设计开发。本章内容仅针对产品结构方面进行简要阐述，性能开发将在其他章节详细介绍。

8.2.5　安全带的开发试验

与安全气囊的开发试验类似，安全带的开发试验也有零件级、整车级试验。但是，由于安全带相对于安全气囊来说较为独立，而且安全带的工作方式不像气囊需要起爆冲击，因此，安全带对周边的零件和环境要求较低，不需要安排类似安全气囊一样的子系统点爆试验。

另一方面，由于安全带系统的组成比安全气囊更复杂，零件组成更多，因此，安全带的零件级试验复杂程度比安全气囊更高，试验项目和内容也更多。

1）安全带零件级试验

安全带零件级试验需针对不同的组成部分进行，包括卷收器、锁扣、织带、锁舌等部位，而且由于各组成部分的材料和功能不尽相同，所以测试方法和目的也各有不同。下面列出了部分主要组成零件的试验项目。

（1）卷收器

卷收器试验项目见表 8.3。

表 8.3　卷收器试验内容

卷收器总成		
序号	评价项目	备　注
1.1	车感性能	
1.2	带感性能	
1.3	角度性能	
1.4	拉出回卷性能	
1.5	疲劳耐久性能(第一次循环)	
1.6	耐腐蚀性能	
1.7	耐粉尘性能	
1.8	疲劳耐久性能(第二次循环)	顺序试验
1.9	车感性能	
1.10	带感性能	
1.11	角度性能	
1.12	拉出回卷性能	
1.13	高温性能	
1.14	低温性能	
1.15	动态强度 I	
2	预紧式卷收器总成附加温度冲击性能	仅用于预紧式卷收器总成
3	静强度-卷收器组件	
4	静强度-下锚点端片	
5	静强度-导向环组件	
6	静强度-锁舌组件	
7	静强度-限位扣组件	
8	动态强度 II	仅用于普通式安全带
9	动态强度 III	用于预紧限力式及限力式安全带
10	卷收器总成预紧功能性能	仅用于预紧式卷收器总成
11	预紧式安全带总成电器性能	
12	预紧式安全带总成接插件性能	仅用于预紧式卷收器总成
13	振动性能	
14	跌落性能	
15	温度冲击性能	
16	噪音性能	

（2）锁扣

锁扣试验项目见表 8.4。

表 8.4　锁扣试验内容

锁扣总成		
序号	评价项目	备　注
1.1	使用性能	顺序试验
1.2	疲劳耐久性能(第一次循环)	
1.3	耐腐蚀性能	
1.4	疲劳耐久性能(第二次循环)	
1.5	高温性能	
1.6	低温性能	
1.7	动态强度 I	
1.8	解锁性能(台车试验后)	
2	静强度-锁扣总成	
3	静强度-锁扣总成下端片	仅用于锁扣总成采用织带连接方式
4	动态强度 II	仅用于普通式安全带
5	安全带锁扣总成接插件性能	仅用于锁扣带线束状态
6	疲劳耐久性能-插拔	
7	疲劳耐久性能-钢索	仅用于钢索连接锁扣
8	振动性能	
9	跌落性能	
10	温度冲击性能	
11	锁扣误作用试验	
12	动态性能 III	用于预紧限力式及限力式安全带

（3）高调器

高调器试验项目见表 8.5。

表 8.5　高调器试验内容

高调器总成		
序号	评价项目	备　注
1.1	使用性能	顺序试验
1.2	耐腐蚀性能	
1.3	高温性能	
1.4	低温性能	
1.5	动态强度 I	
2	静强度	
3	动态强度 II	仅用于普通式安全带

续表

序号	评价项目	备　注
4	疲劳耐久性能	
5	振动性能	
6	跌落性能	
7	温度冲击性能	
8	冲击性能	

（4）其他性能

其他性能试验项目见表8.6。

表8.6　其他性能试验内容

其他性能		
序号	评价项目	备　注
1.材料性能		
1.1	阻燃性能	
1.2	抗发黏性能	
1.3	耐化学介质腐蚀性能	
1.4	耐高温性能	
1.5	禁用物质	
1.6	多环芳烃	
2.外观零部件光老化性能		
2.1	导向环组件（仅非金属部分且为外置式）、导向环盖	
2.2	锁舌组件（仅非金属部分）	
2.3	锁扣解锁按钮、锁壳、锁扣护套	
2.4	限位扣组件	
2.5	下锚点装饰盖	
2.6	织带、织带护套	
2.7	高调器滑轨装饰件（仅适用外置式）	
3.外观零部件温度冲击性能		
3.1	导向环组件（仅非金属部分且为外置式）、导向环盖	
3.2	锁舌组件（仅非金属部分）	
3.3	锁扣解锁按钮、锁壳、锁扣护套	
3.4	限位扣组件	
3.5	下锚点装饰盖	
3.6	织带、织带护套	
3.7	高调器滑轨装饰件（仅适用于外置式）	

安全带属于法规强制件,并且有 3C 认证要求。因此,安全带除了自身的零件开发试验,还需要依据国家标准的要求,进行一些强制性法规要求的认证试验,主要包括 GB 14166—2013,GB 14167—2013 规定的相应试验。本书在此不再对这些内容进行详细解读。

2) 安全带的整车级试验

安全带的整车级试验目的与方式与安全气囊类似,都是以验证在整车环境下的性能表现为目的,且测试方式也采用台车和整车碰撞两种形式,读者可参考相应的测试介绍,本章不再具体阐述。

安全带的测试要求相较于安全气囊更多、更复杂。但同时,安全带由于结构和功能上与安全气囊存在差异,故一般不明确进行子系统试验。因此,安全带与安全气囊的开发试验各有侧重点,需要在开发阶段根据不同的需求进行管控。

8.3　安全气囊控制器及传感器设计

在 20 世纪末期,机械式安全气囊大规模运用带来碰撞安全保护效果提升的同时,其工作稳定性差、易受外部干扰、反应速度不够快的缺点也越来越突出,甚至出现过因搬运过程中意外磕碰导致安全气囊爆开的危险情况。而随着控制芯片的高度集成化、功能逻辑的完善,促使工程师们把目光转向了电控技术。与此同时,从大量的市场碰撞事故调研看,并非所有的碰撞都需要安全气囊展开,如何准确区分不同强度的碰撞工况,这是机械式安全气囊无法解决的问题。而依靠预置的传感器芯片,对不同工况的碰撞强度信号进行综合分析和判定,再适时点爆安全气囊更加符合被动安全保护的要求。工程师通过在集成芯片内编制相应的算法和控制软件,成功地开发出了安全气囊控制器。同时带动了电子式安全气囊的同步诞生。

因此,电子式安全气囊取代机械式安全气囊是科技的进步,也是市场需求的必然,这是行业的发展外因;电控技术的进步和大规模集成电路芯片的高速发展,则是行业发展的内因。同时,随着技术的不断进步和更新,发展到今天的安全气囊控制器也具备了更多的扩展功能。

得益于安全气囊控制器在紧急状态下稳定可靠的响应能力,车辆上其他对紧急响应有需求的零件也逐步开始集成到安全气囊控制器中。例如,车辆动态稳定控制的 ESP 系统内部的横摆角传感器,就可将 IMU 芯片集成到安全气囊控制器内部。借助安全气囊控制器内置传感器对角度、速度的高度敏感性,快速识别车辆动态变化,既能提高 ESP 的响应能力和可靠性,又能在 ESP 系统上节约单独的 IMU 芯片模块。

另一个安全气囊控制器较为前沿的扩展运用是 EDR(EDR,Event Data Recorder,事件数据记录器)。随着汽车保有量快速上升,随之而来涉及汽车安全投诉的法律案件也越来越多。在处理这类案件时,为充分提供事故信息佐证,政府部门、检测机构、厂商、消费者都希望从事故车辆中提取到更多的信息来进行责任判定和现场还原。而安全气囊控制器在紧急工况下对信息的快速处理和记录能力正是达到这一目的的最佳选择。特别是当车辆全面采用 CAN 网络通信之后,安全气囊控制器获取的信息更快、更多、更有效,也更有助于满足这样的需求。我国强制性标准 GB 7258 的最新修订版中,已明确要求车辆应配备 EDR 以实现紧急状况下的数据信息记录。安全气囊控制器以其快速、精准、断电支持等方面的优势,成为 EDR 要求的不二选择。在欧美市场上,车辆在碰撞事故中安全气囊控制器的 EDR 记录已开始作为处理投诉案件的有力证据。

8.3.1 安全气囊控制器

顾名思义,安全气囊控制器(Airbag Control Unit,ACU)的用途就是用于控制安全气囊的工作。但以今天它的发展来看,它已经在控制安全气囊系统之外还承担了一些其他的功能。现在的安全气囊控制器除了承担安全气囊的控制工作外,还担负了如预紧安全带的控制、碰撞后应急信号的提供、碰撞事故关键数据记录、车辆姿态变化信息采集、系统诊断及分析等工作。就其工作性质来说,称为"安全系统控制器"则更为准确。全球各主要安全气囊控制器供应商在对其英文的称呼也有差异。例如,有些公司仍将其按传统方式定义为 ACU,而有些公司则将其定义为 SDM(Sensing Diagnostic Module)。下面将从功能、结构和设计思路等方面对安全气囊控制器进行介绍。

1)功能原理

电子技术的成熟运用使被动约束产品的电子化越来越明显,不单单是安全气囊采用电子化,安全带也从普通安全带逐步向预紧安全带甚至主动式安全带方向转变,特别是在以 NCAP,IIHS 等车辆碰撞评价规程的引导下,碰撞事故中车辆乘员的安全保护要求越来越高,而预紧限力安全带在乘员保护方面的良好表现,也促使更多的主机厂在车辆的主力配置上采用预紧限力安全带。因此,对于安全气囊控制器来说,除了要根据预设算法控制气囊点爆,还必须同时控制预紧安全带的预紧。

(1)碰撞事故点火控制

顾名思义,即在碰撞事故中控制安全气囊系统点火的功能。图 8.45 比较直观地展示了安全气囊控制器在碰撞事故中的点火工作原理。

由图 8.45 可清晰地了解整个安全气囊控制器的工作过程:

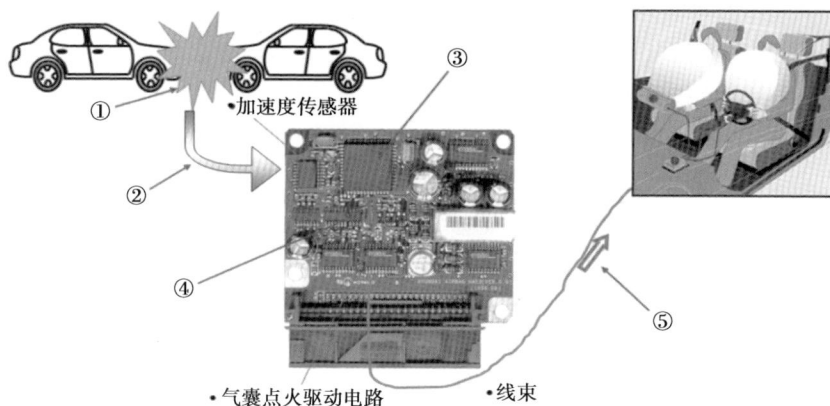

图 8.45　安全气囊控制器工作原理

①车辆发生碰撞(可以是车对车,也可以是车对障碍物)。

②碰撞车辆上的碰撞传感器侦测到碰撞产生的加速度信号(或称"减速度信号")。

③安全气囊控制器的微处理器对接收到的碰撞加速度信号进行对比识别,判定碰撞强度是否足够,属于哪种类型的碰撞(正面或侧面),是否应该启动安全气囊或预紧安全带。

④当微处理器判定达到了预设的碰撞点火要求,则向点火芯片发出点火指令。

⑤点火控制芯片根据指令,对相应的安全气囊回路或预紧安全带回路发出点火信号(即点火电流)。

⑥安全气囊或预紧安全带在点火电流的作用下,引爆内部点火具,迅速工作,为车内乘员提供保护。

在整个过程中,除了①、⑥环节是外部的动作,其他 4 个环节都是在安全气囊控制器内部。同时,在这个过程中,最大的一个特点就是"快"。所有的环节都是以毫秒(ms)级来完成。按照目前各常用碰撞工况中安全气囊控制器的点火策略来看,最短的碰撞响应点火时间从碰撞发生到点火只有不到 10 ms,这也就意味着安全气囊控制器从感知信号到发出指令只有数毫秒的时间。由此也可以看出,安全气囊控制器为整个碰撞约束保护提供了最为关键的支撑——时间。节约的几毫秒或者十几毫秒的时间,就能对乘员的保护更提前,保护效果也就会更佳,而这在机械式安全气囊时代是完全无法实现的。

(2)系统监控及故障诊断

安全气囊控制器的第二个主要功能就是系统监控和故障诊断。电子产品的缺点和优点同样突出。电子故障的非显性特点往往使故障更加难以发现和处理。安全气囊、预紧安全带在点爆时有巨大的冲击力,当非正常点爆时,乘员完全无法预防和规避,存在着极高的安全隐患。因此,作为系统的"大脑",安全气囊控制器能否正常工作、能否在出现问题时及时发现和处理,就成为整个被动约束系统的核心能力。所以,安全气囊控制器就必须具备实时的系统监控和故障诊断能力。

安全气囊控制器的监控和诊断主要通过其内部的微处理器来实现。微处理器的监控主要有以下两个方面:

①回路监控

在安全气囊控制器通电工作状态,微处理器会根据系统软件的设置,对系统的各个回路和节点进行检查。检查方式一般为发送自检电流[数十毫安(mA)的微电流],通过电流、电压、阻值的关系来判定各回路或节点是否存在异常。例如,回路的阻值高低、回路电压异常等。这类监控针对的是各点火回路和 I/O 接口。

②内部监控

微处理器除了对外部接口的检查外,还需要对内部各组成芯片及工作状态进行检查,以保证控制器内部的正常。通过这种监控,可及时地发现系统内部的异常,以便快速发出告警提示。

由于整个安全气囊、预紧安全带、安全气囊控制器以及外围部件所组成的系统较为复杂和庞大,微处理器采取的是以一个固定的时长为周期对全部的端点进行检查。只要处于通电工作状态就循环执行检查动作。一般的安全气囊控制器自检周期为 400 ms 左右。

通过循环检查,安全气囊控制器可及时地发现系统存在的问题,并对问题进行诊断,判定故障类型。当发现系统存在故障时,安全气囊控制器还需要将故障显性显示,以实现提醒告警的目的。这就是安全气囊控制器报警模式。

常用的安全气囊控制器报警模式为警告灯形式,即在控制器上电工作的任何时刻,只要监控到系统存在异常,安全气囊控制器会通过警告灯点亮的方式来进行提示警告。安全气囊警告灯一般设置在汽车组合仪表上以供驾驶员能够便捷的观测。警告灯颜色按照国家标准规定一般为红色。如图 8.46 所示为安全气囊警告灯图标。

图 8.46　安全气囊警告灯

正因为电子产品的故障存在非显性化的特点,所以安全气囊警告灯的显性提示成了直观监测整个安全气囊系统状态的唯一手段。目前,市面上各车型的安全气囊系统诊断也都是通过故障灯的亮灭来进行早期的预紧。安全气囊控制器对警告灯控制有两种不同的类型：

A.直接控制类型

直接控制类型即安全气囊警告灯的亮灭由安全气囊控制器直接控制。安全气囊警告灯布置在汽车组合仪表上，其通过物理线束直接连接到安全气囊控制器的某一个指定针脚上。当系统存在故障时，安全气囊控制器可通过变化该针脚的接地状态来实现警告灯的亮灭。从本质上来说，警告灯就是一个发光二极管，它的亮灭情况完全由控制器的接地状态控制。该方式较为传统，但考虑发光二极管的可靠性和衰老失效风险，随着车载电子技术的发展，该方式已被更高效和更可靠的方式所取代。图 8.47 展示了一个典型的直接控制警告灯电路模式。

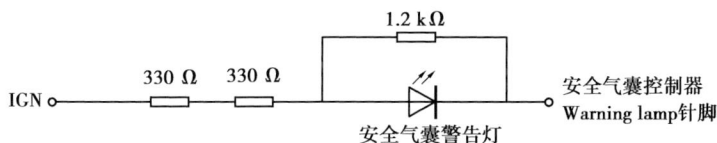

图 8.47 传统安全气囊警告灯电路

在这个结构中，从供电端通过组合仪表的警告灯（发光二极管），连接到安全气囊控制器的 warning lamp 针脚。该针脚对应的控制器内部电路根据控制器给出的指令，控制该针脚在断开与接地之间切换，从而实现警告灯亮灭。

B.间接控制类型

随着安全气囊控制器需要承担的功能越来越多，控制器内部的电路也需要高度集成，额外设置警告灯控制电路不利于集成。与此同时，CAN 网络通信模式在汽车上运用也越来越普遍，CAN 网络通信的优点毋庸置疑。同时，考虑发光二极管的可靠性，在多个影响因素下，控制器不再通过电路接地或断开方式来控制警告灯。而是将警告灯状态转化为指令，发送到 CAN 网络上，组合仪表则根据通信协议，从总线上获取相应的报文信息后，直接控制警告灯的亮灭。如图 8.48 所示为典型的间接控制方式。

这种方式从控制流程上看，似乎比直接控制更为复杂。实际上，依托于通信协议的精准和信息传递可追溯性要求，通过 CAN 通信方式进行控制，更有利于在发生异常情况时对控制器和警告灯的关联性进行追溯和检查。例如，当发生某一个节点出现异常而不能正常显示报警信息的情况下，可通过网络诊断进行精确的检查，而不是受困于物理连接回路。

（3）信息存储记录

安全气囊控制器的第三个重要的功能，就是信息存储记录，即前文讲到的 EDR 功能，而且为了规避风险，有些数据记录不能通过常规诊断工具改写和擦除。

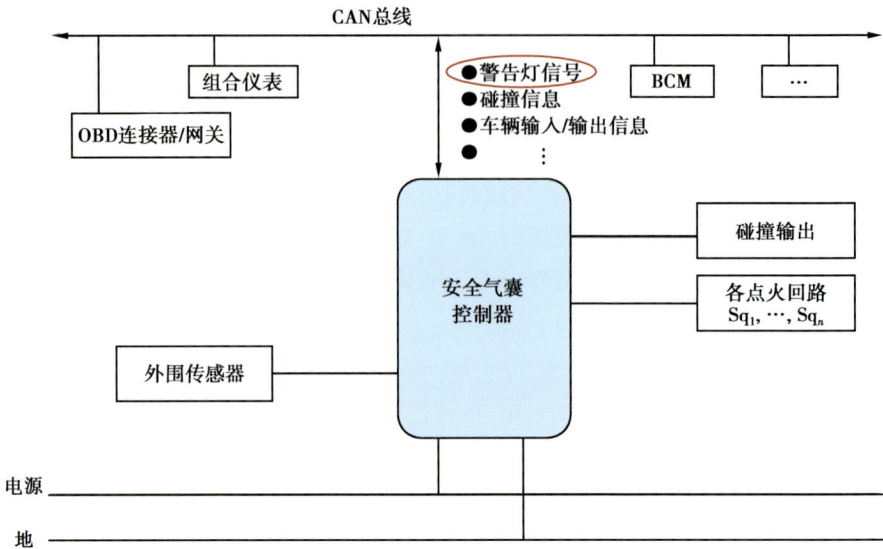

图 8.48　网络控制安全气囊警告灯

控制器内部会设置一个专门的存储芯片。当发生了较明显的碰撞事故时,这个信息就会被记录到指定的存储单元中。在后期事故检查时,可通过特定的设备对这些数据进行提取,并作为分析的依据。一般来说,记录的信息包括以下 4 个方面:

①碰撞发生时刻前、后一定时间段内车辆产生的加速度信号(这也是关键的碰撞信息)。

②碰撞发生时系统的工作状态。

③碰撞发生时控制器工作时长。

④碰撞车辆的基本信息以及碰撞时其他车载控制器的相关数据等。

主机厂和供应商可根据控制器内部记录的这些信息,对事故当时的情况进行一定程度的还原,从而判定碰撞的状态。例如,可通过信息了解碰撞的真实加速度,以判定安全气囊是否应该起爆;通过系统的工作状态,判断是否某个安全气囊未爆的原因等。

2)安全气囊控制器的结构

安全气囊控制器的结构相对比较简单,目前市场主流的安全气囊控制器主要由底板、集成电路板、接插件、上盖及标签等部分构成。图 8.49 是一个较为典型的安全气囊控制器组成图。

(1)上盖

上盖的主要功能是为安全气囊控制器提供来自外部的遮挡,有防尘、防水等作用,同时对电路板也起到遮蔽作用。上盖可采用金属材料,也可采用塑料材质。在早期的安全气囊控制器上,上盖一般为钢材。但由于钢材在成本、质量、防锈等方面的劣势,逐步被铝合金代替。而随着塑料材料的广泛运用,供应商从质量和制造难度等方面考虑,采用了全塑料的上盖。目前,使用最多的塑料上壳体一般为 PP + GF30 的材质。

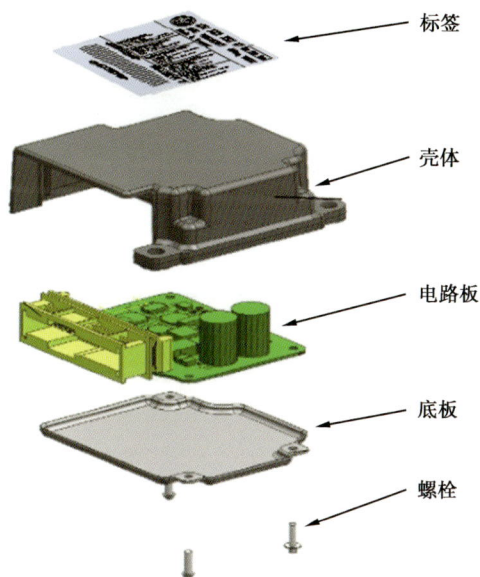

图 8.49　典型安全气囊控制器组成图

（2）电路板

电路板是控制器的核心部件。所有的元器件均布置在电路板上,并且考虑整体空间的尺寸,电路板一般采用双面排版。在生产制造过程中,大量采用 SMT 工艺实现贴片的高效和准确。

（3）底板

底板除了为控制器电路板提供来自底部的保护外,一般还起到接地的作用。由于控制器内部芯片的敏感性和对外部干扰的屏蔽要求,往往控制器除了带有地线针脚,还需要对壳体进行接地,主要是用于对工作过程中产生的静电进行处理。因此,绝大多数的控制器底板均为金属材料。当然,出于成本和轻量化的考虑,也有部分控制器供应商采用塑料下壳体,但仍然会在安装点等部位采用金属结构来实现接地。同时,金属结构的安装点也更有利于碰撞信号的传递。如图 8.50 所示为某国际安全气囊控制器厂商的一款具有代表性的产品。其上盖、底板均为塑料结构,但在底板的安装点处仍然采用了金属轴套。

（4）接插件

接插件是控制器对外连接口。常规的接插件分为公端和母端。为了保证接插件的装配可靠性,一般将母端一侧连带针脚全部固化在电路板上,即人们所看到的,电路板一侧有一个较大的接插件。另一方面,安全气囊控制器采用的接插件均为带有锁止销结构的形式。其目的就是保证在装配到位的情况下，有更强的稳定性，如图 8.51 所示。

图 8.50　全塑料结构安全气囊控制器

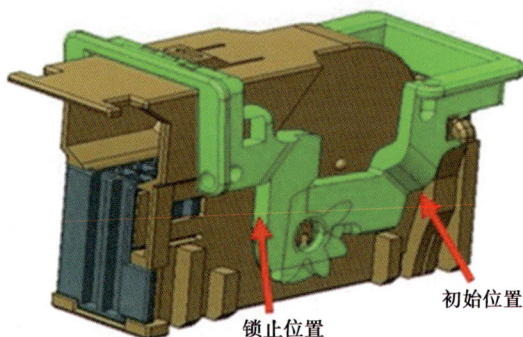

锁止位置　　初始位置

图 8.51　安全气囊控制器接插件

（5）紧固件

安全气囊控制器的紧固件（即标准件）用途是将上盖、底板、集成电路板三者进行连接，以确保电路板在整个结构中处于稳定状态。实际上，紧固件也并非是每个安全气囊控制器必须有的。如图 8.52 所示为两种不同结构的安全气囊控制器。A 控制器有相应的标准件用于紧固电路板，而 B 控制器则取消了常规的紧固件，将上盖、底板和集成电路板通过轴套贯穿，再统一装配到车身上。

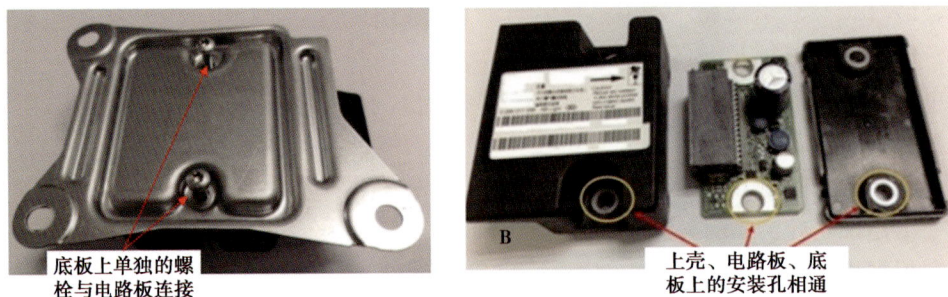

底板上单独的螺栓与电路板连接　　　　　　上壳、电路板、底板上的安装孔相通

图 8.52　两种安全气囊控制器结构

需要指出的是,这两种方式各有优劣。就 A 结构来说,劣势主要体现在零件数量增多和装配工艺的复杂化,相应成本也会有一定的增加。而对于 B 结构来说,最大的风险在于电路板与底板、上盖通过轴套压装连成一体,当外界存在较高的湿度或水汽时,水分更容易通过轴套连接处进入电路板产生腐蚀,造成零件失效。因此,在布置安全气囊控制器时,需要基于控制器结构形式来考虑布置位置、车身结构要求等。

虽然安全气囊控制器的各组成结构有不同的功能和特点,但就整个安全气囊控制器主体来说,最主要的需求还是对外部的防护要求,即防水、防尘等。另一方面,出于对车身结构信号感知的准确性和安全性考虑,安全气囊控制器应安装于整个车辆的中心区域,在车内地板中央通道上,一般在中控箱下部的换挡和驻车制动手柄之间。这个区域的外部环境相对较好。

结合控制器安装的位置,行业内对安全气囊控制器防护等级的要求,一般按 IP52 的防护标准执行,即防尘等级为 5 级,防水等级为 2 级。而在开发一些特殊用途或有较强涉水越野能力的车辆时,安全气囊控制器的防水等级会更高。已有汽车厂商采用防水等级为 7 级的产品,基本达到了三防手机的防水标准。

3)安全气囊控制器的开发

安全气囊控制器是整个安全气囊系统的核心。同时,也是影响用户行车安全的关键零件。因此,安全气囊控制器的设计必须以稳定、可靠作为优先考虑因素。目前行业内安全气囊控制器的开发主要采取专业供应商负责设计开发、主机厂负责基于整车状态下的碰撞响应匹配的方式。下面将简单介绍两个不同内容情况。

(1)专业供应商开发

国际主流的专业供应商有德国博世、美国天合(现称"采埃孚天合")、瑞典奥托立夫、德国大陆公司、日本电装等。同时,随着中国自主研发技术的进步和市场需求,国内也有一部分安全约束系统供应商在安全气囊控制器领域开始发力,如上海东方久乐、锦州锦恒等公司。专业供应商一般采取平台化设计、技术迭代的方式,即基于一定时期如 3~5 年市场对碰撞安全及约束产品的能力要求,结合电子技术水平,开发出一代产品。然后随着技术的更新迭代,在平台基础上进行功能扩展和延伸。例如,博世公司最新的平台产品 AB12,德国大陆集团公司的 SPEED X 平台等,就可依据不同的客户需求,从低端的基础功能版本到高端的多功能集成版本进行扩展。

安全气囊控制器的平台化开发主要包括以下 5 个方面:

①定义功能需求

根据需求对控制器的功能架构进行定义,涉及控制器自身的基本功能的实现、工作原理的达成、外部需求的导入、交互接口等。这也称概念性设计,是对整个平台的控制器进行总体性的概念化设计。通过功能定义,确定控制器应该具备什么样的内部和外部能力,形成完整的基础技术边界。

②软硬件设计

基于功能定义,完成对硬件的结构搭建,包括硬件需求、类型定义、型号范围等。另外,基于功能需求,对软件的结构进行搭建。例如,底层软件的功能、交互层软件的定义等。其中,软件设计的一个主要内容就是对碰撞算法的集成。安全气囊控制器是整个约束系统产品的核心,碰撞算法则是安全气囊控制器的核心。判断一款安全气囊控制器是否优秀,一个很重要的标准就是其碰撞算法的合理性和准确性。因此,对于专业供应商来说,碰撞算法是其整个产品的最核心点。可以不夸张地说,掌握了碰撞算法,也就掌握了安全气囊控制器的关键。因此,供应商在软件算法上投入的资源也是整个控制器开发中最多的。在此阶段形成的产品实物,一般称为"A"样件。

③系统整合

完成了软、硬件的设计后,就需要进行系统整合,即需要将软件基于硬件平台进行相应的匹配和运行。系统整合既包含了软硬件的匹配,也包含了大量的软、硬件测试。完成了这一步,一个控制器平台基本上就具备了完整的雏形。这个阶段的样件一般称为"B"样件。

④全功能调试

此时安全气囊控制器已经具备了基本完善的功能,需要进行持续不断的系统性测试。一般来说,此状态下的安全气囊控制器已经具备基本的正常工作能力,包括系统运行、检测、通信、输入/输出等。该阶段的样件一般称为"C"样件。此时的安全气囊控制器已基本达成了产品单体的设计目标。

⑤应用开发

应用开发即控制器搭载到具体项目车型上进行应用开发。对于供应商来说,一款不能够量产供货的产品永远只是试验室样品。因此,安全气囊控制器在开发完成后,必须要搭载到具体的车型上使用。这个阶段的工作重心就需要从供应商处转移到主机厂,供应商则根据主机厂的需求和控制器自身的产品特性,进行配合性的开发工作。

(2)主机厂的开发

相比专业供应商的开发,主机厂对安全气囊控制器的开发指向性更明确。由于安全气囊控制器的零件和功能已由供应商完成,主机厂需要做的就是与专业供应商的应用开发环节结合,针对具体的车型进行整车匹配。

从主机厂的开发需求来说,匹配开发有两种不同的层级:

①基础级开发。即只面向安全气囊、预紧安全带等零件的碰撞保护的功能实现为目标的开发。

这种开发目标对安全气囊控制器的要求较低,安全气囊控制器只需要能够满足在规定的碰撞工况下,按要求点爆相应的气囊或安全带即可。同时,安全气囊控制器需要满足整车相应的通信和诊断要求。

采用这种开发的车型,以满足国家基本的强制性保护法规为目标,不会有额外的针对性目标要求,所以控制器的开发难度较低,开发风险也较低。

②针对性开发。即安全气囊控制器除了要满足正常的点爆功能,同时还要针对一些特殊的工况采取特定的逻辑。例如,面向 NCAP 碰撞星级、针对特殊车型的后碰需求、针对特殊消费市场(如美标市场的车型)等。

这种开发对安全气囊控制器的要求,相对于第一种来说难度较大。主要是由于增加了对特定工况的目标要求后,在控制器的算法判断、逻辑定义等方面需要兼顾更多,从而导致对信号的需求、标定的复杂性等难度增加。以满足 C-NCAP 碰撞五星为例。为了达成目标,车内乘员的保护效果在通过系统仿真和集成完成设定后,需要对安全气囊控制器的点火要求进行专门的匹配。例如特定工况下特定点火时刻的准确要求,特定工况特定部位气囊和安全带的点火策略要求等。对这些要求,安全气囊控制器不仅要将碰撞数据与算法进行匹配,同时还要对相应的软件进行调整,可能对部分工况还需要引入更多的算法逻辑来参与判定。这种开发,最考验供应商的算法能力。为了保证某一工况点火时刻的准确,往往需要多种算法综合运用、多种逻辑相互对比等,在控制器的开发时间、开发难度、人员的匹配经验等方面都有较高要求。

从安全气囊的开发流程来分,主机厂的安全气囊控制器开发按照先后顺序又分为产品基础性开发和匹配试验两个环节。

①基础性开发。在车型开发前期,针对安全气囊控制器自身的功能及产品特性,在整车环境下进行设计;针对整车电气环境,对安全气囊控制器电气功能进行规范,以保证控制器与整车的网络及电气环境匹配。在这个环节中,主机厂主要负责以下工作:

a.安全气囊控制器布置。包括对安装位置车身结构的设计、空间检查等;如图8.53所示为控制器安装区域布置及检查。

b.安全气囊控制器的电气参数定义。包括针脚定义、回路设置、接插件选型及线束走向布置等。图 8.54 展示了一个关于控制器接口的示意图。

图 8.54 中,中间方框内是安全气囊控制器内部的主要功能模块划分,而方框外围的接线就是该控制器通过针脚外接的不同设备和功能的定义。

c.网络设计。包括通信诊断规范的定义、电检文档的编制和下线配置参数设置等,特别是安全气囊控制器的电检文档和下线配置参数等,尤其需要详细定义。目前,绝大多数的安全气囊控制器采用在主机厂生产线上进行下线配置。因此,控制器与下线设备之间的诊断通信就显得尤为重要。

d.系统功能检查。即在整车网络环境下,通过模拟不同工况,对控制器的正常通信、故障监测、功能响应等内容进行在环检查。

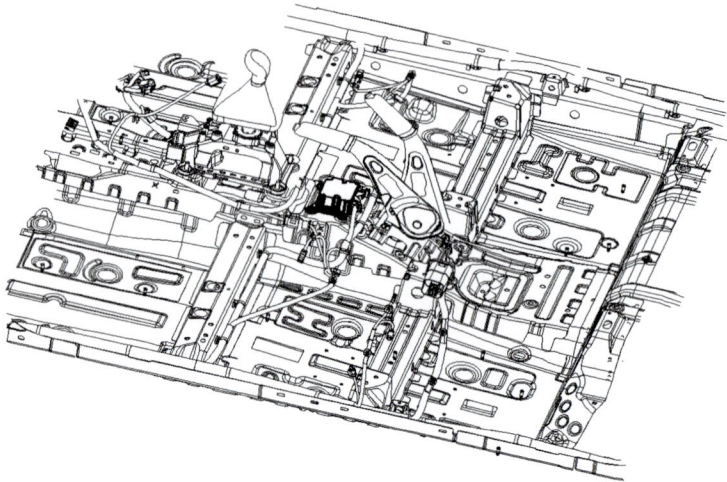

图 8.53 安全气囊控制器安装区域

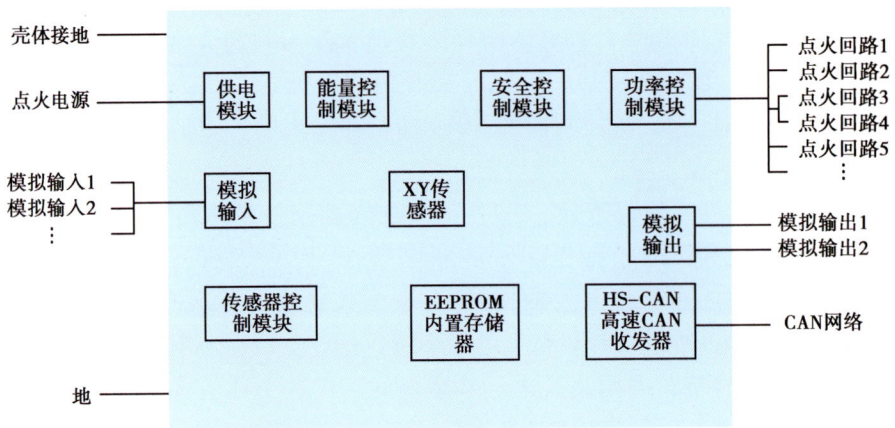

图 8.54 安全气囊控制器接口分布

②匹配试验。即主机厂针对安全气囊控制器的碰撞响应功能进行匹配。这部分的工作直接决定了安全气囊控制器在车辆上的工作表现,也是主机厂在安全气囊控制器的开发中投入最大的部分。

匹配试验主要分为两个阶段:一是数据采集阶段,二是系统验证阶段。

A.数据采集阶段

在数据采集阶段,主机厂需要根据车型的开发目标预设试验工况,即需要定义在哪些工况下,安全气囊控制器应该采取何种响应逻辑。以主流主机厂的标准来说,数据采集试验主要包含表8.7所列工况。

表 8.7　碰撞试验矩阵

序号	分类	工　况
1	正面	13KPH 正面刚性壁障碰撞试验
2		23KPH 正面刚性壁障碰撞试验
3		30KPH 正面中心柱碰试验
4		30KPH 正面右侧 30°刚性壁障碰撞试验
5		30KPH 正面左侧 30°刚性壁障碰撞试验
6		35KPH 正面钻卡车尾碰撞试验
7		50KPH 正面 100%重叠刚性壁障碰撞试验
8		64KPH 正面 40%重叠可变形壁障碰撞试验
9		56KPH 正面 40%重叠可变形壁障碰撞试验
10	侧面	10KPH 侧面台阶碰撞试验
11		15KPH 左侧侧面移动可变形壁障碰撞试验
12		25KPH 左侧侧面移动可变形壁障碰撞试验
13		32KPH 侧面 75°柱撞试验
14		50KPH 可变形移动壁障侧面碰撞试验
15	Missuse	ECU 防误操作试验

　　需要注意的是,除了基于国家强制性法规要求的碰撞工况,其他的碰撞工况选择并非完全固定。通过对市场上车辆事故工况的大量统计和分析,工程师们选择了具有较强代表性和占比较大的几类工况,作为控制器开发的标定基准。但是,相比市场上各种各样的事故工况,开发过程中的标定工况并不能完全覆盖,所以在售后处理中,往往会出现一些用户抱怨车辆碰撞后安全气囊没有起爆或感觉不严重但是安全气囊起爆了的情况。这也是目前在安全气囊控制器技术发展上的局限性,也是未来行业发展需要持续解决的一个方向。

　　另一方面,面向欧美国家开发的车型,由于面临更加严苛和全面的安全保护法规,在碰撞试验工况的设置上更加复杂,也导致主机厂的试验投入会更加巨大。欧美安全保护相关的法规在本书其他章节有介绍,可参阅相应内容。

　　在这些试验工况中,通过安装在安全气囊控制器位置的传感器采集到的车身所产生的不同方向加速度,然后作为对安全气囊控制器进行算法标定的依据。

　　B.系统验证阶段

　　安全气囊控制器在完成算法标定后,需要对标定结果进行验证,即要对算法的合理性、可靠性和准确性进行实车验证。在此阶段,供应商将提供已经注入了完整算法程序的安全气囊控制器用于实车验证。主机厂则根据前期数据采集的全部试验工况,完整地进行安全气囊控制器的响应测试,所有的碰撞及测试工况与数据采集阶段完全相同。

通过以上两个阶段的工作,主机厂就完成了安全气囊控制器在具体车型上的开发匹配,后续即可交由控制器供应商进行量产准备并投入批量供货了。

8.3.2　碰撞传感器

碰撞传感器主要是布置于车身主要碰撞部位的刚性结构上,独立于安全气囊控制器。在发生碰撞时,依靠内置的传感芯片,快速感知碰撞信号,并提供给安全气囊控制器作为辅助判定碰撞强度的依据。

安全气囊控制器的电路板上已经集成了相应的传感器芯片。因此,从基本功能的实现角度,外置的碰撞传感器并非是完全必要的。但在目前的汽车市场,越来越多的车型都配备了外置的碰撞传感器。其原因主要有以下两个方面:

①快速感知侧面碰撞信号。相比于正面的车身结构,在空间尺寸上,侧面碰撞中车内乘员的吸能和缓冲空间远比正面碰撞要小很多。因此,侧面碰撞要求安全气囊控制器的响应时间要比正面碰撞更快,才能尽早对乘员提供保护。在车身的侧面B柱等位置增加碰撞传感器的目的就是提升安全气囊控制器对外界碰撞信号的感知速度。

②提升特定工况下判定和响应能力。对一些特定的碰撞工况,如前方钻撞(追尾)货车、正面小角度偏置碰撞、正面中心撞柱等,这类工况由于碰撞前期车辆变形区域相对常规的碰撞偏弱,碰撞信号并不足够强烈,如果只依靠安全气囊控制器的信号感应可能会出现点火时刻较晚甚至达不到点火指令的发出门槛。而通过在车辆前端特定部位增加碰撞传感器,就能更早、更准确地获取碰撞信号强度及变化趋势,有利于安全气囊控制器准确识别碰撞工况并尽早工作,减少或避免安全气囊该爆却不爆的情况的发生。

1)碰撞传感器的分类

碰撞传感器主要有以下两种不同维度的分类方式:

(1)按感知信号的方向

碰撞传感器可分为侧面碰撞传感器和正面碰撞传感器。侧面碰撞传感器主要装配于车辆的侧面结构上,目的是用于感知来自侧面的碰撞信号。正面碰撞传感器则主要装配于车辆的正面结构上,感知来自正面的碰撞信号。

侧面碰撞由于车身变形距离相对于正面要小,因此,侧面碰撞传感器的量程要比正面碰撞传感器的量程小。一般来说,正面传感器的量程在±240g(部分规格高的传感器量程可达±480g），侧面传感器的量程为±120g。

其实，在车辆的标准碰撞工况中，车身产生的加速度信号很难达到100g的量级。因此，正面和侧面的碰撞传感器可通用互换。

侧面碰撞传感器和正面碰撞传感器的主要信号方向即为侧面和正面。同时，在生产制造时，供应商一般会让传感器芯片的感知方向与传感器壳体的安装轴线方向一致。因此，在实际运用中，侧面碰撞传感器的安装方向应与车身侧向保持一致，即Y向；而正面碰撞传感器的安装方向则为X向，如图8.55所示。

图 8.55　碰撞传感器方向示意

图8.56分别展示了一个正碰传感器和侧碰传感器。

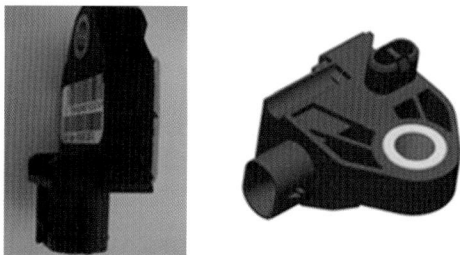

图 8.56　碰撞传感器

（2）按功能原理

碰撞传感器分为加速度传感器和压力传感器。加速度传感器即传感器内置对加速度敏感的芯片，采集车辆加速度的变化信号。压力传感器一般用在侧面，主要是通过采集侧面碰撞中车身钣金结构的变形造成的压力差异变化率，从而辅助安全气囊控制器判断碰撞的强度。压力传感器主要安装在车门、钣金内侧等部位。图8.57展示了加速度传感器和压力传感器。

其中，压力传感器由于安装在车门内部，故其装配和使用条件会比加速度传感器更简单，如图8.58所示。

图 8.57　两种传感器

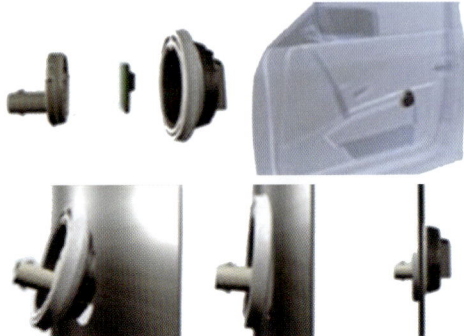

图 8.58　压力式传感器安装

2）碰撞传感器的结构

碰撞传感器的结构组成与安全气囊控制器类似，主要包含了壳体、金属轴套和芯片等。压力传感器的结构相对来说复杂些，将芯片改成了压力膜片和压力传感器组合件。图 8.59 是一个简单的加速度碰撞传感器的结构组成图。

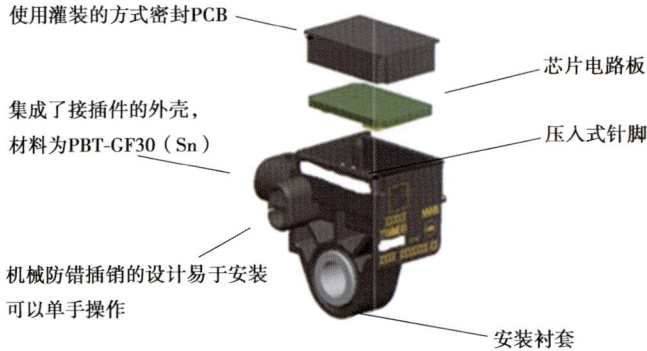

图 8.59　传感器结构分解

8.3.3　安全气囊控制器的故障诊断控制

整车被动约束系统故障可能是机械性故障，也可能是电气故障。对机械性故障，可通过直观的检查来发现和排除。而电气故障几乎不可能通过外部直观检查发现。对于约束系统的零部件来说,特别是当安全气囊这种具备一定危险性的零部件发生故障,如果不能快速发现和处理,很可能产生极大的危害。因此,对电子式约束系统零部件,必须要有完善的故障诊断控制能力,才能保证对系统的异常情况及时发现和处理。

1)安全气囊控制器故障分类

约束系统的电气故障分为外部故障和内部故障。顾名思义,内部故障主要针对气囊控制器自身故障。而外部故障则包含除安全气囊控制器之外的其他部位所产生的电气故障。下面将分别从两个方面进行介绍。

(1)外部故障

从前文中的介绍可知,安全气囊控制器外接了非常多的回路,一般包括以下4类:

①点火回路。用于发送点火指令的回路。

②信号接口。用于给其他外部电器件提供信号的接口。

③通信接口。一般指 CAN 总线接口或 K-Line 接口等。

④电源接口。用于给控制器提供工作电源的接口,ING,GND 等。

这些外部接口与控制器发生联系的唯一部位就是接插件针脚。当接插件通过二次锁止固定后,发生异常的可能性极低,因此故障原因多来自外部环境的变化。安全气囊控制器能够通过电压、电流、通信报文等的变化进行判定,在故障识别上较为容易和简单。以点火回路故障为例。

a.正常工作状态下的安全气囊控制器周期性通过点火回路针脚向该回路发送检测电流,一般为数十毫安级别的电流。

b.点火回路上的安全气囊或安全带预紧器可等效为一个具有一定阻值的固定电阻。

c.根据电流、电阻和电压三者的物理关系,安全气囊控制器可以检测到回路电阻、电压的实际状态,再与系统内回路标准状态值进行对比,就能准确判定该回路的状态是否正常。

表 8.8 是目前一些常见的约束系统故障信息。

表 8.8　约束系统故障信息

序号	代码故障描述	序号	代码故障描述
1	ECU 内部故障	5	驾驶员侧外围传感器损坏
2	配置故障	6	驾驶员侧外围传感器通信故障或搭线
3	驾驶员侧外围传感器安装不正确或初始化失败	7	乘员侧外围传感器安装不正确或初始化失败
4	驾驶员侧外围传感器可靠性故障	8	乘员侧外围传感器可靠性故障

续表

序号	代码故障描述	序号	代码故障描述
9	乘员侧外围传感器通信故障或搭线	35	乘员侧气囊短路到地
10	乘员侧外围加速度传感器损坏	36	乘员侧气囊对电源短路
11	驾驶员外围加速度传感器短路到地	37	乘员侧气囊阻值过高
12	驾驶员外围加速度传感器短路到地	38	乘员侧气囊阻值过低
13	驾驶员外围加速度传感器短路到电源	39	乘员侧气帘对地短路
14	乘员侧外围加速度传感器搭线	40	乘员侧气帘对电源短路
15	乘员侧外围加速度传感器短路到地	41	乘员侧气帘阻值过高
16	乘员侧外围加速度传感器短路到电源	42	乘员侧气帘阻值过低
17	驾驶员前气囊对地短路	43	驾驶员侧气帘对地短路
18	驾驶员前气囊对电源短路	44	驾驶员侧气帘对电源短路
19	驾驶员前气囊阻值过高	45	驾驶员侧气帘阻值过高
20	驾驶员前气囊阻值过低	46	驾驶员侧气帘阻值过低
21	乘员前气囊对地短路	47	驾驶员安全带锁扣与电源短路
22	乘员前气囊对电源短路	48	驾驶员安全带锁扣阻值过大
23	乘员前气囊阻值过高	49	驾驶员安全带锁扣与电源短路
24	乘员前气囊阻值过低	50	乘员安全带锁扣与电源短路
25	驾驶员安全带预紧器对地短路	51	乘员安全带锁扣阻值过大
26	驾驶员安全带预紧器对电源短路	52	乘员安全带锁扣与电源短路
27	驾驶员安全带预紧器阻值过高	53	碰撞输出短路到地或开路
28	驾驶员安全带预紧器阻值过低	54	碰撞输出短路到电源
29	乘员安全带预紧器对地短路	55	电源电压过高
30	乘员安全带预紧器对电源短路	56	电源电压过低
31	驾驶员侧气囊短路到地	57	CAN 通信故障
32	驾驶员侧气囊短路到电源	58	乘员安全带预紧器阻值过高
33	驾驶员侧气囊阻值过高	59	乘员安全带预紧器阻值过低
34	驾驶员侧气囊阻值过低	60	前排安全气囊和安全带预紧已点爆

（2）内部故障

内部故障与外部故障相比要复杂得多。内部故障主要是指控制内部芯片、通信、逻辑等方面的问题引发的故障。众所周知，电器零件的核心就是内部的电控芯片和电路。如果核心零件出现失效,轻则功能受损或失去功能,重则引发重大事故。安全气囊控制器作为整个约束系统零件的"大脑",如果出现内部故障,在某些极端工况下,可能就会成为乘员使用安全的重大威胁。同时,内部故障由于发生在控制器内部,受限于安全气囊控制器厂家对各自内部原理、软件安全等方面的保密性设计,维修厂家往往无法直接确认问题,仅能够通过诊断设备识别到内部故障,而无法解决。为了最大限度地规避内部故障造成的安全风险,售后处理汽车安全气囊控制器内部故障的唯一手段就是直接更换全新的零件。

内部故障从危害程度来说,可分为一般性内部故障和致命性内部故障。

①因常规元器件如二极管、电容等失效、通信逻辑错误等引起的故障,属于一般性内部故障。这类故障不会对控制器基本的逻辑判定和碰撞算法造成危害,但会造成控制器工作异常,甚至不工作。

②致命性故障是指由于核心芯片(如内置传感器、点火芯片、中央处理器等)元器件失效而引起的故障。它往往会在车辆处于某些特定工况时引发控制器错误判断,从而导致气囊误爆或者不爆。这类故障就会给乘员带来极大的安全危害,属于致命性故障。

因此,在安全气囊控制器开发、匹配试验、售后处理的全周期各阶段,安全气囊控制器自身的功能可靠性、使用安全性都是最重要的内容。主机厂和供应商也会通过各种方式来检验其可靠性。

2)安全气囊控制器故障诊断

对安全气囊控制器的故障,由于不可能为每个车型都配备足够的设备和技术人员来对故障件进行分析和识别处理。因此,必须要通过特定的方式来识别故障信息并处理。

安全气囊控制器的故障识别有以下两种方式:

(1)闪码报警

在前文中提到,直接控制式的安全气囊警告灯是由安全气囊控制器根据逻辑来实现警告灯的亮灭。当系统出现故障时,控制器除了点亮警告灯,还可通过调整警告灯的亮灭次数、亮灭时长及频率来提示不同的故障信息。这种方式即是闪码报警。

闪码报警的最大优点是直观,不需要借助额外的设备工具,维修人员可直观识别到故障信息。但是,其缺点也非常明显。由于警告灯的亮灭由控制器控制,而闪烁的次数、亮灭时长等存在人为的识别差异,因此,故障信息的传递和读取可能存在不准确的情况。另外,约束系统的故障种类较多,单纯依靠闪烁次数、时长差异等来提示故障信息,可能造成识别的效率低下,甚至可能出现某一个故障信息需要持续闪烁数十次的情况。这样,既不利于观察识别,又不利于提高维修效率,而且当出现多个故障时,提示顺序、信息间隔等因素也难以有效的区分。基于这些原因,目前闪码报警方式已基本被淘汰,转而用更高效、更准确的诊断仪识别方式。

（2）通信诊断

在前文的讲述中已提到,安全气囊控制器会通过 K-Line 或者 CAN 方式与整车网络进行通信,依靠网络通信的高效,可实现信息的快速传递,特别是近年来高速 CAN 网络的大规模运用,安全气囊控制器能更容易地从整车网络上获取需要的信息,同时也能将自身的更多信息提供给网络。故障诊断仪正是依托这样的方式实现了维修端对安全气囊控制器故障的快速识别和诊断。现在售后问题处理中已经广泛使用该方式。图 8.60 是一种便携式故障诊断仪。

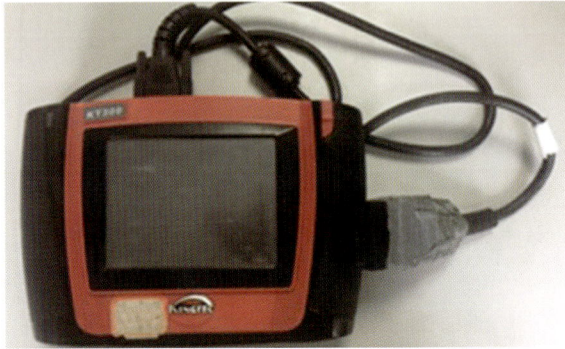

图 8.60　故障诊断仪

在开发阶段,主机厂与供应商之间会基于统一的通信协议开发相应的诊断协议。在通信协议中,会基于控制器与整车网络的信息交互需求设置相应的通信报文,如诊断报文、配置报文等。通过诊断仪的解析,我们能够非常直观地从显示屏上读取到这些信息,从而快速定位故障点并处理。

同时,借助于网络通信协议的可编程特点,当有新的零件加入或者约束系统配置进行了调整,需要增加新的故障模式时,可通过在诊断协议中直接新增对应的故障代码,即可完成对诊断文件的更新。

8.3.4　安全气囊控制器及传感器的开发试验

安全气囊控制器和碰撞传感器根据其结构特点,属于电气类零件。因此,安全气囊控制器和传感器的开发试验内容和要求与电气类零件要求类似。

根据前文的介绍,碰撞传感器在技术状态和开发类型上,更多的是作为安全气囊控制器的附属零件连带开发,并且由于其在整个系统中的功能仅仅是采集外部信号。因此,其往往作为标准件配套控制器供货。碰撞传感器的开发试验可视为一个常规汽车电子元件的方式进行开发测试,本书不单独进行介绍。

1）安全气囊控制器开发试验类型

安全气囊控制器根据其用途,开发试验也分为不同的种类。类似安全气囊和安全带的方式,安全气囊控制器按照零部件开发层级,可分为零部件级、系统级、整车级试验。

（1）零部件级

针对控制器单体进行物理环境、电气功能性试验,目的在于检测控制器自身在结构可靠性、耐环境性、电气连接性方面的能力。测试的标准与常规的汽车用控制要求基本相同。

（2）系统级

控制器的系统级试验主要指在整车环境下的网络通信、数据传输、电磁兼容等内容。即控制器必须置于整车电气网络环境下,通过模拟不同的用电环境和变化情况,检测控制器的响应。其中,网络通信、数据传输测试标准一般由各主机厂根据自身的需求定义;而电磁兼容则是在基于国家或行业法规的基础上,由主机厂根据实际情况完全沿用或适当提升要求。

（3）整车级

整车级测试一般分为两类:一类是随同整车进行的高里程、多工况、长周期的道路试验;另一类则是安全气囊控制器所特有的试验,即前文提到的匹配试验。道路试验是由各主机厂自行定义的可靠性试验,本书不作介绍。匹配试验则是针对安全气囊控制器对碰撞信号的识别和判定进行匹配定义的工作。

安全气囊控制器系统级试验涉及较为复杂的系统关联和标准定义,并且不同的主机厂参考依据和开发要求各不相同,本书不单独介绍。整车级试验内容可参考前文关于匹配试验部分。下面将针对零部件级作详细介绍。

2）安全气囊控制器零件试验

安全气囊控制器的零件试验由于测试的专业性,由供应商负责进行,主机厂在开发过程中会根据自身的开发需求在测试项目和标准要求等方面提出管控要求。整个零部件级测试可分为物理环境测试、电气性能测试和其他测试 3 类。

（1）物理环境测试

该类测试主要针对控制器物理结构,其目的是检验控制器抵抗各类恶劣物理环境的能力和表现。表 8.9 是常见的物理环境测试项目。

表 8.9　常见的物理环境测试项目

序号	项　　目
1	跌落试验
2	温度振动试验
3	随机机械振动试验
4	低温、高温存储试验
5	温度循环试验
6	温度冲击试验
7	湿热循环试验
8	耐腐蚀试验
9	防水试验
10	抗粉尘侵蚀试验
11	机械冲击试验
12	高温高湿试验
13	寿命试验
14	标签试验

对于物理环境测试来说,对安全气囊控制器的总体要求:一是不能在整个测试环节中出现任何的破损和外观异常;二是通过各测试工况后,控制器内部电路板区域无异常的腐蚀、破裂等情况。

(2)电气性能测试

一般电气性能测试包含 3 项内容,见表 8.10。

表 8.10　电气性能测试

序号	项　　目
1	电气冲击测试
2	电磁兼容测试
3	全功能测试

全功能测试是包含了所有控制器应具备的电气要求,具体包括通信、诊断、回路控制及信号监测等。

(3)其他测试

一般来说,其他测试只包含一项试验,即禁限用物质测试。该测试参照GB/T 30512—2014的要求执行。

根据前文所述,安全气囊控制器属于供应商开发的平台化产品。因此,供应商在开发控制器平台时,会有针对性地进行一些特殊测试。这些特殊测试往往比产品开发中的零部件试验更严苛。

8.4 约束系统产品模块化开发

8.4.1 模块化设计概况

随着市场对新车投放速度、车型品质、车辆成本等方面要求的提高,如何尽快地开发出符合消费者需求且性价比高的高品质车型,成为主机厂追求的重点。目前,国际上主流的主机厂如大众、福特、丰田、日产等车企纷纷采取平台化战略,从整车结构、功能等方面推行平台思路。在整车平台化的框架下,各系统零部件也采用模块化方式,以通用性设计思路进行结构和功能设计,通过提高通用化率和模块化结构实现规模效益,控制成本。

对于约束系统产品来说,产品本身具有结构复杂、质量精度要求高、安全性要求高及涉及专业领域多的特点,故要实现平台开发,模块设计难度非常大。当然,模块化设计带来的收益也非常可观。针对约束系统产品,可创新性地对约束系统产品进行模块化拆分和重组,以“模块”的理念将产品拆分为具备独立性能目标的“功能零件”和简单结构的“通用零件”,并从结构和性能两个方向进行精确开发,在兼顾基本使用功能的同时,覆盖不同平台车型的不同安全性能要求。

一方面,采用“可变”和“不变”两种要求对零部件进行分解归类,对零部件与外部环境的接口进行标准化设计,达到零部件结构系统、标准、易优化的目标。另一方面,要基于整车碰撞试验及仿真分析结果,对模块零件的性能参数进行划分,通过仿真分析和实物测试,确保模块零件性能指标满足现阶段和未来行业标准在 1 个周期内的要求。

约束系统产品的模块化对缩短开发周期、降低开发难度具有明显的优势。同时,在主机厂的平台化车型上全面推动模块化产品的实施,特别是约束系统产品这类开发需求高、开发难度大的产品,对于快速推出高性价比车型也有直接的帮助。

8.4.2 模块化设计方法

1)总体技术路线

从结构和性能两个方向对约束系统产品进行设计分解。主要针对安全带、安全气囊、控制器和传感器这 3 大类零件。其工作思路如图 8.61 所示。

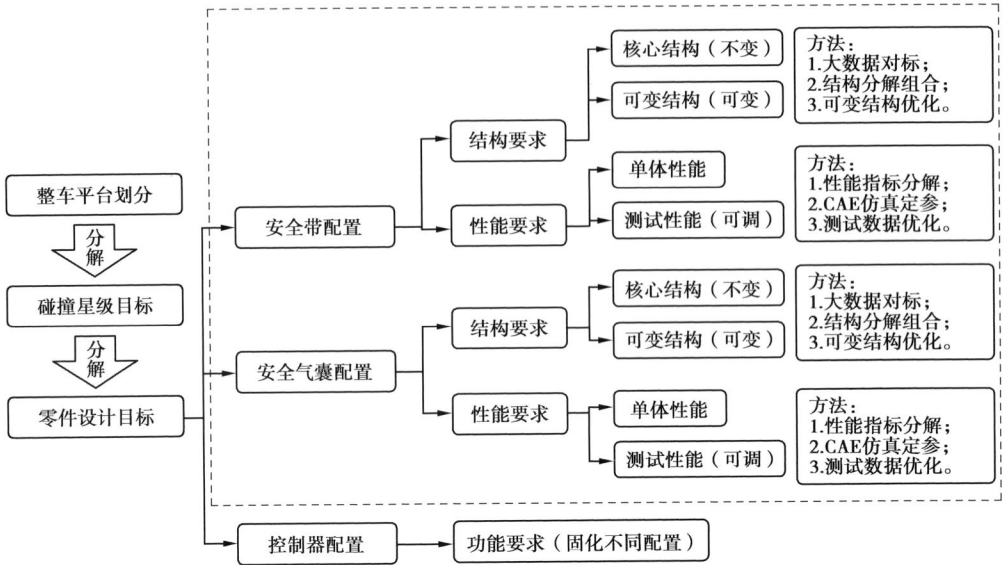

图 8.61　模块化工作思路

在研究中,主要运用结构对标、设计优化、CAE 仿真模拟、实物测试及整车动态试验验证等手段进行设计和分析。本部分内容主要针对约束产品的模块化划分和结构设计要点进行介绍,涉及产品性能参数、基于整车目标性能的集成工作、CAE 模型分析等则在约束系统集成章节详细介绍。

2)技术方案

参考一些主机厂对整车的平台划分方式,由入门的 A00 级轿车到 D 级车,大致可划分为 4 个平台。在零部件设计之初,就需要针对各车型平台的安全目标,进行总体性能目标明确。当前,对约束系统产品要求最高的主要是 C-NCAP 等行业性安全评价规程。这里以满足 C-NCAP 的星级评价为例进行介绍。

综合当前市场车型的性价比、整车零部件成本占比和车型售价区间,可以初步确立约束系统零部件的平台化性能要求见表 8.11 和表 8.12。

表 8.11　安全带

平台	C-NCAP 星级	安全带主要性能要求方向
P1	四星	
P2	四星	预紧限力式安全带,预紧量≥80 mm 或 100 mm;且预紧力峰值一
P3	五星	般≤4 kN;限力值根据实际匹配选定,可划定一个范围内若干个规格
P4	五星	

表 8.12 安全气囊

平台	C-NCAP 星级	安全气囊主要性能要求方向
P1	四星	1.常规配备 6 气囊:正面双气囊、侧面侧气囊、侧面侧气帘
P2	四星	
P3	五星	2.气囊体积、发生器 PT 曲线、包型、拉带、泄气孔等应作为匹配时的可调整内容进行具体定义
P4	五星	

（1）配置状态设计

确定车型平台性能标准后,即根据该要求制订零部件的技术状态,确定约束系统零部件的技术种类,并对每个种类的主要特征进行明确。

安全带见表 8.13。

表 8.13 安全带

总 成	名 称
卷收器	普通安全带
	限力安全带
	预紧限力安全带 I（小预紧量）
	预紧限力安全带 II（大预紧量）

安全气囊见表 8.14。

表 8.14 安全气囊

划 分	名 称
正面安全气囊总成	驾驶员安全气囊总成
	乘员安全气囊总成 I（小体积气袋）
	乘员安全气囊总成 II（较大体积气袋）
侧面安全气囊总成	侧面气囊总成 I（胸部气袋）
	侧面气囊总成 II（胸臀气袋）
	侧面气帘总成 I（较小气袋）
	侧面气帘总成 II（较大气袋）

（2）零部件设计

完成平台化定义和技术状态明确后,即进行零部件的详细设计工作。从结构和性能两个方面进行。

平台化零部件的结构设计分为结构分解及归类、优化设计、接口定义等环节。

①安全带

安全带根据已划分的技术状态,主要针对主要影响技术状态的卷收器部分进行了细节设计。根据卷收器的特点,分解为可变和不可变部分,见表8.15。

表 8.15　卷收器平台化策略

分　类	内　容	备　注
相同零件(参数)	织带延伸率、织带长度	同平台车型完全相同
	织带颜色	根据内饰造型定义,可考虑两种色彩
	吊环、限位扣、下端片	各平台相同
	锁舌	各平台相同
	卷收器螺栓组件	含垫片、垫圈,各平台相同
	安全带卷收器下锚点固定螺栓组件	含垫圈,各平台相同
	安全带导向环安装螺母	各平台相同
	卷收器外支架、下端片护盖	同一平台相同
可变零件(参数)	卷收器总成-卷簧组件	1.各组件从属于卷收器总成,不单独区分 2.各组件依据不同车型平台各不相同 3.预紧器组件和卷轴组件中包含的限力轴依据不同匹配进行选择
	卷收器总成-机械壳体组件	
	卷收器总成-敏感组件	
	卷收器总成-卷轴组件	
	卷收器总成-预紧器组件	

并基于以上的零件组成,进行了结构图的细化分解。

对可变部分或者影响到性能参数的零件,按照平台化的性能定义,明确规定其参数范围或参数等级,包括预紧器预紧量、限力轴限力值、织带延伸率等。

对不可变零件,则在优化结构的通用性后,锁定技术细节,作为通用件全系使用,如锁扣、高调器、各紧固件等。

②安全气囊

安全气囊基于划定的平台化性能要求,对不同部位的气囊模块进行了零部件的分解。

a.驾驶员正面安全气囊,见表8.16。

表 8.16 驾驶员安全气囊平台化策略

分 类	内容	备 注
相同零件(参数)	发生器	完全相同
	壳体	完全相同
	连接标件	螺栓、螺母组合件,完全相同
	气袋	完全相同,根据车型不同,适当对泄气孔作微调
可变零件(参数)	门盖	相同材料,依据造型进行匹配选用
	司标	适应不同门盖比例尺寸

b.副驾驶员正面安全气囊,见表 8.17。

表 8.17 副驾驶员安全气囊平台化策略

分 类	内容	备 注
相同零件(参数)	壳体	完全相同
	连接标件	螺栓、螺母完全相同
	防尘罩	完全相同
可变零件(参数)	气袋(Ⅰ,Ⅱ类型)	P1,P2,P3,P4 采用同尺寸气袋。根据匹配,在胸部气囊和胸臀气囊两种状态下选择合适类型
	发生器(Ⅰ,Ⅱ类型)	P1,P2,P3,P4 采用同型号发生器。根据匹配,配合不同气袋选型
	门盖	若有独立门盖,则根据不同造型重新开发

c.侧面安全气囊,见表 8.18。

表 8.18 侧面安全气囊平台化策略

分 类	内容	备 注
相同零件(参数)	防尘罩	完全相同
	线束	完全相同
	连接标件	完全相同
	附件	警示标签等
可变零件(参数)	发生器 Ⅰ	P1—P4 通用,适用较小气袋
	发生器 Ⅱ	P1—P4 通用,适用较大气袋
	气袋 Ⅰ	P1—P4 通用,较小气袋
	气袋 Ⅱ	P1—P4 通用,较大气袋

d.侧面安全气帘,见表 8.19。

表 8.19　侧面安全气帘平台化策略

分　类	内容	备　注
相同零件(参数)	防尘罩	完全相同
	连接支架	完全相同
	连接标件	完全相同
可变零件(参数)	发生器 I	P1,P2,P3 通用
	发生器 II	P4 根据实车需求选用不同规格
	气袋 I	P1,P2,P3 通用,适用较短的长度
	气袋 II	P4 通用,适用较长的长度,带有涂层,防翻滚

其中,对核心部件如气体发生器、气袋等零件,则依据性能分析的思路进行适用性设计,而周边零件如壳体、连接支架等,则基于外部接口要求统一优化后锁定细节。

(3)具体设计方案

①性能设计

A.安全带

安全带由于其本身属于平台化的结构设计,因此,其性能主要基于安全带的产品形式进行性能预定。主要体现在预紧性能、限力性能和织带性能这 3 个方面。

a.预紧性能。根据行业内预紧安全带的指标区间,安全带预紧性能可大致分为两种技术状态,即预紧量>100 mm 的大预紧和预紧量>80 mm 的小预紧。大预紧安全带适用于性能要求较高的车型,小预紧安全带则适用于性能要求较低的车型。预紧性能自身的参数一般是固化参数。

b.限力性能。采用规定范围内的几种限力杆规格,用于不同车型和不同约束系统配置的匹配。

c.安全带织带性能。安全带织带主要体现在延伸率的差异上。根据行业内常用的状态,一般有两种延伸率状态的织带,即延伸率 6%~8% 的欧标带和延伸率 11%~13% 的国标带。其中,延伸率 6%~8% 的欧标带常用于预紧限力式和限力式安全带,延伸率 11%~13% 的国标带常用于普通式安全带。

B.安全气囊

安全气囊的性能参数则需要根据不同部位的气囊及相应的系统集成效果进行分别制订。

a.驾驶员正面安全气囊(DAB)(见图 8.62)。基于驾驶员区域的人机布置空间和环境限制,驾驶员安全气囊的空间范围相对比较固定,因此,可以考虑采用一种性能参数同时满足 4 个平台车型。关键性能部件气体发生器、气袋织物以及气囊气袋包型均为通用化部件。可变性能参数则定义为气囊泄气孔及拉带。

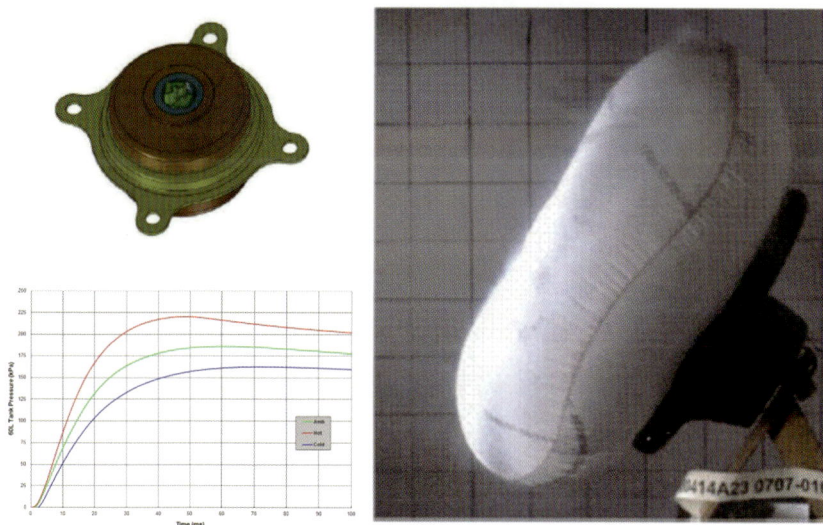

图 8.62　驾驶员安全气囊

涉及的性能设计内容如下:

发生器的选型及相应的 TANK 试验。

发生器 PT 曲线的仿真及效果分析。

气袋包型、尺寸、拉带的优化及仿真分析。

模型校准及实物测试、整车环境测试。

b.副驾驶员正面安全气囊(PAB)(见图 8.63)。根据前排乘员区域的空间大小和当前在轿车、SUV 两种车型上的空间变化,副驾驶员安全气囊则可以采用两种气袋体积技术方案。参考行业内对副驾驶员部位的安全气囊气袋体积,可划分为 95L 级和 110L 级两个等级。95L 级气袋可以满足前 2~3 个平台车型,110L 气囊则可以覆盖 P3、P4 平台车型。关键性能部件气体发生器、气袋织物以及气囊气袋包型均为通用化部件,可变性能参数是气囊泄气孔和拉带。

需要指出的是,副驾驶员安全气囊有隐藏式与非隐藏式两种类型,虽然在结构和外观上有明显差异,但是在匹配气囊性能过程中,最大的影响因素还是针对气囊的泄气孔和拉带尺寸。

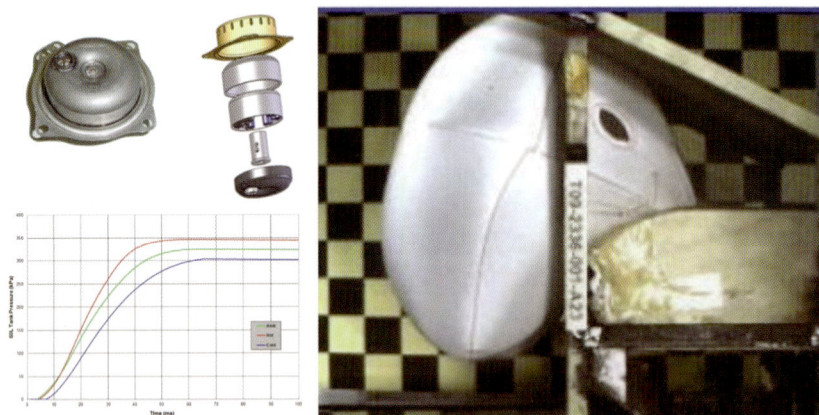

图 8.63　副驾驶员安全气囊

　　c.侧面安全气囊(SAB)(见图 8.64)。与副驾驶员安全气囊的划分类似,侧面安全气囊也采用两种技术方案,分别是胸部保护(气囊体积约 10 L)和胸臀保护(气囊体积约 16 L)。从轿车与 SUV 对于侧面碰撞的响应差异来看,胸部保护气囊更适合于 SUV 车型,胸臀保护气囊则适合于轿车车型。关键性能部件气体发生器、气袋织物以及气囊气袋包型均为通用化部件,可变性能参数是气囊泄气孔。

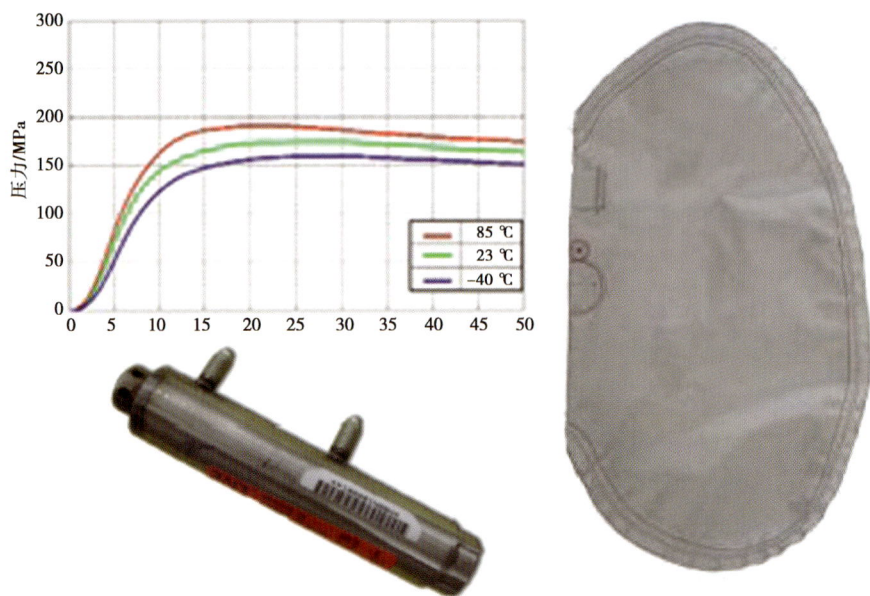

图 8.64　侧面安全气囊

　　对侧面气囊的两种方案,主要的性能设计内容如下:
　　对气体发生器的选型及 PT 曲线仿真。
　　对气袋包型覆盖区域的仿真和实物测试。

对包含座椅在内的子系统的实物测试与模型校准。

对整车侧面系统的试验及测试结果对比。

通过以上的性能设计工作,对侧面气囊的模块化方案进行了细化和性能参数定义,实现了性能的多车型覆盖目标。

d.侧面安全气帘(CAB)(见图 8.65)。基于不同车型在前后排的保护区域要求和尺寸差异,侧面安全气帘采用两种技术方案,气囊体积可分为 25 L 和 30 L 两个级别。25 L 气囊满足 P1—P3 平台车型的开发,30 L 气囊则用于 P4 平台车型的开发。关键性能部件气体发生器、气袋织物以及气囊气袋包型均为通用化部件,可变性能参数是头部保护区域的划分。

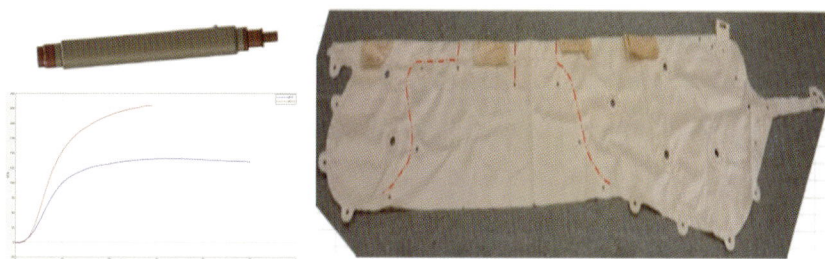

图 8.65　侧面安全气帘

②接口设计

A.安全带

结合安全带卷收器、高调器、锁扣等零部件的安装特点和安装环境,对安全带总成的外部接口进行细化设计。零部件的尺寸主要针对外轮廓的最大包络进行定义,各零件需满足对最小布置空间的基本要求。

a.卷收器总成。收集常见安全带卷收器的尺寸,给出布置最小空间要求如下:

X 向:130 mm;Y 向:80 mm;Z 向:155 mm。

整理出对车体钣金的通用要求如下:

钣金厚度:CAE 分析满足安全带固定点强度要求即可。

钣金强度(材料):CAE 分析满足安全带固定点强度要求即可。

钣金开孔(焊接螺母):7/16 in 螺栓的装配要求。

b.高调器总成。收集并给出高调器的最小布置要求如下:

X 向:35~40 mm;Y 向:75~80 mm;Z 向:安装孔中心距 198 mm。

c.锁扣总成。锁扣总成需要根据与座椅匹配的高度要求进行调整。调整部位与连接区域,即连接钢板或钢索。

d.对座椅的要求。对座椅的安装结构要求:座椅应有足够空间满足锁扣装配、强度应能满足锁扣固定点强度要求、固定位置应能满足锁扣固定区域的需求;开孔满足 7/16 in 螺栓的装配要求。

对坐垫的要求:坐垫的形状不能对锁扣的正常使用造成干涉。

B.安全气囊

安全气囊同样应针对外部尺寸空间要求,同时结合配合的座椅、顶棚等零件进行接口约定。

a.设定副驾驶员安全气囊对造型特别是仪表板的要求:

开口区域表面:弧面尽量平滑过渡,无大斜面或曲率突变。

开口区域尺寸:开口区域的造型,应保证一定的方形空间内弧面平滑。

副驾驶员安全气囊开口所对应的分块表面法线与 X 轴夹角控制在一定范围之间。

b.侧面座椅气囊对座椅要求:主要从侧面座椅气囊在座椅上的布置要求来考虑。由于各家主机厂的要求不同,因此需要根据实际情况进行定义。

c.侧面气帘对专业设计接口要求:

包括了对顶棚与内饰板搭接区域的要求;对安装点处车身钣金开孔等。

通过上述方式,可将安全带、安全气囊依据性能目标、车型平台尺寸及配置宽度等维度,划分为不同类型的平台产品。平台产品间遵循"核心不变,外围调整"的原则,可将产品性能和最影响成本的部分锁定为固化状态,从而将状态、量纲、设计空间等限定在一个较小的范围内,尽最大可能实现车型平台化、产品模块化、设计简化的目的。

8.4.3　安全气囊控制器及传感器的模块化设计

为了响应整车平台化的开发趋势,安全气囊控制器和传感器也逐步朝模块化的方向推进。在现有的产品结构下,安全气囊控制器和传感器的模块化与安全气囊和安全带的模块化有显著的区别。首先,安全气囊控制器和传感器在零件实体结构上基本不存在重新定义或局部开发的内容。在前面的内容中已提及,安全气囊控制器和传感器属于专业供应商基于平台目标进行的统一开发,在硬件结构上几乎是一致的,差别在于软件和部分元器件的可选状态。其次,在现有的车型开发模式下,安全气囊控制器和传感器在运用到具体车型上时,最主要的开发工作几乎全部围绕碰撞信号、算法标定、接口定义、通信诊断等软件开发,而非硬件开发。

另外,碰撞传感器则几乎不需要做相应的模块化开发,因为就其用途和零件自身的设计特点,碰撞传感器本身就是一个带有标准件性质的零件,它的可移植性和互换性非常强。因此,在模块化工作中,碰撞传感器往往被直接定义为标准件进行配合选用。

基于这种情况,模块化工作主要围绕安全气囊控制器展开。其工作主要有以下特点:

1)安全气囊控制器状态划分

专业供应商在做安全气囊控制器的平台化开发时,出于扩大运用范围的考虑,会基于不同车型、不同配置状态等因素,将控制器的平台尽可能地扩展开来,即某一平台的安全气囊控制器会根据未来面临的适用车型需求,将所有可能的功能都设计到产品中,并将其中的部分内容设置为"可扩展状态"。这样,在应用开发时,可提高车型覆盖面。

对于主机厂来说,虽然车型各有差异,配置状态也不尽相同,但是可以基于控制器的需求度和功能的占用效费比来权衡,可对控制器进行不同级别的划分。当前,无论是进口车型、合资车型、自主车型,在约束产品配置方面主要集中于以下类型的产品:

①正面安全气囊。一般包括驾驶员气囊、副驾驶员气囊。

②侧面安全气囊。一般包括前排左右侧面安全气囊(座椅上),左右侧面安全气帘。

③前排预紧安全带。前排驾驶员侧、副驾驶员侧。

以上的配置从点火回路来看,总计是 8 个回路。少数车型在高配上,还会增加如后配侧面气囊、后排预紧安全带,甚至一些主机厂在高端车型上,在后排还会采用气囊式安全带。在这些车型上,安全气囊控制器的点火回路数会相应增加。但从总体来看,目前安全气囊控制器的最高点火回路一般不会超过 16 个。当然,如沃尔沃公司的车型,以安全著称于世,在全方位安全保护方面可能会更加高端,本书不作详细阐述。

在这样的市场配置下,从车型平台和配置维度划分,安全气囊控制器可按照 1—8 回路和 9—16 回路两种层次来划分。

2)安全气囊控制器技术状态定义

尽管安全气囊控制器属于供应商的平台化零件,但在实际车型运用中,由于整车网络架构、接口需求、信息传递等的差异,特别是不同车型的碰撞信号差异导致的算法差异,安全气囊控制器仍需要根据不同的车型需求给定不同的技术状态。一般来说,可从以下 4 个方面来考虑技术状态:

①通信诊断协议的通用化。

②故障代码及信息的通用化。

③点火逻辑及算法策略的通用化。

④故障诊断及报警策略的通用化。

在这些约束条件下,安全气囊控制器能够具备一定的模块化属性,既有不变的核心软件和完全通用的硬件,又有根据车型调整的算法调整部分。

本章小结

本章内容通过对空气气囊控制器及传感器的功能原理、结构组成、开发流程、故障诊断等方面的阐述,较为全面地介绍了安全气囊控制器与传感器相关的知识。随着电控技术、约束产品技术的不断发展,未来约束系统在控制逻辑、算法精度、功能集成方面还会继续提升。而基于控制器与传感器在高敏感性、快速识别能力方面的优势,安全气囊控制器与传感器运用范围也将越来越大。

本章从约束系统产品发展、分类、结构、原理进行了描述,让读者对约束系统产品有一个较为全面的认识和了解,便于在学习和工作中能够对约束系统产品有更准确的理解。同时,伴随着汽车市场的发展,新车型需要快速的迭代更新,也促进了主机厂对车型平台化、产品模块化的研究。希望能够通过本章的介绍,帮助读者在了解认识约束系统产品的基础上,理解如何从模块化的角度去分析和设计约束系统产品。

练习题

1.安全气囊作为辅助保护装置,其最主要的 3 个特点是_____、_____和_____。

2.机械式安全气囊是通过_____,实现气囊与碰撞强度的关联性的。

3.电子式安全气囊相比机械式结构,取消了_____。

4.安全气囊的外罩盖一般有_____和_____两种工艺成型方式。

5.简要描述安全气囊的工作原理。

6.安全带从功能上划分,一般可分为_____、_____、_____、_____及_____ 6 类零件。

7.安全带导向环有_____、_____和_____ 3 种形式。

8.安全带在布置设计时,必须遵循两个强制性法规要求,分别是_____和_____。

9.简要描述安全带开发各环节的工作内容。

10.安全气囊控制器的监控主要针对_____和_____两个方面。

11.直接控制方式的安全气囊警告灯是一个_____。

12.目前,行业内对安全气囊控制器的防护要求一般执行_____标准。

13.压力式传感器一般装在_____、_____等部位。

14.安全气囊控制器内部传感器芯片、点火芯片等出现故障,一般属于_____。

15.简述安全气囊控制器的结构组成及各组成部件的主要功能。

16.安全带的模块化性能设计主要包含了_____、_____和_____3 个方面。

17.安全气囊的模块化中,_____模块需要考虑与座椅之间的结构匹配。

18.请简要描述安全气囊控制器模块化一般有哪些技术状态定义?

第 9 章　汽车安全技术发展展望

随着世界各国燃油法规的日益加严、安全法规的逐步升级及新能源汽车的逐步普及,势必加快新材料、新工艺及主动安全等新技术在汽车上的应用,这将给虚拟仿真分析带来极大的挑战,尤其在汽车轻量化、材料损伤失效模型的表征、仿真替代试验、锂电池安全性能评价及主被动安全等领域有待进一步的深入研究。因为虚拟仿真分析模型映射新技术的能力决定了虚拟模型的预测精度,决定了方案的准确性和可靠性,最终决定了产品的竞争力。

9.1　汽车轻量化 VS 安全性

汽车轻量化是指汽车在满足安全性、可靠性、耐久性及舒适性等性能指标的前提下,有目标地减轻汽车自身的质量。汽车轻量化的途径主要包括新型轻质材料的应用、结构的优化以及先进的制造工艺与成形技术等。如图 9.1 所示为汽车轻量化的技术路径。

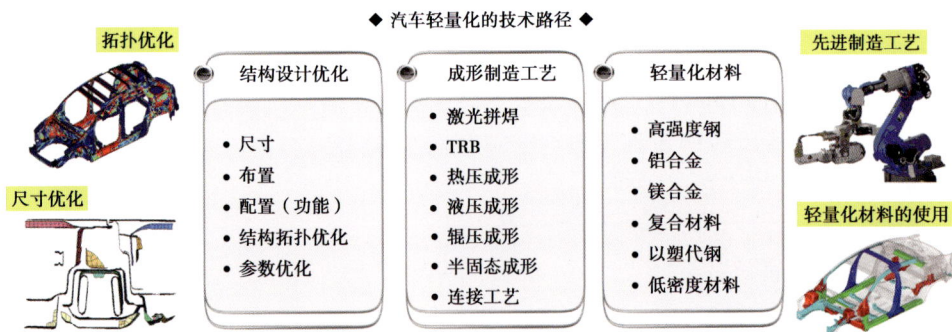

◆ 汽车轻量化的技术路径 ◆

拓扑优化

尺寸优化

结构设计优化
- 尺寸
- 布置
- 配置(功能)
- 结构拓扑优化
- 参数优化

成形制造工艺
- 激光拼焊
- TRB
- 热压成形
- 液压成形
- 辊压成形
- 半固态成形
- 连接工艺

轻量化材料
- 高强度钢
- 铝合金
- 镁合金
- 复合材料
- 以塑代钢
- 低密度材料

先进制造工艺

轻量化材料的使用

图 9.1　汽车轻量化的技术路径

在汽车轻质材料和成形制造工艺应用领域,初期的研究主要利用常规轻量化材料,如高强钢、铝合金等对车身零部件进行材料替换,同时结合结构设计优化等手段,实现车身结构性能的改善及轻量化。近年来,优质轻量化材料的不断出现及制造工艺的革新,使得轻量化材料在车身上的应用范围逐步扩大。相对于单一材料车身而言,多种材料车身可充分发挥不同材料的性能优势,兼顾各方面的设计要求,如对刚度要求较高的部件可选用高强度钢或超高强度钢进行轻量化,对刚度要求不是很高的部件可采用铝合金或者其他轻质材料进行替代。因此,未来汽车车身将同时存在激光拼焊钢板、热冲压成型钢板、铝合金、镁合金及非金属复合材料等多种轻量化材料,即混合材料车身。

在汽车结构设计优化领域,主用是根据碰撞能量分布对车体碰撞载荷的传递路径进行设计与优化,实现合适材料用于合适的部位,达到最大承载或吸能的效果,以同时兼顾轻量化和碰撞安全性能的要求。但随着世界各国安全评价要求的逐步提升,尤其是面对世界最严格 US_NCAP 和 IHHS 安全评价时,汽车结构轻量化设计将面临极大的挑战。传统结构优化设计方法多集中在汽车某一相对简单的零部件,且结构参数多为单一类型的设计变量,很难对整个复杂的车身结构进行参数化优化。近年来,德国 SFE 公司和美国 DEP 公司推出了专用的结构参数化设计软件 SFE_Concept 和 DEP_Mopher,并联合多学科优化软件(iSight 或 Optimus),以及求解器 Nastran 或 LsDyna 等对车身的强度、刚度、NVH、耐久可靠性及碰撞安全性能进行多目标的优化,实现材料、最优的结构形状和尺寸应用在汽车结构最合适的位置。

汽车碰撞通常伴随着断裂失效现象,通过有限元仿真分析可在产品早期开发阶段发现并解决设计缺陷与不足。但现阶段碰撞仿真分析在材料断裂失效预测方面存在很大不足,具体表现在以下 9 个方面:

①热成形钢板零件的断裂失效,如保险杠横梁、B 柱等。

②高强度钢板的碰撞变形与失效预测,如前纵梁,以及前纵梁与副车架搭接处等。

③铸铝材料的断裂失效,如发动机悬置支架,以及发动机和变速箱等铸体外壳等。

④挤压铝材料的断裂失效,如前纵梁、保险杠横梁、门槛等。

⑤焊点和缝焊的碰撞失效模拟,如前纵梁后段与前壁板搭接处的焊点、铝合金前防撞横梁焊缝、全铝车身缝焊等。

⑥车身连接的断裂失效预测,如全铝车身的铆接、结构胶等。

⑦铝箔的碰撞变形与失效预测,如蜂窝铝壁障。

⑧塑料聚合物材料的断裂失效预测,如前保险杠、仪表板、车门内饰等。

⑨增强纤维聚合物的断裂失效模拟,如碳纤维的前罩板、碳纤维的前防撞横梁总成等。

因此,急需有效工具和方法来提高断裂失效预测能力。基于系统化材料试验数据,通过用户自定义材料模型,合理描述与表征材料的弹塑性行为(各向同性/异性屈服轨迹、塑性硬化行为、应变率效应等)和断裂失效行为(局部颈缩失稳、剪切断裂和正向断裂等)。

9.2 性能开发周期短、物理验证试验少

近30年来,随着有限元理论的不断完善、计算机技术的迅猛发展和商业化软件功能的增强,汽车碰撞虚拟仿真技术在企业汽车开发过程中扮演着越来越重要的角色,作为一种高效的分析设计手段,已帮助企业缩短了产品的开发周期和降低了研发成本。但伴随市场竞争的加剧,要求企业必须进一步加快新产品投放市场的速度,进一步缩短汽车新产品的开发周期,这就要求研发必须借助高效、可靠的虚拟开发工具,实现仿真替代试验。

在整车安全性能集成匹配试验中,主要包括零部件试验、台车试验和整车碰撞试验,如图9.2所示。其中,整车碰撞试验是成本投入最大、匹配周期最长的一个过程。因此,若实现了整车仿真替代试验,将带来工装样车的试制和试验次数的减少、开发成本的降低及开发周期的缩短。而要实现整车仿真替代试验,关键是实现ECU集成匹配所需信号的仿真替代,解决有限元模拟方法无法定量分析碰撞信号强度的难题,需要提升材料级、零部件及系统级的仿真分析精度,建立完善的零部件级和系统级的验证体系,以保证整车分析模型的预测精度。

图 9.2　仿真替代试验开发流程

9.3 新能源汽车的全面安全需求

"十一五"以来,我国提出了"节能和新能源汽车"战略,政府高度关注新能源汽车的研发和产业化。在国家政策的倡导与支持下,新能源汽车势必成为我国未来汽车的发展方向。而锂电池由于能量密度高、使用寿命长、自放电率小及绿色环保等

优点,成为新能源汽车储能装置的首选,但市场上因锂电池的安全事故引发了社会对新能源汽车安全性的担忧,对新能源汽车的推广产生了负面作用。因此,电池安全性已成为亟待解决的关键问题。

电池安全性主要包括电池的机械性能、电池组的热管理和电池的电性能。其中,电池的机械性能是碰撞安全研究的主要课题,主要研究电池在典型的机械载荷(挤压和穿刺)下电池的失效机理及力学性能,以确定电池可承受变形和冲击力与电压、温度的关系,建立一个“力-电-热”耦合的可预测模型,从而指导电池防护的设计,为新能源汽车的轻量化设计提供强有力的技术支撑。锂电池碰撞失效研究路线如图 9.3 所示。

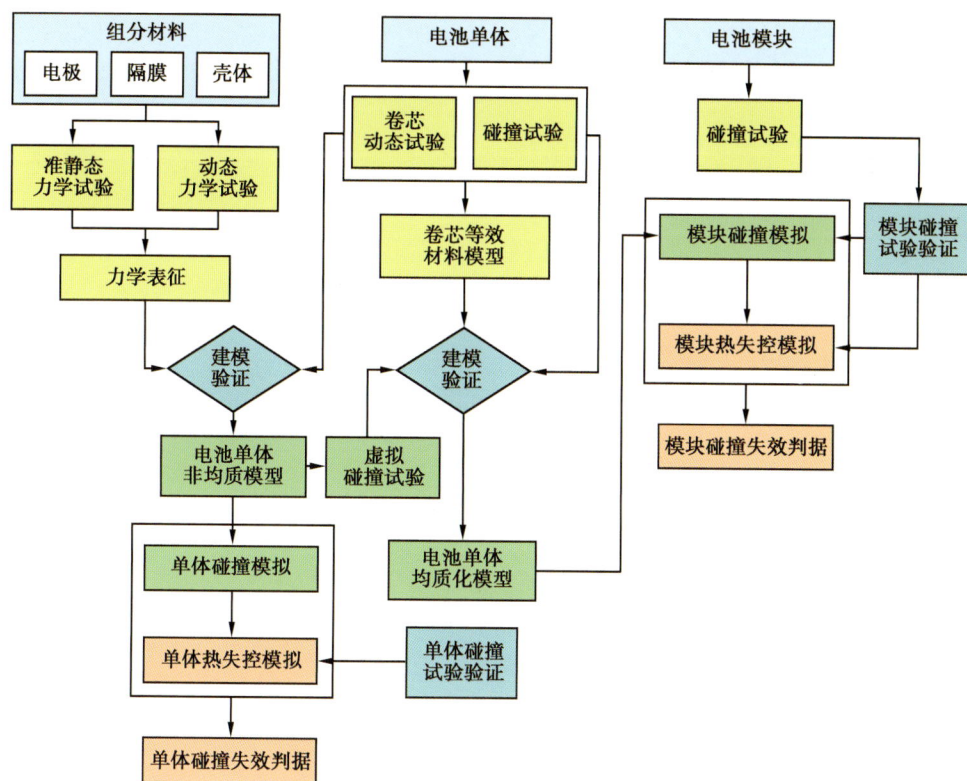

图 9.3　锂电池碰撞失效研究路线

本章小结

本章简要介绍了汽车碰撞虚拟仿真分析未来所面临的巨大挑战及突破点。它主要集中在汽车轻量化、材料损伤失效模型的表征、仿真替代试验、锂电池安全性能评价及主被动安全等领域。

练习题

随着世界各国燃油法规的日益加严、安全法规的逐步升级及新能源汽车的逐步普及,将在哪些领域给虚拟仿真分析带来极大的挑战?

参考文献

[1] 谢然,兰凤崇,陈吉清,等.满足可靠性要求的轻量化车身结构多目标优化方法[J].机械工程学报,2011,47(4):117-124.

[2] 中国汽车工程学会.世界汽车技术发展跟踪研究[M].北京:北京理工大学出版社,2006.